AF523001

Ruediger Dahlke – Margit Dahlke

Die Hollywood-Therapie

Was Filme über uns verraten

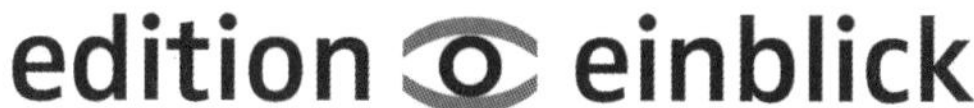

1. Auflage 2018
2. Auflage 2019
3. Auflage 2020
4. Auflage 2024
Umschlaggestaltung, Illustration: Roland Vorlaufer
Lektorat, Korrektorat: Roland Rottenfußer, Patrick Keck
Satz: Christin Brockmann
Verlag: Edition Einblick, Graz
Druck: Generál Nyomda, Szeged
ISBN: 978-3-200-05593-3

Widmung

Für unsere allerliebste Tochter Naomi, die uns immer wieder den Blick für das wahrhaft Wesentliche lehrt.

„Man sieht nur mit dem Herzen gut. Das Wesentliche ist für die Augen unsichtbar.“
Antoine de Saint-Exupéry

Danksagung von Ruediger Dahlke

Mein Dank gilt vor allem meiner ersten Frau Margit, die mir die Lebensbühnen erst so richtig nahe gebracht hat. In den letzten gut 30 gemeinsamen Jahren teilte sie meine Leidenschaft für Filme und Geschichten. Ich verdanke ihr ungezählte Film-Empfehlungen und Deutungen, die mein Leben bereichert haben sowie viele wundervolle Filmstunden. Mein Dank gilt aber auch allen, die mir auf die Sprünge geholfen haben, von meiner Mutter Gisela über Oskar und Thorwald, die Vorausgegangenen, bis zu den heutigen Weggefährten Kurt und Lis, bei denen der Stoff zu diesem Buch Form annahm. Angelika danke ich für Filmtipps und schöne Filmstunden.

Danksagung von Margit Dahlke

Von ganzem Herzen danke ich Alexander, der wie ein Fels in der Brandung immer an unserer Seite steht.

Meiner Schwester Andrea danke ich für den (nicht nur filmischen) Gleichklang, die vielen Anregungen und Korrekturen beim Entstehen dieses Buches.

Ruediger danke ich für den langen, immer inspirierenden und fruchtbaren gemeinsamen Weg.

Danksagung von uns beiden

Den Freunden, die bei der Buchwerdung halfen, gilt diesmal – bei unserem ersten ganz eigenen Buch – besonderer Dank:

Für ihr Lektorat Roland Rottenfußer und Patrick Keck, Roland Vorlaufer für Cover und übrige Gestaltung, Christin Brockmann für das Layout, für Anregungen und Korrekturen Christa Maleri, den ungarischen Freunden Krisztina und Gabor für den Druck und allen, die das Buch jetzt verbreiten helfen.

Für jedes Buch wird wieder ein Baum von Green Ethiopia gepflanzt.

Inhalt

Einführung

Das Leben folgt Heraklits Satz „panta rhei – alles fließt". Für unser beider Leben trifft er besonders offensichtlich zu. Bei viel Abwechslung blieb vieles im Fluss. Und was sind Filme anderes als fließende Bilder, die sich durch unser beider Leben zogen und uns faszinierten? Filme gehören zu den Dingen, die mich mit Margit, meiner ersten Frau, immer verbunden haben und weiter verbinden. Mit 30-jährigem Vorlauf führte dies zur Entstehung dieses Buches.

Schon ziemlich weit in die zweite Lebenshälfte vorgedrungen, sind wir Spielfilmen treu geblieben und sie uns. Sie sind wie ein roter Faden in unserem Leben und wurden durch unsere Vermittlung auch für viele PatientInnen und Seminarteilnehmer zum roten (Leit-)Faden. Filme haben unser Leben mit bestimmt, es manchmal beeinflusst und sogar verändert. Wir verdanken ihnen neben so vielen schönen Stunden Erkenntnisse und Einsichten, die auf bildreichen, spannenden und schönen Wegen zu uns fanden.

Dass der Verlag auf dieses Buch über unsere (Lebens-)Filme nicht scharf war – eine neue Erfahrung nach Jahrzehnten voller Erfolge und Bestseller – erstaunte und überraschte mich. Niemals haben wir für ein Buch engagierter und länger recherchiert, tatsächlich praktisch unser ganzes Leben lang. So schreibe ich diese Einführung von Herzen gern und durfte bei der gemeinsamen Arbeit erleben, wie sich unser beider Filmdeutungen optimal miteinander verbinden und einander ergänzen. Manche stammen ganz von Margit und manche allein von mir, die meisten aber haben wir gemeinsam erstellt.

Platons Vorstellung, dass hinter jedem Ding eine Idee ist, hat unser beider Leben geprägt, und so finden sich die Lebensprinzipien als tiefere Ordnung im Hintergrund allen Geschehens – hier als „Lebensbühnen“ dargestellt. Tatsächlich berühren Filme verschiedene Ebenen, und wer möglichst viele von ihnen in den Blick nimmt, hat mehr von den Leinwandwerken. Wer mag, kann insofern dieses Buch auch als filmisches Lehrbuch über Lebensprinzipien, Archetypen oder Urprinzipien verwenden. Selbst wer das gar nicht beabsichtigt, wird nicht vermeiden können, nebenbei eine Ahnung von dieser tieferen und ursprünglicheren Ebene der Wirklichkeit zu bekommen.

Hollywood ist heute ein Synonym für Filme geworden – gute und schlechte. Daher haben wir den Titel „Hollywood-Therapie“ gewählt. Tatsächlich stammen viele der beschriebenen Filme aus anderen Ländern und Quellen. Aber für viele Menschen und auch für uns beide hat die persönliche Beziehung zu Filmen mit Hollywood begonnen. Mir ging es da wie Harrison Ford – der Disney-Film ***Bambi*** hat mich schon als Kind völlig aus der Bahn geworfen. Es war mit Abstand das Traurigste, was ich als gut behütetes Bürgerkind bis dahin erlebt hatte. So etwas Schreckliches wollte ich keinesfalls nochmals erleben. Aber so wie dieser Film mich zutiefst aufgewühlt hatte, ließ Kino als Ganzes mich seither nie mehr los – und übrigens auch nicht die Sorge für Tiere und die Schwächsten in der Gesellschaft. Ins Kino zu gehen, war für mich immer ein großes Thema und für Margit gilt das ganz ähnlich. Unsere gemeinsame Geschichte beginnt in dieser Hinsicht schon lange, bevor wir uns getroffen haben. Dieses Buch ist Ausdruck dieser langen (Vor-)Liebe.

Wenn ich auf unsere, Margits und meine, Geschichte zurückblicke, deren intensive Phase ein gutes Vierteljahrhundert umfasste, haben uns auch Bücher immer sehr verbunden. Aber gesprochen und diskutiert haben wir noch mehr über Filme, also über lebendige (Bilder-)Bücher. Wir lernten uns auch über eine Bildergeschichte kennen. Es war das Märchen meines Lebens, Habakuck und Hibbelig, das ich mehr geträumt als geschrieben habe. Margit hat es damals lektoriert und ihm ein Zuhause bei einem Verlag verschafft.

Filme sind in unseren Augen die neuen Märchen, die heute wichtigste Quelle von Seelenmustern oder Archetypen, nachdem die meisten die Verbindung zu den Mythen und Märchen der eigenen Kultur aufgegeben oder mindestens vernachlässigt haben. Unsere psychosomatische Arbeit hat uns – je älter wir wurden, desto mehr – deutlich gemacht, wie dringend wir diese Seelennahrung brauchen. Filme sind für uns also ungleich mehr als Unterhaltung, auch wenn oberflächliche Zerstreuung natürlich eine ihrer Wirkungen ist. Sie können uns aber auch im Gegensatz dazu erheben und wie Märchen unserer Seele eine Art Höhenpsychologie schenken. Auch Tiefenpsychologie vermitteln sie natürlich und können uns in den Tiefen seelischer Verwicklungen noch Orientierung geben.

Und so ist uns dieses Buch wichtig und eine große Freude. Es ganz in Eigenregie mit Freunden herzustellen, war eine neue Herausforderung. Wie schön, es nun Ihnen oder – in der Sprache der Seelen-Bilder-Welt – Dir zu präsentieren – und Dich auf der Suche nach dem (Dreh-)Buch Deines Lebens zu begleiten.

Märchen und Mythen, Träume und Filme

Die meisten Modernen haben nicht nur ihre Märchen und Mythen vergessen, sie erinnern sich auch kaum mehr an ihre Träume. So müssen Filme auch die Funktion von Träumen weitgehend mit übernehmen. In der alten Zeit wurden Träume wahr und wichtig genommen und befruchteten das Leben. Das fehlt uns heute so sehr. Ein Segen, dass Filme uns inzwischen ähnlich real erscheinen wie früher Träume. Solange wir träumen, wirkt der Traum real; solange wir Filme schauen, sind sie ähnlich wirklich, weil wir in ihre Bilder-Welten ebenso eintauchen und sie in Resonanz zu unserer inneren Seelen-Bilder-Welt treten. Der stimmige Film im passenden Moment kann uns helfen, die Vergangenheit zu verarbeiten und zu erkennen, wer wir waren, um so mit unerledigten Geschäften fertig zu werden.

Er kann uns aber auch durch Belebung unserer Träume die Zukunft an die (Lein-)Wand malen, ihr Gestalt und Struktur geben und uns selbst Hoffnung und Sinn. So kann ein Film uns erleben lassen, wer wir sein könnten, wenn wir es wagten, seiner Botschaft zu folgen, sie uns zu Herzen nähmen und unsere Seele davon berühren ließen.

Und er kann uns – welch wundervolle Magie! – ganz in den Augenblick versetzen und uns helfen, die Gegenwart zu genießen.

Und so wie Träume die Seelen-Bilder-Welt jede Nacht wieder in Ordnung bringen und halten, können Filme allabendlich Ähnliches leisten. Ohne Zweifel erleben wir nach einem erhebenden Film eine schönere und sogar wundervollere Nacht als nach einem herabziehenden und -setzenden Streitgespräch, einer entwürdigenden Talk- oder Casting-Show. So können (und müssen tatsächlich) Filme heute eine wichtige Rolle in der Seelenhygiene übernehmen.

Sigmund Freud erkannte Träume als Königsweg zum Unbewussten, C. G. Jung sah in ihnen auch die Brücke zu Mythos und Religion. Filme können uns mit beidem in Berührung bringen. Die moderne Welt, die zunehmend auch den Kontakt zur Religion verliert und sich zwar noch für eine Kultur hält, aber keinen Kult mehr pflegt, braucht Filme viel dringender als sie sich träumen lässt. Vor allem, weil mit der Religion auch der Sinn verloren geht, was sich in Krankheitsbildern wie Burn- und Bore-out, Depression und Angstsyndromen niederschlägt. Filme sind für viele heute der einzig verbliebene Zugang zur Sinnfindung.

Filme bilden Lebensgeschichten und -muster ab, Archetypen und Lebensprinzipien. Es war gar nicht schwer, zu allen 12 großen

Lebensbühnen ausreichend Anschauungsmaterial zu finden. Im Gegenteil, wenn dieses Buch viele Herzen und Seelen erreicht, haben wir schon längst genug Stoff und Themen für weitere. Allein die Filme zu Krankheitsbildern und ihrer Lösung füllten einen weiteren Band, die zu Märchen, Mythen und Archetypen würden spielend einen dritten ergeben, die zu Entwicklungskrisen und Lebensübergängen einen vierten usw. Ob es zu diesen Folgebänden kommt, liegt in Händen der Leser(innen), also Euren …

Sobald sich diese Muster mit unserer eigenen Seelenwelt verbinden, sie uns tief im Innern berühren, kann Entwicklung geschehen und sich Selbsterkenntnis ergeben. Auf der 9. Lebensbühne können wir wieder Sinn finden und uns einem erfüllten Leben nähern, wie es uns Christus nahe gelegt hat.

Hier dürfte auch der Grund dafür liegen, warum das Medium Film die Welt spielend erobert hat. Hollywood war insofern ungleich erfolgreicher als das US-Militär, das beim gleichen Versuch doch auf erheblichen Widerstand stieß und stößt. In Licht-Spiel-Häusern hatte Hollywood dagegen leichtes Spiel.

Filme bedienen sich vieler Ebenen zugleich: natürlich jener der Bilder, die die Seele ansprechen, aber auch der gesprochenen Sprache, die unsere Gefühle berührt, ebenso wie der Musik, die nie fehlt und so bewegen kann. Nicht zuletzt beschäftigen sie unseren Geist. Sie haben wie Träume die Möglichkeit, Phantasien in lebendige Bilder umzusetzen und uns beliebig durch Raum und Zeit reisen zu lassen. Nicht immer logisch und manchmal nicht mal chronologisch, sind sie doch fast durchwegs analogisch und berühren mit ihren Analogien unsere tieferen Seelenebenen. Sie kennen ungleich weniger Grenzen und Beschränkungen als unser reales Leben und ermöglichen so Inspiration und Anstoß zu Höherem und Größerem, Erhabenerem und Erhebenderem. Obendrein können sie helfen, dem „Schattenprinzip“, unserer anspruchsvollsten Lernaufgabe, gerecht zu werden. Sie müssen Sinn machen und ergeben Sinn und bringen diesen so oftmals in unser Leben zurück.

Filme sind unter den Formen der Kunst die vielfältigste und vielschichtigste und stellen die wesentlichste moderne Kultur- und Symbol-Quelle dar. Sie berühren Seele und Geist, und selbst der Körper geht, reitet und liebt beim Zuschauen mit. Filme verkörpern Muster, beseelen uns aber auch, wenn wir ihre Botschaft begreifen und zugleich beherzigen.

Dieses Buch will die Welt der Symbole wieder näher zu uns heranholen und alle 12 Lebensbühnen bzw. -themen mit Hilfe von Filmen in unser Leben einladen. Die Filmewelt eignet sich dazu wie keine andere, denn vielen Regisseuren und Schauspielern geht es bei ihrer Arbeit noch mehr um Geschichten als um Geld, wie man an ihren Auswahl-Kriterien und Themen-Schwerpunkten sieht. Robert Redford hat als Schauspieler fast ausschließlich den (Sonnen-)Helden gegeben und seine Karriere auf der 5. Lebensbühne verbracht, auf der es unter anderem um Charisma und den „strahlenden" Selbstausdruck geht. Erst an ihrem Ende hat er sich als Regisseur aus dieser Enge befreit und so großartige Filme gedreht wie ***Die Legende von Bagger Vance*** oder auch das Jugenddrama ***In der Mitte entspringt ein Fluss***. Clint Eastwood hat sich ebenfalls erst als Regisseur aus der Beschränkung auf die marsischen Helden der 1. Lebensbühne befreien und Filme wie das Liebesdrama ***Die Brücken am Fluss*** drehen können. So richtig in Fluss und in die Fülle der Lebensthemen kamen sie erst, als sie selbst inszenierten. Nicht wenige Schauspielerinnen und Schauspieler wie auch Barbra Steisand folgten dieser Verlockung und erschlossen sich in der späten Phase ihrer Karriere als Regisseure noch weitere Lebensbühnen und -themen.

Vom Lebensfilm zum Leben mit Filmen

Alte Weisheitslehre und moderne Sterbeforschung kennen den (Lebens-)Film, der im Sterbeprozess in uns abläuft. In Traditionen wie der indianischen haben die Scheidenden ihr Totenlied selbst komponiert. Sie singen sozusagen am Ende ihren Lebensfilm und rufen sich damit nochmals die wichtigsten Lebensstationen ins Bewusstsein. Auch westliche Menschen können in besonderen Momenten, etwa in extremer Lebensgefahr, erleben, wie ihr ganzes Leben mit seinen wichtigsten Momenten nochmals an ihnen vorüber zieht. Das Leben lässt sich also durchaus als Film erfahren. Tatsächlich versuchen Filmbiographien wie etwa die von Beethoven, Tschaikowsky, Van Gogh, Gauguin oder Coco Chanel, deren ganzes Leben einzufangen. Die Auseinandersetzung mit Filmen und das Eintauchen in ihre Bilderwelt kann uns so helfen und anregen, auch unsere Lebensgeschichte wie einen Film zu erleben und (neu) zu verstehen. Die Vorliebe für (Lebens-)Geschichten in ihrer unendlichen Fülle – mit ihren archetypischen Mustern, aber auch ihrer jeweiligen Individualität – bringen viele PsychotherapeutInnen mit. Sie unterstützen damit ihre eigene Entwicklung wie auch die ihrer PatientInnen.

Diese Liebe für (Lebens-)Geschichten, die das Leben schreibt und in denen wirkliche Menschen die Darsteller sind, war es auch, die uns beide gleichermaßen an unserer Arbeit mit PatientInnen und (Spiel-)Filmen fasziniert hat. So haben wir ersteren auch immer passende Filme begleitend zu ihrer Therapie empfohlen.

Da wir beide Filme seit unserer Kindheit lieben, durften wir erleben, welches Wachstumspotential sich in ihnen verbirgt. So sind wir tatsächlich an diesen Geschichten gewachsen und tun dies weiter – und dasselbe wünschen wir auch unseren LeserInnen.

Einige Filme sind uns besonders ans Herz gewachsen, weil sie tatsächlich Seelenzustände und -nöte so deutlich darstellen, dass sie bei deren Bewältigung helfen, ja sie geradezu therapieren können. So sparen Filme den PatientInnen und uns Zeit und ersteren darüber hinaus auch Geld. Solche Filme werden wir natürlich besonders in den Mittelpunkt stellen. Tatsächlich lassen sich in diesem Rahmen gar nicht alle Filmen anführen, die uns und unseren PatientInnen und KlientInnen auf die Sprünge halfen. Es dürften hunderte gewesen sein oder auch tausende. Wir hoffen aber auf die angedeuteten Fortsetzungen, wenn Ihr, unsere LeserInnen, uns diese ermöglicht.

Als Psychotherapeuten haben wir immer versucht, Therapien zu vertiefen und dabei unterstützende Hilfen zu empfehlen – besonders solche, die PatientInnen in Eigenregie nutzen können. Mit Filmen lassen sich tatsächlich eigene (Beratungs- oder gar Psychotherapie-)Erfahrungen erweitern und in einem neuen Licht sehen. So können sie helfen, Erkenntnisse in die (Lebens-)Praxis umzusetzen. Filme, die eine Therapie in Eigenregie vermitteln und ermöglichen, sind eine wundervolle Begleitung professioneller Therapien. Sie können letztere auch nachbereiten helfen und deren (Aus-)Wirkungen auf die ihnen eigene Art verlängern.

Unsere Devise war von Anfang an, aus Endlos-Therapien, wie ich sie selbst als Patient erlebt hatte, überschaubare Zeiten der Neuorientierung zu machen. Insofern kommen PatientInnen bis heute für intensive Wochen ins Heilkunde-Zentrum nach Johanniskirchen. In der Zeit danach begleiten sie unsere Buch- und Filmempfehlungen. Alles in Eigenregie zu Bewältigende ist in den Händen der PatientInnen selbst am besten aufgehoben. Uns Therapeuten braucht es nur dort, wo wir wirklich notwendig sind und es nicht anders geht. So staunen wir bis heute oft, was PatientInnen alles selbst schaffen – aber auch darüber, was die wenigen Schritte gebracht haben, für die sie unserer Hilfe wirklich bedurften. Aufgrund dieser Erfahrungen sind – wie nebenbei – Bücher und geführte Meditationen entstanden. Und die folgende regelrechte Spiel-Film-Therapie.

Letztere veröffentlichen wir hier zum ersten Mal, weil wir mit dem Gestalttherapeuten Erwin Polster glauben, dass Psychotherapie viel zu schade ist, um Kranken vorbehalten zu bleiben. Und wir wissen aus jahrzehntelanger Erfahrung, was rechtzeitige Psychotherapie bringen kann. Insofern wollen wir sie möglichst vielen zugänglich machen. Die Spiel-Film-Therapie ist eine wundervolle Möglichkeit, sich selbst und die Welt zu erkennen, zu wachsen und sich zu entwickeln. Sie kann gute Psychotherapie nicht ersetzen, ist aber allmählich zu einer eigenen, allen zugänglichen, das Leben begleitenden Therapieform geworden. Filme können zu einem wirklichen Leitfaden durchs Leben werden, mit dessen Hilfe sich leichter durch Engpässe und Stromschnellen navigieren lässt. Sich (Spiel-)Filme zu leihen oder zu besorgen, ist heute sehr einfach. Und über das Internet sind auch so ziemlich alle sehr günstig wieder auffindbar und erhältlich.

Praktische Spiel-Film-Therapie

Was wäre verlockender, als sich mit Hilfe großartiger Regisseure und ihrer filmischen Meisterwerke eigenständige Psychotherapieschritte zu ermöglichen: durch geschickte Kombination der Filme und mittels Vor- und Nachbereitung der Filmerlebnisse. Zum Beispiel lässt sich das Geheimnis der Zeit, das im Leben eine solch entscheidende Rolle spielt, wundervoll mit Filmen durchleben und durchschauen. Daraus kann eine ebenso traumhafte wie himmlische Eigen-Therapie entstehen. Wir kennen mittlerweile viele PatientInnen, die unsere Liebe zu Filmen übernommen haben, sie teilen und sich davon auf verschiedenen Lebensbühnen inspirieren ließen.

Mit der Zeit merkten wir auch immer deutlicher, wie Regisseure nach dem Resonanzgesetz dazu neigen, ihre eigenen Probleme filmisch aufzuarbeiten. Wir können dies wiederum als Lösungshilfe für unsere Lebensthemen nutzen. Denn tatsächlich gibt es zwar unendlich viele Probleme – dahinter liegen aber immer dieselben Urmuster oder -prinzipien. Ob wir sie Arche- oder Urtypen, Ur- oder Lebensprinzipien oder -bühnen nennen – sie bestimmen uns und unser Leben viel mehr als die meisten ahnen. „*Hinter jedem Ding ist eine Idee*", formulierte Platon. „*Alles Vergängliche ist nur ein Gleichnis*", nannte es Goethe im Faust. In diesem Sinn sind Filme Gleichnisse und als solche therapeutisch wirksam und nutzbar. Wie bei allen Arten von Gleichnissen müssen wir sie dazu auf uns beziehen und entsprechend deuten. Dabei wollen wir unseren LeserInnen helfen.

Den Rahmen dazu liefern auf der Grundlage der „Schicksalsgesetze", des „Schattenprinzips", die 12 „Lebensprinzipien" oder -bühnen. Die individuelle Bedeutung innerhalb dieses Rahmens kann natürlich nur jede(r) für sich finden. Der Rahmen aber gibt (uns) Sicherheit, und wer sich daran hält, wird zum Schluss richtig liegen. Oder wie es im Film ***Best Exotic Marigold Hotel*** so schön heißt: „*Am Ende ist alles gut, und wenn es nicht gut ist, war es nicht das Ende.*" Oder ganz profan, aber keineswegs banal: Ende gut – alles gut.

Filme als Lebens- und Heilmittel

Manche Filme sind regelrechte Lebensmittel, nähren die Seele und bringen uns ihr und unserer Mitte nahe. Das Re-medium, das Heilmittel, das heute noch im englischen „remedy" anklingt, hatte nur dieses eine Ziel: zurück zur Mitte zu führen. Das kann der richtige Film im richtigen Moment tatsächlich leisten, wie auch die richtige Geschichte im richtigen Moment heilende Wirkung hat. Gute Filme erzählen Geschichten und können ebenso hilfreich wie heilsam sein. Sie eignen sich gut als Mittel, um uns in die Mitte zurückzubringen – oft deutlich wirksamer und besser als medizinische Drogen und immer frei von körperlichen, aber dafür voller aufbauender seelischer Nebenwirkungen.

Der eigentliche Schatz von Ärzten und Therapeuten scheint uns beiden heute zunehmend in der Fülle ihrer heilsamen Geschichten zu liegen. Wer aus seinem Erfahrungsschatz zu erzählen weiß, wie ein Patient in ähnlicher Bedrängnis wider Erwarten (der Schulmediziner) doch noch Heilung fand, kann Wunder wirken. Manch heilende (Kranken?-)Geschichte kann (deren) oft übergriffige Hiobsbotschaften nicht nur entschärfen, sondern substantiell Hoffnung (auf Heilung) stiften. Hier lässt sich im wahrsten Sinne des Wortes von Heilsgeschichten sprechen, die das Wunder der Heilung vermitteln. Bert Hellinger erzählte schon vor Jahrzehnten von (seinen) *Geschichten, die heilen,* das heißt wieder ganz werden lassen, indem sie helfen, Fehlendes zu integrieren.

Viele Filme erzählen solche Geschichten, die heilen oder jedenfalls die Heilung der Seele unterstützen, die der des Körpers im Idealfall vorausgeht. Die meisten haben wie Märchen ein Happy End. Damit entsprechen solche Filme in vieler Hinsicht der Höhenpsychologie der Märchen, die in die Erlösung des Helden münden, während Mythen eher auf Tiefenpsychologie hinauslaufen und Verstrickungen illustrieren. Insofern gibt es märchenhafte und mythische Filme. Und viele, die beides verbinden und, in mythischer Seelentiefe beginnend, in märchenhafte (Er-) Lösungshöhen münden.

Es ist Ziel unseres Lebens, die Ganzheit (der 12 Lebensbühnen) zu verwirklichen, Befreiung oder Erleuchtung zu finden und mit allem eins zu werden. Es gilt also, alle Lebensprinzipien in uns zu erkennen und gegebenenfalls aus der unerlöst destruktiven Erscheinungsform in die konstruktiv erlöste zu verwandeln. Insofern haben wir viel zu tun und in unserem Fall zu genießen. Filme können da ungemein helfen, lassen sie uns doch durch ihre Lichtbilder so manches Licht aufgehen, (er-)lösen uns aus Illusionen und befreien und erheben unseren Geist (auf angestammte Höhen).

Vor allem aber lassen sie uns in andere Leben(-smuster) eintauchen und daran teilhaben, gleichsam probe-leben und daraus lernen. Diese Erfahrungen wirken auf uns teilweise wie selbst gelebte Leben. Insofern ist jeder Film ein Spiel mit der Illusion der Zeit und kann unseren Erfahrungsraum immens und spielerisch erweitern. Wir müssen also z. B. nicht alle Erfahrungen und Fehler selbst machen, sondern können von unserer FilmheldInnen lernen.

Wie viele andere Menschen sehen wir beide uns vor dem Schlafengehen gern noch einen Film an, tauchen so in fremde Leben ein und durchleben sie mit. Auf dem Weg des Films werden die gezeigten Muster immer mehr als eigene erfahren oder zumindest damit verglichen. Die äußeren Bilder werden zu inneren und leiten über in die Welt innerer Traumbilder, die so – ganz nebenbei – wieder mehr zu Bewusstsein kommen. Träume können Regisseure zu Filmen führen, Filme regen unser Träumen an.

Es ist die Kunst großer Regisseure, der wirklichen Direktoren unserer Zeit, entscheidende Augenblicke zu erfassen, zu verdichten und so darzustellen, dass wir darin aufgehen und eins mit ihnen werden können.

Filme als Meditation

Kino wird so zur einfachsten Form der Meditation, das heißt des Eintauchens in die Mitte wie mit Hilfe guter Medizin. Sie sind damit eine Form der Medizin. Die einfachste Meditation für uns westliche Menschen ist nicht der Versuch, direkt in die Stille der Gedankenlosigkeit in der Mitte unseres Wesens einzutauchen, sondern bei geführten Meditationen Gedanken bzw. inneren Bildern zu folgen. Diese sind immer in uns vorhanden und lassen sich jederzeit anregen. Wir sollten uns da abholen, wo wir gerade sind. Der Versuch, dort anzufangen, wo wir gerne wären, kann nicht gelingen. Wo wir nicht sind, geht nie etwas weiter. Ganz ähnlich wie mit den inneren ist es mit äußeren Bildern. Letztere können erstere wundervoll anregen und uns in sie emotional verwickeln. Karl Valentin sagte so schön: *„Heute in mich gegangen. Auch nichts los."* Durch Filmbilder kommt da aber rasch einiges in Gang und kann Verbindungen zu unserer Tiefe schaffen, bis hin zur tiefsten Dimension der Seelen-Bilder-Welten.

Beim Kino-Erlebnis kommen wir vor der Leinwand, dem Abbild der Lebensbühne, an, lassen uns nieder und öffnen uns für Bewusstseins-Erweiterung, für die Sichtweise eines Regisseurs, die anders ist als unsere – weiter und tiefer hoffentlich. Wir lassen uns anstecken von ihr, tauchen in sie ein und verändert wieder daraus hervor. Während des Films versinken wir öfter als sonst im Hier und Jetzt, gehen gleichsam im Film unter oder auf, ohne verloren zu sein. Wir fühlen uns ein, verbinden uns und werden eins mit der jeweiligen Hauptfigur, verbringen den ganzen Film in ihr oder jedenfalls an und auf ihrer Seite.

So können wir denselben Film auch sehr gut ein zweites und wichtigeres Mal ansehen, um gezielt in die Seelenwelt des Gegenspielers oder Bösewichts, des Schatten-Repräsentanten einzutauchen. Und schon entwickelt sich eine Art Schattentherapie. Würden wir in einem dritten Durchgang auch noch eins mit der für uns wichtigsten Nebenfigur, ließen sich weitere Aspekte unserer Seele wahrnehmen. So können wir bewusstseinserweiternd über unser eigenes alltägliches Identifikationsmuster hinauswachsen. Schließlich ist es unser aller Lebensziel, auf allen 12 Lebensbühnen zu tanzen bzw. mit allen Archetypen eins zu werden, sie in uns zu erleben und zu erlösen. Wenig kann dabei so gut helfen wie Filme. Wir gehen automatisch für die Dauer eines ganzen

Films (der oft ein ganzes Leben umreißt) in den Schuhen des Hauptdarstellers. Wenn wir uns auch noch die des Gegenspielers freiwillig anziehen und die einiger Nebendarsteller, können wir dem Ganzen immer besser gerecht werden.

Historische Filme können unseren Überblick über die Vergangenheit erweitern, um unsere Eltern und Groß(en)Eltern besser zu verstehen, vielleicht sogar Bezug zu unseren Ahnen (er)ahnen lassen und auf diese Art unsere Wurzeln heilen.

Wir könnten dadurch auch aus der Geschichte lernen, zumal sie in diesen Filmen immer ein menschliches Gesicht bekommt und einzelne Schicksale zeigt, jenseits einer trockenen Chronik politischer Abläufe. Das braucht natürlich Einfühlung, denn wie Ingeborg Bachmann so treffend schrieb: *„Die Geschichte lehrt dauernd, aber sie findet keine Schüler.“* Für die in der Schule gelehrte Geschichte mit ihrer Jahreszahlen-Orgie stimmt das wohl. Filme mit ihren die Seelen berührenden Bildern haben da ungleich bessere Chancen.

Science-Fiction-Filme, wie die von Jules Verne und Isaac Asimov inspirierten, ermöglichen uns, Zukunft zu üben. Die Bücher von ersterem zeigen obendrein, wie rasch die Gegenwart die Zukunft einholt. Niemand braucht heute noch 80 Tage, um die Welt zu umrunden, selbst 8 Tage erscheinen inzwischen lang; Raumfahrer schaffen dieses Kunststück in wenigen Stunden.

Filme wie ***Titanic*** und ***Avatar*** von James Cameron oder ***Im Herzen der See*** von Ron Howard warnen uns geradezu vor blindem Vertrauen in eine High-tech-Zukunft, die sich – um jeden Preis – über die Natur erheben will. Sie zeigen das böse Ende solcher Hybris. Die Geschichten der untergegangenen Titanic und des Monsterwals Moby Dick lassen uns innehalten und darüber nachdenken, was wir mit unserem Fortschrittswahn der Erde und ihren Kreaturen antun und mit welchen Konsequenzen wir gegebenenfalls rechnen und leben müssen.

Auch Dokumentarfilme bieten oft ein unschätzbares Lernprogramm. ***Gabel statt Skalpell*** etwa kann uns zu einem gesünderen Lebensstil inspirieren. ***Hope for all*** regt zu einem nachhaltigeren Leben an. ***Am Anfang war das Licht*** mag unsere Wahrnehmung von Materie und Realität erweitern und die Brücke zum Transzendenten und Numinosen schlagen. Schicksalsgesetze kann die Suche nach Heilung, aber vor allem auch nach Sinn und innerer Ordnung anregen.

Die 12 Lebensbühnen oder -prinzipien im Film

Die zwölf großen Archetypen oder Lebensthemen werden auf Filmbühnen lebendig, und wer sich an bestimmte Archetypen im wirklichen Leben (noch) nicht herantraut, kann sie im Film schon einmal üben. Kriegsfilme wie ***Der Soldat James Ryan*** mit Tom Hanks oder Filme wie ***Dirty Harry*** mit Clint Eastwood lassen auf der 1. Lebensbühne das Aggressionsprinzip auf oft brutale Weise anklingen. Sie zeigen, wie Menschen zu Helden werden und wie auch aus uns im täglichen Lebenskampf welche werden könnten. Fast jeder wird das schon erlebt haben, an der Seite bzw. in den Schuhen des Helden über sich hinaus zu wachsen und seinen Mut in sich zu spüren.

Solch kriegerische oder richtiggehende Kriegsfilme bringen gemäß des Polaritätsgesetzes gern die Liebe mit ins Spiel und enden oft auf der 7. Lebensbühne, auf der nicht nur die Liebe, sondern auch Frieden und Versöhnung zu Hause sind. Aber auch Kunst und Kultur, Schönheit und Ästhetik, für die im so tapfer erkämpften Frieden nun auch wieder Zeit sein könnte.

Heimatfilme bringen die 2. Lebensbühne ins Spiel des Lebens, den Selbstwert. Dazu gehört auch die Lust am eigenen Land und Leben, an Sicherheit und Geborgenheit, die Freude, sich von guter Erde gut zu nähren und dabei reich zu werden. Besonders in der Aufbauzeit nach dem Krieg – Mitte der 1940er bis Mitte der 1960er Jahre – mit ihrem Bedürfnis nach Sicherheit, heiler Welt, Zugehörigkeit und Besinnung auf die Grundwerte wie Familie, waren diese Filme beliebt. Das ging bis hin zur Flucht in die heile Welt der Peter-Alexander- und Hans-Moser-Filme. Aber auch ein Film wie ***Chocolat*** gehört hierher, der von Liebe und sinnlichem Genuss handelt.

Catch Me If You Can mit Leonardo DiCaprio spielt ebenso schön wie stimmig fast ausschließlich auf der 3. Lebensbühne. Hier ist das Prinzip der trickreichen Kommunikation, des verblüffenden Austausches, der Wertfreiheit und Neutralität zu Hause.

Familien-Filme wie ***Ma ma*** – Ursprung der Liebe illustrieren die 4. Bühne, Biographien wie ***Aviator***, die Lebensgeschichte von Howard Hughes, die 5. Lebensbühne. Medizinfilme wie ***Semmelweiss Ignaz – Arzt der Frauen***, Michael Verhoevens Film über das Lebenswerk des großen Arztes, spielen auf der 6. Bühne.

Alle Liebes-, aber auch Kulturfilme bedienen die 7. Lebensbühne. Ein Film wie ***Pretty Woman*** macht das sehr deutlich und zeigt einen Archetyp, der durch die Zeiten mit viel Erfolg lebendig blieb: Ein gesellschaftlich angesehener Mann verliebt sich in ein gefallenes Mädchen und zieht es zu sich „hoch". Jahrzehnte vorher, in ***Die Welt der Suzie Wong***, spielte William Holden den Richard Gere und die Chinesin Nancy Kwan gab die Julia Roberts. Eigentlich kennen wir das Muster aber bereits aus dem Märchen Aschenputtel. Seine tiefsten Wurzeln hat es tatsächlich in der biblischen (Liebes-)Geschichte von Jesus Christus und Maria Magdalena. In der Moderne tauchte der Archetyp dann wieder in dem erfolgreichsten Roman aller Zeiten, ***Fifty shades of Grey***, auf, dessen Verfilmung leider misslang. Solche Archetypen oder Urmuster werden uns in der Film- wie in der Seelen-Welt immer wieder begegnen. In ihnen treffen wir auf Grundthemen des Menschseins. Nah verwandt ist etwa der Pygmalion-Archetyp. Im von Ovid beschriebenen Mythos wird der Held, ein Bildhauer, aufgrund negativer Erfahrung zum Frauenfeind. Keine reale Frau ist ihm gut genug. So bittet er Venus, die Göttin der Liebe, eine von ihrem Ehemann Hephaistos geschaffene, traumhaft schöne Frauenstatue zum Leben zu erwecken, ohne die Konsequenzen und Komplikationen zu bedenken.

In ***My Fair Lady*** mit Audrey Hepburn als Eliza Doolittle und Rex Harrison als Professor Higgins, erschafft sich der gebildete

Professor aus dem hübschen, aber ungebildeten und in breitestem Cockney-Englisch redenden Straßenmädchen Eliza seine Traumfrau. Dabei verliebt er sich in sie, sein eigenes Werk. Nun beginnen die Probleme, denn in der Welt der Gefühle kann Higgins nicht mehr alles allein bestimmen und regeln, wie es ihm gefällt.

Selbst noch schauderhafte Filme wie ***Psycho*** mit Anthony Perkins und Werke des Horror-Genres wie John Carpenters ***Halloween***-Filmreihe verraten die Lust an einem Urprinzip, in diesem Fall der 8. Lebensbühne, wo es um die Abgründe der Seele, die Welt der Magie und die tiefgreifendste Umwandlung, die Metamorphose, geht. Religiöse Monumentalfilme wie ***Ben Hur*** schöpfen aus dem 9. Lebensprinzip, das für Sinnfindung, Entwicklung und Philosophie steht. Das 10. Lebensfeld der Reduzierung aufs Wesentliche kommt in ***Rendezvouz mit Joe Black*** zum Tragen, das 11. der Individualität und Originalität in allen wirklichen Komödien und Filmen, deren Humor uns zum Lachen bringt. Ein Film wie ***Ondine – das Mädchen aus dem Meer*** lässt das 12. Feld mit seinem Jenseits- und Transzendenzbezug, aber auch mit dem Thema Drogensucht in ziemlich reiner Form aufleben.

So spiegelt sich die ganze Fülle großer Themen durch alle Zeiten in Filmen, von denen wir lernen und in denen wir (sie er-)leben und sie mitvollziehen können. In Therapien und Seminaren haben wir unsere Klientinnen und Klienten angeregt, sich mit Hilfe von Filmen auf die verschiedenen Lebensbühnen zu trauen, sich auf sie einzulassen und in sie zu vertiefen. Welch ein Segen ist es beispielsweise für unsere Generation, keinen Krieg erlebt zu haben. Viele Filme wie etwa ***Die Bücherdiebin*** lassen uns jedoch für Stunden in dieses Inferno eintauchen und daraus lernen.

Natürlich ist das Leben keine Monokultur, sondern ein unglaublich buntes, vielfältiges Mosaik aus allen 12 Archetypen und Lebensbühnen, die allesamt mit der großen Bühne des Lebens verwoben sind. Wer die 12 Prinzipien in ihrem Wesen und als

Grundbausteine der Wirklichkeit erkennt, erfährt in ihnen eine Quelle der Inspiration und der (Lebens-)Freude.
Unser gemeinsames Buch *Lebensprinzipien* bildet die Grundlage für das Erkennen und Verstehen dieser 12 Archetypen, die in Filmen so wunderbar lebendig werden.

Chancen realer und filmischer Welten

Es ist alles immer da auf dieser, unserer wundervollen Erde. Alle Epochen der Geschichte sind noch heute lebendig. Filme erlauben uns – wie Reisen – sie zu besuchen und in sie einzutauchen. Nur sind Filme so viel leichter zu erfahren und günstiger zu haben. Natürlich können wir auch nach Papua-Neuguinea reisen, um die Steinzeit und die letzten Menschenfresser zu erleben, können die Sunda-Inseln besuchen und in den dortigen Menschen fressenden Riesenechsen, den Komodowaranen, die letzten Nachfahren der Saurier und der mythischen Drachen kennen lernen. In Steven Spielbergs ***Jurassic Park*** geht das aber viel einfacher. Und es ist nicht einmal besonders nervenschonend. So ein Film ist allemal spannender als das Verreisen in geschützter Touristen-Horde.

Alexander von Humboldt sagte, die schlimmste Weltanschauung sei die von Leuten, die die Welt nicht angeschaut hätten. Über Filme können wir sie, wenn auch aus zweiter Hand, am einfachsten betrachten und dabei uns und unsere Weltanschauung entwickeln. Die Welt der Filme wird, so verstanden, zu einem wundervollen Panoptikum unserer Wirklichkeit. Außer der Ebene der Geschichten und inneren Bilder wird keine andere Ebene der Wirklichkeit der Seele in ihrer immensen Vielfalt und ihrem Reichtum gerechter.

In Filmen sind Zeit und Raum so relativ und so real wie in den Bilder-Welten der Seele. Insofern wachsen wir – übend – in Filmen ständig über die Grenzen von Raum und Zeit hinaus. Durch das Spiel mit Blickwinkeln und Einstellungen erkennen wir, wie manipulativ Film sein kann, aber auch, wie sehr sich unser wirkliches Leben durch Veränderung des Blickwinkels und der Einstellung beeinflussen lässt. Auch das Wirken der Schicksalsgesetze wird durch Filme sehr anschaulich.

Der Film ***Sie liebt ihn – sie liebt ihn nicht*** mit Gwyneth Paltrow macht beispielsweise deutlich, wie Kleinigkeiten – hier das Versäumen einer U-Bahn – ein ganzes Leben verändern können. Am Ende aber, wenn die beiden so unterschiedlichen Lebenslinien doch wieder auf dasselbe hinauslaufen, wird klar, welche Vielfalt von Möglichkeiten Leben und Schicksal haben, um uns schlussendlich das Wesentliche beizubringen.

In ***Im Auftrag des Teufels*** wird Keanu Reeves in der Rolle eines jungen Anwalts vom Leibhaftigen (Al Pacino) mit den Lockmitteln Macht, Erfolg und Reichtum vom Weg abgebracht. Die Zuschauer erkennen, wie viele Möglichkeiten das Ego hat, uns einzufangen, uns in Sackgassen zu (ver-)führen und dort festzunageln. Und nebenbei macht dieser Film noch das Schattenprinzip überdeutlich.

Dem Phänomen Zeit nähern sich Filme auf außergewöhnlich unterhaltsame Weise, etwa in ***Und ewig grüßt das Murmeltier***, ***Der seltsame Fall des Benjamin Button***, ***Für immer Adaline*** und ***Alles eine Frage der Zeit***. Aber auch im Golfspieler-Drama ***Die Legende von Bagger Vance***, in dem uns Regisseur Robert Redford lehrt, ganz ins Hier und Jetzt einzutauchen und unser (Lebens-)Feld zu finden.

Die Geschichte eines 9-jährigen Mädchens in ***Die Bücherdiebin*** wird ganz aus der Sicht von Gevatter Tod erzählt. Der Film hilft, uns mit dem Tod nicht nur auszusöhnen, sondern geradezu anzufreunden, lässt er doch miterleben, wie sorgsam dieser seine Aufgabe zu unserem Besten erfüllt. Solche Anregungen können helfen, mit dem Tod auf vertrauteren Fuß zu kommen, wie dies natürlich auch die klassischen Theaterstücke *Jedermann* und *Der Brandner Kaspar* tun.

Die ***Sissi***-Trilogie aus den 1950er-Jahren konnte und wollte der historischen Wahrheit nicht entsprechen, umso mehr kam sie aber dem seelischen Bedürfnis vieler Mädchen entgegen. So etwa auch bei meinen Schwestern, die sich beim Anschauen der Filme regelmäßig in Tränen auflösten. Nach dem Kino waren sie ein gutes Stück außer sich, jedoch ihren (Lebens-)Träumen näher. Sie haben – wie viele – ein Leben lang Märchenprinzen gesucht.

Ich glaube heute, die von mir damals eher verachteten Sissi-Filme haben meine Schwestern auf eine Art berührt, wie mich in meiner Jugend Karl-May-Verfilmungen. Winnetou und Old Shatterhand, etwa in ***Der Schatz im Silbersee***, haben Träume angeregt und die Seele in Schwingung versetzt. Karl May ist nie gereist und wusste aus eigener objektiver Anschauung kaum, wovon er schrieb. Aber seine Seele scheint es gewusst zu haben, denn sie hat mit ihren Phantasien unendlich viele jugendliche Herzen berührt. Ähnliches gelang den Melodramen von Douglas Sirk, z. B. ***Was der Himmel erlaubt***, oder in neuerer Zeit den Verfilmungen der Romane von Rosamunde Pilcher. Die Seele braucht offenbar nicht nur große Kunst, sondern auch das Melodram und viel Kleinkunst, um immer wieder Mut zu fassen in einer schwierigen Welt. Um die Hoffnung zu (be-)wahren, dass zum Schluss doch noch alles gut ausgeht und sie aus allen Schwierigkeiten heraus- und in die große Liebe eintauchen kann.

Rückwirkend betrachtet mögen Verfilmungen wie die der Karl-May-Romane naiv erscheinen; aber ist nicht unsere Seele tatsächlich viel naiver als es moderne IT-Zeiten darstellen? Nach den Märchen der Kindheit waren solche Filme die Seelennahrung unserer Jugend, und noch heute kann ich es genießen, in endlose Episoden von ***Downton Abbey*** oder ***Outlander*** einzutauchen. Dieser Wunsch, an so ganz anderen Leben teilzuhaben, dürfte hinter der Lust auf Serien und Soaps stecken. Vielfach sind sie sicher auch Ersatz für eigene fehlende Lebensspannung und -erfahrung. Mitunter können sie aber auch Zuschauer dazu anregen, selbst wieder mehr Leben ins eigene Leben zu bringen. So kann mit der Flucht aus dem eigenen, vergleichsweise langweiligen Leben auch das Bedürfnis wachsen, dieses wieder zu intensivieren.

Filme bieten uns einen noch immer ständig wachsenden, aber kaum auslotbaren Schatz an Lebenserfahrungen und -varianten, die wir mit ihrer Hilfe erleben können. Offensichtlich ist es besser, seine Aggressionsmuster – und damit das Thema der ersten Lebensbühne – durch Mitfiebern bei Kriegsfilmen kennenzulernen, als in konkrete Kriege zu ziehen. Man denke dabei etwa an die Soldiers of Fortune, die Glücksritter internationaler Söldnertruppen, die sich von egobesessenen Politikern für Macho-Macht-Spiele missbrauchen lassen.

Und wie viel besser ist es, in einen Horrorfilm einzutauchen und die unerklärliche Lust der eigenen Seele an schauderhafter Grausamkeit zu erleben, als konkreten Horror auf plutonischen Schlachtfeldern selber auszuleben und zu erleiden. Die für viele unerklärliche Sehnsucht junger Menschen aus unserer reichen, geordneten Welt, an diesem Wahnsinn teilzunehmen – z. B. im Dienst des IS Gefangene zu enthaupten und sich selbst quälen zu lassen –, erklärt sich letztlich aus den Urprinzipien, in diesem Fall der 8. Lebensbühne. Auch sie gehört zum Leben, und wo sie nicht in konstruktiver Weise erlebbar ist, droht ihr Schatten. Diesem über Filme nahe zu kommen, ist allemal besser, als ihn in der Realität auszuagieren.

Bilder, Bildung, Buch und Film

Filme bringen Bilder und damit manchmal auch Bildung in unsere inzwischen nicht nur weitgehend grammatik-, sondern auch bildungsferne (Lebens-)Schule. Wenn Sprache und Schrift ohne die gewohnte Ordnung bleiben, mag das der älteren Generation unangenehm aufstoßen, aber es lässt immerhin noch Kommunikation zu, wenn auch in anderer Form. Wenn aber Kinder und Jugendliche ohne Bilder bleiben, was sollen sie im Bilderalbum ihrer Seele (auf-)bewahren? Was kann ihnen Kraft und Wegweisung geben? Wie sollen sie den roten Faden durch ihr Leben finden? Das ist nicht mal arm-selig, denn arm an Bildern kann keine Seele selig werden.

Der Film hat dem Buch inzwischen weitgehend den Rang abgelaufen. Wobei die zugrunde liegenden Drehbücher noch immer seine Herkunft verraten. Bücher erzählen ebenfalls Geschichten, lassen aber der Phantasie der LeserInnen noch allen Raum, die eigene Geschichte damit zu verweben. Filme erzählen Geschichten aus Drehbüchern, kleiden diese aber in ungleich konkretere Bilder. Dies kann die Phantasie der (Zu-)SeherInnen auch behindern und einschränken. Als die Tochter eines Freundes, die Michael Endes *Die Unendliche Geschichte* vorgelesen bekommen hatte, später den gleichnamigen Film ansah, wurde sie immer trauriger. Das alles stimmte für sie gar nicht mehr. In ihrer Phantasie hatte sie beim Zuhören ganz andere und für sie wahrere, weil eigene, Bilder gesehen. Insofern können Filme die alten von den (Groß-en)Eltern vorgelesenen Märchen nicht ersetzen, aber sie können ihr Bestes geben, die eigene Phantasie anregen und so das innere Kind in uns beleben.

Die Kunst großer Regisseure liegt deshalb darin, in Filmen die Archetypen und Lebens-Muster unübersehbar nach- und einfühlbar zu machen, so dass jeder seine eigene (Lebens-)Art in ihnen wieder finden kann. Insofern ist es ein Segen, wenn Regisseure wie George Lucas (***Star Wars***) über diese Urmuster Bescheid wissen und wir das – zumindest unbewusst – spüren. Zusätzlich haben sie noch Musik an ihrer Seite, die auf der Klaviatur der Seele beliebige Emotionen hervorzaubern kann – wie etwa so meisterhaft die Film-Musiken von Hans Zimmer und Vangelis.

Schließlich lassen uns Filme die große Illusion unseres Lebens durchschauen. In Wirklichkeit bewegt sich kein einziges ihrer unzähligen Bilder; lediglich die Geschwindigkeit, mit der sie aufeinander folgen, lässt sie für uns lebendig erscheinen. Unser Leben ist eine ähnliche, nur umgekehrte Illusion. Wir erleben uns als Einzelwesen, sind jedoch alle in einem lebendig bewegten Muster ständig miteinander verbunden, wie alle Religionen und seit neuestem auch Physiker wissen.

Kino auf Rezept

Schon seit geraumer Zeit arbeiten Psychotherapeuten im angelsächsischen Raum erfolgreich mit der sogenannten Cinema-Therapy. John W. Hesley, ein Therapeut aus Texas, sagt: *„Filme stellen Rollenmodelle zur Verfügung, sie spenden Inspiration und Hoffnung und bieten neue Lösungen für alte Probleme."* Bernie Wooder, ein Londoner Therapeut, formuliert es so: *„Szenen, die faszinieren oder verstören, können den Schlüssel zu verborgenen Traumata oder unterdrückten Sehnsüchten enthalten."* Stuart Fischoff von der California State University betont: *„Filme handeln oft von Themen, die PatientInnen in der Therapie nicht diskutieren können, weil sie zu schmerzhaft sind. Filme können diese Barrieren niederreißen." „Alles, was uns hilft zu reifen oder uns besser zu fühlen, ist therapeutisch"*, weiß der finnische Cineast Pekka Mekkipää.

Filme können starke Gefühle auslösen, was weder in der herkömmlichen, in den USA noch immer sehr verbreiteten Psychoanalyse, noch in Gesprächstherapien die Regel ist. Kinohelden leben für uns Phantasien aus und machen so Filme zu Übungsfeldern für das richtige Leben. Leinwandwerke sind obendrein eine Art Spielplatz kollektiver Träume, Möglichkeiten und Visionen.

Wo Protagonisten auch „böse" sind und verbotene Schatten-Phantasien ausleben wie in Horrorfilmen, verhelfen sie manchmal sogar zu einer Schattentherapie. Sie schenken uns in der Identifikation mit den Darstellern den Mut, Tabus zu brechen, dem biblischen Auftrag folgend, „warm oder kalt" zu sein und die Extreme zu wagen. Die Stars, unsere Leitsterne, lassen uns in ihren verschiedenen Rollen Sternstunden erleben, in denen sie die Stirn, den Mut und die Kraft haben, schwere Schicksalsschläge und alle möglichen Widrigkeiten des Lebens beispielhaft zu bewältigen. Sie experimentieren mit den erstaunlichsten, am meisten herausfordernden Lebensmodellen, machen ihre Erfahrungen gleichsam stellvertretend für uns und stellen sie uns zur Verfügung. ***Captain Fantastic*** etwa zeigt Fehler auf, die wir in der Kinder-Erziehung auch einfach auslassen könnten.

So bringen uns Filme auf Ideen und geben Beispiele, den eigenen Weg zu finden und zu gehen. Filmemacher sind in aller Regel kreative, originelle Menschen mit Ansprüchen an das Leben. Sie wollen be- und verzaubern, auf- und erklären, ver- und aussöhnen oder aber auch aufstacheln und -hetzen – jedenfalls verändern. Sie machen meist Mut zu außergewöhnlichen, kreativen Lösungen und locken uns nicht auf die angepassten Trampelpfade des Mainstreams, wie es normale Erziehung und Sozialisation mit Hilfe der Institutionen der bürgerlichen Gesellschaft tun. Insofern kommen sie dem eigentlichen Lebensauftrag unserer christlichen Kultur („*Weil du lau bist, und weder warm noch kalt, will ich dich ausspeien*") oft näher als das entsprechende Bodenpersonal der Religion. Manchmal können sie sogar dazu ermuntern, sich vom (gut-)bürgerlichen Mantra „*Hoffentlich geschieht nichts!*" zu lösen und stattdessen ein buntes, lebendiges Leben auf all seinen 12 Lebensbühnen zu wagen.

Nicht selten handeln Filme sogar ganz direkt von Psychotherapie und lassen uns mittels Identifikation mit ihren Hauptfiguren in alle Arten von Problemen eintauchen, ermöglichen, menschliche

Schwächen, Ängste, Verbiegungen und Neurosen (mit)zuerleben. Mit Jack Nicholson versinken wir etwa lebensecht in Zwanghaftigkeit bei ***Besser geht´s nicht*** und sogar in Psychosen wie bei ***Birdy*** mit Matthew Modine und Nicolas Cage. Oder wir stürzen uns geradezu in die Manie von ***Mr. Jones*** alias Richard Gere.

Da Filme in der Mehrzahl zum Happy-End tendieren, ergeben sich daraus verschiedenste Auswege aus komplizierten Situationen, mithin auch Handlungs- und Therapie-Optionen für den Zuschauer. Anderenfalls wird zumindest der Grund des Scheiterns deutlich. Auch das ist hilfreich, da man vorgelebtes Versagen nicht zwingend nachmachen muss. So laden Filme zu einer Art Probeleben ein und stellen eine Art multidimensionale Spielwiese zur Verfügung, wie es etwa auch Psycho- oder Gruppentherapie anstreben. Insofern können sie diese beiden Methoden wundervoll ergänzen.

Filme haben dabei noch den enormen Vorteil, uns durch jederzeit mögliches Abstandnehmen von außen den Überblick über die ganze Geschichte und ihre Handlungsstränge zu gewähren. Das Zeugen-Bewusstsein, die Beobachter-Position einzuüben, wozu östliche Philosophien gern einladen, fällt im Film leichter als im richtigen Leben und lässt sich bei jedem Film neuerlich üben. Vor allem ist dies bei wiederholtem Betrachten möglich. Zumindest könnte dieses Abstandnehmen auf jedes Filmerlebnis folgen: in einem Rückblick, der den Film umso wertvoller macht. Die Zeit nach dem Film-Ende ist ebenso wichtig wie jene, die auf das Ende einer Psychotherapie, eines Tages oder sogar des ganzen Lebens folgt. Wer das jeweilige Ende versteht und daraus lernt, kann beim nächsten Schritt neu gestalten, Altes verändern und schlussendlich alles besser ins Leben einordnen. Das sind auch zugleich die drei entscheidenden Schritte zur Heilung, die Aaron Antonovsky mit seinem Begriff der Salutogenese in den 80er-Jahren des letzten Jahrhunderts vorschlägt: 1. verstehen, 2. gestalten, 3. Sinn (darin) finden. Filme in dieser Hinsicht zu nutzen, bietet wundervolle Chancen.

Werden diese Momente des Abstandnehmens, um am fremden Beispiel fürs eigene Leben zu lernen, nicht übertrieben, kann der Wechsel zwischen Identifikation und Zeugen-Bewusstsein zu entscheidenden Entwicklungsschritten verhelfen.

Wie oft denkt man sich beispielsweise in Filmsituationen: „Wieso sagt er/sie nicht, was los ist?" Im französischen Film ***3 Herzen*** geraten zwei Schwestern und ein Steuerprüfer, ohne dass einer der drei daran schuld wäre, in eine herzzerreißende Situation, die durch rechtzeitiges Miteinanderreden leicht hätte vermieden werden können. Wir erleiden händeringend mit den dreien die sich abzeichnende, vom Schicksal inszenierte Tragödie. Wenn wir die wachsende Anspannung in uns spüren oder anschließend über den Film nachdenken, können wir uns fragen, in welchen Lebenssituationen wir selbst durch Mauern, durch Nicht-An- und -Aussprechen unserer wahren Gefühle ähnliche Situationen heraufbeschwören. Es gäbe sogar anschließend die Chance, für sich in der Phantasie einen zweiten Teil zu drehen, in der der Hauptdarsteller die erstaunliche Koinzidenz anspricht und damit beiden Partnerinnen und sich selbst die Chance eröffnet, sich anders zu verhalten. Vor allem lässt sich das nicht nur mit Filmen, sondern auch mit Situationen des eigenen Lebens bewerkstelligen, und der Satz „Es ist nie zu spät, eine glückliche Kindheit zu haben" bekommt tieferen Sinn.

Da sind drei Menschen, die sich lieben: Beide Schwestern sind einander die wichtigsten Menschen auf Erden. Er liebt beide und beide lieben ihn – das könnte auch gut (aus-)gehen. Daraus eine solche Tragödie zu machen, ist der typisch bürgerlichen Lust am Drama geschuldet. Um nur ja kein Tabu zu brechen, ruiniert man lieber die Leben der beiden liebsten Menschen und das eigene. Das enorm unwahrscheinliche „zufällige" Geschehen 1. zu durchschauen, um sich dann 2. anders zu verhalten und 3. das Ganze schließlich als schicksalhafte Aufgabe einzuordnen, wäre der erlösende Weg nach diesen drei Schritten, die ideal geeignet sind, Probleme wie auch Symptome und ganze Krankheitsbilder zu bewältigen. Filme können insofern helfen, diesen Heilsweg zu erkennen, zu wählen und zu verwirklichen.

Wecken Filme oder Szenen daraus in uns Emotionen, ist das ähnlich wie in entsprechenden Situationen unseres Lebens. Wir neigen möglicherweise zu gleichem (Fehl-)Verhalten oder erinnern uns an entsprechende Momente. Daraus kann der Mut erwachsen, es einmal anders zu versuchen und zu wagen, sein Leben neu zu gestalten. Hierbei zu assistieren, durch Hilfe bei der Wahl der Bilder und Bildfolgen in Gestalt von Filmen, ist die Aufgabe von Psycho- und Filmtherapeuten.

Heilende Bilder(-Folgen) und ihre Folgen

Die therapeutischen Effekte gut erzählter Geschichten sind wohl seit Beginn menschlicher Kultur bekannt. Mythen und Märchen waren immer auch (kollektive) Therapie, die Bewusstwerdungs- und damit Heilungsprozesse in Gang setzten. Sie lösten mit ihren äußeren Bildern innere Seelen-Bilder aus und hatten damals Folgen für das ganze Leben, weil sie wahr-, ernst- und wichtig genommen wurden.

Das Theater der griechischen Antike verfolgte vor allem diesen Sinn. Dazumal wurden noch weit mehr Tragödien als Komödien aufgeführt, aus dem nachvollziehbaren und geschickten Gedanken heraus, dass die Menschen bei ersteren mehr Hilfe brauchten als bei letzteren. Das entspricht auch völlig unserer Erfahrung. Kaum jemand kommt zur Psychotherapie, weil er vor Glück und Ekstase nicht mehr ein noch aus weiß, sondern eher, weil er mit dem Drama seines Lebens nicht fertig wird und verkennt, in welchem Maß dieses selbstinszeniert ist. Das griechische Theater verließ sich dabei noch mehr und ausdrücklich auf Theo-logik, also die (Logik) der Götter.

Gerade so genannte Kultfilme sind in ihrer Bedeutung den alten Märchen und Mythen vergleichbar. Sie bleiben oft zeitlos aktuell und werden von jeder Generation neu entdeckt. Gute Filme öffnen gleichsam die Tore zum Unbewussten und bauen manchmal sogar Brücken zu jenem kollektiven Unbewussten, in dem jedes Volk wurzelt. Über die Urprinzipien wiederum sind Völker in ihrer Tiefe miteinander verbunden und verwoben. Was Filme uns allen schenken, die Chance zur Selbsttherapie in Eigenregie, können sie grundsätzlich auch in Bezug auf Völker leisten. Gerade wenn sie um die Welt gehen, wie viele Produktionen aus Hollywood, haben sie oft diesen Effekt.

Spielbergs Meisterwerk ***Schindlers Liste*** hat sicher mehr für die Aufklärung bezüglich des Holocaust geleistet, als es deutsche Geschichtslehrer vermochten, selbst wenn sie sich an das Thema herangewagt hätten. In meiner Schulklasse haben es Lehrer zweimal während neun Jahren Gymnasium nicht geschafft, bis in die jüngste Vergangenheit vorzustoßen. Stattdessen haben sie sich lieber um die Jungsteinzeit bemüht und bei uns das Interesse an Geschichte einschlafen lassen. Filme können es wieder wecken. Gerade geschichtliches Wissen, das scheinbar nebenbei und ohne Zwang aufgenommen wird, kann uns erreichen, weil es keine Abwehr hervorruft – wie eben durch Filme wie ***Die Bücherdiebin***.

Die Identifikation mit den DarstellerInnen gibt uns die Möglichkeit, spielerisch die unterschiedlichsten Lebenskonzepte mit den damit verbundenen Konsequenzen zuerst in der Filmgeschichte und anschließend in der eigenen Fantasie zu durchleben. Entscheidend für die therapeutische Wirkung ist, wie sehr wir dabei emotional bewegt und seelisch berührt werden und den Film nicht nur gleichsam als unbeteiligte Zuschauer konsumieren. Die Geschichte muss uns nahe gehen, uns erreichen und sogar be- und anrühren und am besten anschließend lange nachhallen in Träumen und Gedanken, sich mit unserer Seele verweben, damit sie therapeutisch etwas in uns bewegt. Wir lernen nur mit Begeisterung gut, wie uns Neuro-Wissenschaftler heute belegen. Begeisternde Filme therapieren daher am besten.

Gute Filme laden so ein, das Drehbuch unseres Lebens unter die Lupe zu nehmen und die „Story“ mit allen Möglichkeiten und Fallstricken als Zuschauer und Beobachter zu erleben. Da sieht man erfahrungsgemäß leichter, wo das Problem der „Helden“ liegt. Diesen Schritt vom leicht sichtbaren Splitter im Auge des Stellvertreters zum Balken im eigenen will dieses Film-Therapie-Buch erleichtern.

Da wir fast alle schon immer Filme anschauen und demnach auch mit ihnen leben, ist es ein leicht umsetzbarer Ansatz. Wer den Blickwinkel bewusst erweitert und den Fokus auf sich selbst lenkt, kann aus einem Freizeitvergnügen eine sehr vergnügliche Psychotherapie machen. Diese kann gleichsam nebenbei, dadurch aber umso wirksamer und fast unbemerkt ins Leben treten.

Wir dürfen dann abends den Therapie-Film schauen und ersparen uns langweilige Unterhaltung. Unterhaltende Fernseh-Abende halten uns tatsächlich unten. Film-Therapie dagegen kann am selben Ort, auf der eigenen Wohnzimmer-Couch, statt langweiliger Unterhaltung Sternstunden vermitteln, die uns nicht nur das Leben näher bringen, sondern umgekehrt uns selbst wieder tiefer ins Leben eintauchen lassen.

Das Drehbuch des Lebens

Bei Psychotherapien geht es um Erkennen und Verstehen. Aber auch um die Möglichkeit, das eigene Lebensdrehbuch anders und neu zu interpretieren. Schließlich geht es darum, sich auf den Weg zu machen, und ihn so lange zu korrigieren, bis es der eigene ist. Letztlich muss sich zum runden Ende einer Therapie alles in den großen Lebenszusammenhang fügen. Damit sind wiederum alle drei Kriterien der Heilung erfüllt: Verstehen – Gestalten – Sinn finden.

Ähnlich können uns Spiel-Filme mit ihren mustergültigen Drehbüchern die Chance vermitteln, unser eigenes Lebens-Drehbuch besser zu durchschauen und anschließend sogar bewusst umzuschreiben. Am Ende von ***Das Beste kommt zum Schluss*** wird klar, dass wir nicht darauf warten müssen, bis eine Krebsdiagnose in unser Leben rauscht und die Chemotherapie scheitert, um mit dem Leben zu beginnen. Man fühlt sich nach dem Film sogar richtig erleichtert, beides (noch) nicht am Hals beziehungsweise auf der Brust zu haben. Vielmehr lässt sich gleich damit anfangen, ein lebendiges, sinnerfülltes Leben zu führen und nach einem besten Freund Ausschau zu halten. Am Ende von ***Ziemlich beste Freunde*** wird den meisten klar, dass wir uns auch ohne schlimme Querschnittslähmung auf wirkliche Freundschaft einlassen können. Und dafür kommt durchaus auch jemand aus einer anderen sozialen Schicht oder Kultur in Frage – potenziell eigentlich jede(r).

Am Lebensskript selbst zu drehen, es zu gestalten, bevor man es durchschaut und verstanden hat, gelingt nicht so oft: Der Film ***Maggie´s Plan*** mit Julianne Moore und Ethan Hawke macht dies deutlich. Eine ehrgeizige, egozentrische Wissenschaftlerin verliert ihren Mann an eine verständnisvolle, einfühlsame Frau mit Kinderwunsch, eine Quäkerin, deren bisherigem Leben jede Beständigkeit fehlte. Sie hat es bisher nie länger als sechs Monate mit einem Partner ausgehalten, will aber dringend ein Kind. Statt sich gleich auf den sympathischen, ihr noch ziemlich unbekannten Samenspender einzulassen, bekommt sie ein Kind mit dem Mann der Wissenschaftlerin, und beide sind glücklich für drei Jahre. Dann aber kommt die Krise und Maggie spürt, wie präsent die frühere Frau ihres Mannes noch immer ist. Sie versucht jetzt, ihren Mann seiner Ehefrau zurückzugeben, gleichsam um ihn loszuwerden. Das ist nicht so leicht, gelingt aber schließlich und nach einigen Turbulenzen. Kaum sind beide glücklich getrennt, taucht der Samenspender vom Anfang der Geschichte auf, der sich nicht einlassen wollte. Gerade wieder frei geworden, verliebt sie sich wieder in ihn. Nun schwant uns Zuschauern, die Samenspende habe wohl doch gewirkt und das Schicksal bringe verspätet zusammen, was zusammengehört.

Manchmal braucht es offensichtlich Spiel-Film-Therapie, um zu erkennen, dass das Leben ein Spiel ist, das seine (Spiel-)Regeln in Gestalt der „Schicksalsgesetze“ hat, dass die eigenen Muster jedoch nicht unumstößlich, sondern veränderbar sind, so dass das Ganze zum Schluss gut wird und Sinn ergibt.

Filme sehen oder schauen?

Unsere Sinne sind ähnlich polar organisiert wie das ganze Leben in der Welt der Gegensätze. Dem archetypisch männlichen Pol des Intellekts geht es vor allem um Information, weshalb er auf die Idee kommen könnte, neben dem Film noch Mails oder anderes zu erledigen. Das ist eine sichere Methode, um vom Film nur die grobe Handlungsstruktur über die Sprache und ein paar Bilder zwischendurch mitzubekommen. Was aber bleibt dann auf der Strecke? Tatsächlich alles Wesentliche, selbst das informative Sehen zum Teil, vor allem aber das intuitive Schauen und damit die innere Schau, aus der sich eigene Phantasien und eine Brücke zu inneren Seelen-Bildern bilden können und sogar eine persönliche Vision.

Ähnlich entgeht einem bei oberflächlichem Hören zwar wenig Information, aber alles Horchen bleibt auf der Strecke: Wenn wir etwa auf unsere innere Stimme hören, die den Unter-, Ober- und Zwischentönen nachhorcht und aus dem Filmgeschehen Schlüsse zieht, kann sie uns Ideen und Hinweise aus der eigenen (Seelen-) Tiefe dazu liefern. Wir sollten uns also das Wesentliche, ja Entscheidende vom Film nicht entgehen lassen. Multitasking ist in jedem Fall und besonders bei Filmen völlig daneben. Filmeschauen ist sogar eine Methode, diese moderne Unsitte zu durchschauen und aufzugeben. Mit Multitasking bekommt man(n) weder eine sinnvolle Einstellung zu Filmen, noch zum Leben. Im Gegenteil, diese verstellt sich immer mehr, fast immer unbemerkt.

Folglich wäre es im Gegenteil sinnvoll, sich ganz frei zu machen und (Zeit) zu nehmen für jeden Film – wie früher im alten Lichtbilder- oder Film-Theater –, sich von allem anderen lösend und im Augenblick des Hier und Jetzt ankommend. So lässt sich mit allen Sinnen auf beiden Ebenen von Anima und Animus eintauchen in die Bilder-Welt – offen dafür, sie mit den eigenen inneren Bildern im Photo-Album der Seele zu verbinden.

Einstimmung auf Filme

Ideal wäre eine Art Tiefenentspannung zu Beginn – mit geschlossenen Augen, alle anderen Sinnen jedoch weit geöffnet. Wie zu einer inneren Reise in die Seelen-Bilder-Welt können wir uns mit einer kurzen Entspannungs-Meditation auf den Einlass der äußeren Bilder in die Seele vorbereiten. Sobald wir dann die äußeren Augen aufgehen lassen, bleiben auch die inneren weit geöffnet und manche Filme können in ihrem Verlauf zusätzlich unser Herz öffnen und das Bewusstsein (er)weite(r)n.

Wenn wir uns, so durch die kurze Einführung angeregt, mit unserem ganzen Wesen dem Film(-leben) öffnen, ohne schon vorgefasste Meinungen mitzubringen, werden wir solchen Kunstwerken am besten gerecht.

Die Deutungen, wie sie in diesem Buch vorgestellt werden, sollten wir erst anschließend lesen, um uns bei einem nächsten, späteren Durchgang noch tiefer einzulassen auf die äußere Film- und die innere Seelen-Bilderwelt.

Wie bekomme ich die Filme?

Fast alle Filme sind heutzutage oft auch sehr günstig über iTunes, Amazon oder Film-Portale wie Netflix als Download zu bekommen. Natürlich kann man die meisten Filme – ältere oft auch günstig – als DVDs bekommen. Es gibt noch den altmodischen Postversand von DVDs, etwa bei Videobuster. Für „altmodische" Leser mag das ein praktischer Zugang sein, da das Angebot dort reichhaltiger ist als z. B. bei Netflix.

Das Spiel des Lebens mit der Zeit

Mit dem Kapitel Zeit und damit der 10. Lebensbühne zu beginnen, macht Sinn. Nicht nur, weil man sich für Filme Zeit nehmen muss – wie auch zum Leben –, sondern weil in unserer schnelllebigen Epoche so vieles am Mangel an Zeit scheitert. Dabei sparen wir heute so viel davon. Der Nationalökonom Max Weber hat Zeitverschwendung als die größte Sünde überhaupt eingestuft. Die Lektion hat gesessen und wir haben begriffen. „Die deutsche Hausfrau" spart heute gegenüber ihrer Vorgängerin vor 100 Jahren – durch raffinierte Geräte und Planung – über 40 Stunden an einem einzigen Tag. Im Industriebereich sind noch erstaunlichere – oder sollen wir sagen: verrücktere – Zeiteinsparungen gelungen.

Unschwer lässt sich erkennen, dass hier einiges nicht stimmen kann. Andererseits: wer das Wesen der Zeit durchschaut, kann vieles verstehen und hat schon einiges verstanden. Wer unseren Filmtipps zum Thema Zeit folgt, wird das erleben.

So schlagen wir vor, sich zu Beginn unserer Film-Odyssee eine gute Woche Zeit für die Zeit selbst zu nehmen. Und Odyssee meint hier – wie in der Homer'sche Vorlage – durchaus Heimkehr der Seele zu sich selbst und zu ihrer besseren Hälfte. Letztere kann dabei sehr helfen, und so bewährt es sich, Filme mindestens zu zweit anzuschauen, um hinterher die verschiedenen Blickwinkel und Perspektiven zu sammeln. Aber allein zu schauen ist natürlich immer noch viel besser als gar nicht.

Sehr wichtig ist dabei, den jeweiligen Film zu schauen und nicht etwa nur zu sehen – das sei hier nochmals betont. Jede Sinneswahrnehmung hat – wie alles andere auch – die Polarität von Yin und Yang, weiblich und männlich in sich. Wir können auf Informationen hören oder auch mit unserem ganzen Wesen horchen und dem Erhorchten sogar gehorchen. Wir hören die (Worte der) Film-Dialoge, wir können aber auch speziell auf deren Zwischentöne horchen oder gar auf ihren tieferen Sinn und ihre Bedeutung. So kommen Yin und Yang zusammen, und das Ganze ist natürlich auch hier mehr als die Summe seiner Teile.

Ähnliches gilt für sehen und schauen. Erst wenn letzteres ersteres ergänzt, entwickelt sich die Schau, die schließlich bis zur inneren Schau gehen kann. In Margarethe von Trottas Film ***Vision – Aus dem Leben der Hildegard von Bingen*** geht es darum, die Schau der Heiligen mit äußeren Bildern einzufangen und zu vermitteln. Die katholische Bevölkerung hatte in Hildegard schon seit Jahrhunderten eine Heilige geschaut, die Kirchenfürsten konnten das jedoch lange nicht sehen. Zu Lebzeiten überlegten sie, Hildegard auf Grund ihrer Reden und Taten zu verbrennen. Dann ignorierten sie ihr Wissen und ihre Weisheit Jahrhunderte lang. Und erst als die einfachen und fühligeren Menschen nicht aufhören wollten, in ihr die Heilige zu schauen, sahen die ausschließlich männlichen Gerontokraten der Kirche ein, dass weiterer Widerstand zwecklos war und sprachen Hildegard heilig. Hier wird der Unterschied zwischen schauen und sehen sehr deutlich.

Für unser Film-Unterfangen wäre es ideal, zuerst vorbehaltlos den Film anzuschauen. Das Sehen geht sowieso ganz nebenbei. Nehmen Sie sich anschließend Zeit für eine Phase des Verstehens, um etwas über die Filme nachzulesen, sie zu deuten und über sie zu sprechen, um sich schließlich nochmals eine Gesamtschau zu gönnen.

1. Tag:

Der seltsame Fall des Benjamin Button (2008, 159 Min.) von John Fincher

In diesem Film lebt Brad Pitt den alten Menschheitstraum und zeigt den ZuschauerInnen dessen Schattenseiten. Als Greis geboren, wird er (s)ein ganzes Leben lang stetig jünger.

Deutung 1:
Diese Umkehrung der Zeit, von der so viele moderne Menschen träumen, erweist sich natürlich als Albtraum bezüglich der wichtigsten Thematik unseres Lebens, der Liebe. Benjamin muss die Frau, die er sein ganzes Leben über geliebt hat (Cate Blanchett), und ihre gemeinsame Tochter schließlich verlassen, weil er zu jung für sie geworden ist, während die beiden Frauen normal altern (dürfen). Der Film zeigt nachhaltig, wie gut beim gewöhnlichen Verlauf eines Lebens alles eingerichtet ist und spielt von Anfang an mit dem Motiv der Zeit – beginnend mit einer Bahnhofsuhr, die rückwärts läuft. In Benjamins späten Jahren, die nach einer verqueren Form von Jugend in eine absurde Kindheit übergehen, wird das Elend dieser Verkehrung des Lebenslaufs in sein Gegenteil besonders deutlich. Lediglich eine hinzukommende Demenz mildert das Drama durch gnädiges Vergessen. Das Sterben von Kindern ist immer besonders unerträglich, bei Benjamin wird es zur Farce.

Deutung 2:

Der Film zeigt uns sehr deutlich eine Erfahrung aus der Reinkarnations-Therapie: dass nämlich in einem alten Körper ein kindlicher Geist wohnen kann – und umgekehrt auch ein alter, weiser Geist in einem kindlichen Körper.

Darüber hinaus lehrt er, wie zeitlos Liebe ist. Benjamins Alter spielt keine Rolle – er verliebt sich als Greis in dieses Mädchen, und diese Liebe hält ein Leben lang. Umgekehrt verliebt sie sich in ihn wohl erst, als er zu einem Mann mittleren Alters geworden ist – aber auch diese Liebe bleibt bestehen, bis er zum dementen Baby geworden ist.

2. Tag:

Für immer Adaline (2015, 112 Min.) von Lee Toland Krieger

In diesem Film erfüllt sich für die wunderschöne Adaline, gespielt von Blake Lively, die große Hoffnung so vieler Frauen und Männer: sie wird einfach nicht mehr älter. Der große Traum vom Jungbrunnen und ewiger Jugend wird für sie über Nacht wahr. Sie darf zunächst und muss später in ihren besten Jahren stehen bleiben.

Deutung 1:

Der große Traum der meisten Menschen wird für die Hauptfigur wahr und entwickelt sich zum Albtraum. Immer wieder muss Adaline ihre Identität wechseln, um nicht aufzufallen und in die

Mühlen des Systems zu geraten. Natürlich wären sowohl Wissenschaft als auch Politik brennend an ihrem Geheimnis interessiert. Am schlimmsten aber sind die Verwicklungen wieder in puncto Liebe. Ihre an ihr vorbei alternden Partner zwingen sie immer wieder zu Flucht und Verrat. So verschließt sie sich – schweren Herzens – gänzlich der Liebe, um nicht immer dasselbe Drama auszulösen. Ihre Tochter altert normal und schaut allmählich wie ihre Mutter, später wie ihre Großmutter aus. Als solche tritt sie dann auch in der Öffentlichkeit auf.

Schließlich – mit über 100 Jahren – erlebt sie eine weitere große Liebe und lässt sich zögerlich darauf ein. Dies ließe sich dahingehend deuten, dass uns die Liebe nie aufgibt. Adaline gerät ausgerechnet an den Sohn einer ihrer früheren großen Lieben. Harrison Ford spielt diesen Vater, den sie wegen ihres Problems mit der ewigen Jugend hatte sitzen lassen und schwer enttäuschen müssen. Als der gealterte Ex-Freund sie an einer Narbe aus buchstäblich alter Zeit wiedererkennt, eskaliert das Geschehen.

Schließlich ist das Schicksal gnädig und kommt ihr zu Hilfe – wie so oft bei Betrachtung des ganzen Lebensbogens und vor allem der Kette der Leben. Es erlöst sie aus dem (Alb-)Traum ihres gleichsam übermenschlichen Schicksals und lässt sie ihr erstes graues Haar finden – was für eine Erleichterung.

Deutung 2:

Letztlich ist es die alte Geschichte, die Oscar Wilde in *Das Bildnis des Dorian Gray* – mit Helmut Berger wundervoll verfilmt – unsterblich machte. Dieser Archetyp ewiger Jugend ist hier in Gestalt von Adaline aus weiblicher Perspektive verfilmt. Ihr geht es um wirkliche (Herzens)Liebe, während in der männlichen Version von Oscar Wilde ein schöner junger Mann zum Lebemann im wahrsten Sinne des Wortes verkommt. Die gelebten Schattenanteile werden bei ihm nur an seinem Bildnis deutlich, das schon bald die schrecklich verkommenen Züge seiner Seele annimmt.

Als der Zauber endet, das Bild wieder schön und jugendlich und er selbst hässlich und alt aussieht, verendet er augenblicklich.

Adaline dagegen, die sich in ihrer (Alb-)Traum-Situation der ewigen Jugend so verantwortlich und rücksichtsvoll wie möglich verhält, wird daraus nicht wie Dorian Gray durch den Tod, sondern durch die Liebe erlöst. Zu einem Leben in Liebe gehört aber unbedingt die Würde des Alterns.

Der ebenso spannende wie unterhaltsame Film zeigt in seinem Spiel mit der Zeit, wie gut es ist, ihrem Lauf zu folgen, nicht stehen zu bleiben und die uns erwartenden Lebensübergänge angemessen (an-)zu nehmen. Und zwar in der einzigen für uns sinnvollen Reihenfolge. Dazu gehört auch, dem Alter mit Würde und Akzeptanz zu begegnen.

Deutung 3:

All die modernen Schönheits-OPs mit ihren neu verspannten Gesichtern, nachgestrafften Körpern – dahinter stehend natürlich der weibliche und jetzt immer öfter auch männliche Jugendwahn – münden genau in Adalines Albtraum. Diese Art von ewiger Jugend ist jedenfalls kein Rezept für bleibende Liebe – die große Sehnsucht der Menschen.

Daran mag deutlich werden, wie verkehrt unser (Lebens-)Zeit-Konzept ist. Alle wollen uralt werden, aber niemand will alt sein. Sehr viele schaffen das heute sogar, sie werden steinalt, ohne es sein zu wollen. Wo aber alle etwas werden, was niemand wirklich sein will, ist kollektives Unglück vorprogrammiert.

Ergänzend ließe sich mit dem ***Bildnis des Dorian Gray*** auch noch ein weiterer Film-Abend zum Thema Zeit – allerdings mit Betonung der Schatten-Aspekte – gewinnbringend für die Selbsterkenntnis einbauen.

3. Tag:

Und ewig grüßt das Murmeltier (1993, 101 Min.)
von Harold Ramis

Der Film mit Bill Murray und Andie McDowell lässt den arroganten und egomanen Wetterfrosch Phil in eine Film-Zeit-Falle tappen. Er hängt fest in einem völlig misslungenen Tag, in dem er seinen unleidlichen Charakter und seine miese Stimmung an seinen Mitmenschen und -arbeitern ausgelassen hat. Nun ist er – durch höhere (Schicksals-)Gewalt – gezwungen, diesen Tag solange zu wiederholen, bis er ihm einmal vollkommen gelingt. Eine für uns alle enorm wichtige Übung und insofern auch ein Film für alle zu einem großen Thema, mit viel Witz, Schwung und Liebe.

Deutung 1:
Um aus diesem verpfuschten Arbeitstag wieder heraus zu finden, muss Phil vieles lernen. Tatsächlich braucht er ungezählte Tage und einen ganzen Film, der auf witzige und doch anspruchsvolle Weise zeigt, wie er sich langsam seinem Ziel nähert, um am Ende einen wirklich neuen und vollkommenen Tag erleben zu können.

Das ganze Programm der Lebensprinzipien steht für ihn an, von Mut (1.) über Gemütlichkeit (4.), Kommunikations- (3.) und Hilfsbereitschaft (6.) bis hin zu Bühnenerfahrung als Pianist und zum Heldenstatus (4.) als Lebensretter. Aber auch als Schnitzer von Eisskulpturen (7.) darf er sich bewähren und unerlöst Plutonisches in Form mehrerer Selbstmordversuche (8.) – natürlich ohne Erfolg – ausprobieren. Er findet Lebenssinn (9.) einzig in der Liebe (7.), wird schließlich witzig ohne zynisch zu sein (11.) und verbindet das Ganze (12.) in einem eigenen Heim (2.) schlussendlich zu einem vollkommenen Tag. Die meisten dieser

Erfahrungen, wie etwa Hilfsbereitschaft und Demut, waren Phil vorher völlig fremd. So wird er dem christlichen Auftrag eines erfüllten Lebens gerecht.

Deutung 2:

Erfahrungen aus über 30 Jahren Schatten-Therapie haben uns gezeigt, wie sehr wir alle in ähnlicher Situation (mehr oder weniger fest-)stecken. Wir müssen Leben für Leben so lange wiederholen, bis wir wirklich mit den anstehenden Aufgaben fertig werden. Und dafür gibt es nur einen Weg: sie zu lösen.

Aber auch aus der Perspektive nur des jetzigen Lebens ist zu erkennen, wie sich viele unserer Muster und Lernaufgaben in unterschiedlicher Gestalt so lange wiederholen, bis wir die Hürden erfolgreich gemeistert und das Fehlende gelernt haben. Der Film zeigt dies im Zeitraffer und in vereinfachter Form, da Bill Murrays Figur mit den immer gleichen Situationen im gleichen Gewand konfrontiert wird. Das macht es (scheinbar) einfacher zu erkennen, woran es ihm mangelt.

Einen ähnlichen Erkenntnisprozess beschreibt die *Autobiographie in fünf Kapiteln* von Portia Nelson:

1.
Ich gehe die Straße entlang.
Da ist ein tiefes Loch im Gehsteig.
Ich tappe hinein.
Ich bin verloren, ohne Hoffnung.
Es ist nicht meine Schuld.
Es dauert endlos, wieder herauszukommen.
2.
Ich gehe dieselbe Straße entlang.
Da ist ein tiefes Loch im Gehsteig.
Ich tue so, als sähe ich es nicht.
Ich falle wieder hinein.

Ich kann nicht glauben, schon wieder am selben Ort zu sein.
Aber es ist nicht meine Schuld.
Immer noch dauert es sehr lange, wieder herauszukommen.
3.
Ich gehe dieselbe Straße entlang.
Da ist ein tiefes Loch im Gehsteig.
Ich sehe es.
Ich falle immer noch hinein – aus Gewohnheit.
Meine Augen sind offen.
Ich weiß, wo ich bin.
Es ist meine eigene Verantwortung.
Ich komme sofort heraus.
4.
Ich gehe dieselbe Straße entlang.
Da ist ein tiefes Loch im Gehsteig.
Ich gehe darum herum.
5.
Ich gehe eine andere Straße.

4. Tag:

Ein vollkommener Tag (2006, 87 Min.) von Peter Levin

In diesem FIlm geht ein anderer Egomane namens Rob Harlan (Rob Lowe) dieses Thema ganz anders an. Rob ist ein ganz normaler Angestellter in einer Radiostation, der seine Frau Allyson und Tochter Carson liebt. Mit seiner Frau hat er sich eigenhändig ein schönes Zuhause geschaffen, das lediglich handwerklich einige Wünsche offen lässt. Aus diesem Idyll, das aus Sicht seiner drei Bewohner ewig hätte bestehen bleiben können, wird er völlig unerwartet von seinem Freund und Chef herausgerissen. Der feuert ihn dem modernen ökonomistischen Zeitgeist folgend – sehr lieblos.

Dieses Ereignis macht Rob wirklich Feuer unter dem Hintern und feuert ihn an, ein angefangenes Buch fertig zu schreiben. Es handelt vom schwierigsten, aber schließlich doch perfekten Tag im Leben seiner Frau. Diese hatte von ihrem geliebten Vater erfahren, er habe Krebs und nur noch drei Monate zu leben. Die Beschäftigung mit diesem Thema beschert Rob eine große Lektion in Sachen Lebens-Kunst.

Deutung 1:

Als er keinen Agenten findet und es eine Absage nach der anderen hagelt, muss Rob – allerdings äußerst widerwillig – Demut lernen und sich beim Kanal-Graben verdingen. Als er einmal mit dem Gestank der Arbeit in den Kleidern heim kommt, meldet sich unerwartet eine ältere einfühlsame Agentin, die sich in sein Buch verliebt hat. Sie vermittelt es geschickt an einen Verlag, der eine für die kleine Familie eine enorme Summe als Anzahlung gewährt. Anfangs floppt das Buch. Rob sitzt allein bei den Lesungen und bekommt eine weitere Lektion in Demut.

Plötzlich aber kippt das Unglück in vermeintliches Glück, die Menschen strömen zu ihm, und das Buch wird Nr. 1 der US-Bestsellerliste. Die ganze weitere Handlung steht unter dem Motto „Bedenke, was du dir wünschst, es könnte in Erfüllung gehen“. Mit Robs Erfolg kommt gleich eine super chice PR-Spezialistin ins Spiel (seines Lebens) und vermarktet ihn auf allen Ebenen. Eine Annäherung im Bett verweigert er noch, aber ansonsten läuft Rob in die klassische Ego-Falle und vernachlässigt seine Frau, deren Anteil am Buch er verdrängt. Er wechselt – ebenso herz- wie rücksichtslos – zu einem bekannteren Agenten und lässt seine Retterin und erste Agentin sitzen. Schließlich trennt er sich – dem Erfolg zuliebe – auch von seiner Frau und Tochter, nachdem er sich schon achtlos gegenüber ihrer sterbenden Tante verhalten hatte.

Da taucht (s)ein Schutzengel auf, der allerdings aussieht wie der Tod persönlich, und bringt ihn durch die Drohung seines unmittelbar bevorstehenden Todes wieder zurück zu sich selbst – oder jedenfalls auf den Weg dahin. Rob besinnt sich und kehrt am Heiligen Abend zurück zu seiner Familie.

Der Hinweis auf die eigene Sterblichkeit wirkt oft Wunder. So auch im Film ***Das brandneue Testament***, in dem die Veröffentlichung der Todesdaten der Menschen per Handy eine enorme Lawine der Veränderung auslöst.

Deutung 2:

Hätte der Chef Rob nicht gefeuert, wären alle diese Entwicklungen nicht möglich geworden. In Wirklichkeit war er also ein wahrer Freund, auch wenn er kurzfristig wie ein Feind erschien. Das mag an das kleine Buch *Das Märchen vom Tod* von Marie-Claire van der Bruggen erinnern. In dieser Geschichte sind es im Zwischenreich zwischen den Leben die besten Freunde, die sich bereit erklären, als „Feinde“ die harten Lektionen zu erteilen.

Das Wort „feuern“ wird hier in seiner Doppel-Deutigkeit klar. Alle Gefeuerten werden angefeuert, ihr Leben neuerlich zu wagen, nur auf anderen (besseren) Wegen. Wer sich Feuer unterm Hintern machen lässt, hat diese Lektion verstanden. Die Spruchweisheit der Völker weiß: *„Es passiert immer, was wir wollen oder etwas Besseres.“* Oder wie der Stoiker Epiktet sagt: *„Betrachte alles Gestohlene und Verlorene als zurückgegeben.“*

5. Tag:

In Time – Deine Zeit läuft ab (2011, 109 Min.) von Andrew Niccol

In dem Science-Fiction-Film mit Justin Timberlake als Will Salas dreht sich alles um die Zeit, die einem noch bleibt. In diesem futuristischen Szenario wird Leistung mit (Lebens-)Zeit abgegolten. Zeit ist hier wirklich (das einzige) Geld. Das verbleibende Zeitguthaben eines Menschen lässt sich in entsprechend langen Zahlenkolonnen vom Unterarm ablesen. Ist das Zeitguthaben verbraucht, (v)erlischt das Leben. Andererseits altern die Menschen körperlich nicht mehr über das 25. Lebensjahr hinaus. Physische Jugend ist also allen Bürgern dieses Systems sicher. Aber nach ihrem 25. Geburtstag wird ihnen von der Staatsmacht nur noch ein weiteres Jahr gratis gewährt, alles andere muss hinzu verdient werden. Die Menschen in dieser Welt leben in permanenter Zeitnot, sie schlafen kaum noch und haben es immer eilig – eigentlich rennen sie permanent um ihr Leben.

Wie in der realen Welt gibt es auch in dieser fiktionalen jene, die über unerschöpflich große Guthaben (in diesem Fall an Zeit) verfügen. Sie leben im Zentrum der Macht, in New Greenwich. Die Welt besteht aus 12 hierarchisch abgestuften Zeitzonen. Vom Zentrum, wo die Menschen praktisch unsterblich sind, zur Peripherie, wo das Leben immer unerträglicher wird. In der schlimmsten der Zonen kämpfen die Menschen täglich ums Überleben und gegen die (Zeit-)Armut, leihen sich Zeit wie wir heutzutage Geld in Pfandleihhäusern. Will Salas Mutter etwa stirbt, weil sie keine Zeit mehr hat und sich zeitlich den Bus nicht mehr leisten kann. Sie rennt um ihr Leben und haucht es in Wills Armen aus. In Folge dieses traumatischen Erlebnisses wird Will zum (Zeit-)Rebellen. Durch einen Zufall bekommt er von einem Lebensmüden aus dem Zeitparadies 100 Jahre und beginnt – wie schon sein Vater – sich gegen das System aufzulehnen.

Deutung 1:
Will Salas lebt in einer noch geordneteren Welt als es unsere ist. Er dringt mit der Zeitspende der alten, lebensmüden Seele ins Zeitparadies vor. Es gelingt ihm, die Tochter (Amanda Seyfried) des alles beherrschenden Zeit-Milliardärs, die sich in ihrem Überfluss an Zeit langweilt, für sich zu gewinnen. Sie verliebt sich in Will und (s)ein herausforderndes gefährliches Leben. So ist es schließlich ihre Liebe, die das Unrechts-System zum Kollaps bringt.

Will und seine neue Freundin aus bestem (Zeit-)Haus verschenken nach einer Serie von (Zeit-)Banküberfällen so viel Zeit, dass die Menschen ihre Angst verlieren und ins Innerste des Zeit-Reichs vordringen. Sie überschreiten die Grenzen und respektieren das Regime nicht mehr. Und das ist schon sein Ende. Jedes – auch private – Angst-Regime endet, wenn die Angst stirbt, weil Menschen sich ihr stellen. Wer dagegen, wie die meisten, vor der Angst flieht, hat sie im Nacken und macht sie immer stärker. Siehe dazu Buch und CD-Programm *Angstfrei leben*.

Deutung 2:
Dass so etwas wie das Verschwinden der Grund-Angst passieren könnte, ist wohl auch die Angst derer, die ein bedingungsloses Grundeinkommen um jeden Preis verhindern wollen. Dieses könnte unser angstgestütztes Geld-System zum Zusammenbruch bringen. In diesem Film gilt wirklich Zeit = Geld = Leben – wie für alle Menschen, die das Zeitthema und ihr Leben nicht zu Ende denken.

Würden wir sofort damit aufhören, unser absurdes (Zeit =)Geld-Angst-System zu respektieren, würde es ebenfalls rasch kollabieren.

Deutung 3:
Im Film leben einige ewig, weil sie über ein enormes Zeitguthaben verfügen. Das ist eine Verwechslung der Ebenen, denn tatsächlich ist nur die Seele unsterblich. Hier wird es der Körper, ein Albtraum, den viele bei uns träumen, und den der Film ***Für immer Adaline*** aufs Korn nimmt.

Für die Elite geht im Film wie im Leben die Rechnung vordergründig auf, wenn auch natürlich nicht auf der Seelenebene. Die Parias im äußersten Ghetto bleiben dagegen in einem Kreislauf der (Zeit-)Armut gefangen. Wenn sie einmal mehr Zeit verdienen, steigen dafür die Preise, und ihr (Zeit-)Reichtum bleibt gleichermaßen gering. So bleiben sie immer unter Druck. Unter einem solchen System leiden auch in der Realität die Ärmsten im Verhältnis zu den Reichsten. Etwa im Verhältnis zwischen der „Dritten" und der „Ersten Welt".

Auch bei uns merken die meisten erst kurz vor Torschluss, dass es in der Umkehrung der „Gleichung" Zeit = Geld für Geld keine Zeit gibt.

Zeit, die uns noch bleibt und die wir täglich zur Verfügung haben, ist auch bei uns ein bedenkliches Thema und „Carpe diem – Nutze den Tag" ein geflügeltes Wort. Die Menschen jagen dem Geld hinterher, als könnten sie sich damit am Ende mehr Zeit erkaufen – und haben am Ende nichts gewonnen, außer dass sie vielleicht der Reichste auf dem Friedhof sind.

Fragen, die ZuschauerInnen sich stellen könnten:
Wie viel Zeit habe ich zur Verfügung und wie gehe ich damit um?
Nutze ich meine Lebenszeit oder vergeude ich sie aus dem Gefühl heraus, ewig zu leben?
Nicht Geld, sondern Zeit ist das höchste Gut, wenn es darauf ankommt. Wie effizient und achtsam gehe ich mit meiner Zeit um?

Wie viel Zeit (zum Leben) gönne ich mir überhaupt?
Für wen und welches Problem ist dieser Film Therapie?
Für alle Menschen, die dem Burnout nahe sind, deren Leben sich rund um die Uhr um die Firma oder den Job dreht und die nicht merken, wie sehr sie und ihre Zeit bereits in Besitz genommen wurden. Auch für alle, die meinen, ewig Zeit zu haben („Wenn ich mal in Pension bin, dann werde ich …").

6. Tag:

Die Entdeckung der Unendlichkeit (2014, 123 Min.) von James Marsh

Das Bio-Pic mit Eddie Redmayne in der Hauptrolle hat die Lebensgeschichte des Physikers Stephen Hawking zum Thema. 21-jährig wird bei ihm ALS (Amyotrophe Lateralsklerose) diagnostiziert und eine Lebenserwartung von zwei Jahren vorausgesagt. Doch die Liebe zu seiner Frau Jane (Felicity Jones) und seine Faszination für das Phänomen Zeit geben ihm die Kraft, weiter zu leben und jede Vorhersage außer Kraft zu setzen. Ein Wunder an sich, weil andere PatientInnen mit dieser Diagnose relativ rasch sterben. Stephen Hawkings Geist blieb ungebrochen und er revolutioniert in der Folgezeit die moderne Physik. Unseres Wissens ist er bisher der einzige ALS-Patient, der diesem Krankheitsbild trotzen konnte.

Deutung 1:
Hawking wird nur eine begrenzte Lebenszeit von zwei Jahren vorausgesagt. Er beschließt, einfach weiterzuleben, der Angst einflößenden Diagnose und der Krankheit keinen weiteren Raum in

seinem Leben zu geben. Weiterhin begeistert von seiner Leidenschaft für die Kosmologie, richtet er seine ganze Aufmerksamkeit darauf, zu forschen und zu denken. Einem Menschen, der sich vor allem mit der Zeit an sich beschäftigt, gelingt das Wunder: er bezwingt die (Lebens-)Zeit-Voraussage.

Gleichzeitig bleibt er positiv und lebensfroh und gibt der Liebe Raum in seinem Leben – jener zu seiner Frau und wohl vor allem jener zu seiner Berufung, der Kosmologie, der Wissenschaft vom Welt(en)raum. Selbst als immer mehr Körperfunktionen aufgeben, ist er weit davon entfernt, selbst aufzugeben. Über einen Sprachcomputer hält er weiter Verbindung zu den Mitmenschen und nutzt die Zeit, um seinem Leben Inhalt und Sinn zu geben. Schwarzer Humor wird für ihn zum Ventil, mit seinem Schicksal positiv umzugehen. Sein Mut wird ebenso belohnt wie seine offensive Lebenseinstellung. Gibt man dem Leben Sinn und brennt für seine Aufgabe, entstehen offensichtlich ungeahnte Kräfte, die Wunder wirken.

Das durften wir auch schon oft in Psychotherapien erleben. Unser eigener Film ***Die Schicksalsgesetze – die Suche nach dem Masterplan*** zeigt eine vollkommene Heilungsgeschichte, in deren Verlauf eine mutige Patientin ebenfalls die Gesetze der Medizin und ihre (Lebens-)Zeitvorgaben außer Kraft setzt. Dazu ist es also nicht notwendig, in solch spektakulärer Weise in der Öffentlichkeit zu stehen wie Stephen Hawking.

Deutung 2:

Stephen Hawking veränderte nicht nur unsere Sicht der Zeit und des Universums, er belegt mit seiner Krankengeschichte auch, dass der Geist beziehungsweise das Bewusstsein das (materielle) Sein bestimmt. Insofern bestätigt er mit seiner Lebenserfahrung Hegel, der genau das behauptet hat. Die Mehrheit der ALS-PatientInnen und überhaupt der Menschen folgt dagegen Marx, der davon ausging, das (materielle) Sein bestimme das Bewusstsein.

Aus Hawkings Krankengeschichte ließe sich schließen, dass die Mehrheit ihrem Körper erlaubt, über ihr Leben zu bestimmen, während einige wenige – wie eben er – es schaffen, dem Bewusstsein das Primat über das eigene Leben einschließlich des Körpers einzuräumen.

Deutung 3:
Stephen Hawking überwindet also auch persönlich die Zeit und macht aus einer (von Medizinern behaupteten) Lebenserwartung von zwei Jahren ein langes Leben. Als Atheist wird er wahrscheinlich erst mit dem Tod zur Erkenntnis gelangen, dass Unendlichkeit auch etwas mit Einheit – und damit Gott – zu tun hat.

Zugleich ist Stephen Hawkings Leben(-swerk) auch Beleg für die Anmaßung mancher Mediziner, die darin liegt, Lebenszeit vorzugeben. Wirkliche Ärzte wagen so etwas aus Respekt vor dem Willen Gottes nicht. Außerdem kennen sie die – in diesem Fall fatale – Wirkung selbsterfüllender Prophezeiungen. Der Fall Hawking sollte alle Ärzte dahin bringen, künftig von solchen Voraussagen abzusehen und sich wieder der Schöpfung und deren Spielregeln unterzuordnen. Die Zuteilung von Lebenszeit passt vielleicht zu „Halbgöttern in Weiß", aber nicht zu (wirklichen) Ärzten.

Der US-Showstar und Entertainer Bobby Darin, den Kevin Spacey so wundervoll in ***Beyond the Sea – Musik war sein Leben*** darstellt, bekommt von einem Mediziner, ebenso taktlos wie bestimmt, insgesamt nur eine Lebenserwartung von 15 Jahren zugestanden. Er schafft mit Hilfe seiner Mutter und der Liebe zur Musik, die sein Herz begeistert und am Leben hält, eine große Musiker-Karriere. Als es später eng wird in seinem von rheumatischem Fieber geschädigten Herzen, operieren ihn die Schulmediziner zwar, können ihm aber nicht wirklich helfen.

Aus solchen (Heilungs-)Geschichten, die uns lehren, wie viel mächtiger das Bewusstsein im Vergleich zum Körper ist, könnten wir Ärzte schließen, dass es Stärkeres und Größeres als Wissenschaft gibt. Wenn wir die unangemessene Nebenbeschäftigung als Lebenszeit-Propheten aufgeben und lieber auf den Spuren von Bert Hellinger unser Repertoire an Geschichten, die heilen, erweitern, verpassen wir nichts Wesentliches, vielmehr werden wir wesentlicher. Auch Filme können diesbezüglich wundervoll helfen und zu (eigenen) Wundern anregen.

7. Tag:

One Week – Das Abenteuer seines Lebens (2008, 94 Min.) von Michael McGowan

Nach einer Krebs-Diagnose macht sich Ben (Joshua Jackson) auf seinem alten Motorrad auf und davon. Er fährt ab in (und auf) ein neues Leben, das nur eine Woche dauert – wie abgefahren! Zurück bleiben sein ungeliebter Job als Lehrer, seine Verlobte Samantha, deren Liebe zu ihm er genauso anzweifelt wie seine eigene – aber auch seine Eltern, Geschwister und Freunde. Er fährt seinem ganz persönlichen Leben(-sabenteuer) entgegen und entdeckt die Schönheit und die Weite seines Landes, erlebt verschiedenste Menschentypen, verrückte, normale und weise. Die einwöchige Reise wird zum Symbol seiner Lebensreise und zu einer Liebeserklärung ans Leben. Er lernt Wesentliches von Unwesentlichem zu unterscheiden und findet Heilung in sich selbst, in der wundervollen kanadischen Landschaft und in den Menschen, denen er nun wirklich begegnen kann.

8. Tag:

Klick (2006, 107 Min.) von Frank Coraci

In diesem Film mit Adam Sandler und Kate Beckinsale findet der Architekt Michael Newman vor lauter Schuften für seinen obendrein noch undankbaren Boss kaum Zeit für seine Frau Donna, seine beiden Kinder und sich selbst. Durch Zufall gelangt er in einem Möbelhaus in eine mysteriöse Parallelwelt, wo ihm ein exzentrischer Tüftler eine magische Fernbedienung überreicht. Damit kann er nicht nur Fernseher und Musikanlage steuern, sondern auch sein Leben beliebig vor- und zurückspulen. Verführerisch scheint z. B. auch die Funktion, lästige Menschen leiser zu stellen. Der Film erfüllt die Sehnsucht, von langweiligen Routinen verschont zu werden, diese quasi überspringen zu können und von Höhepunkt zu Höhepunkt zu eilen. Die Schattenseite zeigt sich bald: als nämlich bei Michael viel Zeit im „Schnelldurchlauf" verbraucht wird. Langeweile, Stagnation und Unangenehmes gehören eben auch zum Leben.

9. Tag:

Alles eine Frage der Zeit (2013, 123 Min.) von Richard Curtis

Mit diesem Film kommt eine der großen Lösungen des Themas Zeit ins Spiel (des Lebens). Wir begegnen einer wundervollen englischen Familie. Sie umfasst die reizende Tochter Kit Kat, den rothaarigen, sommersprossigen Sohn Tim (Domhnall Gleeson), eine fast normale, praktisch veranlagte Mutter und einen außergewöhnlichen Vater, der – ehemaliger Uni-Professor – frühzeitig beschlossen hat, nur noch für seine Familie da zu sein. Mit ihnen lebt ein debiler, über die Maßen liebenswürdiger Onkel, an dem die Liebe deutlich wird, mit der hier alle miteinander umgehen.

Und dann gibt es da noch ein Geheimnis in der männlichen Familienlinie, das vom Vater (Bill Nighy) an den Sohn weitergegeben wird: Die Männer des Clans können in der Zeit zurückreisen. Das ist für den sympathischen, rotfüchsigen Sohn Tim, der sich in Liebesdingen meist selbst im Weg steht, auch bitter notwendig. Er braucht tatsächlich drei Anläufe, um seiner großen Liebe Mary (Rachel McAdams) ein Liebesfest zur Begrüßung zu schenken, das bleibenden Eindruck hinterlässt. Sie bleibt ein Leben lang bei ihm und schenkt ihm drei wundervolle Kinder. Und ganz nebenbei klären sich in einem solchermaßen erfüllten Leben auch alle Zeit-Probleme.

Deutung 1:

Seine Entschlüsselung macht den Film zu einer großartigen Psychotherapie-Stunde oder eigentlich mehreren, denn er wartet mit echten Lösungen auf – im Gegensatz zu allen noch so guten bisherigen Zeit-Filmen.

Anfangs nutzt Tim, der Sohn, den Zeittrick, um alle möglichen Scharten auszuwetzen und etwa seiner Schwester Kit Cat aus einer Beziehungsmisere zu helfen. So wird die Fähigkeit, in der Zeit zurückzureisen, für ihn zur Möglichkeit, zahlreiche Fehler zu reparieren. Er nutzt die Magie, um aus Fehlern zu lernen, was ihm fehlt. Dieses integriert er dann in sein Leben.

Mit der Zeit aber verändert sich Tims Verhalten. Er wird ruhiger und gelassener, weiß er doch um die Relativität der Zeit. Kurz vor dem Tod des Vaters, den auch der Zeittrick nicht verhindern kann, verrät ihm dieser noch die wichtigste Erkenntnis seines Lebens bezüglich der Zeit. Sie besteht darin, jeden Tag zu wiederholen, um beim zweiten Anlauf alles besser zu machen. Das ist die Idee von ***Und täglich grüßt das Murmeltier***.

Die ist auch gar nicht mehr von Magie abhängig. Denn was hindert uns daran, jeden Abend vor dem Einschlafen unseren Tag im Kopf solange zu wiederholen, bis er wirklich passt?

Tim geht aber noch einen Schritt weiter und damit über die Lösung seines Vaters hinaus. Er gibt die Wiederholungsübung mit der Zeit auf und beginnt, jeden Tag gleich von Anfang an so optimal zu leben, dass er keiner Verbesserung und Wiederholung bedarf. So entwickelt sich sowohl in seiner Familie, als auch in seiner Anwaltskarriere alles zum Besten, indem Tim jeden Tag zum besten seines Lebens macht und das Beste aus ihm herausholt.

Deutung 2:

Im Moment dieser seiner Erkenntnis wird uns ZuschauerInnen bewusst, dass wir das Geheimnis, Tims Zeit-Trick, gar nicht mehr brauchen und trotzdem ein großartiges Leben führen können. Von da ist es nur noch ein kleiner Schritt zu der Erkenntnis, dass wir alle jederzeit so leben und aus jedem Tag von Anfang an das Beste machen könnten. Der Film deutet auch gleich an, was das bedeutet: Tage voller Offenheit und Freundlichkeit, Zugewandtheit und zuvorkommendem Verhalten, Dankbarkeit und Liebe, ein erfülltes, oftmals ekstatisches Leben, das aber auch Zeiten stillen (Familien-)Glücks kennt.

Hier schließt sich der Kreis vollends zu ***Und ewig grüßt das Murmeltier***. Darum geht es in unser aller Leben: jeden Augenblick zu leben, als sei es der letzte und entscheidende und so einen perfekten Tag zu erschaffen (was jedoch nichts mit Perfektionismus im negativen Sinn zu tun hat).

10. Tag:

Die Legende von Bagger Vance (2000, 121 Min.)
von Robert Redford

Der Film mit Matt Damon als Rannulph Junuh, Will Smith in der Rolle des (Wunder-)Caddies und Engels Bagger Vance und Charlize Theron als Adele Invergordon ist einer unserer Lieblingsfilme, obwohl wir weder Golf spielen noch besonders an diesem Sport interessiert sind. Robert Redford gelingt es hier bravourös, Golf als Metapher des Lebens in bezaubernden Bildern einzufangen und aus einer Legende einen legendären Film zu machen. Er zeigt, wie das Leben Rannulph Junuh lehrt, den Widerstand gegen sein Schicksal aufzugeben, aus dem Seelenzustand des Gekränkten und Beleidigten wieder aufzutauchen und in den Augenblick einzutreten. So kann er seinem Lebensplan und dem Schicksal(-sgesetz) folgen.

Deutung 1:
Ein alter Golfer stirbt auf dem Platz. Vor seinem inneren Auge läuft sein Lebensfilm ab, der bestimmt ist von der Freundschaft zum Ausnahmegolfer Captain Rannulph Junuh. Der bekommt das Genie gleichsam in die Wiege gelegt und gewinnt als junger Mann ein Turnier nach dem anderen – vor allem aber das Herz von Adele Invergordon, der Tochter des reichsten Mannes von Savannah, Georgia. Aber mitten ins Glück und ins gemachte Nest hinein platzt der Erste Weltkrieg. Junuh führt – voller Hoffnung, das Leben weiter auf der Siegerstraße leben zu können – die Boys von Savannah in die Schlacht, in der fast alle sterben. Daraufhin hadert Junuh mit seinem Schicksal, verkriecht sich in der Fremde, ergibt sich dann dem Alkohol und weigert sich, sein Leben an der Seite seiner wunderschönen, steinreichen Verlobten wie vorgesehen wieder aufzunehmen.

Im weiteren Verlauf gelingt es Junuh, nicht länger mit seinem Schicksal zu hadern. Er stellt sich dem Spiel, für das er geboren wurde, in einem großen Schauturnier mit den beiden besten Golfern des Landes. Zur Hand geht ihm dabei sein Caddie Bagger, den er „zufällig" kennenlernt. Wie sagt Gott doch: Zufall sei das Pseudonym, das er sich gäbe, wenn er nicht erkannt werden wolle.

Anfangs glaubt Junuh weder an sich noch an seine Schläge und schon gar nicht an die (Rat-)Schläge von Bagger Vance. Er fällt fast uneinholbar weit hinter die Konkurrenten zurück. Dann aber findet er langsam zu sich und seinem Spiel. Er entdeckt seinen authentischen Schlag wieder in dem Maße, wie er Vertrauen zu seinem Caddie und sich selbst entwickelt und die Hinweise dieses (Schutz-)Engels befolgt, der sein höheres Selbst repräsentiert. Schließlich hat er einen so hervorragenden Lauf, dass er die beiden Stars einholt.

Das aber macht Junuh so stolz, dass sein Ego Triumphe feiern will und sich gegen Bagger Vance, seinen (Wunder-)Caddie und Engel, auflehnt. So verspielt er wieder alles, fällt in Bockigkeit und im Spiel weit zurück, bis er wieder abgeschlagen und am Boden ist. Er besitzt sein Ego noch nicht, sondern ist im Gegenteil von diesem besessen. Dasselbe Muster können wir auch bei Rob in ***Ein vollkommener Tag*** beobachten.

Junuh braucht geradezu die tiefste Krise – im dunklen Wald des Unbewussten, in den er den Ball verzweifelt hinein gedroschen hat –, um sich wieder zu öffnen und sein Leben(-sspiel), sein Feld und seinen Schlag zu finden. Sehr sorgfältig erklärt Bagger dem von seinem beleidigten Ego besessenen Junuh das Spiel (des Lebens), das man nicht gewinnen, nur spielen kann. Er erläutert, dass es nur einen einzigen idealen Schlag gäbe, der zum jeweiligen Feld und Moment passe und den es zu finden gelte. Deswegen müsse der Golfspieler in Kommunikation mit seinem Ball gehen, ihn ansprechen. Letztlich müsse er lernen, im Moment des Schlagens ganz präsent zu sein und ins Hier und Jetzt einzutreten.

Junuh schafft es letztlich, und dem Kameramann Michael Ballhaus gelingt es meisterhaft darzustellen, wie die Zeit sich erst ausdehnt und dann stillsteht, als er ihr in seinem Moment begegnet. In diesem Augenblick wird alles möglich, Junuh findet zurück zu sich selbst und hebt sein Spiel auf eine höhere Ebene.

Aber das lebenslange Lernprogramm geht weiter. Junuh muss noch zeigen, dass ihm Ehrlichkeit und der Sieg über sein Ego wichtiger sind als der Sieg beim Turnier. Als er das geschafft und sich den wahrscheinlich spielentscheidenden Strafschlag zuerkannt hat, verabschiedet sich sein Caddie und Engel Bagger Vance. Er wird nun in der äußeren Welt nicht mehr gebraucht. Junuh ist jetzt nicht mehr im Ego, sondern im Selbst gegründet. So gewinnt er das Turnier mit Hilfe seines neuen Caddies, des kleinen golfbegeisterten Jungen, für den er selbst schon öfter so etwas wie ein Schutzengel gewesen ist.

Deutung 2:
Es ist derselbe Junge, der diese wundervolle (Film-)Geschichte erzählt, die Robert Redford so einfühlsam und stimmig in die einzigen Bilder kleidet, die dafür in Frage kommen. Der Junge, nun zum Mann geworden, erlebt „seine“ Geschichte noch einmal – in dem Moment, als er auf dem Fairway eines Golfplatzes einen Herzinfarkt erleidet und stirbt – und das mit Humor. Die Geschichte endet mit einem Satz, der auf Zeitlosigkeit verweist – wie alle wirklichen Märchen. Normalerweise lautet der Satz: *„Und wenn sie nicht gestorben sind, leben sie heute noch.“* Hier heißt er: *„Und Captain Rannulph Junuh und Adele Invergordon tanzten ihren Tanz.“*

Dann erst, als er seine so eng mit seinem Helden verbundene Lebensgeschichte erzählt hat, kann der alte Golfer sich als Seele erheben und dem schon vom Horizont winkenden Bagger Vance, seinem Schutzengel, ins Jenseits folgen.

Deutung 3:
Und so ist dieses Meisterwerk auch ein Film über das Sterben und den Lebensfilm am Ende unseres irdischen Seins. ***Die Legende von Bagger Vance*** könnte uns anregen, es wie die nordamerikanischen Ureinwohner zu machen. Sie fassen schon während ihres Lebens den „Film", der im Sterbeprozess ablaufen wird (bei uns Lebensfilm, bei ihnen Totenlied genannt), ins Auge. So lässt sich das „Drehbuch" in jeder Lebensphase besser verstehen, kann die darin liegende Schicksalsaufgabe erkannt werden. Wer den berühmten roten oder Ariadne-Faden schon zu Lebzeiten im Auge hat, wird sich sicherer und mit der Zeit auch immer entspannter durch sein Leben bewegen – dem einen Ziel entgegen, dem Punkt der (Er-)Lösung, dem Tod und der Unsterblichkeit.

Im Augenblick des entscheidenden Schlages, der Junuh gelingt, wird noch ein weiterer Aspekt der Zeit deutlich, ihre Qualität. Im Griechischen wird dieser Aspekt auch Kairos genannt – im Gegensatz zu Chronos, der herkömmlichen, linearen Zeit. Wie alles hat auch die Zeit neben der Quantität, die wir heute so überschätzen und mit der sich Filme wie ***Für immer Adelaine*** und ***In Time*** beschäftigen, auch eine Qualität. *Bagger Vance* bringt sie ins Spiel (des Lebens).

Die 12 Lebensbühnen und ihre Filme

Wie schon erwähnt, trägt jeder Mensch alle zwölf Lebensbühnen in sich. Sie bilden die Landschaften unserer Seele. Als archetypische Schauplätze, auf denen sich seelische Identität entwickelt und entfaltet, sind sie gleichsam die Bühnenbilder im großen Schauspiel des Lebens, die dessen Szenen umrahmen und Entwicklungsthemen sichtbar machen.

Obwohl jeder Mensch alle zwölf Lebensbühnen in sich trägt, sind doch bei jedem die damit verbundenen archetypischen Themen mal mehr, mal weniger betont. Was beim einen zentrale Lebensaufgabe ist, kann beim anderen nebenbei laufen. Jeder kämpft auf dem Schauplatz, der im Lehrplan seines Lebens an oberster Stelle steht, und in den verschiedenen Lebensphasen treten auch immer andere Bühnenbilder in den Fokus der Entwicklung.

Nach den Beschreibungen der wesentlichen Themen der zwölf Lebensbühnen finden Sie deshalb abschließend Fragen, an Hand derer zu klären ist, mit welchem der zwölf archetypischen Prinzipien Sie ein grundsätzliches oder aktuelles Thema haben.

Lebensbühne 1
Über Kampfgeist und Tatkraft

Auf der 1. Lebensbühne begegnet uns der Geist des Anfangs. *„Und jedem Anfang wohnt ein Zauber inne"*, dichtete Hermann Hesse. Konkret und symbolisch erleben wir diesen Zauber bei der Geburt, dem zutiefst berührenden und überwältigenden Wunder, das sich vollzieht, wenn ein Mensch geboren wird. Kein anderes Geschehen kann die Vielschichtigkeit dieser Lebensbühne besser verdeutlichen. Jede Geburt ist erst einmal ein durchaus aggressives Geschehen. Die sichere Schutzhülle der Fruchtblase zerreißt und beendet für das Kind die Existenz als ozeanisches Wasserwesen. Getragen vom Fruchtwasser, rundum versorgt, schwebte es dort in der Schwerelosigkeit seines Weltalls. Die ersten Wehen und das Platzen der Fruchtblase geben das Signal, dass es an der Zeit ist, zu neuen Ufern aufzubrechen. Der Begriff Aggression kommt vom lateinischen „aggredi", was herangehen, vordringen, vorstürmen bedeutet. Es geht also darum, allen Mut zusammenzunehmen und den Kopfsprung in einen neuen, unbekannten Lebensbereich zu wagen, ohne dafür auf eine Erfahrung zurückgreifen zu können. Der erste Schritt in Neuland ist das sich wiederholende Grundthema dieser 1. Lebensbühne.

Im Fall des Kindes im schmerzhaft engen Geburtskanal heißt das, mit dem Kopf voran alles zu wagen, den Sprung ins Ungewisse zu tun und sich für einen neuen Lebensabschnitt zu entscheiden. Begleitet wird dieser Vorgang nicht etwa von wohligen Gefühlen, sondern von schmerzhaften Wehen. Bei diesem Überlebenskampf geht es um alles, darum, ob überhaupt Leben möglich ist. Auch der Kampf ums Lebenkönnen ist symbolisch ein zentrales Thema dieser Bühne.

Der griechische Philosoph Heraklit formulierte: *„Der Krieg* *ist der Vater aller Dinge.*" Gemeint ist damit, dass das Leben für irdische Wesen immer auch ein (Überlebens-)Kampf ist. In vielen Lebenssituationen kämpfen wir gegen unsere Angst, die immer in Zusammenhang steht mit der dramatischen Erfahrung der Enge des Geburtskanals während des Geburtsprozesses. Es ist auch die Angst, ins Unbekannte vordringen zu müssen.

Im Grunde genommen ist jeder neue Tag, der vor uns liegt, unberührtes fremdes Neuland. Dort kann so einiges geschehen, das Ausgangspunkt für ein neues Leben ist, das es zu erobern gilt. So wird jeder neue Morgen zum Abbild der Geburt und des (Lebens-) Beginns.

Von daher sind wir Tag für Tag gleichsam Pioniere, die aufbrechen, um das „wilde" Leben kennen zu lernen. Eigenschaften, die wir dazu brauchen, sind Mut, Tatkraft, Spontaneität, Entscheidungsfähigkeit und Kampfgeist, um es mit den existenziellen Widrigkeiten, die uns möglicherweise begegnen, aufnehmen zu können.

Auf dieser Bühne in ihrer unerlösten Variante ist auch der Krieg mit all seinen tragischen Begleiterscheinungen angesiedelt.

Die archetypisch mythologische Gestalt, die sich auf dieser Lebensbühne austobt, ist Ares/Mars, der antike Kriegsgott. Obwohl ein göttliches Wesen, ist er der einzige unter den olympischen Göttern, der von Menschen verwundet und gezähmt werden kann. Im übertragenen Sinn bedeutet dies, dass das ungezügelte Feuer der Aggression von uns zähm- und kultivierbar ist. Diese starke Energie (des Anfangs) braucht einen konstruktiven Kanal, damit sie nicht alles in Schutt und Asche legt.

Die seelische Kraft, die sich auf dieser Lebensbühne verkörpert, ist eine große Herausforderung. Sie nicht zuzulassen, hieße, jeden neuen Lebenskeim zu ersticken und alle innovativen Impulse zu ignorieren. Im Frühling braucht beispielsweise jeder Keim und jede Knospe diese Kraft, um sich ans Licht der Welt zu kämpfen. Ein Kind, das sich gegen diesen Impuls zur Geburt stellt, begibt sich in Todesgefahr.

Lassen wir dieser Energie allerdings unkontrolliert freien Lauf, erwachen animalische Urinstinkte in uns und es gibt im wahrsten Sinn nur Mord und Todschlag und auf kollektiver Ebene Krieg. Krieg zerstört alles und wir müssen danach von Neuem beginnen, etwas aufzubauen.

Aus der Sicht seelischer Entwicklung betrachtet, ist es unsere Aufgabe, die Aggressionsenergie, diesen urgewaltigen Ausdruck von Lebenskraft und -energie, anzuerkennen und sinnvoll zu nutzen: z. B. indem wir wahrhaft menschliche Ziele in die Tat umsetzen und den Mut haben, für die Schwachen einzutreten, wie es früher das Ideal des Rittertums war.

Im alltäglichen Leben ist es auf dieser Lebensbühne wichtig, seine heißen Eisen anzupacken, jeden Tag mutig Schritte in neue Bereiche zu wagen und sich den Herausforderungen zu stellen, die das Leben gerade anbietet. Folgender Postkartenspruch könnte das Motto dieser Bühne sein: *„Du fragst mich, was soll ich tun? Und ich sage dir: Lebe wild und gefährlich!"*

Schieben wir dieses Lebensprinzip von uns weg, werden wir zum Opfer dieser Energie. Die Kraft der Aggression richtet sich dann gegen uns selbst. Statt die gegebenen Möglichkeiten zu nutzen, das Leben aktiv zu gestalten, werden wir zum Spielball auf dem Kampfplatz des Lebens.

Es geht also darum, das Leben in Angriff zu nehmen, zu handeln und bereit zu sein, für alle unsere Taten und Entscheidungen Verantwortung zu übernehmen. Sollte dabei einiges zu Bruch gehen, heißt es, von Neuem zu beginnen und es besser zu machen.

Stärken bzw. Aufgaben der 1. Lebensbühne:
Tatkraft, Entscheidungsfähigkeit, Aktivität, Initiative, Willensstärke, Begeisterungsfähigkeit, Lebenskraft, Durchsetzungskraft, Spontaneität, Zivilcourage, Mut, Bahn brechende Neuerungen auf den Weg bringen, immer wieder mit vollem Einsatz Neues starten, der tapfere Ritter, der Pionier.

Schwächen:
Zorn, Wut, Grobheit, Rohheit, egoistischer Konkurrenzkampf, Unbeherrschtheit, Streitsucht, Voreiligkeit, Ellbogenmentalität, gedankenloser Aktivismus, zerstörerische Aggressivität, Revierkampf, Rücksichtslosigkeit, Egoismus.

Fragen, die wir uns dazu stellen können:
Wie aktiv und tatkräftig bin ich?
Wie leicht oder schwer fällt es mir, Entscheidungen zu treffen?
Bin ich bereit, in jedem Fall die Konsequenzen meiner Entscheidungen zu tragen?
Wie gut kann ich mich durchsetzen?
Wie mutig bin ich?
Wie bewerte ich Aggression im Allgemeinen?
Leide ich unter Allergien, häufigen Infektionen oder Autoaggressionssymptomen?
Wenn ja, wo liegt mein Problem mit dem Thema Aggression?
Was macht mich wütend? Schlucke ich meine Wut hinunter oder explodiere ich?
Wie viel Zorn ist in mir?
Was empört mich?
Wofür wäre ich bereit, zu kämpfen?
Habe ich Zivilcourage?
Packe ich die heißen Eisen an oder drücke ich mich davor?
Wie konfliktfähig bin ich?
Wie viel Pioniergeist steckt in mir?
Habe ich den Mut zu Abenteuern?
Macht mir Neues Angst?
Wie verlief meine Geburt?
Welches Anfangsmuster begegnet mir immer wieder im Leben?
Wie packe ich es an?
Was macht mich an? Versetzt mich in Bewegung? Bringt das Leben zurück? Bringt mir den ersten entscheidenden Impuls?

Die Filme der 1. Lebensbühne

Ein Jugend-Film wie ***Karate Kid I*** (1984, 126 Min.) macht das Wesen der Kampfkunst sehr anschaulich und obendrein spannend deutlich. Hier lernt ein Junge mutig, für sich und sein Leben einzustehen. Er entwickelt Schlagkraft und sein Kämpferherz. Dies geschieht aber immer in erlöster Weise – dank eines guten Kampf-Kunst-Lehrers – und in ständiger Auseinandersetzung mit destruktiven Aspekten dieses Lebensprinzips, also im Angesicht des allfälligen „Schattenprinzips".

Fight-Club (1999, 139 Min.) mit Brad Pitt ist nicht umsonst ein Kultfilm der Jugendlichen geworden, zeigt er doch eine Art westlichen Kampfkult der sehr brutalen Art. Unter anderem wird deutlich, wie unverzichtbar die Themen Aggression und Kampf im Leben sind und dass der Krieg der „Vater aller Dinge" ist.

Mit ***Der mit dem Wolf tanzt*** gelingt Kevin Costner ein erster Schritt in Neuland auf verschiedenen Ebenen. Als einer der Ersten stellt der Regisseur und Hauptdarsteller Indianer realistisch als Menschen mit Gefühlen und eigener Kultur dar. In der Rolle des Leutnants John J. Dunbar ist Costner Teil der neuen Welt, die im „Wilden Westen" in die archaische Welt der Sioux-Indianer eindringt. Damit beauftragt, dort für Ordnung zu sorgen, nimmt er in seiner Einsamkeit Beziehung zu einem Wolf auf und wiederholt damit ein Stück Evolutionsgeschichte. Er versteht den Wolf und dieser wendet sich ihm zu. Wie Rudyard Kiplings Roman und der gleichnamige Film ***Dschungelbuch*** zeigt diese Phase des Films, wie sehr der Mensch als soziales Wesen auf andere fühlende Wesen angewiesen ist. Im Disney-Zeichentrickfilm ist dieses Thema kindgerecht und humorvoll und obendrein mit

Kenntnis der Archetypen dargestellt.

Dunbar nimmt mutig und beherzt auch zu den Indianern Kontakt auf und taucht in ihre so ganz andere Kultur ein, verliebt sich in eine ihrerseits mutige Indianerin mit europäischen Wurzeln mit dem Namen „Steht mit einer Faust“ (Mary McDonnell). Für seine erstaunliche Freundschaft mit dem einsamen Wolf erhält er von den Sioux den Namen „Der mit dem Wolf tanzt“. Sich diesem so anderen Leben öffnend, erkennt er, dass die Sioux die Ordnung der Weißen weder brauchen noch wollen. Seinem Herzen und Gewissen folgend, wechselt er allmählich die Seite, läuft gleichsam zu den Indianern über und wird als Mensch glücklich. Als Soldat macht er sich gegenüber seinen Vorgesetzten unmöglich bei dem Versuch, die indianische Kultur zu erhalten, statt sie zu zerstören.

Deutung 1:

So langsam und einfühlsam wie Leutnant Dunbar sich den Sioux nähert, kommt ihm der einsame Wolf näher. Anfangs vorsichtig und misstrauisch, aber auch neugierig, fasst er langsam Vertrauen zu dem Fremden, der so allein ist wie er selbst. So ähnlich dürfte sich die ursprüngliche Annäherung zwischen Mensch und Tier abgespielt haben. Als zoon politikon, also soziales Wesen, will kaum ein Mensch allein sein. Das wussten schon die Griechen der Antike.

Deutung 2:

Kevin Costner war einer der ersten in Hollywood, der Indianer als Menschen aus ihrer eigenen Lebenswirklichkeit heraus zeigte. Bisher waren diese meist böse Feinde gewesen, Kanonenfutter für schlechte Filme voll primitiver Projektionen. Lediglich ***Der Mann, den sie Pferd nannten*** zeigte bereits 1970 ein realistisches Indianerbild. Costners Verdienst ist es, mit diesem Schatten Hollywoods gründlich aufgeräumt zu haben. Der Erfolg des Films ist wohl dem schlechten Gewissen des weißen Amerika geschuldet, das seinen Traum von „God´s Own Country“ auf gestohlenem Indianerland mit der Knochenarbeit schwarzer Sklaven aufbaute.

Deutung 3:
Der Film zeigt eindrücklich und anrührend, dass alle fühlenden Wesen, ob Wolf, Soldat oder Indianerin, sich vor allem Liebe wünschen und zu ihrem Lebensglück brauchen. Die von Menschen gezogenen Grenzen zwischen Tieren und Menschen sind an und für sich schon absurd. Wir wissen heute wissenschaftlich belegt, dass sich sehr viele Tiere, z. B. Raben, selbst im Spiegel erkennen. Ihre Intelligenz übertrifft die von Menschenkindern in ihren ersten Jahren. Heute versucht das Menschenaffen-Projekt, für diese nahen Verwandten ähnliche Rechte, wie Menschen sie haben, zu erkämpfen.

So wie im Film gezeigt, wäre auch eine Annäherung zwischen Weißen und Indianern möglich gewesen, hätten nicht Gier und Machtstreben auf Seiten der Kolonialisten so sehr im Vordergrund gestanden. So ist dieser Film ein einziges Plädoyer für das Entdecken neuer Kulturen, für erste Schritte und den Mut, eigene Wege zu gehen – abseits der Mehrheitsmeinung. Es gilt, im wahrsten Sinne des Wortes, Neuland zu entdecken und auf Integration des Andersartigen zu setzen. Dieser Schritt steht in der amerikanischen Kultur noch weitgehend aus, aber die Filmindustrie Hollywoods macht mit solch wundervollen Filmen immerhin einen Anfang.

Auf Dauer wird uns nichts anderes übrig bleiben, als auf Integration zu setzen. Jedenfalls, wenn wir den Vorgaben unserer christlichen Kultur gerecht werden wollen, mit denen wir angetreten sind. Das gilt für andere Kulturen und Menschen wie auch für Tiere. Unterdrückung, (Rassen-)Diskriminierung und grauenerregende Quälereien in Massen-Tier-Zucht-Häusern sind Ausdruck von Schattenaspekten unserer vordergründig dem

Licht und dem Guten zugewandten Kultur.

Mit dem Thema der Rassendiskriminierung beschäftigen sich inzwischen einige sehenswerte Filme wie ***12 Years a Slave***, ***Der Butler***, ***Gottes Werk und Teufels Beitrag*** sowie ***Selma***, die Geschichte von Martin Luther Kings Märschen für Gleichberechtigung. Wie schwer das immer noch fällt, zeigt letzterer Film, der mit dem Satz endet, King sei bei einem Attentat erschossen worden, aber unterschlägt, dass es der eigene US-Geheimdienst CIA war, der ihn umbringen ließ. Seine Witwe Loretta King hat von einem US-Gericht einen symbolischen Dollar als Entschädigung zugesprochen bekommen.

Solche Filme werden besonders dann auch für Europäer wichtig, wenn wir in der Diskriminierung der Schwarzen und der indigenen Völker die Unterdrückung unseres eigenen weiblichen Seelenanteils erkennen.

Beziehungen zu anderen Lebensbühnen:

In der Liebe kommt die 7. Bühne ins Spiel (des Lebens), in der ungewöhnlichen Beziehung und Freundschaft zum Wolf die 11.

Fragen, die ZuschauerInnen sich stellen könnten:

Welche Rolle spielt das Öffnen neuer Türen und Wege für mich?
Welche alten Einstellungen und übernommenen Fehler habe ich zu korrigieren?
Wie viel Mut bringe ich auf, um für meine Entscheidungen einzustehen?
Welche ersten Schritte in Neuland stehen für mich an?
Wie bereit bin ich, umzudenken und notfalls die Seiten zu wechseln?

Für wen und welches Problem ist dieser Film Therapie?

Für Menschen mit tief verwurzelten Vorurteilen, die den Zugang zu ihrem Mut und ihrem Gefühl verloren haben.

Last Samurai von Edward Zwick (2003, 154 Min.)

In diesem Film spielt Tom Cruise Captain Nathan Algren, einen US-Soldaten, der im Bürgerkrieg tapfer und ehrenvoll kämpfte, aber in den grausamen (Rache-)Feldzügen der Weißen gegen die Indianer seine Seele verlor. Unfähig, das auf höheren Befehl selbst mit verursachte Elend zu verarbeiten, ergibt er sich dem Whiskey. Schließlich lässt er sich von einem ehemaligen, aber vergleichsweise seelenlosen Offizier für eine Mission in Japan anwerben, wo ein naiver junger Kaiser und ein raffinierter Geschäftsmann Armee und Leben nach westlichem Vorbild umbauen wollen.

Konfrontiert mit der ursprünglichen Kampf- und Kriegskunst der japanischen Ritter, die ihr Leben der Ehre und dem Kaiser verschreiben und jederzeit bereit sind, für diese Ideale zu sterben, erkennt und findet er darin seine eigenen alten Ideale und seine Ehre als Krieger wieder. Repräsentiert wird der Geist der Samurai vor allem durch deren Führer Katsumoto (Ken Watanabe). Der traditionelle Ehrenkodex der japanischen Krieger entspricht demjenigen, von dem sich Algren einst selbst zu seiner „Berufswahl“ als Soldat inspirieren ließ. Der Zusammenstoß einer spirituellen und selbstlosen Kampfkunst mit einem weitgehend verkommenen modernen Militär bringt Captain Algren zwischen die Fronten. Allmählich wechselt er die Seite – ähnlich wie Kevin Costner in ***Der mit dem Wolf tanzt***. Beide gehen einen langen Weg zur Wiederherstellung ihrer Ehre.

Deutung 1:

Wer die Kampfkunst bis in ihre letzten Tiefen verwirklicht, wie es klassische Samurai tun, wird mit dem Aggressionsprinzip auch dessen Gegenpol, den Frieden, finden und nicht mehr kämpfen müssen. Er hat das Aggressionsprinzip erlöst und damit dessen konstruktive Ausdrucksformen wie Mut und Entscheidungsfähigkeit, Konfrontationsbereitschaft und Courage auf seiner Seite.

So fällt ihm das ausgleichende Prinzip des Friedens und der Liebe, der Versöhnung und des Ausgleichs wie von selbst zu. Katsumoto ist so sehr Dichter wie Krieger.

Deutung 2:
Der Film zeigt zuerst die unerlöste Aggression, mit der die Indianer niedergemetzelt wurden. Diese führt in der Seele des missbrauchten Soldaten zur Selbstzerstörung in Form von Alkoholismus. Und er zeigt die politische Aggression des Machtmissbrauchs, die Männer für einen Krieg einkauft, an den sie oft selbst nicht glauben. Dieser Machtmissbrauch ist es, der Japan in einen schrecklichen (Bürger-)Krieg gegen seine eigene Tradition treibt – wie einst die US-Armee in den (Bürger-)Krieg gegen die eigenen Ureinwohner.

Im Gegensatz dazu steht die bewusste Kampf- und Kriegskunst der 1. Lebensbühne, die Tom Cruise als Gefangener bei seinem Gegner Katsumoto erlebt, der allmählich sein Lehr(-Meister) wird.

Deutung 3:
Während Taka, die Schwester seines Feindes, Algren den überfälligen Alkohol-Entzug zumutet und ihn zurück ins Leben holt, lernt dieser seine Feinde kennen und schätzen. Er verliebt sich in Taka – und damit ausgerechnet in die Frau jenes Samurai, den er im Kampf getötet hat.

Damit klingt auch der Tristan-und-Isolde-Archetyp an, den Richard Wagner mit seiner gleichnamigen Oper unsterblich machte, der aber natürlich viel älter und wie alle Archetypen zeitlos und oft sogar kulturübergreifend ist.

Während dieses Prozesses findet Algren zurück zum Ritter (-Archetyp) in sich, jenem makellosen heldenhaften Kämpfer für das Recht und das Gute, der auch in unserer Kultur verankert ist. In der ihm kulturell fremden Spiritualität seiner Feinde entdeckt er sein Defizit in dieser Hinsicht, aber auch die tiefe (Seelen-) Verwandtschaft zu seinem Feind, der ihm freundlich gesonnen ist. Ihm wird klar: ein ehrenhafter Feind ist auf der anderen Seite auch ein Freund, von dem er lernen kann und will.

So kämpft Captain Algren bald Seite an Seite mit dem früheren Feind. Er erlebt und erlöst den Archetyp von Gilgamesch und Enkidu, der tapferen Hauptfiguren des *Gilgamesch-Epos*. In seiner neu gewonnenen Nüchternheit erkennt er in dem traditionellen japanischen Dorf mit seiner einfachen und natürlichen Schönheit das transformierende Potenzial eines Heilungs-Biotops. Mit jedem Kampf, den er fortan ausficht, kommt er mehr zu sich selbst. Schließlich reitet er für die Wiedererlangung seiner Ehre an der Seite seines neuen Meisters in den Kugelhagel der neuen seelenlosen und unehrenhaften Militär-Technik. Im Gegensatz zu Katsumoto überlebt er die aussichtslose Schlacht. Captain Algren – nun in der Rüstung seines von ihm selbst erschlagenen Feindes, des Mannes seiner Geliebten kämpfend – hat gelernt, dass es Wichtigeres gibt als das Überleben. Er erweist seinem neuen Freund und Lehr(er)-Meister die letzte Ehre, indem er ihm den Todesstoß nach alter Tradition versetzt. Er überlebt nicht zuletzt, weil er dem Tenno, dem Kaiser, den Mythos des letzten Samurai noch nahe bringen muss. Vielleicht auch, weil das Letzte und Größte noch offen ist: die im Entwicklungskreis gegenüber liegende Liebe der 7. Lebensbühne.

Beziehungen zu anderen Lebensbühnen:

Im „Stirb und Werde", im kompromisslosen Alles-oder-nichts auf Seiten der Samurai rückt das plutonische Lebensprinzip, das für Japan überhaupt so typisch ist, teilweise in den Vordergrund. Hier geht es um Entwicklung, und dabei wird der Tod nicht ausgeklammert, sondern bewusst integriert wie im Harakiri, dem rituellen Selbstmord der Japaner.

Mit der Liebe kommt auch hier, wie in den meisten Filmen der 1. Lebensbühne, die 7. ins Spiel – und mit ihr die Sehnsucht nach Aussöhnung und Frieden. In Katsumoto, der um seinen Lebenssinn ringt, tritt auch die 9. Bühne hinzu.

Fragen, die ZuschauerInnen sich stellen könnten:
Wie steht es um meine Ehre und Ehrlichkeit?
Wo fliehe ich in Sucht, statt meiner Suche treu zu bleiben?
Wie leicht fällt es mir, alte Fehler als solche zu erkennen und wieder gut zu machen?
Was kann ich von meinen Feinden lernen?
Wie groß ist mein Mut zu Versöhnung und notwendiger Umkehr?

Für wen und welches Problem ist dieser Film Therapie?
Für alle, die vom eigenen Weg abgekommen, in Sackgassen gelandet sind und ihr Lebensziel verloren oder nie gefunden haben. Aber auch für alle, die sich in eine Feindschaft zu Fremdem hineingesteigert haben, die das Ähnliche im Verschiedenen nicht zu erkennen vermögen und sich weigern, (kulturellen) Austausch als Bereicherung zu empfinden.

Fearless – Jenseits der Angst (1993, 105 Min.) von Peter Weir

Jeff Bridges überwindet als Architekt Max Klein seinem Geschäftspartner und (-)Freund zuliebe seine Flugangst. Die Maschine stürzt ab und Klein überlebt unter unwahrscheinlichen Umständen, während sein Freund vor seinen Augen auf grausame

Weise stirbt. Noch an der Unfallstelle wird er zum Helden und Retter, rutscht vom Angsthasen in den Gegenpol und fühlt sich plötzlich unverletzlich und unsterblich. Jetzt, völlig angstfrei, ist ihm alles möglich. Er rettet nicht nur ein Kind am Unfallort, sondern heilt später noch eine Frau von ihren Schuldgefühlen, die sich für den Tod ihres Kindes verantwortlich fühlt, weil sie es beim Flugzeugabsturz nicht festhalten konnte. Mit voller Wucht fährt er ein Auto an die Wand, um der Frau klar zu machen, dass es prinzipiell unmöglich ist, etwas festzuhalten, wenn extreme Schubkraft wirkt.

Deutung 1:
Völlig angstfrei zu sein, sich unverletzlich, ja unsterblich, zu fühlen, ist der Gegenpol zur Angstneurose, an der Max lange gelitten hatte. Dies spiegelt aber nicht die wirkliche Situation seiner Seele wider. Es ist vielmehr ein – im Sinne von Psychose – veränderter Bewusstseinszustand, wie das gleichzeitige Verschwinden seiner Allergie deutlich macht. Allergien brauchen immer Bewusstsein, in Vollnarkose und Psychose verschwinden sie. Erst als Max wieder allergisch reagiert und fast an den genossenen Erdbeeren stirbt, erkennt seine Frau, dass er wieder der Alte ist: ihr auf die Ebene seines Normal-Bewusstseins zurückgekehrte Ehemann. So markiert die Allergie Anfang und Ende dieser durch das Überleben des Absturzes ausgelösten „wundervollen“ Psychose.

Deutung 2:
Es handelt sich also hier nicht nur um eine Darstellung von über- und geradezu unmenschlichem Mut, kompromissloser Entscheidungsfähigkeit und vollem Energie-Einsatz, sondern auch um einen Psychiatrie-Film in dem Sinn, dass die Psychose lediglich als Wechsel der Bewusstseinsebene erkennbar ist. Aber es ist auch ein Film über das Polaritätsgesetz als wichtigstes der „Schicksals-

gesetze", enthüllt es uns doch die Angstneurose als Gegenpol zu völliger Angstfreiheit und Unsterblichkeit. Insofern ist diese Psychose auch ein Ausblick auf das Ziel unseres Entwicklungsweges, das sich durch vollkommene Angstfreiheit auszeichnet, weil auf der Ebene der Einheit in unendlicher Weite alles integriert und nichts mehr fremd und angstbesetzt ist. Dieser Zustand ist aber im Film nicht wirklich realisiert, sondern bricht nur als Psychose ins Normal-Bewusstsein ein, wie manchmal ein Erleuchtungserlebnis ins Leben.

Deutung 3:
Jede Angst wäre im Sinne des Programms *Angstfrei leben* ein guter Grund, sich ihr rechtzeitig zu stellen, bevor sie einen in den totalen Würgegriff nimmt oder in den Gegenpol zwingt wie hier im Film. Verrückte Angst oder auch Angstfreiheit können nie Lösungen sein, beide sind weit von der Mitte entfernt. Wer sich der Angst stellt, wird sich wachsen und die Angst schwinden sehen. Todesmut geht zu weit, vernünftiger Mut erwächst aus der Verarbeitung von Angst und ersetzt die Enge durch Offenheit und Weite.

Beziehungen zu anderen Lebensbühnen:
In der verrückten Welt von Max' Psychose mit geplanten Unfällen und Spaziergängen in luftigen, absturzgefährdeten Höhen, aber auch schon im Flugzeugabsturz selbst, spielt sehr deutlich die 11. Lebensbühne herein.

Fragen, die ZuschauerInnen sich stellen könnten:
Kenne ich ebenfalls abrupte Wechsel meines Bewusstseinszustands?
Wie steht es um meine Angst?
Wie um meinen Mut? Ist der echt oder beruht er eher auf einem Mangel an Phantasie?
Wie vernünftig ist meine Courage, wie verrückt ist sie aber

manchmal auch?
Wo habe ich auch schon den (Ab-)Sturz von einem Pol in sein Gegenteil erlebt?
Kenne ich den Effekt, dass Einseitigkeit den Gegenpol provoziert?

Für wen und welches Problem ist dieser Film Therapie?
Für Angsthasen, zum Mut machen und um die eigene Mitte zu finden. Im Sinne der Dynamik von „Traum“ und „Traumzensur“ führt der Film „normal ängstlichen“ Zuschauern die Licht-, aber auch die Schattenseiten eines erwünschten Zustands – Angstfreiheit – vor Augen. Im Ergebnis verabschieden sie sich vielleicht von Übermenschenfantasien und freunden sich mit ihrem Ängstlichsein an, streben nach einer gesunden Mitte.

In Sachen Henry (1991, 102 Min.) von Mike Nichols

Dieser wundervolle Film mit Harrison Ford zeigt, wie sehr das moderne Leben viele von uns von der wahren Bestimmung ihrer Seele abbringt. Als erfolgreicher Anwalt gewinnt Henry Turner (Ford) einen Prozess nach dem anderen. Anstand, Gerechtigkeit und Fairness spielen für ihn keine Rolle, solange er nur gewinnt und seinen Ruhm mehren kann. Er ist knallhart gegen sich und die Welt, einschließlich seiner Frau und Tochter, die er vernachlässigt und maßregelt wie es ihm gerade in seinen Kram passt. Dieser Kram besteht aus einem – im wahrsten Sinne des Wortes – gnadenlosen Erfolgstripp.

Deutung 1:
Auf diesem verhängnisvollen Weg ist Turner nur mit Gewalt zu stoppen – durch einen Banditen, der ihm beim Zigarettenkaufen

in den Kopf schießt. Die schwere Gehirnverletzung infolge dieses (Kopf)Schusses vor den Bug war offensichtlich die letzte Möglichkeit, ihn von seinem für den modernen Zeitgeist typischen Amoklauf abzubringen.

Nun beginnt sein langer Weg zu sich selbst, zu der auch in ihm angelegten, aber durch seine Karriere-Fixierung lange völlig verschütteten Menschlichkeit. Dabei helfen Henry Turner sein schwarzer Physiotherapeut und seine Ehefrau (Annette Bening) mit ihrer einfachen Menschlichkeit. Henry lernt langsam und von Grund auf, dafür aber nachhaltig, wieder Mensch zu werden. Die einfache Lebensweisheit und Erfahrung seines Physiotherapeuten führen zu etwas ihm so Unbekannten wie Seelenverbindung und sogar Freundschaft.

Deutung 2:
Die Charaktereigenschaften eines Erfolgsmenschen der modernen Leistungsgesellschaft sind durch die Zerstörung in Henrys Gehirn wie ausgelöscht, was an vielen Kleinigkeiten deutlich wird. Plötzlich mag er seine bisherigen Maßanzüge nicht mehr, sondern kommt in bequemer Kleidung und ohne Gel im Haar daher. Spiegeleier mit Speck, das typische Suizidessen moderner Erfolgstypen und bisher seine Lieblingsspeise, sind für ihn so out wie die Welt der Anwalts-Kanzlei, die lange seine Heimat war. Dort wollen ihn alle zurück haben. Das gilt für seinen Chef, aber auch für seine frühere Geliebte, eine ambitionierte moderne Karriere-Anwältin, mit der er sich regelmäßig zweimal die Woche im Ritz-Carlton getroffen und gevögelt hat. Aber sie alle wollen den alten Henry wieder, äußerlich gesund, aber an seiner Seele krank, nicht den neuen, offensichtlich behinderten.

Deutung 3:
Henry will seine alten Fälle für sich neu aufrollen. Er versucht, das von ihm angerichtete, juristisch brillant begründete Unrecht

wieder gut zu machen. Man verwehrt ihm aber die weitere Einsicht in seine alten Fälle, die inzwischen – entmenschlicht – zu Akten geworden sind. Bald darauf kündigt er und verlässt endgültig seine alte Welt, um sich (s)einem neuen Leben zu widmen. In diesem entdeckt er seine Frau und seine Liebe zu ihr ganz neu, überwindet sogar seine Eifersucht. Seine kleine Tochter befreit er aus der extrem strengen, krank(machend)en Elite-Schule, die sie besuchen musste und holt sie heim in die sich neu entwickelnde kleine Familie. Dort hat inzwischen auch ein Hund Platz, der in seiner verspielten Art das innere Kind repräsentiert, das Henry vorher mit Strenge und Bosheit aus dem Leben seiner Tochter und seinem eigenen verbannt hatte.

Beziehungen zu anderen Lebensbühnen:
Im Happy End klingt mit der Familie die 4. Lebensbühne an, mit der Freundschaft zu seinem Physiotherapeuten wie auch mit dem plötzlichen rettenden Schuss vor den Bug die 11., mit der neu entfachten Liebe zu seiner Frau die 7.

Fragen, die ZuschauerInnen sich stellen könnten:
Was brauche ich, um zu meiner Menschlichkeit zu finden?
Ist dazu schon Gewalt notwendig, oder bin ich auch so bereit, mutig neue Wege zu gehen, um mich selbst zu finden?
Was würde mich aufwecken? Wie viel Anstoß ist nötig, um aus mir den Menschen zu machen, der ich eigentlich sein möchte?
Habe ich auch schon einmal einen Schuss vor den Bug bekommen und was habe ich daraus gemacht?
Wie viel physische Zerstörung bräuchte ich, um seelische Heilung zu finden, um mich wach zu rütteln und meine Seele wahr und wichtig zu nehmen?

Für wen und welches Problem ist dieser Film Therapie?
Für alle einseitig Erfolgsorientierten, die gelernt haben, über Leichen zu gehen und dabei ihr Wesen vergessen.

Wut (2006, 90 Min.) von Züli Aladağ

Ein brillanter deutscher Film über ein modernes Dilemma. Felix (Robert Höller), lateinisch für: der Glückliche, ist der Sohn liberaler Berliner Eltern, die in einer schönen Villa in bester Berliner Gegend leben. Der Vater (August Zirner) ist angehender Professor und fast grenzenlos liberal, die Mutter (Corinna Harfouch) Immobilien-Maklerin, genervt und gelangweilt. Er vögelt seine Studentinnen – von der Ehefrau „Tussis" genannt – und sie ihren Automechaniker, den er für seinen besten Freund hält. An der Oberfläche ist also alles bestens und scheinbar langweilig, doch darunter zeigen sich Brüche. Felix könnte entsprechend seiner Namensbedeutung glücklich sein, würde er nicht von einem halbstarken Türken und seiner Gang gemobbt und gequält. Der zurückhaltende, musische und Cello spielende Felix ist in der Schule eine Provokation für Can (Oktay Özdemir), Sohn türkischer Einwanderer. „Can" bedeutet übersetzt Seele und die beiden so gegensätzlichen Jungen geraten, provoziert von Can, zunehmend aneinander.

Deutung 1:
Als Can Felix seine neuen Sportschuhe abnimmt und Felix barfuß nach Hause kommt, ereignet sich eine ebenso (arche-)typische wie gefährliche Eskalation der Gewalt. Der Herr Professor schaltet sich – auf Druck seiner Frau – ein und versucht, mit Can und dessen Vater „vernünftig" zu reden. Can wird daraufhin von seinem Vater gemaßregelt und vor Simon gedemütigt.

Dafür verhöhnt Can Felix' Vater bei nächster Gelegenheit gnadenlos. Simon ist so windelweich, dass er sich nicht gegen das offen aggressive Gebahren des türkischen Jungen wehren kann, und er ist so liberal, dass er sich alles schönredet. Seine Frau erkennt das und konfrontiert ihn damit.

Wahrscheinlich ist diese „Weichlichkeit" auch einer der Gründe dafür, dass sie ihn mit seinem besten Freund betrügt, obwohl dieser das Verhältnis eigentlich lieber beenden würde. Simon ahnt die Wahrheit wohl, sieht aber darüber hinweg wie über so vieles – dem Frieden und der (Schein-)Harmonie zuliebe. Deutlich „männlicher" als der Professor, schlägt der Automechaniker Can schließlich brutal zusammen.

Felix schweigt – hilflos – zu den Erniedrigungen durch Can und verkriecht sich in sein Zimmer. Einmal allerdings schreit er seinen Vater an: *„Ihr hättet die niemals herein lassen dürfen!"*, womit er seine Quälgeister von der Türken-Gang meint. In dieser desolaten Situation eskaliert das Problem, das tatsächlich eines der Schule und der Gesellschaft ist.

Deutung 2:

Die Lage spitzt sich zu, als sich der liberale Simon auf die Staatsgewalt besinnt, Can beim Drogen-Dealen filmt und ihm die Polizei auf den Hals hetzt. Die findet zwar jede Menge Stoff, lässt Can aber trotzdem erst einmal wieder frei – ein inzwischen übliches Verfahren, das illustriert, wie verfahren die Situation bereits ist.

Die in der Folge weiter eskalierenden Unverschämtheiten von Can lassen die hohle Fassade der reichen, gut situierten Ein-Kind-Familie rasch einstürzen. Als Can sogar in einer von Simons Vorlesungen auftaucht, schimpft dieser ihn in seiner Wut und Hilflosigkeit „Türkenarsch" und schmeißt ihn raus. Die scheinbar grenzenlose Toleranz des Liberalen ist in ihren Gegenpol umgeschlagen.

Der eigene Sohn, von der Feigheit seines Vaters genervt und

wohl auch angewidert, hilft in seiner Pein nun immer mehr zu seinem Peiniger Can. Er erkennt: „*Die Türken halten zusammen und machen uns fertig.*“ Und wirklich traut sich auf dem Schulhof inzwischen kein deutscher Junge mehr irgendetwas. Felix hat mit seiner aus Angst geborenen versöhnlichen Art keine Chance und gerät zwischen alle Stühle. Seine venusische Ausgleichspolitik macht nun im Gegenzug seinen Vater Simon immer aggressiver und Can immer noch provozierender.

Nach der Drogenverhaftung durch die Polizei wird Can, obwohl er sich unterworfen und darum gebeten hatte, wieder aufgenommen zu werden, von seinem Patriarchen-Vater definitiv verstoßen.

Deutung 3:

Can verliert zum zweiten Mal Heimat und Wurzeln und hat nun praktisch nichts mehr zu verlieren. Das lässt ihn gegenüber der fremden Familie noch unverschämter werden. Von Simons Freund zusammenschlagen und ziemlich zugerichtet, das Gefängnis vor Augen, verliert er alle Hemmungen und dringt mit Pistole bewaffnet ins Haus des Professors ein. Er packt und fesselt dessen Frau und zeigt Simon damit seine ganze Ohnmacht. Schließlich kommt Felix dazu, ergreift die Pistole, wird aber flugs von Can entwaffnet. Dieser setzt ihm sein Messer an den Hals und provoziert Simon, bis der sich die Pistole an die Schläfe setzt und abdrückt. Aber sie ist ungeladen. Jetzt ist Simon, der sich vor Angst in die Hosen gemacht hat, jenseits aller Grenzen und stürzt sich auf Can. Nach einem erbitterten Ring-Kampf schwimmt am Ende der türkische Junge tot im Pool.

Deutung 4:

Auf der Ebene der Väter kann im Film Wut nichts mehr gelöst werden, sie sind hilflos. Die liberalen deutschen Eltern vermitteln weder Kraft noch Ehre, und auch dem türkischen Vater ist sein

Sohn entglitten. Er sagt: „*Die Jungen müssen das untereinander regeln*“, und: „*Can ist ein guter Junge, ich habe ihn gut erzogen.*“

Letztlich herrschen die Banden auf der Straße und in den Schulen, die deutschen Liberalen verkriechen sich im Ernstfall und ziehen den Schwanz ein, wie überdeutlich in einer Bar-Szene gezeigt wird. Einzig der Werkstattbesitzer ist noch realistisch. Er durchschaut und diagnostiziert die verlogene liberale Attitüde des Professors: „*Das ist alles so kaputt.*“

Deutung 5:

Der Film zeigt: Keine Lösung ist in Sicht. Die Beteiligten müssten die Entwicklungsstufen der 1. Bühne durchlaufen – von destruktiver Gewalt zu einem konstruktiven Umgang mit aggressiver Energie, also Mut und Beherztheit.

Felix scheint gar keine Aggression zu spüren, verfügt aber über noch etwas mehr Mut als der liberale Vater. Allein gelassen, unterwirft er sich fast schamlos der prallen, aggressiven Unverschämtheit von Can. Das könnte leider – übertragen auf das gesellschaftliche Ganze – auch die Folge einer zu naiven Gestaltung von „Willkommens-Kultur“ sein. Im schlimmsten Fall wird am Schluss – bar jeder Kultur – nur nackte Gewalt, ein „Kampf der Kulturen“ mit Mord und Totschlag, übrig blieben.

Die schöne Alternative zeigt der Film ***Willkommen bei den Hartmanns*** (2016, 116 Min.) mit Senta Berger und Heiner Lauterbach, in diesem glücklicheren Fall mit wenig Bezug zur 1. und viel mehr zur 11. Lebensbühne.

Fragen, die ZuschauerInnen sich stellen könnten:

Welches Aggressions- beziehungsweise Konfliktmuster lebe ich? Wage ich es, mich auseinanderzusetzen, über Grenzen zu gehen und meine eigenen Grenzen zu schützen?
Über wie viel Zivilcourage verfüge ich? Kann ich mich noch gegen Übergriffe wehren und meine Haltung und Position (be-)wahren?

Bin ich noch Herr im Haus? In „meiner“ Stadt, „meinem“ Land?
Und wie steht es mit meinem (Körper-)Haus?
Wie viel Mut zur Integration habe ich? Wie viel Fremdes kann ich annehmen – z. B. auf Reisen, bei der Wahl meiner Kleidung, meines Essens?
Wie viel Exotisches brauche ich, um mich nicht zu langweilen?
Wie gut kenne ich meine Grenzen?
Wie echt ist meine Liberalität?
Wie groß ist mein (ungelebtes) Wutpotential?

In ***Die Wutprobe*** (2003, 100 Min.) mit Adam Sandler als sanftmütig scheuem Dave Buznik, der in einem Flugzeug in einen verbalen Konflikt mit den Flugbegleitern gerät, geht es um Psychotherapie bezüglich der 1. Lebensbühne. Dave wird aufgrund des Flugzeugerlebnisses eine Aggressions-Therapie bei Dr. Buddy Rydell, gespielt von Jack Nicholson, auferlegt. Er soll lernen, seine Aggression, seine Wut und seinen Ärger unter Kontrolle zu bekommen. Allerdings sollte genau das erstmal sein Therapeut lernen.

Saubere und schmutzige Kriege

Natürlich gehören alle Kriegsfilme und auch Action-Filme hierher auf die 1. Lebensbühne. Der klassische US-Western zeigt das herrschende sehr einfache Muster: Wer zuerst schießt, ist im Recht und damit Sieger und gilt zumindest vielen US-Amerikanern bis heute als der bessere Mensch. Dieses Muster ist bis in die Gegenwart die Basis vieler Angriffskriege, wobei es in zivilisierteren europäischen Staaten auf wenig Gegenliebe stößt.

Wegen dieses sehr simplen Musters nehmen fast alle guten Kriegsfilme Anleihen bei der gegenüber liegenden 7. Lebensbühne der Liebe, des Ausgleichs und der Balance, der Versöhnung und des Friedens.

Tatsächlich gibt es ein von der Genfer-Konvention gleichsam als legal akzeptiertes Kriegsmuster. Das ist der Krieg der 1. Lebensbühne und der archetypisch männlichen Aggression wie sie exemplarisch im Film ***Der Soldat James Ryan*** (1998, 169 Min.) mit Tom Hanks zum Ausdruck kommt. Alle Aspekte der archetypisch weiblichen, zum Schatten der 8. Lebensbühne zählende Aggressionen, sind demnach verboten und illegal.

In der Vergangenheit trat der Unterschied deutlicher zu Tage, beziehungsweise war die 1. Lebensbühne klarer im Vordergrund, etwa bei ***Alexander*** (2003, 176 Min.) dem Großen, dem Namensgeber für den gleichnamigen Film, der sich durch blanke unverhohlene Aggression mutig ein Weltreich eroberte. Alexander ist so selbstverständlich ein Film der ersten Lebensbühne, wo es zur wundervollen Musik von Hans Zimmer fast ausschließlich um deren physischen Aspekt in Gestalt von Gewalt geht. Diese bestimmte früher ganz unverblümt Geschichte und Politik.

Das erstaunliche Leben des Walter Mitty (2013, 114 Min.) von Ben Stiller

Regisseur Stiller spielt auch die Hauptrolle in dem amüsanten Streifen nach einer Kurzgeschichte von James Thurber. Außerdem wirken Kristen Wiig, Sean Penn und Shirley McLaine mit. Walter Mitty führt ein zurückgezogenes, eintöniges Leben. Seinen Arbeitsalltag verbringt er im dunklen Fotoarchiv des renommierten Life-Magazines, wo er für korrekte Sortierung und Aufbewahrung verantwortlich ist. Ein Tag ist für ihn wie der andere. Nur in seinen zahlreichen und sehr intensiven Tagträumen erlebt er heldenhafte Abenteuer und die große Liebe. Im normalen Leben aber fehlt ihm jeder Mut, zu handeln und erste Schritte in unbekannte Bereiche zu tun. Tatkraft ist überhaupt nicht sein

Ding. Jedem noch so kleinen Risiko ausweichend, hat er nicht einmal den Mumm, seine neue Kollegin anzusprechen, obwohl mit ihr sein Traum von der großen Liebe Realität werden könnte. Walter Mitty verbarrikadiert sich geradezu in der Welt seiner Tagträume. Ohne Risiko ist Versagen ausgeschlossen.

Alles jenseits seiner eingefahrenen Routineaufgaben, die er mit Akribie erfüllt, macht ihm Angst. Neuerungen oder Veränderungen sind nichts für ihn. Doch das Schicksal gibt ihn nicht auf. Als bekannt wird, das „Life"-Magazin werde demnächst nur noch online erscheinen, ist Schluss mit Träumen und Ersatzleben in der Fantasie. Jetzt gilt es, aufzuwachen und sich der Realität zu stellen.

Deutung 1:

Walter läuft wie seine heimliche Liebe Cheryl Gefahr, seinen Job zu verlieren. Als würde dieser Schock nicht genügen, verschwindet auch noch das Foto für das Cover der letzten Print-Ausgabe, für das er verantwortlich ist. Und tatsächlich braucht Walter wohl diese zwei Unglücke, um sein Glück wieder ins Auge zu fassen.

Er nimmt die Herausforderung an, nimmt für Job und Liebe allen Mut zusammen und begibt sich auf die mehr als abenteuerliche Reise um die Welt, auf die Suche nach dem Star-Fotografen Sean O'Connell (Sean Penn), der in den abgelegensten Winkeln der Welt sensationelle und begehrte Fotos schießt.

Angekommen, wo Sean zuletzt geortet wurde, ist der aber schon längst wieder weg. Walter bleibt nichts anderes übrig, als sich auf die Verfolgungsjagd zu machen und ihm bleibt wirklich nichts erspart. Ob zitternd vor Angst angesichts des betrunkenen Piloten im Hubschrauber, ob bei hohem Seegang im Fischerboot, im Meer von Haien attackiert, auf der Flucht vor einem Vulkanausbruch oder in den gefährlichen Bergen Afghanistans – keiner seiner Tagträume war nur annähernd so spannend und heldenhaft. Mit jedem bestandenen Abenteuer wächst Walter und wird stärker.

Nachdem er Sean endlich gefunden hat, bemerkt er, dass er die verzweifelt gesuchte Negativrolle lange unbemerkt mit sich herumgetragen und nur nicht beachtet hatte.

Deutung 2:
So hat ihn seine eigene Fehlleistung auf den Weg gebracht, war also sein Entwicklungshelfer im Dienste des Schicksals.

Ein Leben nur in der Fantasie kann letztlich nicht erfüllend sein und glücklich machen. Wir brauchen die Früchte unseres Handels, um Stärke, Selbstbewusstsein und Selbstwertgefühl zu entwickeln. Für jeden kommt so früher oder später der Zeitpunkt, an dem das eigene Schicksal in die Hand genommen werden muss. Wir sind seit unserer Geburt berufen, erste Schritte ins Unbekannte zu wagen und dieses große Abenteuer des Lebens anzugehen. Allein beherztes Tun und Handeln lässt uns (über uns hinaus-)wachsen. Es gibt kein Lernen, kein Weiterkommen ohne die Tat, ohne konkretes Umsetzen einer Idee, einer Vorstellung oder Vision. Nur auf diese Weise können wir die Früchte unserer Talente auch wirklich ernten und erst dadurch können wir unser Leben gestalten. Von Geburt an gilt es, in jedem Moment unseres Lebens zu lernen. Und Lernen bedeutet immer, Neues und Unbekanntes aktiv zu integrieren und für uns nutzbar zu machen. Lernen ist gleichsam der Dünger unseres Lebensbaumes.

Immer aufs Neue warten Herausforderungen auf uns, denen wir uns früher oder später stellen müssen. Packen wir ein Problem gleich an, ist es meist viel einfacher zu bewältigen. Sich etwa bei seiner Geburt querzulegen und sich zu wehren, macht alles nur schmerzhafter. So bleibt es das ganze Leben hindurch, und nicht umsonst sprechen wir auch von einer „schweren Geburt", wenn es zum Beispiel um die Pubertät der Nachbarskinder oder um einen Jobwechsel geht.

Leben ist sprichwörtlich lebensgefährlich. Sich Gefahren zu stellen, kann das Leben aber retten, die Kopf-in-den-Sand-Taktik kann es kosten. Zudem ist es nie erfüllend, vom richtigen Leben nur zu träumen, weil dieses dann nicht mit allen Sinnen spürbar ist. Schon Goethes Faust kam zu dem Schluss: *„Im Anfang war die Tat."* Erst konkretes Handeln macht den Traum, den Sinn, die Idee zur Wirklichkeit.

Von Geburt an ist alles an Möglichkeiten und Fähigkeiten schon da – wie bei Walter, der das gesuchte Foto längst besaß. Im übertragenen Sinn ist auch unser ganzer Lebenskreis schon immer da. Der Same muss sich nur durch die Tat entfalten.

Mutig entscheiden und handeln bedeutet, Verantwortung für das eigene Schicksal zu übernehmen und sein Leben zu gestalten. Nur so werden wir zu Helden auf der Lebensreise.

Beziehungen zu anderen Lebensbühnen:
Walters außergewöhnliche Reise bietet Anklänge an die 11. Lebensbühne, seine Ver- und Selbsthinderungsstrategie an die 10. und die Flucht ins Traumland an die 12.

Fragen, die ZuschauerInnen sich stellen könnten:
Wie handlungsfreudig bin ich? Wie entscheidungsfähig?
Wie gehe ich mit neuen Situationen um?
Wie risikobereit bin ich?
Packe ich die heißen Eisen meines Lebens an oder verschließe ich lieber davor die Augen?
Setze ich Träume und Ideen um?
Wie mutig und abenteuerlustig bin ich?
Wie verhalte ich mich in gefährlichen Situationen?
Was liegt meinem Wesen näher, Flucht oder Angriff?
Welche meiner Lebensträume habe ich schon in die Tat umgesetzt?
Welche Fantasien und Tagträume warten jetzt gerade darauf, in die Tat umgesetzt zu werden?

Für wen und welches Problem ist dieser Film Therapie?
Für alle, die nicht in die Gänge kommen, den Anfang nicht finden, den Absprung nicht kriegen.

Lebensbühne 2
Über materielle Existenz und sinnlichen Genuss, das innere und äußere Vermögen, Wert und Selbstwert

Nur fest verwurzelt in Mutter Erde können wir in den Himmel wachsen.

Die 2. Lebensbühne widmet sich den Belangen unserer irdischen, erdigen Existenz. Nach der Geburt geht es darum, sich Schritt für Schritt mit unserer körperlichen Beschaffenheit vertraut zu machen. Wir müssen alles lernen: atmen, essen, verdauen, sitzen, laufen, sprechen ... Letztlich ist der Umgang mit den vier Elementen in und um uns – Feuer, Wasser, Luft und Erde – zu erlernen.

Auf dem Spielplan dieser Bühne stehen jene Bereiche, die unsere Existenz in einer materiellen Welt betreffen, die vorerst noch unsicherer Boden für uns ist. Was also brauchen wir vor allem, um auf diesem Planeten (über-)leben zu können? Als Wesen mit einem komplexen Körper, der aus der „Adama", der roten Erde geschaffen ist, brauchen wir irdische Nahrung, die nur im Märchen vom Schlaraffenland im Überfluss vorhanden ist. Wir müssen also mit der Erde, ihren Gegebenheiten und Bedingungen zusammenarbeiten, damit ihre Früchte als Nahrung gedeihen können. Diese große Aufgabe ist dem Berufsstand der Bauern anvertraut. Aus ihrer Tätigkeit ergeben sich viele der Themen, die diese Lebensbühne ausmachen.

In erster Linie muss der Bauer nach den Gesetzen der Natur leben. In letzter Konsequenz ist Mutter Natur immer mächtiger und stärker als ihre Kinder, die Menschen. Sie ist zwar sehr geduldig, lässt sich lange benutzen und ausnutzen, sogar vergewaltigen, aber ihre vier Elemente lassen sich niemals ganz beherrschen und unterwerfen. So muss der Bauer, dem natürlichen Jahreslauf gemäß, die Saat in die Erde bringen, damit sie sich verwurzeln kann. Er muss die Pflanzen hegen und pflegen, damit sie in Ruhe und Sicherheit wachsen können. Jedes Reifen erfordert Geduld und das urmütterliche Wohlwollen der Natur.

All das können wir auch auf uns übertragen, denn in gewisser Weise sind auch wir wie kleine Pflanzen, die auf Mutter Erde wachsen und sich entwickeln. Wir brauchen Schutz und ein gewisses Maß an Sicherheit, einen Ort zum Verwurzeln, wo wir reifen können, sowie eine wohlmeinende Umgebung und Umwelt.

Für Menschen, die auf dieser Lebensbühne ihren Schwerpunkt haben, ist der Begriff Heimat von großer Bedeutung. Er bezieht sich auf die prägende Landschaft unserer Kindheit, die Heimatscholle, aber auch auf unsere Mutter-Sprache, die Zugehörigkeit zum Ausdruck bringt. All dies gibt Sicherheit, und so ist es kein Zufall, dass so mancher gegen Ende seines Lebens, wenn die große Reise ins Ungewisse bevorsteht, wieder in die Heimat zurückkehrt.

All diese Themen und Aspekte weisen darauf hin, dass das körperliche Leben in dieser, unserer Welt seiner Basis nach weiblich ist. Mater, Materie und das Materielle, in all dem verbirgt sich das Mütterliche in Gestalt der Ur- oder archetypisch Großen Mutter, für die unsere persönliche Mutter im kleinen Universum der Familie Stellvertreterin ist. Unter diesem Blickwinkel betrachtet, leben wir, unabhängig von den herrschenden Gesellschaftsformen, in einem Matriarchat. Leitlinie dieser Lebensform ist es, in Harmonie und Gleichklang mit den natürlichen Lebensprozessen zu schwingen. So zeichnet Menschen, die dieser Lebensbühne zugetan sind, oft große Liebe zur Natur aus.

Das Wissen darum, dass der Mensch ein soziales Wesen, ja sogar vollkommen abhängig vom Zusammenwirken mit anderen ist, fördert deshalb den Zusammenhalt jeder Gemeinschaft, ob Sippe, Stamm oder Volk. „Gemeinsam sind wir stark“ lautet das

Motto dieser Bühne. Denn ohne Unterstützung der Gruppe gibt es kein Überleben in der materiellen Welt.

Eine gut funktionierende Gemeinschaft braucht Werte, die ihr helfen und damit letztlich dem Leben dienen müssen, Werte, die das Zusammenleben betreffen. Im Idealfall sind sie urmütterlich, also dem Wohl von allen, von Mensch und Natur, zu Gute kommend. Jedem Einzelnen muss es gut gehen, für jeden muss gesorgt sein. Nur dann herrscht Frieden und eine relative existenzielle Sicherheit ist gewährleistet, was wiederum Wohlstand bedeutet, ebenfalls ein Grundbedürfnis dieser 2. Lebensbühne.

Neben den äußeren Werten, die ein Leben in Wohlstand bescheren, sind hier aber auch die inneren, persönlichen Werte Anliegen. Das äußere Vermögen ist immer nur Spiegel des inneren Vermögens im doppelten Sinn als Können und Reichtum. Was ich wirklich vermag, kann mich auch reich machen.

Mein Können, mein Selbst-Wert also, fördert durch meine Talente (übrigens die Bezeichnung einer alten römischen Währung!) auch die Gemeinschaft, indem ich meine Fähigkeiten dort einbringe.

Wer also (s)einen Platz im Leben gefunden und dort Wurzeln geschlagen hat, kann wie ein Baum wachsen und reiche Frucht tragen und damit wieder geistige, seelische und materielle Nahrung werden, die dem ewigen Kreislauf des Lebens dient.

Das Leben auf Mutter Erde in Mutter Natur ist in diesem Sinn, unabhängig davon, ob wir nun Mann oder Frau sind, weiblich. Nicht zufällig sind deshalb auch die mythologischen Gestalten, die für Fruchtbarkeit, häuslichen Schutz, Frieden, Liebe und Schönheit stehen, weibliche Göttinnen.

Auf der 2. Lebensbühne dreht sich alles auch um Sinnlichkeit, die mit unseren fünf Sinnen wahrnehmbare Vielfalt und Schönheit des irdischen Lebens.

Die weibliche Gottheit will uns zeigen, dass das Leben auf ihrem Himmelskörper Erde nicht nur das biblische Jammertal sein muss – als Erziehungsmaßnahme von einem strafenden Gottvater verordnet –, sondern ein Fest für die Sinne sein kann, ein Ort der Fülle und der Freude, an dem sich das Leben selbst feiert.

In jedem Moment während des Jahreslaufes scheinen uns die Göttinnen zuzurufen: *„Schaut, riecht, schmeckt, horcht, spürt. Ist es nicht ein Wunder, ist es nicht eine Pracht, ist es nicht köstlich?"*

Genießen, damit wir nicht ungenießbar werden, ist Anliegen dieser Bühne. Im Genießen sind wir froh, glücklich und friedlich, denn wir sitzen alle im selben Boot!

Zum Schluss sei hier noch die Geschichte einer Frau erzählt, einer großen, dieser Lebensbühne sehr verbundenen Mutter. Sehr katholisch erzogen, wuchs sie mit der traurigen Botschaft auf, die Juden hätten Christus ermordet. In gewisser Weise war sie naiv gläubig und hinterfragte diesen versteckten Rassismus nicht. Als während des zweiten Weltkriegs ein verfolgter, im Ort bekannter Jude an ihre Tür klopfte und um Essen bat, gab sie ihm nicht nur dieses, sondern brachte ihn in ihrem Haus unter. Aus ihrem urmütterlichen Instinkt heraus wusste sie: Er ist ein Mensch wie du und ich. Er hat Hunger, er friert, ihm droht Schreckliches und er braucht Schutz. Gegen den Widerstand ihres Mannes und trotz Vorladung bei der Gestapo blieb sie bei ihrer Haltung, nicht aus ideologischen Überlegung heraus, sondern einfach aus der Kraft ihrer Urmütterlichkeit und ihrer menschlichen Liebe.

Stärken bzw. Aufgaben der 2. Lebensbühne:
Urmütterlichkeit, Gemeinschaftssinn, Geduld, Naturverbundenheit, Gelassenheit, gestalterische Kraft, Treue, Sicherheit spenden, Bewährtes hüten, Heimatverbundenheit, Bodenständigkeit, Realitätssinn, Wirklichkeitsnähe, inneres und äußeres Vermögen schaffen, Werte schaffen, Selbstwertgefühl entwickeln, lebendiges Bewahren, Sinnesgenuss.

Schwächen:
Habsucht, Genusssucht, Besessenheit von Besitz, übertriebenes Streben nach materieller Sicherheit, Trägheit, Sturheit, Schwerfälligkeit, mehr haben wollen als geben, nur das Wohl der eigenen Sippe im Auge, nichts hergeben können, übertriebene Sammelleidenschaft.

Fragen, die wir uns dazu stellen können:
Wie viel Gemeinschaftssinn habe ich?
Wie wichtig ist mir das Wohl der Gruppe, der Gemeinschaft, in der ich lebe?
Besitze ich urmütterliche Qualitäten?
Habe ich Geduld, auch mit dem Unvermögen anderer?
Darf unter meinem Schutz etwas in Ruhe wachsen?
Wie naturverbunden bin ich?
Wie gehe ich mit Mutter Erde um? Wie mit ihren natürlichen Ressourcen?
Wie viel Achtung habe ich vor dem Leben an sich?
Was bedeuten mir Wohlstand, Reichtum und Besitz?
Bin ich gierig, sogar habgierig?
Was gönne ich den anderen und was mir?
Was ist für mich wertvoll?
Wie ist es um mein äußeres Vermögen bestellt? Habe ich Geldsorgen? Wenn ja, warum?
Wie groß ist mein materielles Sicherheitsbedürfnis?
Was an Lebendigkeit und Lebensqualität opfere ich dem Verlangen nach Sicherheit?
Was zählt für mich im Leben?
Wie sieht es mit meinem inneren Vermögen, meinem Selbstwert, aus?
Erwarte ich, von außen wert geschätzt zu werden?
Fühle ich mich wertvoll?
Bin ich bereit, meinen Wert, mein Vermögen, also mein Können

der Allgemeinheit zur Verfügung zu stellen?
Neige ich dazu, innere und äußere Schätze zu horten?
Besitze ich meinen Besitz, oder bin ich von ihm besessen?
Herrscht in meinem Leben Gleichgewicht zwischen Geben und Nehmen?
Kann ich genießen? Bin ich genusssüchtig?
Kann ich den Hals nicht voll genug kriegen? Und wenn ja, wovon?
Was möchte ich auf keinen Fall hergeben?
Liebe und achte ich mein Leben auf dieser Erde? Oder ist es für mich das Jammertal?
Neige ich zum Jammern?
Lebe ich in einem Gefühl des Mangels oder des Überflusses?
Woran mangelt es mir?
Wie zufrieden bin ich?
Was kann ich der Welt geben?

Die Filme der 2. Lebensbühne

Antonias Welt (1995, 96 Min.) von Marleen Gorries

Der Film mit Willeke van Ammelrooy, Els Dottermans, Dora van der Groen und Jan Decleir erzählt die Geschichte einer kraftvollen, unabhängigen Frauendynastie über vier Generationen. Es beginnt damit, dass die verwitwete Antonia nach zwanzig Jahren mit ihrer Tochter Danielle wieder zurück in ihr Heimatdorf zieht. Die Rückkehr des „schwarzen Schafes" wird von der erzkonservativen Dorfgemeinschaft mit Argwohn betrachtet. Starke, selbstbestimmte Frauen sind dort nicht erwünscht.

Aber die wortgewandte, unabhängige und freiheitsliebende

Antonia, die sich nicht um Konventionen irgendwelcher Art schert, ignoriert die Sticheleien und Bosheiten. Ihr Lebensmotto ist: „Leben und leben lassen". Jeder darf so sein, wie er ist. So sammelt sich bald auf ihrem Hof, den sie von ihrer Mutter geerbt hat und bewirtschaftet, ein bunter Haufen an Außenseitern, die im Dorf bisher nur geduldet und ausgenutzt wurden. Alle sind bei ihr willkommen, der junge Lippen Willem, der wegen seiner enormen Körpergröße und seiner geistigen Behinderung nur gehänselt wird, oder Olga, die Russin, die so etwas wie die Hebamme und „Hexe" des Dorfes ist. Dann die verrückte Madonna, die den Mond anheult, die geistig behinderte, aber herzensgute Dede und Krummer Finger, der schrullige Einsiedler, der sich nur mit Mathematik und Philosophie beschäftigt.

Das Leben in dieser wundersamen Gemeinschaft fließt dahin, die Jahre reihen sich aneinander. Antonias Tochter Danielle studiert Malerei, will ein Kind, aber keinen Mann. Während Antonia und Danielle nach einem passenden Samenspender suchen, begegnen sie Lette, die nichts mehr liebt, als schwanger zu sein und zu gebären, was sie auch tut. Die eingefädelte Zeugung funktioniert, Danielle ist schwanger und Lette zieht mit einigen ihrer Kinder auf Antonias Hof.

Danielle bringt ihre Tochter Theres zur Welt, die sich im Laufe der Jahre zu einer hochbegabten Mathematikerin und Musikerin entwickelt und später Lettes Sohn Simon heiratet. Theres, die Intellektuelle, hat kein Interesse an der Mutterrolle, ihre Tochter Sarah gibt sie in den Schutz der bunten Sippe. Die kleine Sarah ist darüber durchaus glücklich. Sie ist ein ganz besonderes Mädchen, das gerne und begabt Geschichten schreibt und über das zweite Gesicht verfügt.

Die ganze Geschichte wird getragen vom Zusammenspiel dieser so unterschiedlichen und wundervollen Menschen. Sie ist so vielfältig und umfassend, fröhlich und tragisch wie das Leben selbst. Über allem steht: „Es muss gelebt werden!" und „So überwand

Zeit die Zeit". Als Antonia eines Morgens erwacht, weiß sie, die mit dem natürlichen Leben Verbundene, dass dies ihr letzter Tag sein wird. Sie begeht diesen Tag wie jeden anderen, öffnet die Fensterläden, holt die Post und versorgt das Vieh. Nach dem gemeinsamen Essen tanzt sie ein letztes Mal mit Sebastian, ihrem treuen Begleiter. Dann ruft sie ihre Urenkelin Sarah, der sie einst versprochen hatte, sie als erste zu informieren, wenn sie spüren würde, dass der Tod auf sie wartet. Sarah wollte immer dabei sein und genau wissen, wie sich das Wunder Tod vollzieht. Alle, die von diesem langen und bunten Leben noch übrig sind, begleiten Antonia, als sie friedlich die Augen schließt.

Deutung 1:

Der Film erzählt die Geschichte einer matriarchalen Lebensform. Die Frauen haben hier zwar das Sagen, aber sie missbrauchen ihre Macht nicht. Sie sind aufs Innigste verbunden mit den Rhythmen eines natürlichen Lebens, ja mehr noch, sie schwingen mit der Natur des Lebens und seinen Gesetzmäßigkeiten und drehen sich mit dem Lebensrad im Rhythmus der Zeit. „Selbstzufrieden pflanzte sich die Zeit (des Lebens) fort", und sie folgten ihr. Als die Liebe ausbricht, geben sich die Frauen ihrem Ruf hin. Als der Tod sich an sie erinnert, nehmen sie ihn gelassen an, um danach entschlossen aufzustehen, denn es muss gelebt werden in dem Bewusstsein, dass es nichts gibt, was für immer stirbt. Es bleibt immer etwas zurück, was leben wird und aus dem neues Leben erwächst.

Und so tanzen diese Frauen weiter mit dem Rad der Zeit. Und Zeit überwand Zeit. Kinder wurden geboren, immer genug, damit die Welt sich weiterdreht. Manchmal kroch die Zeit dahin, flach auf dem Bauch, wie eine müde Schildkröte. Dann wieder raste sie durch das Leben, gierig wie ein Geier auf der Suche nach mehr und mehr. Die Zeit machte sich nichts aus Tod oder Leben, aus Verfall oder Wachstum, aus Liebe, Hass oder Eifersucht. Sie ignorierte alles, was für die Menschen so wichtig war. Und doch wird in dieser matriarchalen Sippe mit Inbrunst gelebt und geliebt. Alles geschieht in würdevoller Ergebenheit und Gelassenheit. Es ist, wie es ist und jeder ist, wie er ist und darf es auch sein. Ganz selbstverständlich wird mit den Katastrophen des Lebens umgegangen und wenn nötig die Unantastbarkeit menschlichen Lebens und menschlicher Würde mit weiblichen Waffen verteidigt. Verpflichtend sind nur die Gesetze des Lebens und das Wohl der Gemeinschaft. So ist dieser Film auch noch ein weiterer Beitrag zum Thema Zeit.

Deutung 2:
Die matriarchale Welt Antonias besteht aus unabhängigen und charakterstarken Frauen, die, durchaus eigensinnig, ihre Individualität leben und sich trotzdem in die Sippengemeinschaft einfügen. Jede respektiert den Lebensraum und Entwicklungsbereich der anderen. Gemeinsam sind sie wahrhaft stark.

Da ist Antonia, die Matriarchin, die wie eine Große Mutter alles zusammenhält, die alle bei sich aufnimmt, sie wachsen und zu dem werden lässt, was sie im innersten Wesen sind – und das ohne pädagogischen oder ideologischen Hintergrund, sondern aus natürlichem Instinkt heraus.

Danielle, ihre Tochter, ist die phantasiebegabte Künstlerin, die sich mit der Unterstützung der Mutter ihren Kinderwunsch ohne Mann erfüllt und eine Frau liebt.

Theres, Danielles Tochter aus dem zwecks Samenspende eingefädelten One-Night-Stand, ist das hochbegabte Kind, das zur außergewöhnlichen Mathematikerin und Musikerin heranreift, ihre Mutterrolle aber an die Sippe delegiert.

Sarah, Theres' Tochter, ist darüber nicht unglücklich, weil die Sippe alle mit Liebe und in Geborgenheit großzieht. Sie vereint in vieler Hinsicht Wesenszüge ihrer Vorfahrinnen, ist bodenständig und instinktbegabt, intelligent und sensibel und besitzt das zweite Gesicht. Zur Sippengemeinschaft stoßen im Laufe der Zeit Lette, die ewig

Schwangere, und Dede, die auf Grund ihrer geistigen Behinderung ganz aus dem Herzen lebt.

Olga, die Russin, wird immer gebraucht, wenn geboren oder gestorben wird.

Und auch die verrückte Madonna, die den Mond anheult, hat ihren akzeptierten Platz in der Gruppe.

Gegen diese geballte Ladung Weiblichkeit haben es die Männer im Dorf nicht leicht.

Da ist der verwitwete Bauer Sebastian mit seinen fünf Söhnen. Gutwillig und männlich naiv macht er Antonia einen Antrag: *„Meine Söhne brauchen eine Mutter."* Worauf ihn Antonia wissen lässt: *„Aber ich brauche ihre Söhne nicht und einen Mann auch nicht. Aber es gibt immer mal was zu tun, wobei wir Frauen Hilfe brauchen."* Trotz dieser klaren Ab- und Ansage sind die beiden in Achtung und später in Liebe verbunden.

Dann ist da die tragische Gestalt Krummer Finger. Er ist der einsiedlerische Philosoph, der nur in seinen Büchern lebt, das Haus nie verlässt und sich am Ende erhängt mit den letzten Worten: *„Ich will nicht mehr denken, vor allem nicht mehr denken."* Er hielt das Leben nicht für lebenswert, weil er es nicht gelebt, sondern nur gedacht hat.

Dem scheinheiligen Pastor des Dorfes mussten die Frauen einige Lektionen erteilen, bis er seine wahre Bestimmung fand und mit Lette noch dreizehn Kinder zeugte.

Der männliche Rest des Dorfes setzt sich aus tumben Machos und unreflektierten Mitläufern zusammen. Die Frauen, die etwas außerhalb von Antonias Welt leben, erdulden und schweigen, wie es ihre Geschlechtsgenossen seit Jahrhunderten und wahrscheinlich Jahrtausenden gelernt haben. Der beeindruckende Schweizer Film ***Die göttliche Ordnung*** stellt das krass dar.

In der Darstellung weiblicher und männlicher Charaktere finden sich durchaus feministische Züge, aber letztlich geht es um eine Wirklichkeit, die dahinter liegt.

Grundsätzlich ist das archetypisch Weibliche mit Leben, Lebendigkeit und Zusammenhalt verbunden. Dies ergibt sich schon aus der biologischen Tatsache, dass Schwangerschaft, Geburt und nährende Fürsorge den Schutz der Gemeinschaft brauchen. Die Sippe garantiert ein hohes Maß an Nestwärme. Zu Beginn des Lebens ist auch die weibliche Bindung zu eigenen Kindern eine direktere als die männliche. In der gesunden Regel ist das Weibliche auf Lebenserhaltung ausgerichtet. Durch die Erfahrung des langen Prozesses von Schwangerschaft, schmerzhafter Geburt und hingebungsvollem Großziehen und Nähren bekommt das Leben für Frauen einen höheren Wert. Für den Mann beschränkt sich die Förderung von Leben oft auf den kurzen Moment der Zeugung. Vor diesem Hintergrund wurden fast alle großen Kriege von Männern begonnen, denen das einzelne Leben weniger bedeutet als Macht, Eroberung und Expansion. Frauen und die männliche Konkurrenz um sie waren höchstens Auslöser, wie die schöne Helena beim ersten Weltkrieg um Troja.

Antonias Welt ist ein eindrucksvolles Beispiel, wie klar, einfach und tief das Leben mit urweiblichen und urmütterlichen Qualitäten sein kann, wie reich das Leben ist, wenn wir uns vertrauensvoll in die Arme der Großen Mutter (Erde und Natur) geben.

Deutung 3: Weibliche Archetypen[1]

Die mythologischen Göttinnen der Antike repräsentieren verschiedene weibliche Archetypen. Sie bieten damit Identifikationsmodelle für die verschiedensten Charaktere der Frauen, von denen jeder wertvoll und bedeutend ist. Während es in unserer christlichen Tradition nur Eva, die „böse“ Verführerin und (im positiven) die unerreichbare Jungfrau Maria als archetypische weibliche Vorbilder gibt, hatten die alten Griechen ihre acht Haupt-Göttinnen, von denen jede ein wichtiger Aspekt weiblicher Wirklichkeit war. Es waren dies Hera, Aphrodite, Artemis,

[1]Eine wunderschöne Beschreibung dieser weiblichen Archetypen findet sich in dem Buch von Jean Shinoda Bolen Göttinnen in jeder Frau. Die männlichen Archetypen sind beschrieben in Götter in jedem Mann.

Pallas Athene, Demeter, Persephone, Hestia und Hekate. Die olympischen Göttinnen repräsentierten alle Qualitäten des einen weiblichen Urprinzips. Jede von ihnen verkörperte einen besonderen Bereich weiblicher Kraft und Weisheit. Sie waren nicht im üblichen (christlichen) Sinn nur gut, sondern auch kriegerisch und wehrhaft und stellten den verschiedenen Lebensbereichen, die unter weiblicher Obhut standen, ihre ganz eigenen Fähigkeiten zur Verfügung. Allen gemeinsam war und ist, dass sie dem Leben an sich dienten und an jenen, die dem natürlichen Gesetz des Lebens und Mutter Erde und Mutter Natur schadeten, Rache übten. Sie leben und wirken immer (noch).

In Antonias Welt begegnen uns diese archetypischen Göttinnen in den Frauen der Sippe.

Antonia vereint in ihrem Wesen viele Eigenschaften der griechischen Göttin Demeter, der Herrin und Hüterin der fruchtbaren Erde.

Danielle, ihre Tochter, folgt Artemis, der kriegerischen und jungfräulichen Göttin der Jagd, die Männer hart bestraft, wenn sie die weibliche Würde verletzen.

Theres steht unter der Obhut der Pallas Athene, der klugen Göttin der Weisheit, selbst eine „Kopfgeburt" des Göttervaters Zeus.

Sarah reift vom Mädchen Kore, in deren Samen alles enthalten ist, zu Persephone heran, der weisen göttlichen Führerin der seelischen Innen- und Unterwelt.

In Dede wirkt die Kraft Hestias, der Wächterin des Herdes, des inneren Feuers. Dedes Herzenswärme ist eine sanfte innere Glut, wie das wärmende und nährende Feuer der häuslichen Feuerstelle.

In Olga, der Russin, lebt die vielen unheimliche Macht der Göttin Hekate. Sie ist die mythologische Hüterin an den großen Pforten des Lebens, Geburt und Tod.

Alle zusammen tragen sie Aphrodite, die Göttin der Liebe in sich, denn, was oder wen sie auch lieben, sie folgen der Liebe bedingungslos.

Die Göttin Hera war ursprünglich, bevor das Patriarchat die Herrschaft übernahm, die Große Göttin an sich. Aus der Milch aus ihren Brüsten entstand die Milchstraße mit ihren zahllosen Sternen. Im Laufe der Zeit wurde sie zur eifersüchtigen Ehefrau des höchsten Gottes Zeus degradiert und zur Beschützerin der Institution Ehe. Mit einem faulen Trick gewann Zeus ihr Herz, um sie, kaum hatte er sie zu seiner Frau gemacht, mit jedem ihm begehrenswert erscheinenden weiblichen Wesen zu betrügen.

So ist in gewisser Weise der Film über Antonias Welt eine Hommage an die ursprüngliche Göttin Hera, in dem diesem Archetyp ein Stück seiner Würde zurückgegeben wird.

Fragen, die ZuschauerInnenstellen könnten:

Welches Lebensmotto liegt meinem Wesen näher: „Gemeinsam sind wir stark" oder „Einer gegen alle"?
Wie offen und tolerant bin ich Lebenskonzepten gegenüber, die nicht den meinen entsprechen?
Wie gut kann ich mich dem (Zeit-)Strom des Lebens hingeben?
Wie gehe ich mit den großen und kleinen Katastrophen des Lebens um?
Wie erlebe ich die ewigen Kreisläufe des Lebens von Geburt und Tod?
Wie empfinde ich weibliche Kraft und Stärke? Wie bewerte ich sie?
Was ist für mich typisch weiblich, was typisch männlich?
Kann ich mir vorstellen, in einer matriarchalen Gesellschaftsform zu leben?
Welcher weibliche Archetyp ist mir am nächsten?
Bin ich jemand, der lieber die Dinge wachsen lässt, oder jemand, der erziehen und kontrollieren will?
Wie kostbar ist für mich das Leben als Mensch auf dieser Erde?
Lebe ich gern mit allem, was dazu gehört?

Birnenkuchen mit Lavendel (2015, 100 Min.) von Eric Besnard

In diesem französischen Film mit Virginie Efira und Benjamin Levernhe muss Louise Legrand nach dem Tod ihres Mannes ihre zwei Kinder alleine durchbringen. Als Lebensgrundlage soll der Hof mit den Birnenbäumen dienen, den sie nun führen soll. Louise kann vieles, aber von Finanzen hat sie keine Ahnung und so wachsen ihr die Schulden des unprofitablen Hofes über den Kopf. Die Bank verweigert weitere Kredite.

Als wären das nicht schon genug Sorgen und Probleme, fährt sie auch noch einen jungen Mann namens Pierre mit ihrem Kombi an. Glücklicherweise ist Pierre nur leicht verletzt und sie nimmt ihn mit nach Hause, um ihn zu verarzten. Hier wird bald deutlich, dass Pierre irgendwie anders ist. Er ist zwanghaft ordentlich, gnadenlos ehrlich und zitiert am liebsten Primzahlen. Kontaktgestört, da am Asperger Syndrom, einer speziellen Form von Autismus, leidend, fühlt Pierre sich bei Louise und den Kindern so wohl, dass er bleibt und sich unaufgefordert in die Gemeinschaft einbringt. Nachts ordnet er Louises Geschäftsbriefe, räumt die Küche gründlichst auf, gibt ihrem Sohn Nachhilfe in Mathematik und hilft beim Verkauf ihres köstlichen Birnenkuchens auf dem Markt.

Da Louise mit ihren eigenen Problemen genug zu tun hat, beschließt sie, Pierre wieder zurück in die Stadt zu bringen, wo er das Hinterzimmer eines kleinen Antiquariats bewohnt, das von dem herzensguten Jules geführt wird. Louise erfährt von diesem, dass er Pierre aufgenommen hat, als seine Eltern verstorben waren. Da Pierre in seiner naiven Genialität das Sicherheitssystem des Verteidigungsministeriums gehackt hat, droht ihm die Einweisung in eine Anstalt.

Während Louise weiter mit ihren Schulden kämpft und sich zum Verkauf ihres Landes durchringt, hat Pierre mit seiner besonderen Begabung ein Geschäftsmodell für den Birnen-Hof entwickelt und damit die Schulden beglichen. Natürlich darf er bleiben und macht diese kleine Lebensgemeinschaft gerade durch sein Anderssein ein bisschen vollkommener.

Deutung 1:

Wieder einmal wird aus einem kleinen Unfall ein Glücksfall, der zwei Menschen zusammenführt, die auf besondere Weise zusammengehören. Louise ist gefühlvoll, warmherzig und Menschen zugewandt, aber ihr fehlt der nüchterne und realistische Bezug zum Leben. Der Umgang mit Geld und Zahlen liegt ihr gar nicht (am Herzen). Sie ist chaotisch, hat aber viel Sinn für Schönheit und die sinnlichen Genüsse des Lebens. So sind ihre Birnenkuchen gefragte kulinarische Kunstwerke, die nicht nur traumhaft schmecken, sondern sogar in Pierre ein Gefühl der Geborgenheit wachrufen.

Pierre ist in allem das Gegenteil von Louise. Er nimmt die Welt auf seine besondere, stark gefilterte und fokussierte Art wahr. Sein Leben ist penibel mathematisch durchstrukturiert und er ist ein Virtuose im Umgang mit der virtuellen Welt des Computers, zu der er mehr Kontakt hat als zu Menschen. Aus übergeordneter Perspektive hat jeder der beiden etwas, was dem anderen fehlt.

Deutung 2:

Letztlich sind beide bereit, sich auf das Abenteuer der „Gegensatzvereinigung“ einzulassen, auch wenn ein Leben mit dem Gegenpol sicher voller Herausforderungen ist und wenig mit dem Dualseelen-Traum esoterischer Kitsch-Romane gemein hat. Louise nimmt Pierre in ihrer warmherzig mütterlichen Art bei sich auf. Er setzt all sein geniales Können ein und kann so seinen Beitrag zu dieser kleinen Lebensgemeinschaft leisten.

Und so gilt in dieser Geschichte, was in so vielen (Lebens-) Geschichten gilt: Gemeinsam sind wir stark, gemeinsam sind wir vollständiger.

Fragen, die ZuschauerInnen sich stellen könnten:
Wäre ich bereit, mich auf einen Menschen wie Pierre einzulassen?
Bin ich ein Gefühls- oder ein Zahlen-Mensch?
Brauche ich Ordnung, oder liebe ich sinnlich-chaotisches Durcheinander?
Wie sehr stört es mich, wenn der andere das Gegenteil von mir ist?
Welche Menschen, denen ich schon begegnet bin, würden mich ergänzen?
Welches Partnermodell lebe ich eher: „Gleich und gleich gesellt sich gern" oder „Gegensätze ziehen sich an"?

Für wen und welches Problem ist dieser Film Therapie?
Für alle Mauerbauer und Ausgrenzer, um ihnen Mut zu machen, andere(s) zu integrieren.

Ein gutes Jahr (2006, 118 Min.) von Ridley Scott

Der Film mit Russell Crowe beschreibt die Wandlung des erfolgreichen Londoner Börsenhais Max Skinner zum sinnlichen, lebensfrohen Menschen. Durch eine Erbschaft von seinem Onkel Henry direkt von der Londoner Börse in das Land seiner Kindheit zurückversetzt, findet er sich plötzlich als Weingutbesitzer wieder. Anfangs will er diesen Besitz nur so rasch wie möglich verkaufen, um ihn loszuwerden. Aber er wird auf diesem Weg auch mit den Gerüchen und Eindrücken seiner Kindheit konfrontiert. Als er noch einer charmanten Französin (Marion Cotillard) begegnet, ist es um ihn so gut wie geschehen, und das Leben kann wieder neu beginnen – mit all seinen Genüssen und Sinnenfreuden.

Deutung 1:
Die Regression in eine Zeit, als sein inneres Kind noch lebte und (finanzieller) Erfolg, der inzwischen sein Leben bestimmt, noch keine Rolle spielte, eröffnet Max Skinner ein ganz anderes Lebensgefühl. So hält ihn das Land seiner Kindheit im wahrsten Sinne des Wortes immer länger fest und seine in der Geld-Welt offenbar abgestumpften Sinne leben wieder auf. Zahlen treten zurück und Bilder wieder in den Mittelpunkt.

Deutung 2:
Ein Film, der die Frage aufwirft, was wichtig im Leben ist und es lebenswert macht. Gegenüber stehen sich zwei Welten, wie sie unterschiedlicher nicht sein könnten. Einerseits die kalte Welt der Finanzmärkte, in der es nur um Geld, Renditen und Profit geht, der Mensch an sich Nebensache ist und die Tage in Hektik durchgetaktet sind. Auf der anderen Seite ein Leben in atemberaubend schöner Landschaft in seinem natürlichen Rhythmus, voller Lebensfreude und sinnlicher Genüsse. Kein Wunder, dass Max' Seele hier langsam gesunden kann und er bereit wird für das richtige Leben, seine Menschlichkeit und die Liebe. Geld regiert die(se) Welt, aber die Liebe die Herzen der Menschen. Hier wird die Erbschaft zum Rettungsanker einer Seele, die schon fast dem Geld verkauft war.

Beziehungen zu anderen Lebensbühnen:
Die charmante Französin bringt mit der Liebe auch die andere Venus-Bühne Nr. 7 ins Spiel. Die rasch verlassene Börsen- und Computer-Welt lässt die 11. Bühne anklingen und wo es um Manipulation geht, die 3. Kommt Machtausübung dazu, geht es Richtung 8.

Fragen, die ZuschauerInnen sich stellen könnten:
Wie steht es in meinem Leben um Sinnlichkeit und Sinnenfreuden?
Wie wichtig sind mir Ästhetik, Geschmack, Aromen, Düfte, Musik und Berührung?
Welche Rolle spielen für mich Zahlen und was bedeuten mir Seelen-Bilder und Sinneseindrücke?
Kann ich mein Leben lieben, so wie ich es jetzt lebe?
Oder lebe ich mit Blick auf den nächsten Urlaub?
Und kann ich mir im Urlaub wenigstens gönnen, was ich wirklich möchte?
Wie viel Anteil und Freude darf mein inneres Kind an und in meinem Leben haben?

Für wen und welches Problem ist dieser Film Therapie?
Für Menschen, die sich in der Geld- und Geschäfts-Welt verirrt und dabei den Zugang zu ihren eigenen Sinnen und ihrer Sinnlichkeit verloren haben. Dazu gehören auch jene, die auf ihr Lebensende zusteuern und Gefahr laufen, erst auf dem Totenbett zu bemerken, dass sie das Wesentliche des Lebens gar nicht gelebt und gewagt haben. Aber auch für diejenigen, die Hilfe brauchen bei der Entscheidung, ob sie sich fürs Stadt- oder Landleben entscheiden sollen.

Chocolat – ein kleiner Biss genügt (2000, 121 Min.) von Lasse Hallström

Der Film nach dem gleichnamigen Roman von Joanne Harris wurde mit Juliette Binoche und Johnny Depp in den Hauptrollen verfilmt.

Eines kalten Wintertages kommt Vianne mit ihrer Tochter

Anouk in einem kleinen französischen Provinzort an. Die junge Frau zieht gleichsam mit dem Wind und lässt sich dabei von ihrer verstorbenen Mutter leiten, die Nomadin war und sie einst in die Kunst der Herstellung erlesenster Schokoladenköstlichkeiten eingeweiht hat. Auch sie hat wieder eine Tochter. Aber Anouk hat das Zigeunerleben satt und flüchtet sich in Phantasien um ihr eingebildetes Känguru Pantuffel.

Vianne zieht in die leer stehende frühere Pâtisserie einer alten Dame und verwandelt sie in ihre Chocolaterie. Allerdings fällt die Geschäfts-Eröffnung in die christliche Fastenzeit, was dem bigotten Bürgermeister und Comte (Alfred Molina) sehr missfällt. Er bestimmt mit seiner konservativen, prüden und lebensverneinenden Art die Atmosphäre und eigentlich alles in dem Städtchen bis hin zu den Predigten des jungen Priesters. Damit hat er schon seine Frau vertrieben und beabsichtigt das jetzt auch mit Vianne und ihrer Tochter.

In der jungen Frau, die mit Süßigkeiten und ihrer freien, herzlichen Art rasch Freunde findet, sieht er schon bald einen Ausbund des Bösen, zumal die Tochter noch dazu unehelich ist. Das Fass ist für ihn voll, als Vianne die am Fluss angelandeten Zigeuner herzlich begrüßt und sich auch noch mit einem von ihnen, dem charmanten Roux (Johnny Depp), einlässt. Mit Flugblättern zum „Boykott gegen die Unmoral“ will er diese „Flussratten“ aus seiner sauberen Stadt vertreiben. Auch Vianne möchte eigentlich weiterziehen, aber Anouk, die Tochter, hat die Nase voll von ständiger Flucht.

Deutung 1:

Schließlich gerät der Comte so außer sich, dass er in Viannes Laden einbricht und ihn verwüstet. Während er die Schokoladen-Kunstwerke zerschlägt, verirrt sich ein kleines Stück Schokolade auf seine Lippen. Der Geschmack überwältigt ihn und lässt seine unterdrückten Gelüste, Bedürfnisse und Leidenschaften wieder aufleben.

Das Ende wird zu einer einzigen Schokoladenfete, bei der die Kleingeister dieser Kleinstadt wohl zum ersten Mal wirkliche Lebenslust erleben und kosten.

Deutung 2:
Vianne folgt ihrer Geschichte und dem Wind. Solche Muster tragen wir alle in uns. Sie stammen oft aus frühesten Vorzeiten. Sie sich bewusst zu machen, wäre so wichtig. Ihr spezielles Muster enthüllt Vianne der kleinen Anouk während einer Gute-Nacht-Geschichte. Sie berichtet der Tochter von ihrem Vater und Großvater. Letzterer war Apotheker. Auf einer Forschungsreise nach Mittelamerika mit der Pharmazeuten-Gesellschaft kostete er erstmals Natur-Kakao mit Chilipfeffer – jenes Getränk, das die dortigen Herrscher als Aphrodisiakum schätzten und das die alten Maya bei ihren Zeremonien genossen und für heilig hielten. Auf dieser Reise lernte ihr Großvater auch seine Ehefrau Chiza lieben, eine Nomadin. Von ihrer Mutter wiederum, Anouks Groß(er)Mutter, übernahm Vianne das Familienthema, die Sinne der Menschen mit den uralten mittelamerikanischen Kakao-Rezepten zu erfreuen und sogar zu therapieren, aber auch, nicht sesshaft zu sein und mit dem Wind zu ziehen.

Deutung 3:
So ist dieses Erwachsenen-Märchen nicht nur ein anrührendes Plädoyer für Lebenslust und Toleranz, sondern hat – wie üblich bei Lasse Hallströms Filmen – eine verblüffende (Seelen-) Tiefe. Es animiert nicht nur dazu, seine sinnliche Lebenslust zu entdecken, wie sie Vianne vermittelt, sondern auch, seinen eigenen Mustern gegenüber kritisch zu sein. Denn was für Chiza und für Vianne stimmt, passt für Anouk nicht mehr. Sie will bleiben und ein Zuhause finden. Dahinter wiederum steckt für Vianne die Aufforderung, nicht weiter zu fliehen, sondern sich zu stellen und zu bleiben, Wurzeln zu schlagen und den Wind (of change)

auszuhalten, ja ihm Stand zu halten, statt sich weiter (ver-)treiben zu lassen. Und gleichsam als Belohnung bringt die Liebe sogar den zum fahrenden Volk gehörenden Roux wieder zu ihr zurück. Er repariert symbolträchtig die Tür, die der kleinen Patchwork-Familie eine abschließbare eigene Welt schenkt.

Deutung 4:

Wes Geistes Kind Viannes Gegenspieler, der Comte und Bürgermeister, ist, zeigt sich von Anfang an. Er ist für die Bürger keinesfalls ein Meister, ebenso wenig ein echter Christ; vielmehr lebt er von beidem nur den tiefsten Schatten. Er meistert nicht mal sein eigenes Leben und verhält sich im Grunde zutiefst unchristlich.

Das zeigt sich von Beginn an, als er zornig über Viannes Akt (christlicher) Nächstenliebe ist, als sie die von ihrem Ehemann schwer misshandelte Josephine (Lena Olin) bei sich aufnimmt. Die ist wohl eine Kleptomanin, aber auch das ist nur eine Neurose, eine Krankheit somit, und schließt sie keineswegs aus dem Gebot der Nächstenliebe aus. Der Comte aber ist von dieser – erst recht vom Gebot, seine Feinde zu lieben – meilenweit entfernt. Er wird so zum Symbol einer im Schattenreich gestrandeten Amtskirche mitsamt ihrem bigotten Anhang.

Exemplarisch zeigt ***Chocolat***, wie die Unterdrückung aller Triebe diese nur in die eigenen Schattenbereiche treibt. Aus diesen taucht das Unterdrückte dann irgendwann wieder auf, um den betroffenen Menschen vor sich herzutreiben und schließlich in einem Akt unkontrollierter Entladung auszubrechen. Bei der „Schokoladenorgie" des Comte ist das überdeutlich. Die von ihm bekämpfte Vianne dagegen zeigt die Essenz dieser (Nächsten-) Liebe und ihre Tiefe, indem sie selbst ihm gegenüber nach seinem Ausrutscher wohlwollend bleibt.

Fragen, die ZuschauerInnen sich stellen könnten:

In wie weit kenne ich mein eigenes Muster oder Lebensskript?

Wo zieht es mich, meine Seele, wirklich hin?
Wo sind meine tiefsten seelischen Wurzeln?
Kenne ich auch in mir einen Konflikt zwischen Weiterziehen und Bleiben, zwischen Fernweh und Heimat?
Wie steht es mit meiner sinnlichen Genussfähigkeit?
Kann ich mir meine Lieblingsschokolade gönnen und andere Aspekte von Sinnenfreude?
In welchem Bereich unterdrücke ich bei mir etwas Sinnliches?
Bin ich bereit zur Nächstenliebe und sogar zu einer versöhnlichen Haltung gegenüber vermeintlichen „Feinden"?

Für wen und welches Problem ist dieser Film Therapie?
Für alle, die noch auf der Suche nach ihrem roten Faden sind. Und natürlich für jene, denen der Zugang zum Thema Sinnengenuss fehlt. Wer ein vitales Bedürfnis bei sich unterdrückt und deshalb Gefahr läuft, schlussendlich im Gegenpol (Maßlosigkeit) zu landen, findet in diesem Film eine Art Augenöffner.

Madame Mallory und der Geschmack von Curry
(2014, 122 Min.) von Lasse Hallström

Die meisten Filme über Köche und das Kochen gehören zur 2. Lebensbühne. *Madame Mallory* führt in die Welt der Hochkultur des Kochens, der Haute Cuisine und der Liebe bzw. L(i)ebe(n)skunst. Eine indische Restaurantbesitzer-Familie entflieht den Wirren eines Bürgerkrieges nach Frankreich – ausgerechnet in jenes Land also, das für seine exquisite Küche und seine hoch begabten Köche weltbekannt ist. Anlässlich einer Autopanne bleiben sie in einem kleinen Ort hängen, wo zwei wichtige Dinge passieren: 1. Marghuerite, eine außergewöhnlich nette und charmante Französin, hilft ihnen und beschenkt die Ausgehungerten mit wundervollem Essen. 2. Der etwas sture Patriarch der Familie kauft ausgerechnet ein Lokal direkt gegenüber einem in der ganzen Gegend bekannten Sterne-Restaurant. Dort ist obendrein die süße Französin auf dem Weg zur Spitze der Koch-Hierarchie. Sie lernt bei der ehrgeizigen Restaurant-Besitzerin Madame Mallory (Helen Mirren), die nur ein Ziel kennt: einen weiteren, ihren zweiten Michelin-Stern. Die Straße zwischen beiden Restaurants wird nun zur Front(linie).

Deutung 1:
Zwei Kulturen und Welten prallen aufeinander, um sich – nach entsprechenden Koch-Kriegen – schließlich miteinander zu verbinden und zu ihrer wahren Essenz zu finden.

Der junge Koch der indischen Seite integriert die Schätze der französischen Küche in seine eigene Kochkunst, ohne wiederum deren eigenständigen Charakter zu verraten. So kreiert er unglaublich wohlschmeckende und erfolgreiche Rezepte. Dies gelingt ihm mit Hilfe der Tradition, die er von seiner indischen Mutter ererbt hat, aber auch mit Unterstützung der wundervollen französischen Köchin von der Gegenseite. Natürlich trägt deren selbstlose Hilfe Früchte und die beiden jungen Leute verlieben sich, obwohl ihre Herkunft aus gegnerischen Lagern ihrer Verbindung lange im Wege steht. Schließlich wechselt der indische Koch – zum Leidwesen seines Vaters – zu Madame Mallory und erkocht ihr den ersehnten zweiten Michelin-Stern, wodurch sich auf der anderen Venus-Bühne eine Beziehung zwischen Madame Mallory und seinem Vater anbahnt.

Deutung 2:
Nach Paris abgeworben, erkocht sich der indische Jungkoch in einem dortigen erstklassigen Lokal den dritten Stern. Aber er nimmt ihn schon nicht mehr in Empfang, weil sich die Liebe und die Sehnsucht nach einem Zuhause als größer erweisen. Er

kehrt zurück, um zusammen mit seiner geliebten französischen Köchin den dritten Stern für Madame Mallory zu erkochen und die Grundlage für eine gemeinsame Zukunft zu schaffen. So gewinnt das Venus-Prinzip in seinen beiden Spielarten, der erotischen Liebe im engeren Sinn (Waage) sowie dem sinnlich-kulinarischen Genuss (Stier). Liebe und Kochkunst verbinden sich zu einer sehr harmonischen Einheit.

Fragen, die ZuschauerInnen sich stellen könnten:
In wie weit kann und will ich meinen Ruf und meine Berufung mit meiner Beziehung verbinden?
Wie kann ich meinen Partner an Ruf, Beruf und Berufung teilhaben lassen?
Wie meine verschiedenen Leidenschaften miteinander verbinden?
Geht für mich die Liebe zum Beruf über die partnerschaftliche?
Finde ich (immer noch) Geschmack an meinem Leben und Lieben?
Wie kann ich ihn gegebenenfalls wiederfinden?
Was kann mir ein schönes, geschmackvolles Leben ermöglichen?
Wie kann ich anderen ein solches schenken?

Für wen und welches Problem ist dieser Film Therapie?
Für alle, die ihrem Ruf folgen und ihre(n) Beruf(ung) lieben, diese Liebe aber über die der 7. Ebene stellen, die für erfüllte Partnerschaft steht. Sie können dabei die Erfahrung machen, dass die 7. Lebensbühne noch weiter führt als die 2.

Ein Rezept zum Verlieben (2007, 105 Min.) von Scott Hicks

In diesem reizenden Kochfilm mit Catherine Zeta-Jones und Aaron Eckhart steht Kate Armstrong im Mittelpunkt: eine (über-) ehrgeizige Köchin und Chefin eines renommierten Restaurants in Manhattan. Sie hat ihre liebe Not, ihre kleine Nichte zu betreuen, die sie nach dem Tod der Schwester adoptiert hat, und nebenbei sich selbst auf die Reihe zu bekommen. Nicht einmal ihre ausgefeilten, professionellen Kochrezepte kommen zuhause bei der (Pflege-)Tochter gut an.

Als zu Kates Entlastung (und unbeabsichtigten Ego-Kränkung) schließlich ein weiterer Koch angestellt wird, kommt es zu Konkurrenz und Auseinandersetzungen zwischen beiden. Aber auch eine gegenseitige Faszination wird bald spürbar und es gelingt ihnen, ihre grundverschiedenen (Lebens-)Arten in Einklang zu bringen.

Deutung 1:

Aufeinander prallen nun der Ehrgeiz der Chef-Köchin und die Liebe zum Leben und Kochen, die ihr neuer Zweit-Koch Nick ausstrahlt. Der erlebt sich eher als Unterstützung denn Konkurrenz. Als er einmal für die kleine Familie kochen darf, gewinnt er mit viel Charme und einem schlichten Kindergericht sogleich das Herz der Pflegetochter. Das der Mutter ist schon schwerer zu erobern. Aber schlussendlich gelingt auch das, weil sich die Liebe (7. Lebensbühne) auch hier gegen die 2. Bühne (kulinarischer Genuss) durchsetzt, was im Endeffekt natürlich auch letzterer wieder gut tut.

Deutung 2:

Ein Rezept zum Verlieben ist ein Film über die Werte im Leben und über die Prioritäten, die wir diesen geben. Wo der Beruf über alles geht, kommen die übrigen Bühnen naturgemäß zu kurz, hier etwa die 4. Lebensbühne mit Familie und Tochter. Aber selbst die so nah verwandte und ebenfalls der Venus unterstehende 7. Bühne bleibt auf der Strecke, weil gar keine Lebens- und Liebeszeit dafür zur Verfügung steht.

„Weniger ist mehr" ist sicher ein Erfolgsrezept – auch auf dem Weg ganz nach oben. Wenn der Beruf nicht nur zur Berufung, sondern auch zum einzigen Lebensinhalt wird, ist das, gepaart mit entsprechendem Ehrgeiz, in unserer Gesellschaft zwar sehr Erfolg versprechend, aber auch be- und einschränkend. Glücklicher macht uns der Tanz auf vielen Lebensbühnen und erleuchten kann nur die Integration all dieser Bühnen.

Deutung 3:
Das Schicksal schickt uns auf unserem Weg immer wieder Hinweise. Die Frage ist nur, können wir diese annehmen? Kate Armstrong bekommt einen dramatischen Wink, als ihre Schwester stirbt und sie deren Tochter adoptiert, damit diese nicht von Fremden aufgezogen wird. Aber das genügt noch nicht, sie versucht ihre Nichte mit immer mehr des Gleichen zu gewinnen, nämlich exquisiter Kochkunst. Aber was in der Schickeria von Manhattan bestens funktioniert, reicht nicht für ein Kinderherz. Also wird ihr auch noch der lebens- und kochlustige Nick über den Weg geschickt, der ihr auf seine „anmachende" Art hilft, sowohl das Herz des Mädchens als auch ihr eigenes zu öffnen.

Fragen, die ZuschauerInnen sich stellen könnten:
Was steht in meinem Leben an erster Stelle?
Kommt dadurch anderes zu kurz? Und wenn ja, was?
Welche Lebensbühnen, die ich vernachlässigt habe, rufen mich noch?
Wo geht mein Ehrgeiz, wo meine Liebe hin?
Welche Hobbys und Nebenbeschäftigungen erfüllen mich und können mein Leben rund machen?

Für wen und welches Problem ist dieser Film Therapie?
Alle, die sich nicht entscheiden können, ob ihnen die Beziehung zum Beruf oder zu ihrem Partner wichtiger ist, und die es sich auf nur einer Lebensbühne „bequem" gemacht haben.

Kirschblüten und rote Bohnen (2015, 113 Min.) von Naomi Kawase

Der Film mit Kirin Kiki und Masatoshi Nagase erzählt die Geschichte zweier ganz unterschiedlicher Menschen, die über Kochen als Ritual zusammenfinden.

Mitten im prächtigsten japanischen Frühling erlebt Sentaro, der junge Besitzer einer zerschlissenen, heruntergekommenen Imbissbude etwas Ungewöhnliches. Tag für Tag beobachtet eine alte Frau ihn bei seiner Arbeit, die von keinem Erfolg gekrönt ist, da die Speisen, die er aus Plastikeimern anbietet, nicht gerade kulinarische Genüsse sind. Tokue, die alte Dame, bittet ihn schließlich, bei ihm arbeiten und ihn das Geheimnis der traditionellen roten Bohnenpaste An lehren zu dürfen. Diese herzustellen, ist hohe Kochkunst. Da sie nicht aufgibt, willigt Sentaro schließlich ein, und so stehen er und Tokue in den frühesten Morgenstunden beisammen und bereiten das aufwendige Gericht zu. Tokue lässt Sentaro fühlen, dass Kochen ein spirituelles Ritual, ein Akt der Liebe und Achtung ist und nicht einfach das belanglose Vermischen verschiedener Zutaten. Mit ihrem gemeinsamen Kochkunstwerk An wird Sentaros Imbissbude bald zum Geheimtipp, die köstliche Paste spricht sich immer mehr herum und die Menschen stehen Schlange.

Doch Sentaro hatte lange schon geahnt, dass Tokue ein Geheimnis hütet, das ihrer beider Zukunft gefährden könnte. Neider erpressen ihn bald mit einer traurigen Realität aus Tokues Leben. So muss Sentaro eine Entscheidung treffen. Die Verbundenheit mit Tokue ist fest in seinem Herzen verankert, andererseits steht aber seine Existenz auf dem Spiel.

Deutung 1:

Nur mehr die absolute Außenseiterin der Gesellschaft beherrscht die wahre Kunst des Kochens und kennt deren große Bedeutung. Wie Tokue mit Liebe, Achtsamkeit und Respekt mit den Früchten der Erde umgeht, ist in unserer modernen Welt zur Seltenheit geworden. In ihrem geradezu alchemistischen Kochprozess *„fließt in einem kulinarisch inszenierten poetischen Ritual die ganze Harmonie des Universums in ihrem Kochtopf zusammen"*, so die Beschreibung dieser Geschichte bei der Viennale.

Eine einfache rote Bohnenpaste fängt bei Tokue die Magie der Schöpfung ein, ist nicht nur Lebensmittel, sondern nährendes Gebet. Einige von uns hatten noch Großmütter, die wie Tokue diese Kunst beherrschten. Essen hält ja bekanntlich Leib und Seele zusammen. Mit Speisen, die in diesem Geist zubereitet wurden, wären Körper und Seele gesegnet.

Gemeinsames Kochen und gemeinsames Speisen schaffen Verbundenheit. Das wird noch in den Begriffen „Gemahl" und „Gemahlin" deutlich, die auch nicht zufällig veraltet und damit aus unserem Sprachgebrauch verschwunden sind. Es fehlt die Zeit, gemeinsam ein Mahl einzunehmen.

Bei Sentaro und Tokue wächst eine ganz besondere Verbundenheit, die bis ans Ende ihrer Tage hält.

Fragen, die ZuschauerInnen sich stellen könnten:

Wie verbunden bin ich mit der Natur und all ihren Lebewesen?
Sind auch Pflanzen und Früchte für mich noch fühlende Wesen, die mit Aufmerksamkeit und Achtsamkeit wahrgenommen werden können?
Welche Beziehung habe ich zum Kochen, welche zur Alchemie?

Kann ich die Zubereitung von Speisen in der Art von Tokue zelebrieren?
Esse ich bewusst oder bin ich ein Fast Food-(Ver-)Schlinger?
Danke ich wenigstens noch manchmal Mutter Erde für Ihre Gaben, die uns nähren und leben lassen?
Bedanke ich mich mit Tischgebeten für das Geschenk der Nahrung?
Wie achtsam gehe ich mit meiner Nahrung um?

Für wen und welches Problem ist dieser Film Therapie?
Für alle, die tiefer in ihre Lebens-Art im Sinne von Kunst eindringen wollen.

Die Hüterin der Gewürze (2005, 92 Min.) von Paul Mayeda Berges

Der Bollywood-Film mit Aishwarya Rai entführt uns in eine venusische Welt voller Düfte und heilsamer Aromen, in die bald die Liebe, wenn auch eine verbotene, einbricht. Eine wundervolle Einführung in eine bei uns fast vergessene Kunst: den Umgang mit Düften, Gewürzen und Kräutern.

Deutung 1:
Tilo, die Hüterin der Gewürze, ist schon als kleines Mädchen in einen Kult der Heilung mit Aromen eingeweiht worden. Sie bleibt ihrem Gelübde treu, der Welt und den Menschen mit Hilfe von Gewürzen, deren Düften und Heilkräften zu dienen.

Sie aber muss ihren eigenen Weg gehen und, um ihm treu zu bleiben, sogar ihr Gelübde brechen. Die Liebe zu den Gewürzen bringt sie auf den Weg, fordert sie aber auch heraus und fördert sie letztlich. So kommen hier wieder beide Spielarten der Liebe, die zu den inneren Werten der Stier-Venus, aber auch die der Waage-Venus-Aphrodite zu ihrem Recht. Selbst wunderbare Traditionen werden, wenn sie einen Menschen auf eine oder wenige Lebensbühnen einengen, irgendwann zum Entwicklungshindernis. Es ist lediglich eine Zeitfrage, bis das Problem zum Ausbruch kommt.

Siddhartha in Hermann Hesses gleichnamigem Roman muss mit dem Buddha-Weg brechen, um seinen ganz eigenen zu finden. Sein Weggefährte Govinda dagegen bleibt der Tradition treu und damit der Erleuchtung fern. Buddha selbst riet seinen Schülern, ihn zu „erschlagen", wenn er ihnen in tiefer Meditation begegnen sollte.

Fragen, die ZuschauerInnen sich stellen könnten:
Wie wichtig ist mir mein Weg, die Religion oder Tradition?
Wie befreiend und wie beengend ist sie?
Welche Rolle spielen Gewürze und Düfte in meinem Leben?
Erhöhen sie „nur" meinen Lebensgenuss oder sind sie für mich sogar eine Art Heilmittel?

Für wen und welches Problem ist dieser Film Therapie?
Für alle, denen ihre Tradition mehr zur Einschränkung geworden ist, als ihre Entwicklung zu fördern.

Der griechische Film ***Zimt und Koriander*** (2003, 103 Min.) von Tassos Boulmetis lässt eine alte, längst untergegangene Welt wieder auftauchen, die über Gerüche und Düfte vergangene Zeiten und Gefühle wiederbelebt. Eine schöne Ergänzung obigen Films.

Lebensbühne 3
Über Flexibilität und Austausch

Der mythologische Repräsentant dieser Lebensbühne ist der griechische Gott Hermes/Merkur, der geflügelte Götterbote. Anhand seiner Gestalt lassen sich Themen und Aufgaben dieses Bühnenbildes sehr anschaulich beschreiben. Als Sohn des obersten griechischen Gottes Zeus und der Nymphe Maia ist er ein Vermittler zwischen den Welten. In der griechischen Mythologie sind Nymphen Zwischenwesen, sie gehören also weder zu den Menschen noch zu den Göttinnen. Dieses Erbgut macht Hermes zum Ver- und Übermittler zwischen den Reichen der olympischen Götter und dem Menschenreich. Als Seelenbegleiter hat er sogar Zugang zum Totenreich des Gottes Hades.

Seine absolute Neutralität ist eine seiner wichtigsten Eigenschaften als Botschafter und Vermittler. Offen für alle Seiten und Ansichten, zeigt er Interesse für alle Belange, ohne irgendetwas zu bewerten. Er kann immer beide Seiten der Medaille verstehen, würde aber nie selbst Stellung dazu beziehen. Als Götterbote legt er sich nicht einmal auf einen festen Wohnsitz, einen Tempel, fest. Er ist der ewige Wanderer, immer unterwegs, neugierig und in Kommunikation mit allen Wesen, die ihm begegnen. Deshalb sind die heiligen Stätten dieses göttlichen Archetyps auch Steine, die von Reisenden an Wegkreuzungen angehäuft werden. Sein olympischer Vater hat Hermes zudem alle Angelegenheiten übertragen, die mit (Aus-)Tausch und Handel zu tun haben. In diesem Sinn stehen auch Diebe unter seinem Schutz, weil ja auch sie für Umsatz und den Austausch von Besitz sorgen.

Kommunikation, Informations- und Meinungsaustausch fördert Hermes/Merkur ebenso wie Lernen, Forschen und das Erlangen neuer Erkenntnisse. Mit seinen geflügelten Sandalen ist er leichtfüßig, flexibel und keinesfalls festzunageln. Wenn er wirklich einmal auf einer seiner Vermittlungstouren ins Geschehen eingreift, dann höchstens in der Funktion eines Katalysators, der etwas zur Reaktion und in Bewegung bringt, ohne dabei selbst betroffen zu sein oder sich gar einzumischen. Immer bleibt er unverbindlich – selbst in seinen Liebesbeziehungen. Obwohl er viele Kontakte und Verbindungen herstellt, sind von ihm doch keine intimen Beziehungen bekannt und er zeugt nur ein Kind, den Hermaphroditen, jenen Vermittler zwischen den Geschlechtern.

Hermes/Merkur ist schlau und kennt jede Menge Tricks, um sein Ziel zu erreichen. Er findet immer einen Weg, ob ehrlich und geradlinig oder nicht ganz so seriös. Als Gott der geraden und krummen Wege ist er für Händler wie Diebe zuständig. All diese Eigenschaften und Qualitäten des Götterboten sind in irgendeiner Form Thema dieser Lebensbühne. Neutralität, Flexibilität, Wertfreiheit, Lernfähigkeit, Kommunikationsbereitschaft, intellektueller Wissensaustausch sowie geschäftliches und handwerkliches Geschick gilt es auf dieser Bühne zu entwickeln.

So bestimmt dieser Lebensbereich unsere Art zu denken und zu kommunizieren, unsere Kontaktfreudigkeit und unsere Lernbereitschaft – ebenso die Frage, inwieweit wir zu Flexibilität und Objektivität fähig sind. Relativierung und Hinterfragen von Werten und Wertsystemen sind gefordert. Jede fest gefügte These oder Meinung darf hier angezweifelt, geändert und mit neuen Ideen auf den Kopf gestellt werden – im Sinne des Spruchs „Was interessiert mich mein Geschwätz von gestern?“.

So ist diese Lebensbühne ein Tummelplatz für Intellektuelle und solche, die sich dafür halten. Für Wissenschaftler, Journalisten, Geschichtenerzähler, Schriftsteller, Dampfplauderer und solche, die bei jeder Gelegenheit ihre Meinung zum Besten geben müssen. Talkshows und das Social Network sind hier ebenso am rechten Platz wie seriöse und betrügerische Handelsplattformen, Suchmaschinen und Vergleichsportale. Es wird „getwittert, getindert und geliked“. Mit dem Smartphone ist man ununterbrochen erreichbar und in Kommunikation mit der Welt. In all dem hat der moderne Hermes/Merkur eine für ihn perfekte Spielwiese gefunden. Hermes/Merkur als Seelenführer Psychopompus ist andererseits fast in Vergessenheit geraten.

Die Welt in ihrer Vielfältigkeit zu erkennen und zu erleben, ist die Triebfeder für Menschen, die sich auf dieser Bühne bewegen. Kaum haben sie interessante Neuigkeiten entdeckt und weitergegeben, flattern sie wie der Schmetterling zur nächsten Blume, zum nächsten Thema. Die Welt ist ja so bunt und so interessant.

Stärken bzw. Aufgaben der 3. Lebensbühne:
Kommunikationsfähigkeit, Sprachbegabung, Neutralität, Flexibilität, Intellekt, Vielseitigkeit, Leichtigkeit, Kontaktfreudigkeit, schnelle Auffassungsgabe, Offenheit, Wissensdurst, Interesse, Lernfähigkeit, logisches Denken, handwerkliche Fähigkeiten.

Schwächen:
Oberflächlichkeit, Opportunismus, Tratschsucht, leeres Geschwätz, Raffinesse, Betrug, Lüge, Schwindel, List, sensationslüsterne Neugier, Zersplitterung, Zweifel, Standpunktlosigkeit, Unbeständigkeit, Unzuverlässigkeit.

Fragen, die wir uns dazu stellen können:
Wie flexibel bin ich?
Wie objektiv und neutral kann ich sein?
Wie neugierig bin ich?
Wie lernfähig bzw. lernwillig bin ich?
Wie offen bin ich Neuerungen und neuen Erkenntnissen gegenüber?
Wie gut kann ich kommunizieren (mich mitteilen und auch zuhören)?
Wie kontaktfreudig bin ich?
Wie leicht oder schwer fällt mir Konversation oder Smalltalk?

Welche Beziehung habe ich zu Facebook, Instagramm, Twitter, Tinder und Co.?
Wie abhängig bin ich von den modernen Kommunikationsmedien?
Wie sprachbegabt bin ich?
Wie wissbegierig?
Wie gut kann ich mich schriftlich und mündlich ausdrücken?
Wie gut kann ich mich verkaufen?
Wie gefragt bin ich?
Wie geschäftstüchtig?
Wie widersprüchlich sind meine Ansichten, Meinungen, das, woran ich glaube?
Wie opportunistisch bin ich?
Wie oft wechsle ich meinen Standpunkt?

Die Filme der 3. Lebensbühne

Catch me if you can (2002, 135 Min.) von Steven Spielberg

Dieser Streifen mit Leonardo diCaprio als Frank Abagnale und Tom Hanks als FBI-Agent Carl Hanratty ist eine Art Lehrfilm über die 3. Lebensbühne des Merkurprinzips, angelehnt an ein Drehbuch, das das wirkliche Leben schrieb. Steven Spielberg inszeniert wie immer traumhaft sicher im Umgang mit den „Lebensprinzipien" – ebenso übrigens wie George Lucas, der Vater der ***Star Wars***-Serie. Bei ihnen und einigen anderen herausragenden Regisseuren kann man sich des Eindrucks nicht erwehren, sie hätten die Ur- oder Lebensprinzipien regelrecht studiert. Zumindest im Fall von Lucas weiß man, dass Joseph Campbell, der große Mythenforscher und Autor von *Der Heros in 1000 Gestalten* als Anregung gedient hat.

Jedenfalls ist die Geschichte des Trickbetrügers und Fälschers Frank Abagnale aktenkundig und er selbst lebt noch, während wir über ihn schreiben. Sein Vater, der eine Art Hochstapler aus Not ist, von finanziellen Misserfolgen geplagt und von seiner Frau verlassen, pflanzt – wie so viele Eltern – in seinen einzigen Sohn die Idee, es besser zu machen. Frank schafft das tatsächlich und wird ein begnadeter Hochstapler, Scheckfälscher und Trickbetrüger. Er entgeht so dem Verliererschicksal seines Vaters. Frank reist als falscher Pan Am-Flugkapitän um die Welt und fälscht was das Zeug hält. Schließlich gibt er aus Liebe zu einer Krankenschwester sogar den Oberarzt. Die Spannung des Films erwächst daraus, dass er einen fast ebenso genialen und insofern ebenbürtigen Gegenspieler beim FBI findet. Agent Carl Hanratty (Tom Hanks) kennt nur ein Ziel: das Phantom Abagnale zur Strecke zu bringen.

Deutung 1:

Die beiden Kontrahenten lernen einander immer besser kennen, ist Hanratty doch seinem Gegner Abagnale ständig dicht auf den Fersen. Man kann sich des Eindrucks nicht erwehren, der ließe ihn mit Absicht nahe heran, aus Spaß an diesem Spiel. Zu Weihnachten etwa ruft Frank seinen FBI-Feind regelmäßig an und sie plaudern miteinander. Natürlich sind sich beide sehr ähnlich und nähern sich auch charakterlich immer mehr einander an, ist doch einer fast ständig mit dem anderen beschäftigt. Bis kurz vor Schluss ist Frank seinem Verfolger jedoch immer eine Nasenlänger voraus.

Beide haben vor lauter Besessenheit für ihren „Beruf" ihre Partner-Beziehungen verloren. Hätten sie einander nicht, sie wären Weihnachten ganz allein zuhause. Eigentlich kann man bei beiden schon gar nicht mehr von einem Zuhause sprechen. Wohl fühlen sie sich nur auf der „Jagd", bei diesem atemlosen Spiel, das sie beide spielen – nur auf verschiedenen Seiten. Der eine eben legal und der andere illegal. Das spannende Spiel der Polarität bringt sie einander im Laufe des Films immer näher.

Frank wird mit jedem „Erfolg" immer mutiger und treibt sein betrügerisches, aber zugleich auch geniales Spiel am liebsten unter den Augen des Gesetzes beziehungsweise seines Lieblingsgegners beim FBI. Auf einem Flughafen lässt er den Feind und Freund fast auf Sichtweite an sich heran kommen. Wie gescheit Frank wirklich ist, zeigt seine Antwort auf die Frage, mit welchem Trick er es denn zur Position eines Staatsanwalts gebracht hätte. Er antwortet, da hätte er nicht betrogen, sondern 14 Tage lang gelernt.

Schließlich wird er, nachdem er in Frankreich im großen Stil Geld gefälscht hat, durch einen Hinweis seines FBI-Gegenspielers doch noch gefasst. Unsäglich und jedem Rechtsempfinden spottend, in einem Loch von Gefängniszelle fast zu Tode gequält, ist es an Carl, der eigens mit einem Auslieferungsantrag nach Frankreich fliegt, Frank zu retten, bevor der an einer Lungenentzündung stirbt. Noch einmal entkommt Frank – diesmal übers Flugzeug-WC. Aber schließlich bringt ihn Carl vor den Richter und er wird auf Grund der hohen Schadenssumme zu einer langen Freiheitsstrafe verdonnert.

Carl ist nur kurz mit diesem Ergebnis zufrieden, denn jetzt hat er keinen ebenbürtigen Gegner mehr und ihm wird langweilig. Also besucht er Frank im Zuchthaus und lässt sich von ihm bezüglich besonders kniffliger Scheckfälschungen und Betrügereien beraten. Schließlich wird es ihm zu dumm, dauernd ins Gefängnis zu müssen und er verschafft Frank ganz offiziell Freigang, so dass dieser ab diesem Zeitpunkt als „Berater" unter seiner Aufsicht beim FBI arbeiten kann. Dabei ist Frank ähnlich erfolgreich wie seinerzeit während seiner kriminellen Laufbahn. Bald wird er begnadigt und startet eine Karriere als Sicherheitsexperte mit dem Fachgebiet Fälschungen und Sicherungssysteme, die ihn rasch zum Multimillionär macht. Mit seinem liebsten Freund-Feind vom FBI bleibt er freundschaftlich bis zu dessen Tod verbunden.

Deutung 2:

Eine wahre Geschichte, aus der wir viel lernen können. Natürlich müssen Kriminalisten und Kriminelle ganz ähnlich denken und sich in diesem Fall den Bedingungen der 3. Lebensbühne anpassen. Was hätte es für einen Sinn, z. B. Pfarrer, die immer nur das Beste von den Menschen denken, auf Verbrecherjagd zu schicken?

Aber genau dieser Wahnsinn hat nicht nur Methode, sondern ist die Regel im ganz normalen Leben. Als die deutsche Bundeskanzlerin spät genug bemerkte, dass Hacker ein wirkliches Problem darstellen, setzte sie eine Kommission ein, um diese zur Strecke zu bringen. Aber wen berief sie für diese Tätigkeit? Deutsche Beamte, die zwischen 9 und 17 Uhr von da an täglich auf Hacker-Jagd gingen. Also um die Hacker brauchte man sich nicht zu sorgen. In den USA geht man die Jagd auf sie geschickter an. Man kauft sich für viel Geld die „Stars" der Szene ein und selbstverständlich sind diese auf der Jagd nach ihresgleichen ungleich erfolgreicher. Wie viel diese Art von legaler Bestechung auch kosten mag, sie spart viel mehr ein.

Das gilt aber nicht nur im „merkurialen" Bereich der Trick- und Online-Betrüger, sondern generell. Denn dahinter steht ein Gesetz, das noch tiefer reicht als die Lebens- oder Urprinzipien. Es ist das wichtigste der „Schicksalsgesetze": das der Polarität, aus dem das „Schattenprinzip" folgt.

In der Medizin etwa war beim Versuch, Menschen aus dem Drogen-Elend zu befreien, eine Organisation namens Release überaus erfolgreich. In ihr halfen ehemalige Heroinabhängige, die den Absprung geschafft hatten, den Süchtigen. Dass diese weitaus erfolgreicher waren als gutbürgerliche Psychiater ohne wirkliche „Szeneerfahrung“, erstaunte zwar letztere, wird aber niemanden überraschen, der die Lebensbühnen oder -prinzipien kennt.

Die Homöopathie behandelt Gleiches mit Gleichem beziehungsweise Ähnlichem und ist – was Heilung angeht – ungleich erfolgreicher als die Allopathie, die gegen die Symptome anzukämpfen versucht, indem sie sie unterdrückt. Auch die Krankheitsbilder-Deutung, wie in *Krankheit als Weg* und Krankheit als Symbol dargestellt, baut auf dem Grundgedanken der Homöopathie auf. Wir kämpfen nicht gegen Symptome, sondern arbeiten mit ihnen, um die dahinter liegende Lern- und Lebensaufgabe zu finden und zu (er-)lösen.

Beziehungen zu anderen Lebensbühnen:
Catch me if you can spielt wesentlich auf der 3. Lebensbühne, nimmt aber auch Anleihen bei der 11., wie an all den Verkleidungen und der ganzen Maskerade, aber auch am Witz von Frank Abagnale deutlich wird – an seiner ganzen genialen Art und vor allem der Umpolung von einer Seite auf die andere, vom großen Sprung nach vorn, vom begnadeten Kriminellen zum genialen Sicherheitsexperten.

Fragen, die ZuschauerInnen sich stellen könnten:
Wie trickreich bin ich im Leben unterwegs?
Wie oft betrüge ich andere, vielleicht sogar zu ihrem Besten?
Wie oft betrüge ich mich selbst und wem hilft das?
Wie geschickt und sogar raffiniert bin ich – und mit welchem Ziel?
Wie dicht liegen bei mir die Gegensätze beieinander?
Kann ich mich – wenigstens manchmal – selbst in meinen Gegenspielern, meinen (Lieblings-)Feinden erkennen?
Wie weit habe ich den Christus-Auftrag, meine Feinde zu lieben, schon in mir verwirklicht?

Welche meiner Feinde sind mir am liebsten?
Habe ich selbst schon die Umkehrung jener Weisheit erlebt, die Goethe im Faust dem Mephisto in den Mund legt: *„Ich bin ein Teil von jener Kraft, die stets das Gute will und stets das Böse schafft.“*?

Für wen und welches Problem ist dieser Film Therapie?
Für alle, die von der destruktiven und unerlösten Ebene ihres Lebens auf die konstruktive, erlöste wechseln wollen.

Agnes (2016, 101 Min.) von Johannes Schmied

Das Filmdrama mit Ondine Johne, Stephan Kampwirth und Sonja Baum entstand nach einem Roman von Peter Stamm. Walter ist ein Schriftsteller, dem seine Inspiration abhanden gekommen ist, weshalb er als Sachbuchautor arbeitet. Bei einer seiner Recherchen in der Bibliothek verliebt er sich in die Physikstudentin Agnes, die privat und in ihrem Studium den großen Geheimnissen des Lebens nachspürt. Walter irritieren die aus seiner Sicht eigenartigen und unbequemen Fragen, besonders im Hinblick auf den Tod, die Agnes sich und ihm stellt, hat er sich doch in einem gemäßigten und unverbindlichen Leben eingerichtet. Er begnügt sich mit den für ihn einfach zu verstehenden Erkenntnissen (s)eines naturwissenschaftlichen Denkens. Was messbar und beweisbar ist, lässt das Leben übersichtlich und kontrollierbar erscheinen. Agnes' radikale und tiefgründige Ansichten wecken ihn jedoch mit der Zeit aus seinem intellektuellen Dornröschenschlaf: *„Irgendetwas ist anders, ich bin in der Gegenwart angekommen. Ich habe ein seltsames Gefühl.“*

Um Walter wieder an seine wahren schriftstellerischen Fähigkeiten heranzuführen, schlägt Agnes ihm vor, eine Geschichte über ihre gemeinsame Liebe zu schreiben. Dieses anfangs harmlose Spiel zwischen ihnen übernimmt aber mehr und mehr die Regie in beider Leben. Bald ist nicht mehr klar zu unterscheiden, ob Walter nun die Geschichte schreibt oder ob die Geschichte selbst seine Wirklichkeit bestimmt.

Deutung 1:

Vordergründig betrachtet, erzählt der Film eine Liebesgeschichte unter modernen, intellektuellen Großstadtmenschen. Im Hintergrund schwingen jedoch immer die großen Fragen des Lebens mit, die sich aus unserer Existenz in einer polaren Wirklichkeit ergeben, und verleihen dem Film die entsprechende Schwere.

Wir erleben an Walter eine eher nüchterne, unromantische Weltsicht, die dem archetypisch männlichen Prinzip entspricht, und an Agnes eine archetypisch weibliche Sicht der Dinge, die sich mit den Fragen Liebe, Schwangerschaft und Kind, Endlichkeit, Tod und Metaphysik beschäftigt. So stellt sie ihm gleich zu Beginn ihrer Begegnung die Frage: „*Glaubst du an ein Leben nach dem Tod?*“ Walter reagiert irritiert mit einer Gegenfrage: „*Bist du krank?*“, worauf Agnes antwortet: „*Man muss nicht krank sein, um sich solche Fragen zu stellen.*“

Schon dieser kurze Dialog ist bezeichnend für die entgegengesetzten Ansichten beider Hauptfiguren, die durch ihre Liebe miteinander in Berührung kommen. Immer wieder driften sie im Verlauf ihrer (Liebes-)Geschichte auseinander. Jeder lebt in seiner Welt und sieht nur, was er sehen möchte.

Die Gegensätze bilden die Grundthematik des Films. Was ist wirklicher? Sind es die Erkenntnisse der Wissenschaft oder die konkreten (schicksalhaften) Gegebenheiten? Ist es unsere Selbsteinschätzung oder die Art, wie uns die Umwelt erlebt? Zählen unsere Gedanken, Erinnerungen und Vorstellungen oder das, was wir tatsächlich erlebt haben? Diese Fragen wirft die Geschichte immer wieder auf.

Am Ende schreibt Agnes ihre Beziehungsgeschichte selbst zu Ende bzw. fügt ihr Ende hinzu, das auch das ihres Lebens ist. Sie beendet damit die Fiktion und bekennt sich zum wirklichen Leben.

Und doch bleibt die Frage: Hätte ihr Leben ohne Geschichte den gleichen Verlauf genommen? Oder haben Vorahnungen und metaphysische Erfahrungen die Geschichte erst entstehen lassen?

Deutung 2:

„Im Anfang liegt alles!" Dies ist eine Tatsache, mit der sich schon große Philosophen auseinandersetzten und die heute auch von der Wissenschaft bestätigt wird. Wissenschaftsautor Malcolm Gladwell hat (s)ein ganzes Buch *Blink* darüber geschrieben. So, wie im Samenkorn schon die ganze Pflanze einschließlich ihrer Lebensdauer enthalten ist, ist auch in jedem Beginn der Verlauf eines Geschehens angelegt. Im Muster unserer Geburt zeigt sich die Art und Weise wie wir jeden weiteren Neuanfang unseres Lebens erfahren und wie alles endet.

So ist auch in der Beziehungsgeschichte von Agnes und Walter in der ersten Begegnung schon das Ende enthalten. Die ersten Gespräche drehen sich, von Agnes initiiert, um Leben, Tod und ein Leben danach. Bei ihrer ersten Verabredung begegnen sie einer Toten, erleben den Tod ihres ungeborenen Kindes und in letzter Konsequenz geht ganz zum Schluss Agnes in den Tod.

Und wieder stellt sich die Frage: Hatte Agnes in den Tiefen ihres Seins geahnt, hatte ihre Seele es schon gewusst, worauf alles hinauslaufen würde? Oder hatte sie mit dem Thema Tod gleich zu Beginn ihrer Begegnung den gedanklichen Samen dafür gelegt?

Letztlich ist es wohl so: Wir erleben die Wirklichkeit polar. Und doch gibt es dieses Entweder-oder nicht. Alles ist ein Sowohl-als-auch und geschieht gleichzeitig. Denn auch Raum und Zeit sind nur ein Gedankenspiel unseres polar ausgerichteten Intellekts.

Deutung 3:
Vieles spricht heute – auch wissenschaftlich gesehen – dafür, dass es nie zu spät ist, eine glückliche Kindheit zu haben. Indem wir uns unsere Geschichte zurecht fantasieren, bekommt diese offenbar Wirklichkeitscharakter.

Beziehungen zu anderen Lebensbühnen:
Mit der Thematik des Todes ist die 10. Lebensbühne mit angesprochen.

Fragen, die ZuschauerInnen sich stellen könnten:
Welche erdachten oder erfundenen Geschichten sind in meinem Leben Realität geworden?
Welche meiner Gedanken haben reales Geschehen nach sich gezogen nach dem Motto „Energie folgt den Gedanken“?
Glaube ich, dass Energie den Gedanken folgt, oder dass die Wirklichkeit Ihre Gedanken erschafft?
Können Gedanken und Fantasie Schöpfer der Wirklichkeit sein?
Wie gut beherrsche ich meine Gedanken?
Wie halte ich es mit der Wahrheit meiner (Lebens-) Geschichte(n)?
Wie viele erfundene Geschichten erzähle ich über mich und mein Leben?
An welche „Märchen“ meiner Lebensgeschichte glaube ich inzwischen selbst?
Zählt für mich mehr die erlebte Wirklichkeit oder geschönte Erinnerungen an sie?
Brauche ich Dramen, damit meine Geschichte interessant und erzählenswert ist?

Für wen und welches Problem ist dieser Film Therapie?
Für Realisten, die sich an ein Weltbild klammern, das nur einen (kleinen) Teil der Wirklichkeit abdeckt.

Man lernt nie aus (2015, 114 Min.) von Nancy Meyers

In dieser inspirierenden Filmkomödie bewirbt sich Robert de Niro als 70-jähriger Witwer Ben Whittaker bei einem Start-up-Unternehmen, das just in dem Gebäude angefangen hat, wo er jahrzehntelang arbeitete und jeden Winkel kennt. Sein Grund ist einfach: Es wurde ihm zu langweilig als Rentner. Anfangs ignoriert ihn die junge Chefin Jules Ostin (Anne Hathaway), Gründerin und CEO ihres E-Commerce-Modeunternehmens. Sie wollte ihn eigentlich gar nicht als Praktikanten, sondern lediglich aus Imagegründen an einem Gemeindeprojekt zur Integration älterer Arbeitnehmer teilnehmen. Aber mit der Zeit lernt sie Ben und seine (Lebens-)Erfahrung immer mehr schätzen.

Deutung 1:
Mit seiner verantwortungsvollen Art, seiner (Lebens-)Erfahrung, seinem Einsatz, seiner Verlässlichkeit und seinem Wissen erntet der Praktikant allmählich Anerkennung. Auch wenn die junge Chefin ihn von oben herab behandelt, wahrt er seine Zurückhaltung. Und auch wenn er vieles besser weiß, gibt er nicht damit an, sondern macht es einfach besser. So überzeugt er Jules Schritt um Schritt und rettet sie aus mancher Verlegenheit, etwa durch einen Einbruch bei ihrer Mutter, um ein vorschnell versendetes E-Mail zurückzuholen bzw. zu löschen. Auch mit dem Seitensprung ihres Mannes geht Ben dezent um und bleibt dabei immer vollkommen solidarisch mit ihr, seiner Chefin. Deren kleine Tochter, die eher nebenbei mit der überbeschäftigten Mama mitläuft, hat er als erste überzeugt. Sie will ihn am liebsten gleich in die Familie integrieren.

Andererseits ist die Chefin und Mutter, nachdem sie ihren Praktikanten zunehmend schätzen lernt, auch bereit, ihm zu helfen, etwa beim Einrichten seines ersten Facebook-Accounts. So werden die beiden zu einem sympathischen Beispiel, wie sich junger Schwung und alte Erfahrung wundervoll ergänzen können. Es ergibt sich eine Win-win-Situation, von der beide über alle Maßen und Erwartungen hinaus profitieren.

Der Film zeigt, wie die Generationen-Kluft zu überbrücken ist, wenn beide Seiten bereit sind, voneinander zu lernen – eben nicht nur die Jungen von den Alten, was letztere meist erwarten, sondern auch die Alten von den Jungen.

Deutung 2:
Dieses Muster ist auf viele Situationen zu übertragen. So könnten nicht nur Fremde (Einwanderer) von Einheimischen lernen, was letztere erwarten, sondern Einheimische könnten genauso von Ausländern lernen, etwa ihr Herz zu öffnen, wieder Gefühle zu leben und Emotionen zu äußern. Und dadurch könnten sich zwischen den Menschen und ihren Kulturen Win-win-Situationen ergeben, von denen beide Seiten so viel mehr hätten, als sie sich bisher vorstellen können.

Lernen ist lebenslang wichtig, weil gesund und beglückend. Ältere Menschen aus Kulturen, die keine Rente und Pension kennen, sind von daher nicht zufällig psychosomatisch gesünder und insgesamt glücklicher. Nonnen und Mönche werden auch bei uns uralt und bleiben weitgehend von Demenz und Alzheimer verschont.

Die Glücksforschung weiß inzwischen: Lernen macht glücklich. Das kann man in diesem Film permanent spüren und zum Schluss bleibt man selbst – ob jung oder alt – glücklich und voller Hoffnung zurück. Solange wir lernen, sind wir aber nicht nur glücklich, sondern auch sympathisch, nicht nur, aber besonders für diejenigen, von denen wir lernen.

Fragen, die ZuschauerInnen sich stellen könnten:
Was könnte ich von meinem Groß(en)Vater annehmen und lernen?

Was von meiner Groß(en)Mutter?
Was darf ich als Groß(er)Vater oder Groß(e)Mutter an die nächste Generation weitergeben?
Was könnten wir in meiner Familie oder in meiner Firma aus den Lehren dieses Filmes machen?
Habe ich überhaupt Interesse am Brückenschlag zwischen den Generationen?
Oder zwischen den Kulturen?
Will ich noch wachsen und mich entwickeln? Neues und Altes integrieren auf dem Weg zu einem erfüllten Leben?

Für wen und welches Problem ist dieser Film Therapie?
Für beide Generationen, die Jungen und die Alten, die heute oft nichts mehr von einander haben und es von diesem Film lernen können.

Ein Brief für Dich (2015, 82 Min.) von Christian Vuissa

Ein kleiner Film (mit Aley Underwood und Bernie Diamond) über ein großes Thema: Dankbarkeit und die Vermittlung von Zuversicht und Lebensfreude. Viele alte Menschen im Heim haben scheinbar nichts mehr zu tun – nicht so Sam Washington. Er schreibt wundervolle, selbstverständlich altmodische Briefe an Menschen, die er gar nicht kennt. So auch an Maggie, ein Teenager-Mädchen, das er damit aus heftigen Krisen rettet.

Deutung 1:
Normalerweise lernt Sam die solcherart von ihm beglückten Menschen nie kennen. Er will es nicht einmal und wehrt sich sogar dagegen. Diesen Fremden, deren Adressen er aus dem

Telefonbuch fischt, schenkt er (neue) Hoffnung und wir erleben berührt mit, wie er das krisengeschüttelte Leben eines wundervollen Mädchens wieder zu einem wundervollen Leben werden lässt. Damit rettet er sie vor dem sich bereits anbahnenden Absturz, denn sie war drauf und dran, das Ende einer Liebesbeziehung und eines Engagements in einer Band als Ende ihres (besseren) Lebens zu (miss-)deuten.

Deutung 2:
Der Film zeigt auch, dass sie dem unsensiblen jungen Typen, der ihr beide Erfahrungen bescherte, eigentlich dankbar sein kann. Denn ohne diesen unvermittelten Schlussstrich – er besetzte takt- und gefühllos ihre Rolle in seinem Leben und seiner Band neu – wäre sie sein Anhängsel geblieben, statt ihren ganz eigenen, ungleich stimmigeren Weg zu finden.

Es ist ganz so, wie es das kleine Büchlein *Das Märchen vom Sterben* so schön (kitschig) illustriert: Unsere scheinbar größten Feinde lieben uns in Wirklichkeit am meisten, denn sie geben sich dafür her, uns neue wesentliche Lebenserfahrungen zu vermitteln.

Deutung 3:
Da ich, Ruediger Dahlke, täglich um die 100 meist brennende Fragen zur Gesundheit von Körper und Seele bekomme und teilweise unter diesem Ansturm gelitten haben, hat mir dieser Film wirklich sehr geholfen. Er hat mir gezeigt, was für eine Gnade es ist, Menschen antworten und helfen zu dürfen, die sich das oft auch noch sehnlich wünschen. Statt im Telefonbuch nach Adressen und Empfängern für Briefe zu suchen, brauche ich nur auf „Antworten“ zu tippen – und schon kann es losgehen. Mit jedem Buch und vor allem Bestseller werden es noch mehr Fragen und Antworten. Und immer wenn mir das als Last statt als Gnade erscheint, drängt sich sofort dieser kleine Film auf.

Fragen, die ZuschauerInnen sich stellen könnten:
Wie viel Freude und Dankbarkeit gebe ich weiter?
Wie gehe ich mit Briefen um? Welche Art von Ant(i)worten gebe ich, wie viel Mut und Zuversicht vermittle ich?
Kann und mag ich das Gute, das ich erfahren habe, zurückgeben?
Wie viel Freude macht es mir, anderen Freude zu machen?
Was macht es mit mir, andere auf ihren Weg zu bringen, ihnen Hoffnung zu machen?

Für wen und welches Problem ist dieser Film Therapie?
Ein Film darüber, sein Talent, seine (Auf-)Gabe zu finden und damit die Welt zu bewegen, die eigene und die größere. Eine Anleitung auch, (anderen) Freude zu machen und damit sich selbst. Ein Film, um Freude als Weg zu erkennen und Dankbarkeit als Geschenk.

Picknick mit Bären (2015, 104 Min.) von Ken Kwapis

In dem Naturfilm mit Robert Redford, Nick Nolte und Emma Thompson beschließt der gelangweilte und gealterte Schriftsteller Bill Bryson (Redford) den Appalachian Trail zu gehen, den großen Wanderweg durch Amerika und seine Wälder. Alle, aber besonders seine Frau Catherine (Emma Thompson), sind entsetzt und bitten Bill inständig, wenigstens einen Partner und Freund mitzunehmen. Aber alle seine Freunde sagen ihm ab, bis er schließlich auf Stephen Katz (Nick Nolte) stößt, der ihm noch aus alten Zeiten 600 Dollar schuldet und einwilligt, mitzukommen. Stephen ist allerdings völlig versoffen und Nick Nolte spielt das erschreckend gut. Beide überstehen einige kritische Situationen bis hin zu einer Bären-Begegnung, aber Bill hält streng an seinem Plan fest – auch als Stephen schon einen Wagen gemietet hat, weil sie noch nicht mal die Hälfte der Strecke geschafft haben und die Zeit knapp wird. Erst, als die Wanderer abstürzen und ernsthaft in Gefahr geraten, drängt sich ihnen eine neue Erkenntnis auf. Bill merkt, dass der vorsichtigere Stephen wohl doch recht gehabt hat.

Deutung 1:
Der alternde Bill Bryson will zwar nicht mehr schreiben, aber noch einmal in die Gänge kommen und auf Wanderschaft gehen, will sein Leben nochmals in Bewegung zu bringen und zu sich selbst finden. Archetypisch stimmig zieht es ihn dazu in die Wälder, Symbole des Unbewussten.

Die Sorge der anderen Menschen um Bill nach dem Motto „Hoffentlich geschieht nichts" spiegelt in Wirklichkeit natürlich deren Angst und Abwehr wider, daran erinnert zu werden, dass in ihrem Leben nichts mehr geht und wenig läuft. Insofern können und wollen sie es nicht ertragen, wenn bei einem anderen noch etwas geht und läuft und er ihnen gleichsam davon läuft. Besonders deutlich wird das bei Catherine, die nicht mit will, ihren Mann aber auch nicht ziehen lassen kann. Aber auch all die Freunde, die seine beharrenden Seelenanteile spiegeln, sind in gewisser Weise ein Teil von Bill selbst – wie die Gefährten des Odysseus, die zwar mitkommen, aber alle auf der Strecke bleiben müssen.

Bill muss sich also einen Gefährten oder besser einen Mitläufer zur gegenseitigen (Unter-)Stützung suchen. Er merkt anfangs, dass da niemand ist, der mitgehen will. Alle drücken sich und l(i)eben ihre Ausreden, statt den Weg zu wagen. Noch immer behindern sie ihre vermeintlichen Wichtigkeiten, was sie noch alles vor (sich) haben, praktisch das ganze ungelebte Leben. Nur um sich nicht auf den (Lebens-)Weg machen zu müssen, ist ihnen keine Ausrede zu durchsichtig. Und auch dem Helden schwant schon zu Beginn, dass er sich ständig Wichtigeres vorgenommen und sich wichtig gemacht hat, um sich dem Wichtigsten, (dem Weg zu) sich selbst, nicht stellen zu müssen.

Deutung 2:

Nur der Tramp, ein Späthippie, der sich gehen lässt und sein Leben versoffen hat, kommt mit. Immer dabei ist also ein Mann, der seine Schulden nicht zurückzahlt und keine Verantwortung übernimmt, nicht mal für sich und seine Gesundheit. So ist in Gestalt Stephens die (Schatten-)Energie des Sich-Drückens immer mit dabei, etwa wenn der Gefährte frühzeitig dafür plädiert, lieber ein Gefährt zu mieten. Aber er hat in Bill einen Begleiter an seiner Seite, der es nun ernst meint und solche Ausflüchte nicht zulässt. Durch nichts – auch nicht durch einen kurzen Flirt – lässt er sich davon abhalten, weiter zu gehen und zu kommen. So wird der Schatten aufgehellt und Stephen überwindet sogar das Saufen, weil es mit dem Gehen, dem Vorankommen auf dem Weg, nicht vereinbar ist.

Und dann bleibt Bill auch die Erfahrung nicht erspart, dass es irgendwann nicht weiter geht, weil die Kräfte nicht (mehr) reichen. Daraus ließe sich schließen, die rechte Zeit, den berühmten richtigen Augenblick, nicht zu verpassen. Es kann auch irgendwann zu spät sein. Diesen Umkehrpunkt gilt es zu erkennen und nicht mit falschem Ehrgeiz etwas erzwingen zu wollen, was nicht mehr im Bereich des Möglichen liegt. Denn sonst gilt: Hochmut kommt vor dem Fall. So machen die beiden Reisenden nach langem Marschieren, am äußersten für sie erreichbaren Punkt und nach einem gefährlichen Absturz Halt und kehren zurück. Bill – wie Odysseus – zu seiner Anima und besseren Hälfte, seiner Frau Catherine. Stephen hat immerhin seinen Alkoholismus auf der Strecke gelassen und Schulden zurückgezahlt.

Beziehungen zu anderen Lebensbühnen:
Im Entschluss, loszulegen und -zugehen und dem dafür notwendigen Mut ist die 1. Lebensbühne angesprochen, wie auch in der Begegnung mit der Gefahr in Gestalt der Bären. Die wahre Freundschaft ist ein Thema der 11. Lebensbühne wie auch der Absturz vom Weg, aber ansonsten geht es um den (Lebens-)Weg zu sich selbst auf der 9. Lebensbühne.

Fragen, die ZuschauerInnen sich stellen könnten:
Wie spät ist es in meinem Leben, auf meinem Weg?
Wann ist der rechte Zeitpunkt, sich zu entscheiden und ernst zu machen?
Weiß ich, wann es genug ist, wann ich also an meine Grenze stoße und sie überschreiten oder respektieren muss?
Wie steht es mit meinen Gefährten, meinen Seelenanteilen auf meinem Weg?
Welche davon habe ich schon erlöst und kann sie zurücklassen?
Welche dieser Anteile stehen noch zur Bearbeitung an und wollen und müssen mit auf den Weg der Läuterung, der Er- und vielleicht sogar Ausnüchterung?
In welchen GefährtInnen erlebe ich das „Schattenprinzip“?

The Social Network (2010, 121 Min.) von David Fincher

Der Film über die Lebensgeschichte von Facebook-Gründer Mark Zuckerberg entspricht sehr weitgehend der 3. Lebensbühne, auch wenn Zuckerberg selbst und Facebook sich von dem Film distanzieren. Allein durch den großen Erfolg des Unternehmens – inzwischen sollen über 2 Milliarden Menschen auf diese Weise vernetzt sein – ist Facebook ein merkuriales Phänomen.

Da Zuckerberg dieses riesige Netz weitgehend allein beherrscht, spielt natürlich auch ein enormer Machtschatten und die 8. Lebensbühne mit herein. Andererseits bringt er mehr Menschen dieser Welt zusammen als jede andere Unternehmung – sie befreunden sich und teilen (sich mit).

Lebensbühne 4
Über seelische Wurzeln, Gefühle und Familie

Die 4. Lebensbühne ist vielschichtig wie das Bild des Mondes. So wie der Mond nur leuchtet, weil er das Licht der Sonne widerspiegelt, repräsentiert dieser Lebensbereich unsere Empfänglichkeit auf allen Ebenen. Mit der Empfängnis beginnt das Leben in der Geborgenheit des mütterlichen Schoßes. Damit nimmt durch die Mutter (lat. Mater) unser Leben Form in der Materie an. Wir sind abhängig vom nährenden mütterlichen Prinzip, zuerst von der leiblichen Mutter, dann von Mutter Erde und insgesamt immer von Mutter Natur. Seelisch brauchen wir die Sicherheit gebende Geborgenheit der Familie, den Schutz eines Zuhauses oder der Heimat und die Zugehörigkeit zur Gruppe für unser soziales Wohlbefinden. Fehlt dies, könnte kein Kind überleben.

Unter diesem Aspekt beherrscht die (positive oder negative) Bindung zur Mutter, zur Familie, zur Heimat, zum eigenen Volk den Umgang mit dieser Lebensbühne. Ob wir wollen oder nicht, die Erfahrungen und Prägungen aus der Kindheit formen unseren Werdegang. Sind wir am Beginn unseres Lebens in unserer Hilflosigkeit gezwungen, uns den Vorgaben und Werten der Familie anzupassen, so müssen wir als Erwachsene unsere eigene seelische Identität finden und entwickeln.

Dem Sog und der Geborgenheit des mütterlichen, familiären Schutzes zu entsagen, die Sicherheit der Herde zu verlassen und unserer Herkunft trotzdem verbunden zu bleiben, ist die große Herausforderung auf dieser Lebensbühne. Es gilt, eigene seelische Erfahrungen zu machen, Vertrauen in das eigene Fühlen und Wahrnehmen zu finden und nicht den Vorgaben der Eltern blind zu folgen, sollten diese das auch noch so vehement fordern. Denn wie es in dem Gedicht von Khalil Gibran[2] heißt: „*Eure Kinder sind nicht eure Kinder. Es sind die Söhne und Töchter von des*

[2]Khalil Gibran: Der Prophet. Walter-Verlag, Freiburg 1985, S.16

Lebens Verlangen nach sich selbst. (...) Ihr dürft ihnen eure Liebe geben, aber nicht eure Gedanken. Ihr dürft ihren Leib behausen, aber nicht ihre Seele, denn ihre Seele wohnt im Hause von Morgen, das ihr nicht zu betreten vermögt, selbst nicht in euren Träumen."

Wir müssen immer weiter fließen mit dem Fluss des Lebens und uns dem Rhythmus und den Zyklen des Lebens anvertrauen. Alles ist ständig im Wandel wie das für uns sichtbare Antlitz des Mondes. Auch das bedürftige Kleinkind, das wir einmal waren, muss von einem nehmenden Wesen zu einem gebenden werden, wie es vom natürlichen Kreislauf des Lebens vorgegeben ist. Aus dem nehmenden Kind werden gebende Eltern, damit sich das Rad des Lebens weiterdrehen kann.

Archetypisch gesehen ist hier das mütterlich weibliche Prinzip angesiedelt. Dieser Archetyp ist so ambivalent wie das Leben selbst. Einerseits steht er für das Lebensspendende, das Nährende, anderseits für das Verschlingende. So kann dieses Prinzip in Gestalt unserer leiblichen Mutter unser Wachstum auf jeder Ebene fördern, aber manchmal versucht es uns auch festzuhalten und jede eigenständige Entwicklung zu verhindern. Die Mutter/das Mütterliche schenkt uns das Leben, damit ist aber auch unser Tod besiegelt.

Eine dominante Herrschaft des Mütterlichen kann in eine erdrückende „Gynäkokratie" (Frauenherrschaft) münden, die jede seelische Entwicklung des Kindes im Keim erstickt. Deshalb muss eine wesentliche Qualität des Mutterprinzips die Bereitschaft sein, loszulassen. Schon bei der Geburt ist die Trennung aus der Symbiose mit dem Kind zwingend notwendig, ansonsten wird dieser eigentlich Leben spendende Akt zur tödlichen Falle für Mutter und Kind. Mutter sein ist deshalb mit einem immerwährenden Loslösungsprozess verbunden. Die eigene Frucht, das Kind, muss in die Freiheit seines eigenen Lebens entlassen werden. Die besten Eltern sind deshalb die sprichwörtlichen Rabeneltern, die, wie es die namensgebenden Vögel tun, ihre Kinder aus dem Nest werfen, sobald diese selber fliegen können. Das Kind muss dem Fluss des Lebens folgen und bereit sein, erwachsen zu werden. Es muss sich vom Rockzipfel der Mama abkoppeln wie auch von Papas Geldbörse.

Ein weiterer Aspekt, der auf dieser Lebensbühne seinen Entfaltungsraum findet, ist der Umgang mit Gefühlen. Hier ist gleichsam das Sammelbecken all unserer Gefühlserfahrungen, Erinnerungen und Befindlichkeiten. Von Launenhaftigkeit, Gefühlsduselei, seelischer Bedürftigkeit und Stimmungsschwankungen bis hin zu tiefem Mitgefühl ist hier alles zu finden.

Die Seele ist wie das Wasser, das alles bereitwillig aufnimmt, das Gute und das Schlechte, das Helle und das Dunkle. So gilt es, aus dem trüben Tümpel bloßer Gefühlsduselei durch aufmerksames Reflektieren ein kristallklares Seelengewässer entstehen zu lassen.

Stärken bzw. Aufgaben der 4. Lebensbühne:

Mitgefühl, Fürsorglichkeit, Einfühlungsvermögen, Empfindsamkeit, Empathie, Geborgenheit geben, Hilfsbereitschaft, Gefühlsreichtum, die eigene seelische Identität kennen und leben, Kraft aus den Erinnerungen schöpfen, Reichtum an inneren Bildern, Zugang zum kollektiven Bewusstsein, nährende und fördernde Mütterlichkeit, mütterliche Liebesfähigkeit, Familiensinn, sich dem Fluss des Lebens anvertrauen können, Gespür für den Rhythmus des natürlichen Lebens.

Schwächen:

Gefühlsduselei, Bedürftigkeit, Liebe und Zuwendung erwarten, Sentimentalität, Abhängigkeit, Launenhaftigkeit, Selbstmitleid, Erpressung durch Schwäche und Opferrolle, erdrückende Mütterlichkeit, Nesthockersyndrom, Unselbständigkeit, Jammern, depressive Grundstimmung, kindlich bedürftige Anhänglichkeit, Regression, Zaghaftigkeit, Rührseligkeit, Weinerlichkeit.

Fragen, die wir uns dazu stellen können:
Wie gehe ich mit meinen Gefühlen um?
Bin ich sehr stimmungsabhängig?
Verdränge ich meine Gefühle oder lebe ich sie?
Wie reagiere ich auf äußere Eindrücke?
Was brauche ich, um mich geborgen zu fühlen?
Wie empfänglich, wie aufnahmefähig bin ich?
Wie viel Mitgefühl habe ich mit anderen Wesen?
Wie gehe ich mit den Gefühlen anderer um?
Welche Beziehung habe ich zu meiner Mutter, meinen Eltern, meiner Familie?
Wie wichtig sind mir meine Wurzeln?
Welche Erinnerungen aus meiner Kindheit habe ich gespeichert?
Wie sehr bestimmen die Erfahrungen meiner Kindheit mein erwachsenes Leben?
Gebe ich den Erlebnissen in meiner Kindheit die Schuld an meinen heutigen Problemen?
Gebe ich meinen Eltern die Schuld an meinen Problemen?
Wie bin ich selbst als Mutter/Vater?
Sind meine Kinder Erfüllungsgehilfen für mein ungelebtes Leben?
Habe ich meine Kindheit losgelassen?
Habe ich meine Kinder losgelassen?
Wie geht es meinem inneren Kind?
Fühle ich mich geborgen in dem Leben, das ich führe?
Suche ich in Partnerschaften immer noch nach einer Mutter- oder Vaterfigur?
In welchen Bereichen verhalte ich mich immer noch wie ein bedürftiges Kleinkind?
Welche Gefühle sind vorherrschend in meinem Leben?

Die Filme der 4. Lebensbühne

Lion (2016, 119 Min.) von Garth Davis

In diesem bewegenden Filmdrama mit Dev Patel, Rooney Mara und Nicole Kidman erleben wir die Suche eines jungen Mannes nach seinen Wurzeln und seiner Heimat. Der fünfjährige Saroo lebt mit seiner Mutter, seinem geliebten Bruder Guddu und seiner Schwester in einem kleinen Dorf in Indien. Die Familie ist bettelarm, die Mutter arbeitet in einem Steinbruch und Saroos Bruder muss nachts als Lastenträger zum Lebensunterhalt beitragen. Als Saroo ihn einmal begleitet, schläft er in einem wartenden Zug ein und merkt nicht, als dieser losfährt.

Nach einer endlos scheinenden, traumatischen Fahrt strandet der Junge in Kalkutta, am anderen Ende von Indien und 1600 Kilometer von Zuhause entfernt. Verzweifelt schlägt er sich in der gefährlichen Großstadt durch, entkommt nur knapp Menschenhändlern und landet schließlich im Waisenhaus. Von dort wird er von einem australischen Ehepaar adoptiert. Bei Sue und John findet Saroo ein liebevolles Zuhause. Das harmonische Zusammenleben wird allerdings etwas getrübt, als die Pflegeeltern einen weiteren indischen Jungen bei sich aufnehmen, der trotz aller Liebe schwierig ist und bleibt.

Saroo ist glücklich und wächst zu einem charismatischen jungen Mann heran. Doch je älter er wird, desto mehr tauchen fragmentarische Erinnerungen aus seiner frühen Kindheit in Indien auf. Wie besessen beginnt er mit Hilfe von Google Earth nach seinem Ursprung und seiner leiblichen Familie zu suchen.

Nach 25 Jahren schließlich wird für ihn das Wunder wahr. Im Internet stößt er auf ein Dorf, das zu den Bildern seiner Erinnerung passt.

Deutung 1:
Aus einer gewissen Distanz betrachtet, hätte Saroo nichts Besseres geschehen können, um dem Elend seiner Herkunft zu entkommen. Durch das Verlorengehen und die Adoption bekam er ein liebevolles und sorgenfreies Familienleben. Seine Adoptivmutter Sue schenkt ihm all ihre Liebe, als wäre er ihr leiblicher Sohn. Statt in einem Steinbruch arbeiten zu müssen und als Analphabet ein Leben in bitterer Armut zu führen, wächst Saroo zu einem gebildeten, jungen Mann heran. Wie jedes Kind, das solch traumatischen Situationen ausgesetzt war, verdrängt er vorerst seine Vergangenheit und passt sich den neuen Lebensbedingungen an.

Genauer betrachtet, vollzieht jedes Kleinkind diesen Akt der Anpassung, denn er garantiert ihm die Fürsorge der Familie. Es ist eine biologische Überlebensstrategie, denn nicht angenommen oder gar aus der sicheren, nährenden Gemeinschaft ausgeschlossen zu werden, könnte den Tod bedeuten.

Deutung 2:
Aus diesem Grund kann es sich Saroo auch überhaupt erst als Erwachsener leisten, sich den Erinnerungen und seiner Vergangenheit zu stellen. Die Auseinandersetzung und Konfrontation mit den schönen und traumatischen Erlebnissen seiner Kindheit, das Wiederfinden seiner Wurzeln, lässt ihn erst frei werden für seinen eigenen, ganz individuellen Lebensweg. Er kann damit auch die Wunden seiner Kindheit heilen und die traumatischen Erfahrungen loslassen.

Deutung 3:
Das Loslassen von schlimmen oder traumatischen Kindheitserlebnissen ist einer der wichtigsten Schritte auf dem Weg des Erwachsenwerdens. Ständiges Hadern mit den „bösen“ und lieblosen Eltern und das Festhalten an anderen schlechten Kindheitserfahrungen werden oft als Rechtfertigung dafür genommen, das

eigene Leben nicht auf die Reihe zu bekommen. Es gilt, sich klarzumachen, dass die Kindheit endgültig vorbei ist und Vergangenheit durch Hadern mit ihr nicht zu ändern ist. Wer nachtragend ist, trägt unnötiger Weise alten Ballast mit sich und schleppt daran meist schwer. Vorwürfe an ein schweres Schicksal bringen nie weiter, sondern führen dazu, sich mühsam und beladen durchs Leben zu schleppen – wie der zweite Adoptivsohn. Die Lösung liegt darin, nach vorne zu schauen, das Leben eigenverantwortlich in die Hand zu nehmen und zu leben.

Saroos Adoptivbruder hat es nicht geschafft, die sicherlich schrecklichen Erlebnisse seiner Vergangenheit loszulassen. Er hätte im liebevollen Umfeld seiner neuen Familie die gleiche Chance gehabt, ein neues, befreites Leben zu beginnen.

Zu seinem Glück konnte Saroo rechtzeitig loslassen und völlig neu anfangen, ohne sich am erlebten Elend festzukrallen wie sein (gleichsam dunkler) Bruder. Tatsächlich erleben wir hier den Mythos von Gilgamesch und Enkidu noch einmal mit, wobei die Aussöhnung mit der dunklen Seite seiner Herkunft für Saroo weniger mit dem Bruder als mit seiner alten Heimat stattfindet.

Deutung 4:

Die fast verzweifelte Suche Saroos nach seiner (wahren) Heimat ist auch symbolisch wichtig. Viele alte und eigentlich zeitlose Mythen erzählen davon. Die Geschichte von der langen Irrfahrt des Odysseus auf der Suche nach seiner Heimat handelt davon ebenso wie das biblische Gleichnis von der Heimkehr des verlorenen Sohnes. Immer steht dahinter die Sehnsucht, sich selbst zu finden und zum Ursprung allen Seins zurückzukehren. Wir brauchen eine Antwort auf die urmenschliche Frage: „Woher komme ich?" um zu erahnen, wohin unser Weg führt.

Die konkrete Suche vieler Menschen nach ihrer leiblichen Herkunft verlangt nach Antwort. Um es bildlich auszudrücken: Wer bin ich? Welchem Baum bin ich Frucht oder Same? Stamme ich von einem Apfelbaum, einer Sonnenblume oder einer Getreideähre?

Findet sich eine Antwort auf diese Frage der Seele, fällt es leichter, sich vom Wind des Lebens an den eigenen Platz wehen zu lassen, um dort Wurzeln zu schlagen.

Fragen, die ZuschauerInnen sich stellen könnten:
Welche traumatischen Kindheitserlebnisse trage ich noch mit mir herum?
Wie sehr mache ich Erlebnisse meiner Kindheit für aktuelle Lebensprobleme verantwortlich?
Was wäre meiner Meinung nach in meinem Leben besser gelaufen, wenn ich in einer heileren Kindheitswelt aufgewachsen wäre?
Welche negativen Kindheitserlebnisse haben mich im positiven Sinn dahin gebracht, wo ich jetzt bin?
Welche negativen Erfahrungen haben mich stärker, unabhängiger und kreativer gemacht?

Für wen und welches Problem ist dieser Film Therapie?
Für alle, die ihre Wurzeln und ihre Heimat noch nicht gefunden haben.

The Kid – Image ist alles (2000, 100 Min.) von John Turtletaub

Bruce Willis spielt in dieser nachdenklichen Komödie Russell, einen in Los Angeles lebenden Image-Berater. Beruflich extrem erfolgreich, hat er weder zu seinem Vater Sam noch zu seiner jüngeren Schwester oder deren Kindern eine Beziehung. Die einzige Freundin, welche noch zu ihm hält, ist seine Arbeitskollegin Amy, die als fühlendes Wesen gleichsam seinen Gegenpol oder lichten Schatten darstellt. Plötzlich platzt Rusty, Russells verdrängtes inneres Kind, in sein Leben und lässt sich auch mit psychiatrischen Medikamenten nicht mehr vertreiben.

So erinnert an dem karrierefixierten Personality-Coach, der fast alles Menschliche aus seinem Leben verbannt hat, nur noch ein Tick, ein Augenzucken daran, dass nicht alles perfekt in seinem Leben ist. Sein inneres Kind hat keinen Platz in einem komplett durchgestylten und -organisierten Umfeld. Seine Kunden bringt er in der Funktion des Typ-Beraters ebenfalls auf diesen modernen Erfolgsweg, der eher ein Trip ist. Nur bei seiner Assistentin kann er damit nicht punkten.

Deutung 1:
Gerade weil er es so entschieden aus seinem Leben verbannt, dringt Russells inneres Kind in Gestalt des kleinen dicken Jungen, der er einmal war und tief drinnen immer noch ist, geradezu gewaltsam in Form einer sich anbahnenden Psychose bei ihm ein. Zuerst mit einem roten Flugzeug im Sturzflug-Angriff auf sein offenes Sportcabriolet, dann schleicht es sich aus der Seelen-Bilder-Welt in die top-gesicherte Villa und hinterlässt Spielzeug als Zeichen des Einbruchs einer unkontrollierbaren Kinder-Seele. Eine Überprüfung der Alarmanlage des Hauses nützt so wenig wie der Besuch bei einer Psychiaterin. Das so konsequent unterdrückte Kind treibt ihn jetzt direkt in das, was er für Wahnsinn hält, was aber tatsächlich seine Rettung darstellt. Und wie alle Krankheitsbilder enthalten auch die aus dem Bereich der Psychiatrie Lernaufgaben und Lösungsmöglichkeiten.

Alle sanfteren Rettungsversuche seiner einfühlsamen Freundin hat Russel bereits an sich abprallen lassen. Den kleinen dicken Knirps, der er einmal war, bekommt er aber nicht mehr aus seinem (Seelen-)Leben vertrieben. Im Gegenteil: der dringt immer tiefer ein, verbündet sich mit der Mitarbeiterin und Freundin und verschafft sich durch gehörigen Wirbel Aufmerksamkeit.

So zwingt er das Erwachsenen-Ich, den perfekten Erfolgstrainer Russell, der allen Misserfolg seiner Vergangenheit strikt verbannt bzw. unterdrückt hat, ihm in beider schreckliche Kindheit zu folgen. Da sind sie beide das kleine, gehänselte dicke Kind, das Gefühle hat, etwa für Tiere, und dafür Prügel bezieht.

Nun beginnt eine Art Eigentherapie, die jedem von uns jederzeit offen steht. Das Erwachsenen-Ich coacht sich selbst in der Gestalt von damals und hat Erfolg. Hier scheint wieder die bezaubernde Erkenntnis durch: es ist nie zu spät für eine glückliche Kindheit. Der arrogante, aalglatte Erfolgs-Trainer findet so allmählich zu sich zurück, indem er sein inneres Kind integriert und dem Kleinen (Ich) auf die Sprünge hilft.

Deutung 2:

Tatsächlich sind Psychosen wie andere Krankheitsbilder auch in (der) Wahrheit (von Krankheit als Symbol) Rettungsversuche der Seele, um existentiell Fehlendes ins eigene Leben zu integrieren. Typischerweise überhören wir die anfangs noch netten und sanften Hinweise des Schicksals. Aber dieses ist so gnädig, dass es uns nicht aufgibt, sondern den Druck solange erhöht, bis wir zuhören und -horchen und schließlich sogar ge-horchen.

Tatsächlich hat es der erfolgsverwöhnte Image-Berater fast geschafft, alles bei sich mit seinen Tricks und Tools auf Erfolg zu trimmen. Der kleine Tick, das Augenzucken, das Russell dann jeweils mit seiner Hand unterdrückt, ist als einziges noch da. Er verbindet ihn mit dem Teil seiner Seele, der nicht leben darf und zum Schattendasein verurteilt ist. Sein inneres Schattenkind aber bringt ihn zurück zum Ursprung dieses und damit all seiner Probleme mit dem ungelebten Leben.

So ist es letztlich das Symptom, sein Tick, dem er dankbar sein kann, weil er ihn im Sinne der Krankheitsbilder-Deutung zum Ursprung seiner Probleme und damit zur (Er-)Lösung führt.

Beziehungen zu anderen Lebensbühnen:
Der Image-Berater ist ein (arche-)typischer Fall von Fixierung auf die Lebensbühne 5 und wir hätten den Film auch dort einordnen können. Zur 6. Lebensbühne der Medizin verbinden die Krankheitssymptome als heilende Hinweise der inneren Stimme, zur 12. die schlussendliche umfassende Heilung. Dass es um Sinnfindung und Wachstum geht, entspricht der 9. Bühne. Und natürlich spielt beim Happy End mit der Liebe auch die 7. herein. Aber mit der (ge)heil(t)en Familie und dem vernachlässigten inneren Kind, der insgesamt um Hilfe schreienden Kindheit geht es doch vor allem um die Lebensbühne Nr. 4. Insofern verdanken wir den Film auch passender Weise der Disney-Company.

Fragen, die ZuschauerInnen sich stellen könnten:
Wie steht es um mein inneres Kind?
Welches wesentliche Lebensthema kommt bei mir zu kurz und könnte mich unsanft aus meinem diesbezüglichen Tiefschlaf reißen?
Wo überhöre ich deutliche Hinweise und weigere mich unbewusst, sie zu deuten?
Welche Themen streiten in meinem Leben um die Pole-Position auf meiner Lebensbühne?
Welche Themen habe ich völlig gestrichen, weil ich mit ihnen nicht umgehen kann oder weil ich sie als destruktiv erlebt habe?
Wie komme ich auf die Spur (des Fehlenden)? Wo erlebe ich Lebensfreude? Wo fühle ich mich wirklich wohl?

Für wen und welches Problem ist dieser Film Therapie?
Für all jene, die ihre Symptome (noch) nicht nutzen, um an ihre Themen und Aufgaben heranzukommen. Insbesondere, wer sein inneres Kind verdrängt hat, kann sich hier anregen lassen, den Kontakt wieder herzustellen.

Vergissmichnicht (2010, 89 Min.) von Yann Samuell

In diesem Film spielt Sophie Marceau Margaret Flore, eine gestresste Managerin, die Atom-Kraftwerke verkauft, obwohl sie deren Gefahrenpotential durchschaut. Es geht ihr nur um Geld und Prozente, denen sie und ihr Mann Malcolm gnadenlos nachjagen. In der Firma herrscht obendrein beinharte Konkurrenz. Aber Margaret ist kompromisslos erfolgreich, setzt ihren Charme, ihren Intellekt, aber auch ihren Busen ein.

Dann platzt an ihrem 40. Geburtstag der alte Ex-Notar Mérignac aus ihrem Heimatdorf mit einem Päckchen Briefe in ihr (Erfolgs-)Leben. Diese Briefe hat sie sich selbst ab ihrem 7. Geburtstag geschrieben. Damals hatte ihr Vater die Familie verlassen, ihnen ging das Geld aus, deswegen wurden Licht und Wasser abgedreht und ihre Klarinette musste verkauft werden. Margaret brachte die Briefe mit ihrem Ersparten zum Notar – mit der Bitte, er solle sie ihr im Jahr 2010 schicken.

Nun ist der Zeitpunkt gekommen. Die Briefe aus ihrer Kindheit bringen ihr so erwachsenes (Manager-)Leben durcheinander. Damals hieß sie noch Marguerite, wie die Blume. Mit jedem Brief dringt Marguerite tiefer in Margarets stressiges Leben ein, in dem für solchen Kinderkram eigentlich gar kein Platz ist.

Marguerite stellt Margaret plötzlich Fragen, die ihren Erfolgstrip durcheinander bringen. Die ehrgeizige erwachsene Margeret hat absichtlich alles vergessen, was ihr damals wichtig war. Sie hat sich große Frauen wie Marie Curie, Greta Garbo, Marlene Dietrich oder Coco Chanel als Vorbilder genommen und holt in jeder schwierigen Situation Bilder dieser Idole hervor, um sich an ihnen zu orientieren. Mit ihr selbst aber hat das alles nichts mehr zu tun. Das dämmert ihr mit Hilfe der Briefe allmählich.

Nach und nach kommt Margarets ganze Kindheit mitsamt ihren damaligen Träumen hoch. Auch ihr Mann hat seinen Traum, Rennfahrer zu werden, aufgegeben. Stattdessen versuchte er, im Geschäftsleben als erster über die Ziellinie zu kommen. Die beiden Ehepartner funktionieren perfekt, bis die Briefe aus der Kindheit in ihr Leben einbrechen.

Immer mehr erkennt die erwachsene Margaret, wie sehr ihre Kindheit sie noch immer prägt. Sie wehrt sich dagegen, bittet den Notar mit der Zusendung Briefe aufzuhören, versucht ihn sogar zu bestechen. Sie will sich nicht erinnern, aber sie kommt nicht gegen die kleine Marguerite und ihre Träume an.

Die großen Namen, an denen und deren Motti sie sich weiter hochziehen will, versagen zunehmend. Allmählich wird der Karriere-Frau bewusst, dass etwas in ihr schon auf den nächsten Brief wartet. Und immer mehr bringen diese Briefe ihr modernes Erwachsenen-Leben durcheinander. Sie erinnert sich zum Beispiel daran, dass sie und ihr Freund Philibert als Kinder einen Schatz vergraben wollten. Dabei kam Marguerite auf die Idee, ein Loch zu graben, das durch den ganzen Erdball reichte, um Brot auf die andere Seite der Welt hindurch fallen zu lassen. Denn sie musste bei ihren Eltern immer alles aufessen, mit der Begründung, auf der anderen Seite der Erde herrsche Hunger.

Der Notar sagt ihr: *„Werde, die du bist."* Tatsächlich fängt Margaret zunehmend an, die verrückten Kinder-Vorschläge zu befolgen und trifft ihren Freund Philibert von damals in einer Tropfsteinhöhle wieder. Die Briefe beginnen mit „Liebe ich!". Die kleine Marguerite spricht die Erwachsene, die sie einmal sein will, direkt an und versucht, ihr durchorganisiertes Leben zu durchlöchern. Ihr Mann macht nicht mit, aber auch er wird allmählich mit in den Strudel ihrer Kindheit gezogen. Schließlich bricht sie aus und macht immer mehr verrückte Sachen nach Vorlage aus den Briefen. *„Ich muss die Dinge wieder in Ordnung bringen"*, schrieb die Kleine. Und die Große spürt: das stimmt immer noch. Das Kind meinte wohl das durch Geldmangel sehr eingeschränkte Leben. Die Erwachsene erkennt: es geht um ihr durch Unordnung und Gier aus dem Gleichgewicht geratenes Erfolgsleben.

Im letzten Brief schreibt die Kleine: *„Ich habe gelogen, als ich sagte, ich wolle Dich retten, Du musst mich retten.“* Marguerite, wie sich auch die erwachsene Frau jetzt wieder nennt, erkennt, wie sehr das stimmt. Sie muss die Kleine in sich, ihr inneres Kind, retten und am Leben erhalten.

Deutung 1:

Vergissmichnicht erzählt fast dieselbe Geschichte wie The Kid und das ist nicht erstaunlich, berühren doch beide Filme einen Archetyp. Geburt und Kindheit bilden unser Fundament und unsere Wurzeln. Sie bestimmen uns entsprechend dem drittwichtigsten der Schicksalsgesetze, das besagt: im Anfang liegt alles.

Marguerite erkennt, wie sehr ihr Erwachsenen-Leben nur die Probleme ihrer Kindheit kompensiert und sie sich verrannt hat. Sie erkennt den Fehler und korrigiert ihn, kündigt in ihrer Firma und bohrt mit Philibert, der wirklich Lochbohrer geworden ist, Brunnen in Afrika, statt Atomkraftwerke zu verkaufen. Der alte Traum ist zurück, allen zu helfen, statt nur sich selbst und den anderen zu schaden. Sie findet ihren kleinen Bruder Mathieu wieder und sich als Tante seines Sohnes Simon. Mit Malcolm, ihrem Mann, bekommt sie ein Baby. Ihm schenkt sie das Traumauto seiner Kindheit und beide zerschlagen zusammen Porzellan, wie sie es immer wollten.

Das Kind in Marguerite lebt wieder. Nachdem sie keinem der Berufswünsche der kleinen Marguerite gefolgt und etwas ganz anderes geworden ist, öffnet sie den letzten Brief, der für diesen Fall gilt: In ihm steht nur: *„Ich liebe Dich!“* Ihr inneres Kind liebt sie wieder. Sie hat auf die kleine Marguerite gehört, hat auf deren Stimme in sich gehorcht und ihr ge-horcht. *„Vergiss mich nicht!“* lautet die wichtigste Botschaft des inneren Kindes.

Deutung 2:

Diesen Prozess der Rückkehr zu den Träumen und Wünschen

unseres inneren Kindes müssen wir alle für ein rundes und seelisch erfolgreiches Leben durchlaufen. Wir müssen uns erinnern und dürfen die Vergangenheit, unsere Wurzeln, nicht vergessen. Und gerade durch das Erinnern können wir uns für Neues öffnen.

Das ist auch das große Ziel der Reinkarnations-Therapie. Es ist wichtig, all die alten Geschichten zu sehen, um frei davon zu werden für das Hier und Jetzt und die Lebensfreude des inneren Kindes.

Fragen, die ZuschauerInnen sich stellen könnten:

Es sind – ein wenig abgewandelt – die Fragen, die wir uns zu ***The Kid*** stellen können. Etwa: Wie steht es um die Träume und Wünsche meines inneren Kindes?
Welche vergessenen Träume und (Lebens-)Themen könnten mich aus meinem Erwachsenen-Trott reißen und retten?
Wo wehre ich mich gegen die Erinnerungen und verweigere, daraus zu lernen?
Worum geht es in meinem Leben tatsächlich?
Wo ist die Lebensfreude geblieben?
Wo gehöre ich wirklich hin und kann ich selbst sein?
Wie kann ich die werden, die ich bin?

Für wen und welches Problem ist dieser Film Therapie?

Für alle, die ihr inneres Kind und seine frühen Träume vergessen haben.

Das grenzt an Liebe (2014, 94 Min.) von Rob Reiner

Regisseur Rob Reiner hat auch die Filme Das ***Beste kommt zum Schluss*** sowie ***Harry und Sally*** gedreht. In ***Das grenzt an Liebe*** spielt Michael Douglas den Immobilienmakler Oren Little, der nach dem Tod seiner Frau, mit allen über Kreuz, zu einem wahren Kotzbrocken verkommen ist. Diane Keaton ist Leah, die nach dem Tod ihres Mannes sowohl menschlich als auch in ihrer Karriere als Sängerin stagniert.

Deutung 1:
Beide Hauptfiguren sind nach dem Tod ihrer Partner „eingerastet“ und -gerostet und stagnieren weit unter ihren Möglichkeiten. Little heißt ohnehin klein, und Oren macht und gibt sich wirklich klein(lich) im unschönsten Sinn. Der Auftrag unserer Kultur, ausgedrückt im Bibel-Zitat *„So ihr nicht umkehrt und werdet wie die Kinder, werdet ihr nimmermehr in das Reich der Himmel eingehen“*, verfängt bei beiden gar nicht. Auch von Gott und dem Himmelreich sind sie meilenweit entfernt. Als aber Orens verkrachter Sohn auftaucht und seine 9-jährige Tochter einfach bei ihm abliefert, weil er eine Gefängnisstrafe absitzen muss, ändert sich alles. Das Kind bringt allmählich wieder Leben in beider Leben, das eher ein Vegetieren war. Vor allem bringt es die so sehr fehlende erlöste Kindlichkeit in ihr Leben, wo Oren zuvor eher sein kindisches Imponiergehabe und Immobilientheater pflegte. Die Kleine holt den widerstrebenden Oren Little aus seinem Schmollwinkel heraus. Als er sie zuerst zu Nachbarin Leah abzuschieben versucht, bekommt die auf diese Weise spät im Leben doch noch eine Tochter. Die 9-Jährige bringt die beiden sitzen gebliebenen, widerwillig alternden Käuze mit ihrem kindlichen Charme wieder in Gang und zusammen und macht sie so wieder zu Menschen, die einen Weg vor sich haben und damit auch Sinn finden. Sie nähern sich durch die Kleine ihren eigenen inneren

Kindern und beteiligen diese wieder am Leben, in dem Maße wie sie die Kleine in ihr Leben lassen. So beginnt ihr Leben allmählich wieder, diesen Namen zu verdienen.

Fragen, die ZuschauerInnen sich stellen könnten:

Erkenne ich rechtzeitig, wann es im Leben Zeit ist, umzukehren?
Kenne ich Momente und Phasen der Resignation, des Aufgebens?
Wie stelle ich mir mein Alter und den Heimweg der Seele vor?
Wie lebendig ist mein inneres Kind noch? Wie gut und gern kann ich lachen und spielen?
Welche Rolle spielen Kinder und Enkel für mich?
Was kann ich mir im Alter noch gönnen?
Kann ich „Alter(n) als Geschenk" begreifen?

Für wen und welches Problem ist dieser Film Therapie?

Für Steckengebliebene, die gar nicht bemerkt haben, wie sie den roten Faden verloren und sich verfranst haben. Aber auch für diejenigen, die glauben, Liebe sei etwas für die jungen Jahre. Für diejenigen, die Kinder haben und noch nicht entdeckt haben, wie wichtig diese auch für ihre Eltern und Groß(en)Eltern sind. Menschen, die erkennen müssen, was es braucht, um eine Groß(e) Mutter oder ein Groß(er)Vater und damit auch ein Antrieb für die Entwicklung von Kindern zu sein.

Die Frau im Mond – Erinnerungen an die Liebe (2016, 116 Min.) von Nicole Garcia

Die Erzählung von Gabrielles (Marion Cotillard) Geschichte beginnt in Frankreich, Anfang der 1940er Jahre. Sie ist eine der beiden Töchter eines Lavendel-Bauern und so ganz anders, als man es von ihr in diesem Umfeld erwarten würde. Gabrielle lebt in ihrer Traumwelt und ist geradezu besessen davon, die große Liebe zu finden und zu erfahren. Sie schreibt glühende Liebesbriefe an ihren Lehrer und ignoriert dabei in noch kindlichem Egoismus, dass dieser seine Frau liebt und ihre erotischen Attacken ablehnt.

Davon zutiefst enttäuscht, provoziert sie die Erntearbeiter ihres Vaters, indem sie sich ihnen nackt präsentiert. Kurz davor, von ihrer Mutter in die Psychiatrie eingewiesen zu werden, entgeht sie diesem Schicksal nur, weil sie sich bereit erklärt, José (Alex Brendemühl), einen der Erntearbeiter, zu heiraten, den ihre Eltern dafür finanziell unterstützen.

So findet gerade sie sich, die geradezu besessen auf die große Liebe hoffte, in einer Vernunftehe wieder. José aber akzeptiert alle ihre Bedingungen, ist ihr ein guter Mann und baut für sie ein bezauberndes Haus an der Küste. Er bezahlt den Aufenthalt in einem sehr teuren Sanatorium in der Schweiz, in dem Gabrielle Heilung von ihrer Steinkrankheit finden soll. Dort begegnet sie einem schwer kranken Leutnant (Louis Garell), mit dem sie in ihrer blühenden Phantasie den Traum von der großen Liebe scheinbar wahr werden lässt.

Deutung 1:

Gabrielle weigert sich, ihre kindliche Traumwelt zu verlassen. In ihrem Wesen bleibt sie auch als Erwachsene und Mutter das bedürftige Kleinkind, das auf die Erfüllung ihrer Wünsche pocht. In ihrer Phantasie dreht sich zwar alles um die Liebe, aber in der Realität ist sie zu keiner Liebe fähig, ihre Gefühle sind bitter.

Wir sollen zwar alle den großen Traum unseres Lebens verwirklichen, Gabrielle aber erwartet in kindlichem Egoismus, dass ihr die große Liebe, der Märchenprinz, auf dem Silbertablett serviert wird. Sie verwirklicht ihren Traum nicht, sondern verharrt in einer irrealen Fantasiewelt und erwacht erst ganz zum Schluss daraus. Sie lebt nie im Moment und kann dadurch all das Gute, das ihr gegeben ist, nicht wahrnehmen. In dieser Verblendung verkennt sie auch, was für ein wundervoller Mann und Mensch José ist und wie sehr er ihrer großen Liebe wert wäre. Stattdessen bleibt Gabrielle gefangen in ihren romantischen, unrealistischen Vorstellungen davon, die die Lektüre jenes Liebesromans genährt hat, den ihr der Lehrer lieh. Erst spät erwacht sie aus ihrem Traum und beginnt zu ahnen, wie viel Leben sie verpasst hat und wie groß die Liebe ihres Mannes gewesen sein muss.

Deutung 2:
Wie Gabrielle laufen wir so oft wie der sprichwörtliche Esel der Karotte hinterher, die, an seinem Kopf festgebunden, zwar vor seiner Nase hängt, aber doch unerreichbar bleibt. Es ist ein urmenschliches Thema, eher etwas anderes zu wollen und zu wünschen, als die Schätze zu würdigen, die uns gegeben sind.

Gabrielle ist trotz ihrer kindlich fordernden Naivität auch eine Suchende, voll Sehnsucht nach Erfüllung. Aber wie so viele Suchende übersieht sie die zahlreichen Möglichkeiten und Angebote, die ihr das Schicksal bietet. Ein Weg aus dem Unglücklichsein und dem Mangelbewusstsein heraus wäre, aufzuwachen, die Angebote anzunehmen und so den eigenen erforderlichen Beitrag zur Gestaltung und Verwirklichung ihres Lebenstraumes zu leisten.

Deutung 3:
Mancher Heilungsprozess braucht viel Zeit – wie der von Gabrielle. Ihr Mann gibt ihr diese und stützt und beschützt sie. Selbst in ihrem Wahn hält er trotz aller Demütigungen immer zu ihr.

So kann sie letztendlich daraus auftauchen und für die Wirklichkeit erwachen. Hier zeigt sich eine Parallele zum Film ***A Beautiful Mind***, in dem die große Liebe seiner Frau den Mathematiker John Nash rettet und ihn trotz seiner Schizophrenie im Leben hält.

In der letzten Einstellung gibt Gabrielle José schließlich sogar etwas zurück und reist mit ihm zu seinen Wurzeln, in seine spanische Heimat, aus der er nach dem Bürgerkrieg fliehen musste.

Fragen, die ZuschauerInnen sich stellen könnten:

In welchen Bereichen lebe ich noch in einer Traumwelt?
Was übersehe ich in meinem Leben, weil ich auf die Erfüllung eines Traumes warte?
Wo verträume ich die Gegenwart, weil ich in die Zukunft fliehe?
Wie viel Einsatz bringe ich, damit sich mein Lebenstraum erfüllt? Oder erwarte (auch) ich, dass andere oder das Schicksal dafür sorgen?
Welche Geschenke des Lebens verkenne ich, weil ich von (meinen) Traumvorstellungen besessen bin?
Neige ich dazu, Wünsche ins Universum zu schicken und auf Erfüllung zu warten?
Wie viele Gelegenheiten zu einem erfüllten Leben habe ich durch meine Erwartungshaltung schon verpasst?
Welches Glück liegt direkt vor mir und ich habe es bis jetzt nicht wahrgenommen?
Bin ich in diesem Sinn schon zum Leben erwacht und im Moment angekommen?
Gebe ich mir die Zeit, die meine Seele zum Heilwerden braucht?

Für wen und welches Problem ist dieser Film Therapie?

Für alle, die aus lauter Fernweh das Naheliegende nicht erkennen, deren Träume(reien) eine erfüllende Realität verhindern. Aber auch für jene, die ihrer Seele nicht die Zeit geben, die sie braucht.

Liebe auf Umwegen (2004, 119 Min.) von Garry Marshall

Kate Hudson spielt in dieser romantischen Komödie die moderne, charmante und ausgesprochen hübsche Powerfrau Helen Harris, Agentin einer Model-Agentur in Manhattan. Helen hilft den schönsten Models der Szene unter der Leitung ihrer strengen Chefin auf die Sprünge zum ganz großen Erfolg. Der dadurch bedingte Dauerstress macht ihr geradezu Spaß. Allerdings kommt es wegen dieses Lebens in der Schickeria zu Spannungen mit ihren beiden Schwestern. Besonders Jenny (Joan Cusack) ist das absolute Gegenteil: eine Mutter und Hausfrau aus Berufung, die Helen gegenüber stets einen leichtem Vorwurfston anschlägt.

Als dann jedoch die dritte (Schwester) im Bunde unerwartet stirbt, bittet sie per Testament nicht die Super-Mutter Jenny, sondern ausgerechnet Helen aus der Glitzerwelt, ihre Kinder zu sich zu nehmen. Beide verbliebenen Schwestern sind betroffen von dieser Entscheidung und nehmen sie schweren Herzens und mit gemischten Gefühlen an.

Deutung 1:

Die beiden anderen Schwestern sind mit ihren völlig anderen Einstellungen Helens Gegenpole und spiegeln – wie die Gefährten des Odysseus – Helens eigene, nicht gelebte Wesensanteile.

Bis zur Übernahme der Familienverantwortung für die Kinder der Schwester spielt das Thema Familie gar keine Rolle in Helens Leben. Nun aber wird es plötzlich bestimmend und der Tanz im Glanz der Promi- und Model-Welt tritt in den Hintergrund.

Helen schlägt sich wacker durch und verliebt sich in den Pfarrer der Schule „ihrer“ Kinder, einen Mann, den sie im früheren (Glitzer-)Leben weder kennen-, noch schätzen oder gar lieben gelernt hätte. Mit seiner Hilfe, die sie schließlich dankbar annimmt, bekommt sie auch ihr neues Leben – mit allen Herausforderungen, die einer Mutter ins Haus stehen – auf die Reihe. Und das obendrein gut und mit Hilfe ihres eigenen Charmes und ihrer sprühenden Lebendigkeit. Offenbar hatte die verstorbene Schwester ihren Kindern diesen Einfluss mehr gewünscht als die biedere Familien-Situation, die sie bei der anderen Schwester Jenny vorgefunden hätten. Zudem findet Helen auf diese Weise einen Mann, der sie wirklich meint. In ihrem eher oberflächlichen „anderen" Leben wäre dies eher unwahrscheinlich gewesen. Sie erlebt also eine ganz andere, nachhaltigere Form von Erfolg.

Deutung 2:
Der Film lässt geradezu ein archetypisches Element aus dem Gleichnis vom verlorenen Sohn anklingen. Helen ist aus Sicht ihrer Schwester Jenny vom guten Weg abgekommen und in der Glitzerwelt gestrandet. Aber sie findet zurück zu sich und das ist so viel mehr wert. Die verstorbene Schwester will für ihre Kinder nicht nur ein gutes, sondern ein ganzes Leben, und dafür sind ihre Kinder bei Helen tatsächlich besser aufgehoben. Außerdem bringt diese Entscheidung auch die beiden verbliebenen Schwestern einander näher und ermöglicht ihnen, die Wesensanteile der jeweils anderen zu schätzen und zu integrieren. Zum Schluss werden alle drei eins.

Fragen, die ZuschauerInnen sich stellen könnten:
Wie hätte ich mich an Stelle der vorausgegangenen Schwester entschieden? Wem meine Kinder anvertraut?
Wie hätte ich an Stelle von Helen reagiert? Hätte ich die Kraft und den Mut gehabt, diese Herausforderung anzunehmen und mein altes erfolgreiches Leben aufzugeben für diesen Ruf?
Was macht Überforderung, wie sie Helen erlebt, mit mir?
Könnte ich mir vorstellen, mich wie der Pfarrer auf eine Frau mit einer so komplizierten Familien-Geschichte einzulassen?

Wie würde ich als Familien-Schwester mit solch einer Zurücksetzung umgehen?
Wie viel Lust spüre ich, alles zu leben, was in mir angelegt ist?

Für wen und welches Problem ist dieser Film Therapie?
Für alle, die gut sein wollen, statt ganz und die das Leben, statt es zu wagen, aufgrund übersteigerter Sicherheitsbedürfnisse verpassen.

Ma ma – der Ursprung der Liebe (2014, 111 Min.) von Julio Medem

In diesem Film geht es um den Zyklus des Lebens, um Geburt und Tod sowie das große Thema Mond. Penélope Cruz ist Magda, die Frau eines Professors, der mit einer Studentin in Urlaub fährt und sie und beider Sohn allein zurück lässt. Zu allem Überfluss verliert sie wegen der spanischen Wirtschaftskrise gleichzeitig ihre Arbeit als Lehrerin und bekommt eine Brustkrebs-Diagnose. Als Magda kurz danach ihrem Sohn beim Fußballspielen zuschaut, lernt sie auf der Tribüne den Talent-Scout Arturo kennen. Der erfährt während des Spiels per Handy, dass seine Frau und Tochter verunglückt sind. Die Tochter ist tot, die Frau liegt im Koma.

Magda besucht Arturo – ganz mütterlich sorgend – immer wieder im Krankenhaus, wo er praktisch in ihrem Beisein erlebt, wie seine Frau stirbt. Gleichzeitig frisst ihr allmählich die Chemotherapie ihre Haare weg und sie rasiert sie ganz ab und zeigt das in aller Öffentlichkeit. Etwas später wird ihr die rechte Brust abgenommen.

Magda und Arturo lieben sich, fahren zusammen ans Meer und haben eine gute Zeit, aber keinen Sex, weil Arturo nicht kann.

Deutung 1:
Arturo ist schwul und das passt auch irgendwie zu Magdas Pechsträhne. Der Talent-Scout kennt ihren Gynäkologen aus einem äußerst liberalen Sex-Club, wo alles akzeptiert ist. Aber das tut seiner Liebe zu der neu gewonnenen Freundin und ihrer Familie keinen Abbruch. Sie ist (be)rührend, echt und tief.

Da platzt das Ergebnis einer Nachuntersuchung in ihr harmonisches Zusammensein und bringt weitere Schatten ans Licht. Nicht nur Magdas andere Brust ist ebenfalls befallen, sondern auch die Lunge und der übrige Körper. Arturo versinkt im Elend. Magda folgt ihm – aber nur für kurze Zeit.

Während ihre beiden Männer beim Fußballspielen sind, begibt sich Magda(lena) auf den Spuren ihre Namenspatronin, der heiligen Hure, mit ihrem Gynäkologen in besagten Nachtclub. Dort holt sie einerseits nach, was sie versäumt hat, andererseits sorgt sie für die Zukunft und dafür, dass der Zyklus des Lebens weiter geht. Sie schläft mit drei Männern, um schwanger zu werden und schafft das auch. Sie will das Kind mit ihrer ganzen noch verbliebenen Kraft, obwohl sie kaum noch so lange zu leben hat, wie das Kind in ihrem Bauch zum Heranreifen bräuchte.

Magda will ganz offensichtlich Arturo seine geliebte Tochter zurückgeben und ihrem Gynäkologen jenes sibirische Mädchen, Natascha, das dieser eigentlich mit seiner Frau adoptieren wollte. Ihrem Sohn Dani schenkt sie damit die ersehnte kleine Schwester. Sie sorgt für diese ungewöhnliche Familie über ihren – bei der Geburt eintretenden – Tod hinaus. Zuletzt ringt sie ihrem Exmann noch das Versprechen ab, Dani zu besuchen so oft er will, ihn aber in seiner neuen Familie mit seinen beiden Vätern und seiner Schwester zu lassen. Dafür verzeiht sie ihm seinen Seitensprung. So schließt sich der Kreis des Lebens, Magda hat ihre Rolle als Mutter wundervoll und bis ganz zum Schluss gespielt. Für sie gilt allemal: Sie lebte noch, als sie starb.

Deutung 2:
Der Film ***Drei Männer und ein Baby*** – natürlich meinen wir hier das französische Original und nicht die peinliche Hollywood-Kopie – erschien früher und drückte ein damals verbreitetes Lebensgefühl aus. Drei Männer entdecken ihr inneres Kind und ziehen das ungewollte Baby, das einer von ihnen gezeugt hat, gemeinsam auf. Am Ende wollen und brauchen sie es so sehr wie das Baby sie. Denn seine allein stehende bildhübsche Mutter ist als Model in dieser modernen Welt überfordert.

Heute treffen wir schon häufiger auf Patchworkfamilien der Art „zwei Männer und ein Baby“, wie es der Film ***Ma ma*** zeigt. Beide Männer entdecken darin ihre mütterliche Seite, sind bisexuell und genießen die Vaterrolle nun zusammen – beschenkt mit einer sehnsüchtig erwarteten Tochter von einer wundervollen Frau, die ihnen Partnerin, Patientin und Kinds-Mutter war, die nie ihren Humor verlor und sich mit Haut und Haar dem Zyklus des Lebens und ihrer Mutterrolle schenkte. Bis ganz zum Schluss lebt sie noch alles, was sie in ihrem Leben als Gattin des Professors versäumt hatte – vor allem Sex mit drei Männern, von denen einer ihr und dem Leben ein Kind schenkt.

Der Film ist auch im Sinne der Krankheitsbilder-Deutung stimmig, denn Magda erkrankt an ihrer rechten Brust und verliert diese auch zuerst. Gemäß dem Buch *Krankheit als Symbol* steht diese Brust für ungelöste Partnerschaftsprobleme, die wohl ihr Leben mit dem Professor beeinträchtigten. Erst danach werden die andere Brust und der übrige Körper – voran die Lunge, das Kommunikationsorgan – befallen.

Der Film macht bei aller Härte des Themas die Kostbarkeit des Lebens so deutlich wie kaum ein anderer.

Fragen, die ZuschauerInnen sich stellen könnten:
Wie gehe ich mit der Mutterrolle um – auch als Mann?
Wie gehe ich als Mann mit der Vaterrolle um?

Wie stehe ich zu ungewöhnlichen Familien-Konstellationen?
Habe ich Wertungen bezüglich (un-)ordentlicher Beziehungen?
Wenn ja, welche?
Wie kann ich Hinweise des Schicksals wie Krankheitsbilder annehmen?
Wie würde ich mich in Magdas Haut, wie in der von Arturo, dem Gynäkologen oder der Kinder Dani und Natascha fühlen?

Wish I Was Here (2014, 106 Min.) von Zach Braff

Aidan (Regisseur Zach Braff) ist eigentlich noch ein großes Kind, als er Vater von zwei anspruchsvollen Kindern wird. Sein Vater, der Opa, schickt die Kleinen auf eine jüdische Privatschule und bezahlt auch dafür. Bei der Tochter schlägt das Erziehungskonzept voll an, beim Jungen gar nicht.

Aidans Frau Sarah (Kate Hudson) muss die Familie ernähren, weil ihr unreifer Mann Schauspieler werden will, jedoch nie eine Rolle bekommt. Sie will ihm helfen, seinen Traum zu verwirklichen, aber er selbst tut nichts dafür. Dafür sitzt sie Tag für Tag im Büro, muss sich sexistisch anmachen lassen und verliert allmählich die Lust an diesem Leben. Sie beginnt, sich zu fragen: *„Was ist mit meinen Träumen?“*

Deutung 1:
Als sein Vater Krebs bekommt und die Schule nicht mehr zahlen kann, fängt Aidan an, seine Kinder zuhause zu unterrichten. Am Anfang ist das ein Desaster, aber dann beginnt er, daran Freude zu entwickeln und diese auf seine Kinder zu übertragen. Und sie machen spannende Sachen im Unterricht, der das ganze Leben umfasst. Hier mögen Gedanken an Captain Fantastic auftauchen, der uns auf Lebensbühne 11 begegnen wird, und dessen ganz

andere (politische) Motivation, seine Kinder selbst zu unterrichten. Indem Aidan in die Rolle des Vaters hineinwächst, wird er selbst langsam erwachsen. Hinzu kommt das langsame Sterben seines Vaters, um den er sich kümmert, indem er versucht, seine Ursprungsfamilie zusammen zu halten. Der Verlust lässt ihn ein weiteres Stück erwachsen werden.

Fragen, die ZuschauerInnen sich stellen könnten:
Wie erwachsen bin ich?
Welche Rolle spielt erwach(s)en für mich?
Bin ich mehr Kind als Vater oder Mutter?
Wie kann ich mein inneres Kind bewahren und trotzdem erwachsen werden?
Habe ich schon einmal einen Sterbenden (Angehörigen, Elternteil) auf seinen letzten Metern begleitet?
Was ist mit meinen Träumen?
Muss ich sie und mich wirklich für die Familie opfern?

Für wen und welches Problem ist dieser Film Therapie?
Für alle, die (doch noch) erwachsen werden wollen.

Die gesammelten Peinlichkeiten unserer Eltern in der Reihenfolge ihrer Erstaufführung (2017, 202 Min.) von Jason Bateman

Annie (Nicole Kidman) und Baxter (Jason Bateman) sind Geschwister. Ihre Eltern Caleb (Christopher Walken) und Camille Fang (Maryann Plunkett) sind professionelle Performance-Künstler. „Wahre Kunst findet im Moment des Hier und Jetzt statt" ist ihr Credo. Mit sehr schrägen und abgefahrenen Live-Acts kämpfen sie für (ihre) wahre Kunst und gegen jede Art von bürgerlichem Mief. Zum Leidwesen von Annie und Baxter mussten diese in ihrer Kindheit bei den provokanten Kunstaktionen ihrer Eltern die Hauptrollen spielen. Quasi als „Bürgerschreck" aufgewachsen, distanzieren sie sich, kaum erwachsen geworden, radikal von ihren Eltern und deren avantgardistischem Leben. Trotz diverser Folgeschäden aus dieser Art von „Kindheit" versuchen sie, mehr schlecht als recht, ihr Leben auf die Reihe zu kriegen.

Deutung 1:
Vergangenheit will immer aufgearbeitet werden. Damit wir uns wirklich von ihr lösen können, muss Versöhnung stattfinden – auch und gerade mit unseren Eltern, die sich unsere Seele ja vor unserer Empfängnis ausgewählt hat.

Auch Annie und Baxter müssen diesen Weg, wenn auch anfangs unfreiwillig, gehen. Als ihre Eltern plötzlich verschwinden und die Polizei von einem Gewaltverbrechen ausgeht, machen sie sich auf die Suche nach ihnen, fest überzeugt, es handle sich einmal mehr um eine geschmacklose Kunst-Performance. Der Weg führt sie zurück in ihre eigene aberwitzige Vergangenheit.

Deutung 2:
Egal, wie Eltern sind: sie sind nie perfekt. Wir alle können nicht aus unserer Haut heraus und bleiben letztlich immer die Menschen, die wir sind. Wir übernehmen nur zusätzlich Funktionen und Aufgaben wie eben Eltern-, Chef- oder Arbeitnehmerrolle.

Ob Eltern unkonventionell oder spießig sind: Eltern-Kind-Beziehungen sind immer Aufgaben auf dem Entwicklungsweg aller am System Beteiligten. Ab der Geburt beginnt ein Prozess des Loslassens auf Seiten der Eltern, während sich die Kinder aktiv lösen müssen.

Deutung 3:
Aber bevor man seine Eltern zu schnell als zu peinlich einstuft, wäre es gut, auch den Gegenpol im Auge zu haben. Wie sagte Mark Twain so schön treffend: *„Als ich 14 war fand ich meinen Vater entsetzlich peinlich. Aber sieben Jahre später staunte ich doch, was dieser alte Mann in diesen wenigen Jahren für Fortschritte gemacht hatte."*

Fragen, die ZuschauerInnen sich stellen könnten:
Wenn ich diese besonderen Eltern gehabt hätte, wie wäre ich damit umgegangen?
Hätten ich mich von diesen Eltern „missbraucht" gefühlt?
Was erleichtert Kindern mehr, ihren eigenen Weg zu finden?
Ihr Aufwachsen in „spießiger" bürgerlicher Sicherheit oder in unkonventioneller „Freiheit"?

Für wen und welches Problem ist dieser Film Therapie?
Für alle, die ihre Ideale über die Menschen stellen und ihre Kinder für eigene Zwecke missbrauchen. Aber auch für Kinder, denen dieses Schicksal widerfahren ist.

Forrest Gump (1994, 136 Min.) von Robert Zemeckis

Der minderbegabte Forrest Gump (Tom Hanks) geht seinen Weg auf seine kindliche Art und erreicht unglaublich viel dabei, ob bei der Armee oder in der Geschäftswelt. Er überlebt viele seiner intelligenteren Weggefährten durch sein kindliches Gottvertrauen und seine naive Art. Das gilt sowohl für seine Freundin Jenny (Robin Wright), die an Aids stirbt, als auch für seinen Kumpel, der beim Militär unter die Räder kommt.

Deutung 1:
Der Film, dessen emotionales Zentrum ein beeindruckender Tom Hanks ist, hält den intellektuell Hochmütigen dieser Welt den Spiegel vor. Auch wenn der merkuriale Intellekt der 3. Lebensbühne diese Welt regiert, macht er doch im Vergleich zur 4. Bühne wenig glücklich und – in diesem Fall – nicht einmal erfolgreicher. Jedenfalls bereichert Forrest Gump, der auch von seiner Mutter wundervoll beschützt und über die Maßen geliebt wird, nicht nur das eigene, sondern auch das Leben anderer in berührender Weise. Er lebt und entscheidet aus dem Gefühl heraus und kommt damit besser durchs Leben und sogar darin voran als die mit den Fähigkeiten anderer Lebensbühnen Beschenkten. Forrests Bauchgefühl führt und beschützt ihn zugleich.

Deutung 2:
Betrachten wir unsere politische Landschaft, so gibt es da Präsidenten oder Kanzler, die von der 5. Lebensbühne aus regieren und bestimmen. Dann gibt es viele Minister, die ihnen dienen sollten – „Minister" heißt tatsächlich Diener – und allesamt zur 3. Lebensbühne gehören. Insbesondere der Außen- und der Wirtschaftsminister mit ihren vielen Reisen, der Verkehrs- und (frühere) Post-Minister und natürlich auch der Kanzleramtsminister.

Für die 4. Lebensbühne dagegen gibt es meist nur eine junge Familienministerin, die während der Legislaturperiode kaum auftaucht und nur vor Wahlen werbewirksam ausgepackt wird. Ihren an anderen Ressorts gemessen bescheidenen Forderungen muss jeder zustimmen. Aber nach der Wahl ist dann leider nie Geld für ihre Belange da, ob es um Kindergarten- oder Hortplätze, Kindergeld oder Familienförderung geht. Die benötigten Millionen werden immer anderswo dringender gebraucht. Die Bezahlung der Spielschulden der Bank(st)er kostet in aller Regel zweistellige Milliardensummen. Für die 4. Lebensbühne haben wir in aller Regel im wahrsten Sinne des Wortes nichts übrig.

Fragen, die ZuschauerInnen sich stellen könnten:
Darf die 4. Lebensbühne in meinem Leben eine Rolle spielen oder wird sie abgekanzelt wie von der (unverantwortlichen) Politik?
Lasse ich mein liebes, aber gar nicht raffiniertes inneres Kind noch mitspielen im Spiel des Lebens?
Habe ich noch so etwas wie ein Bauchgefühl?
Und höre und horche ich noch manchmal auf dieses Bauchgefühl? Gehorche ich ihm sogar ab und zu?
Wo ist der Forrest Gump in mir, dieses gutgläubige naive Wesen, das Vertrauen hat?
Wie gehe ich mit Menschen um, die weniger intelligent sind als ich? Kann ich mich an ihrem Staunen erfreuen? Bringen sie auch mich noch zum Staunen?

Ich bin Sam (2001, 127 Min.) von Jessie Nelson

Hier wird eine ganz wundervolle Liebesgeschichte zwischen dem intellektuell minderbegabten Vater Sam Dawson (Sean Penn) und seiner hochintelligenten Tochter Lucy (Dakota Fanning) erzählt. Die Mutter, ein gescheites, vielleicht sogar raffiniertes Hippie-Mädchen, hat mit Sam für einen Schlafplatz geschlafen und sich nach der Geburt rasch abgeseilt. Sam aber steht wie wenige Väter zu seiner Tochter und bringt sie – mit Hilfe einer gutherzigen Nachbarin – durch die gröbsten Herausforderungen des Babyalters. Sie gedeiht prächtig, umhüllt von der großen Liebe ihres Vaters.

Die vom Intellekt gesteuerte Gesellschaft aber will dem so überaus liebevollen und engagierten Vater die Tochter wegnehmen, weil er angeblich zu dumm sei, ein Kind aufzuziehen. Die sehr intelligente Anwältin Rita Harrison (Michelle Pfeiffer) nimmt sich des Falles gratis an. Vielleicht sich selbst und ihrem inneren Kind zu Liebe engagiert sie sich ganz rührend und hilft den beiden gegen das herzlose System von Vater Staat.

Es wird ein schwerer Kampf für die Mutter-Liebe des Vaters gegen einen Vater Staat, der sich das Recht herausnimmt, besser als die Menschen selbst zu wissen, was für diese gut ist.

Deutung 1:
Kein Film macht wohl deutlicher, wie unsere Gesellschaft und das System dahinter die Welt der Gefühle gegenüber dem kühlen Intellekt zurücksetzt und benachteiligt.

Bezeichnend und in ***Ich bin Sam*** auch sehr deutlich ist, dass Anwälte, wenn sie – selten genug – pro bono tätig werden, das extra benennen. Naive Menschen würden vielleicht glauben, es sei selbstverständlich, dass sie für das Gute kämpfen. Aber in (unserer) Wirklichkeit ist dies natürlich die Ausnahme, weil sie normalerweise (zu Recht) gut bezahlt werden und wohl auch selten so direkt für die Sache des Guten tätig werden. Normalerweise kämpfen Anwälte gegen gutes Geld für die Interessen ihres Mandanten, ob er im Recht ist oder nicht. Auch wenn der des Unguten bis hin zum Mord schuldig ist, versuchen sie, ihn raus zu pauken und frei zu bekommen – mit allen daraus möglicherweise folgenden Konsequenzen. Und nur wenige Strafverteidiger dürften darin das Wirken des „Schattenprinzips“ erkennen.

Auf der anderen Seite erleben wir die tiefe Liebe zwischen Vater und Tochter, die zwischen intellektuellen Vätern und ihren intelligenten Töchtern wohl eher selten sein dürfte. Sam tut alles in seiner Macht Stehende für sein Töchterchen, manchmal aber ist das notgedrungen nicht sehr viel. Seine Macht ist so begrenzt wie sein Intellekt. So ist er sehr auf die Hilfe und das Mitgefühl seiner Anwältin angewiesen, die alles daran setzt, dieser großen Liebe ein gemeinsames Leben zu ermöglichen. Sie schafft es schließlich, dass sich Sam weiter um Lucy kümmern darf, wenn auch mit Hilfe einer Pflegemutter. Jede(r) Zuschauer(in) wird das am Ende als großes Glück erfahren. Aber ist dergleichen bei uns die Regel? Wie viele solche Anwältinnen wie Rita gibt es, und hätten diese dann eine Chance in der harten Welt der Gerichte? Zwar ist Justitia ursprünglich weiblich, sogar eine Göttin, und gehört zur 7. Lebensbühne, aber unsere brutale Wirklichkeit hat sie stark beschädigt.

Deutung 2:
Unsere persönliche Erfahrung mit unserer Tochter Naomi bringt uns diesen Film so besonders nahe. Naomi hat das Down-Syndrom, beschenkt uns ständig mit großer Liebe und erspart uns andererseits einen dritten Intellekt-Tiger in der kleinen Familie. Wenn ich als ihr Vater nach längeren Reisen zurückkomme, begrüßt und drückt sie mich so lange, bis ich wirklich wieder ganz angekommen bin, was auch länger dauern kann.

Wir alle könnten daraus lernen, was für ein Segen es sein kann, den Intellekt auch mal beiseite zu lassen, aus dem Gefühl heraus zu leben und es zu genießen. Ob da dann das Bauch- oder das Herzensgefühl dominiert, ist weniger wichtig und beides gut, so lange der Intellekt einmal Ruhe gibt. Mit ihm droht eher eine Gefahr, die sich in folgender Redensart ausdrückt: Gescheit – gescheiter – gescheitert.

Beziehungen zu anderen Lebensbühnen:
Die Vaterliebe wie auch die Mutterliebe zielen auf Agape – wir üben daran tatsächlich allumfassende himmlische Liebe, die auf die 12. Lebensbühne gehört. Die göttliche Gerechtigkeit gepaart mit salomonischer Weisheit gehört zur 9. Bühne, während der kämpfende Strafverteidiger zur 1. gehört, die Familien-Richterin zur 7. und die Verfassungsrichter, die die Richtlinien des Staates überwachen, zur 10. Die naive Kindlichkeit, das Leben aus dem

(Bauch-)Gefühl heraus und die Liebe zu seinem Kind machen Sam zu einem wundervollen Vertreter der 4. Lebensbühne.

Fragen, die ZuschauerInnen sich stellen könnten:
Wie wichtig ist mir mein Intellekt? Und der meines Partners oder Kindes?
Was bedeutet ein eventuelles „intellektuelles Gefälle" für unser Zusammenleben?
Welche Rolle spielen Gefühle und besonders das der Liebe in der Beziehung zwischen uns Partnern und zu unseren Kindern?
Wie viel Zeit nimmt das Training des Intellekts bei mir in Anspruch? Wie viel Zeit räumen wir den Gefühlen ein? Und schenken wir uns Zeit, sie auch auszudrücken?

Für wen und welches Problem ist dieser Film Therapie?
Für alle, die sich intellektuell irgendjemandem überlegen fühlen.

Verborgenes Feuer (1997, 103 Min.) von William Nicholson

Sophie Marceau spielt die mittellose Schweizerin Elisabeth Laurier, die mit dem englischen Adligen Charles Godwin ein Kind zeugt, um ihren Vater aus Geldnot zu retten. Sie kann aber ihre Tochter nicht vergessen und schreibt ihr Briefe in ein Buch. Schließlich, nach sieben Jahren, hält sie es nicht mehr aus und fährt nach England, um ihre Tochter zu finden. In dem noblen Adelshaus der Godwins lässt sie sich als Erzieherin für ihre eigene Tochter anstellen. Mit der hat sie es nicht so leicht, da die Kleine ein verzogenes Gör und schwer zu gewinnen ist. Leichter gewinnt sie da schon das Herz des Vaters, der wegen seines eigenen verschwendungssüchtigen Vaters und seiner nach einem

Reitunfall im Koma liegenden bewusstlosen Frau in der Klemme steckt.

Deutung 1:

Ein immer aktueller werdendes Thema wird hier in historischem Gewand bearbeitet. Mutterschaft ist für die Seele einer Frau offenbar viel wichtiger und schwieriger als es die moderne Zeit wahrhaben will. Leihmutter zu sein ist nicht so einfach, wie es klingt. Mutter und Kind sind viel zu sehr Seelenwesen der 4. Lebensbühne, als dass ein formaler Vertrag die mit der Geburt aufkommenden Bindungsenergien außer Kraft setzen könnte. So ist, wie im Film dargestellt, Leid vorprogrammiert. Mütter suchen in solchen Fällen dann ihre Kinder und Kinder ihre Eltern.

Im Film gelingt es Elisabeth, nach dem Herzen des Vaters auch das der Tochter zu gewinnen – allerdings erst nach dramatischen Ereignissen. Als der Großvater schließlich das ganze Anwesen ruiniert, bekommt die kleine Familie eine Chance zum Neuanfang.

Das aber ist in der Realität ein völlig unwahrscheinlicher Ausgang. Hier dürfte das Schattenthema überwiegen. Und sinnvoller, als auf Leihmutterschaft zu setzen, wäre wohl meist die Adoption, auch wenn diese ebenfalls einige Probleme aufwirft.

Es ist bei Leihmutterschaften oder auch bei Adoption eines Kindes schon im Mutterleib durch eine andere Familie Usus, dass das Kind kein einziges Mal an die Brust angelegt werden darf. Denn mit dem Stillen und der entsprechenden Oxytocin- und Prolactin-Ausschüttung entsteht eine solch starke Bindung, dass eine Trennung ohne großen Schmerz gar nicht mehr funktionieren kann.

Deutung 2:

Im Film kommt noch das Thema Sterbehilfe in seiner härtesten Form hinzu, als Charles Godwin seine bewusstlose Frau absichtlich winterlicher Kälte aussetzt, woran sie stirbt. Einerseits will er wohl seine Frau erlösen, andererseits aber auch die Freiheit für eine neue Beziehung mit Elisabeth erlangen.

In der modernen Variante mit der Schweizer Sterbehilfe-Organisation Exit und ähnlichen Verfahren in den Niederlanden übernehmen Ärzte diese schwere Verantwortung.

Fragen, die ZuschauerInnen sich stellen könnten:
Wie wichtig ist mir ein eigenes Kind?
Warum ist mir oder uns ein eigenes leibliches Kind verwehrt geblieben? Warum verwehre ich es mir?
Wie steht es mit meinem inneren Kind?
Könnte seine Wiederentdeckung die Empfängnisbereitschaft erhöhen, falls dies für mich das entscheidende Thema ist?
Wie groß müsste meine Not sein, dass ich ein eigenes Kind weggäbe?
Könnte ich das zur Rettung meines Vaters, meiner Mutter tun?

Mit besten Absichten (1990, 101 Min.) von Lorene Scafaria

Marnie (Susan Sarandon) zieht nach dem Tod ihres Mannes von New Jersey nach Los Angeles, um näher bei ihrer Tochter Lori (Rose Byrne) zu sein, die hier als erfolgreiche Drehbuchautorin lebt. Da Marnie der Typ „Mama organisiert alles" ist, schwant Lori nichts Gutes und sie fürchtet um ihr eigenständiges Leben, das gar nicht dem Konzept der Mutter entspricht. Aber Marnie übertrifft noch alle ihre Befürchtungen. Täglich setzt sie Dutzende SMS ab, unerwartete Besuche stehen auf der Tagesordnung und unerwünschte Ratschläge und Therapieversuche treiben die Tochter zur Verzweiflung.

Deutung 1:

„Mama meint es ja nur gut“, ist der nicht funktionierende Satz, mit dem sich Lori selbst zu beruhigen versucht und die überfällige Auseinandersetzung oder gar den Rausschmiss der Mutter vermeiden will.

Die Mutter übersieht bei all dem völlig, wie hinter aller Fürsorge ihr eigenes Bedürfnis nach Nähe und einem sinnvollen Leben steckt. Marnie ist so energiegeladen, reizend und großzügig, dass es Lori nicht leicht hat, ihr Grenzen aufzuzeigen. Daher verlässt sie – berufsbedingt? – die Stadt. Dieser harte Schnitt gibt Lori wieder ihr Leben zurück und Marnie öffnet sich für neue Aufgaben. Sie lernt dabei ihre alten Rollen, die der Ehefrau und Mutter, abzulegen und sich selbst zu finden. Die beste aller Lösungen.

Ausgestattet mit einem üppigen Bankkonto, der Hinterlassenschaft ihres verstorbenen Mannes, und ihrer fröhlichen, großzügigen Art macht sie nun sich und Menschen glücklich, die ihr auf der Suche nach einem neuen Sinn „zufällig“ begegnen. Die Offenheit und Toleranz, die Marnie auf ihrem eigenen Weg entwickelt, lässt ihr alle Herzen zufliegen und sie erfährt die Anerkennung, die sie sich mit ihrem bezaubernden Wesen verdient.

Deutung 2:

Die Geschichte spricht für sich, erzählt sie doch von der klassischen, archetypischen Mutter-Kind-Beziehung und bietet auch die einzige wirklich für beide Seiten befriedigende Lösung an. Wenn es Zeit ist, sich voneinander zu lösen, liegt darin die Chance und Lösung. Diese kann – wie hier dargestellt – für beide zur Er-Lösung werden.

Nach einem Leben in der Mutter-Rolle der Verantwortlichen, der Versorgerin, Beschützerin und Problem-Löserin fallen all diese Aufgaben plötzlich weg, wenn die Kinder erwachsen werden und das Haus verlassen. Zurück bleibt bei vielen Müttern die innere Leere, die als „Leeres-Nest-Syndrom“ zu einer modernen

Variante der Depression wurde. Da weiterhin fast ausschließlich Mütter für das geborgene Familiennest zuständig sind, leiden sie ungleich mehr unter dem Auszug der Kinder als Väter. Dann bleibt ihnen nur die Wahl zwischen Klammern und dem Mut zu mehr Selbstständigkeit. Müttern fällt es deshalb besonders schwer, ihre alte Rolle abzulegen, weil diese oft der Haupt-Lebensinhalt war. Nicht selten stellten sie die eigenen Bedürfnisse, ihre Träume oder Karriere-Ambitionen zurück. Über die Jahre, die sie vor allem für Kinder und Partner da waren, haben sie sich in gewisser Weise selbst verloren und sich in erster Linie durch ihre Rolle und ihre Funktion definiert.

Deutung 3:
Spätestens wenn die Kinder die Adoleszenz erreichen, heißt es loslassen, vor allem die Mutterfunktionen der Behütung und Kontrolle. Schon mit der Geburt beginnt ja diese mütterliche (schmerzvolle) Aufgabe, das Kind einen entscheidenden und einschneidenden Schritt in die Freiheit tun zu lassen und es ins eigene ungewisse Leben zu entlassen.

Aufgabe des Kindes ist es, erwachsen zu werden – mit all den Vor- und Nachteilen, den Pflichten und Konsequenzen. Dazu gehört auch, irgendwann die Mutter als selbstverantwortliche Person wahrzunehmen und sich so vom behüteten Kindsein zu verabschieden.

In jedem Fall muss die Nabelschnur durchtrennt werden, entweder von der Mutter oder vom Kind, damit beide die Freiheit haben, ihr eigenes Leben zu leben.

Fragen, die Mütter sich stellen könnten:
Kann ich mein Kind loslassen?
Darf mein Kind sein eigenes Leben führen? Oder sollte es meine unverwirklichten, ungelebten Träume erfüllen?
Muss mein Kind es besser machen und haben als ich und meine

Fehler und Versäumnisse gut machen?
Ist, was ich besser finde, wirklich das Richtige für mein Kind?
Darf mein Kind seinen eigenen Talenten folgen? Oder bestimme ich unbewusst bei Berufswahl, Partnerwahl, Freundes-Auswahl mit?
Toleriere ich, wenn mein Kind einem ganz anderen Lebenskonzept folgen will?
Gehöre ich zu den modernen „Helikopter-Müttern", die über jeden Schritt ihres Sprösslings informiert sein müssen?
Nutze ich etwa das entsetzliche Überwachungssystem des Smartphones, um immer zu wissen, wo sich mein Kind herumtreibt?
Respektiere ich die Privatsphäre meines Kindes?
Welche Lebensaufgabe wartet auf mich nach der Mutterrolle?
Wenn bis jetzt die Fürsorge für meine Kinder Sinn meines Lebens war, mit welcher neuen sinnvollen Aufgabe kann ich mein weiteres Leben erfüllend gestalten?
Welche der Mutterrolle geopferten Träume wollen jetzt endlich gelebt werden?

Fragen, die sich (erwachsene) Kinder stellen könnten:
Habe ich mich in Liebe von meiner Mutter gelöst?
Oder gebe ich ihr und meiner „schlimmen" Kindheit die Schuld, wenn es im Leben nicht so läuft, wie ich mir das vorgestellt habe?
Führe ich auf jeder Ebene mein eigenes, erwachsenes Leben?
Oder bestehe ich zwar auf meiner persönliche Freiheit von elterlichen Interventionen, genieße und erwarte aber immer noch alle oder einige Vorzüge des „Hotel Mama"?
Habe ich mir schon einmal Gedanken darüber gemacht, welche Person meine Mutter eigentlich ist, welcher Mensch? Welche Geschichte steht hinter ihrer Persönlichkeit, welche Träume und Talente sind in ihr verborgen?

Bin ich meiner Mutter ähnlich? Will ich ihr ähnlich sein? Oder will ich auf keinen Fall werden wie sie? (Auch dann bleibt sie mein Maßstab!)
Bin ich wirklich erwachsen geworden? Wo hänge ich noch in der Kinderrolle fest? Auf wen habe ich eventuell die oder Teile der Elternrolle übertragen? Papa Staat als Versorger, eine Ehefrau als Mamaersatz, den Ehemann als Vater?
Wie tolerant bin ich meiner Mutter/meinen Eltern gegenüber? Lasse ich sie überhaupt Ihr eigenes Leben führen?

Für wen und welches Problem ist dieser Film Therapie?
Für alle Eltern und Kinder der modernen Welt.

Tanguy – Der Nesthocker (2001, 109 Min.) von Etienne Chatiliez

Dieser französische Film zeigt uns das Leben eines jungen 28-jährigen Mannes. Sein Problem würde die Psychiatrie wohl eine pathologische Symbiose nennen, die Psychoanalyse am ehesten einen Ödipuskomplex. Tanguy (Eric Berger), Sohn eines gutbürgerlichen Ehepaares, will einfach nicht ausziehen und auf eigene Beine kommen. Obwohl seine Eltern ihn längst loswerden wollen, geht er einfach nicht, sodass deren Mittel, ihn zu vertreiben, immer rabiater werden. Aber die Sache scheint im wahrsten Sinne des Wortes unlösbar – wenn auch am Ende nicht ganz aussichtslos.

Deutung 1:
Tanguy löst sich schließlich, aber nur um über die enge Bindung an seine japanische Frau und deren Familie eine ähnliche Symbiose zu finden. Die ist aber in der japanischen Kultur, zu der er mit

fliegenden Fahnen überläuft, völlig normal. Da badet die ganze Familie im selben Badewasser und niemand findet etwas dabei. Die Väter hängen dort statt der ersten Schuhe ihres Nachwuchses als Zeichen der ersten Schritte in die Selbstständigkeit ein Stück Nabelschnur als Symbol der immerwährenden Verbundenheit an den Autospiegel.

Könnte es sein, dass unsere gesellschaftliche Konvention, die zwingende Abnabelung in der Adoleszenz, nur eine von verschiedenen möglichen Lösungen ist? Vielleicht gibt es ja praktikable Lösungen, die keine Loslösung beinhalten.

Deutung 2:

Darf jeder bei uns tatsächlich nach seiner Fasson glücklich werden? In Bhutan steht das Recht auf Glück in der Verfassung, in der US-amerikanischen ist „pursuit of happiness", das Streben nach dem persönlichen Glück, ganz weit oben angesiedelt. Deshalb darf sich dort jeder fast beliebig bewaffnen. Das fänden Deutsche absurd, wenn nicht pervers. Dafür dürfen sich Amerikaner in manchen Bundesstaaten nicht öffentlich küssen und in einigen nicht französisch oder in der Stellung „69" lieben. Das fänden Franzosen sicher absurd.

Japaner bleiben zeitlebens am liebsten im engen Familien- und Gruppenbezug. Sie leben ungleich mehr „wir" als wir. Am liebsten immer bei derselben Firma beschäftigt, bleiben sie stets eng mit ihrer Familie verbunden und treten zu europäischer Belustigung (fast) immer nur in Gruppen auf. Es gibt eben nicht den einen gültigen Maßstab dafür, was natürlich und legitim ist.

Fragen, die ZuschauerInnen sich stellen könnten:

Habe ich mich abgenabelt, und wenn ja, wann? Geschah es wirklich endgültig, und wie wichtig ist mir das?
Oder hänge ich noch immer fest (an meinen Eltern)?
Fühle ich mich (fest-)gehalten? Und ist das gut oder hinderlich?

Wenn ich es als schlimm empfinde, für wen? Hindert das Festhalten mich an Entwicklung und Wachstum? Oder meine Eltern?
Wo hänge ich fest, und ist das wirklich schlimm oder einfach nur Verbundenheit?

Für wen und welches Problem ist dieser Film Therapie?
Für alle, die meinen, ihre Kultur habe die einzige Lösung.

Alle Farben des Lebens (2015, 92 Min.) von Gaby Dellal

Die 16-jährige Ramona (Elle Fanning) lebt in einer etwas außergewöhnlichen Familie. Zusammen mit ihrer allein erziehenden Mutter Maggie (Naomi Watts) wohnt sie mit ihrer lesbischen Großmutter (Susan Sarandon) und deren Lebensgefährtin in einem alten New Yorker Haus. Alle ihre Freunde finden das super cool. Sie aber hat nur zwei große Wünsche: Ramona hätte gerne eine ganz normale Familie und vor allem möchte sie nichts sehnlicher als ein Junge sein. Seit Jahren schon hat sie ihren Namen Ramona abgelegt, nennt sich Ray und versucht, wie ein Junge zu leben. Ihre Entscheidung steht fest, sie will um jeden Preis eine Geschlechtsumwandlung und so schnell wie möglich mit einer Hormontherapie beginnen. Weil noch nicht volljährig, braucht sie dazu die Einwilligung ihrer Eltern, die nun hart mit dieser weit reichenden Entscheidung ringen. Zudem mischt Ramona/Ray damit das ganze Familiensystem auf und jeder muss sich auf seine Weise mit Identitätsfragen auseinandersetzen.

Deutung 1:
Ramona wünscht sich ein normales Leben in einer normalen

Familie. Im Körper eines Jungen erhofft sie sich einen Neuanfang in einem Leben, das ihr richtig und passend erscheint. Im körperlichen und seelischen Aufruhr der Pubertät, die ja die Zeit der Identitätsfindung ist, erhofft sich Ramona durch den radikalen Geschlechtswechsel Klarheit darüber, wer sie ist. Obwohl sie immer wieder betont, dass sie die ungewöhnliche Familiensituation nicht mag, übersieht sie, dass auch sie einen ganz und gar nicht normalen Schritt in ein sehr außergewöhnliches Leben tun möchte.

Sie ist und bleibt Teil dieses Familienmusters. Wenn Ramona die Wirren der Pubertät hinter sich haben wird, kann ihr bewusst werden, dass sie durch ein glückliches Schicksal nicht in eine „normale" Familie hineingeboren wurde. Erst diese außergewöhnliche zwischenmenschliche Konstellation gab ihr die Möglichkeit, diesen nicht alltäglichen Schritt zu tun.

Deutung 2:
Diese Deutung soll keinesfalls Menschen wie Ramona/Ray bewerten oder gar verurteilen, vielmehr gesellschaftliche Fragen dazu aufwerfen.

Dadurch, dass in unserer modernen, hoch technisierten Zeit so ziemlich alles (medizinisch) möglich geworden ist, bekommen geschlechtsbezogene Identitätskrisen vor allem in der Pubertät eine ganz andere Dimension. Auch früher gab es Mädchen, die lieber Jungen gewesen wären. Das wurde von den Eltern (wenn überhaupt) lächelnd zur Kenntnis genommen, aber es gab gar keinen Raum dafür, dieses Thema weiter zu diskutieren oder Konsequenzen irgendeiner Art daraus folgen zu lassen. Es wurde als Entwicklungsphase abgehakt. Was auch sonst? Die Medizin ermöglichte keine Alternative.

In gewisser Weise steckt immer menschliche Hybris dahinter, wenn wir um jeden Preis so drastisch in die Gegebenheiten der Schöpfung eingreifen: „Ich akzeptiere nicht, wie das Göttliche, die Schöpfung mich geschaffen hat. Und das damit verbundene Schicksal lehne ich ab." Wir wollen selbst alles bestimmen, Schöpfer sein und die „Fehler Gottes" korrigieren. Gerne übersehen wir dabei, dass unser Leben immer noch komplizierter wird mit all den „Freiheiten", die wir uns (heraus-)nehmen. Letztlich kann man immer mit allem im Leben unzufrieden und nicht einverstanden sein. Man kann damit hadern, nicht in ein Königshaus hineingeboren zu sein, damit, dass die Eltern keine Milliardäre sind oder damit, dass die Augen blau und nicht grün sind. Vieles ist, wie es ist und bleibt auch so. Glücklich(er) werden wir nur, wenn wir die Kunst des Einverstandenseins, der Zufriedenheit und Dankbarkeit erlernen.

Ob nun im Körper eines Mannes oder in dem einer Frau, das Leben ist tatsächlich kein Wunschkonzert. Den Anforderungen und Prüfungen des Schicksals entkommen wir nicht. Ob Männer von „Sixpack"-Bauchmuskeln träumen oder Frauen von Körbchengröße D, der Weg dahin ist so oder so anstrengend. Und ob man dem Hormon Testosteron unterworfen ist oder dem Östrogen, alles hat immer Vor- und Nachteile.

Die wirkliche Herausforderung könnte sein, aus dem, was man hat, das Beste zu machen und nicht die Lebenszeit mit dem Gefühl zu verschwenden: „Wenn …, dann wäre alles perfekt!" Dahinter steckt meist der kindliche Traum vom Paradies. Es geht nicht darum, Mann oder Frau zu sein, es geht darum, authentisch zu sein!

Deutung 3:
Was das Akzeptieren des eigenen (angeborenen) Geschlechts anbelangt, so gäbe es auch noch die Möglichkeit, zu erkennen, dass jeder von uns sowohl männliche als auch weibliche Seelenanteile in sich trägt. So können wir etwa auf dieser Ebene als Frau „unseren Mann im Leben stehen" und als Mann mit einer Frau an der Seite die weibliche Rolle z. B. der Mutter übernehmen.

Gesellschaftlich sind wir ja inzwischen in der glücklichen Lage, dass dies durchaus anerkannt ist.

Deutung 4:
In den buddhistischen Ursprungsmythen sind drei originäre Geschlechter bekannt. Hier war schon immer Raum für eine Geschlechtsidentität, die man heute „Transgender" nennen würde. In Thailand etwa sind die so genannten Katoeys akzeptiert. Es heißt sogar, dass nach dem buddhistischen Gesetz der Wiedergeburt jeder Mensch im Laufe der zahlreichen Inkarnationen einmal ein Leben als Katoey führe.

Beziehungen zu anderen Lebensbühnen:
Dieser Film verbindet die Lebensbühnen 4 und 11 miteinander, je nach Blickwinkel könnte auch die 11. im Vordergrund gesehen werden.

Fragen, die ZuschauerInnen sich stellen könnten:
Würde ich meinem 16-jährigen Kind die Einwilligung geben, diesen radikalen Schritt zu tun?
Wie sehr lasse ich mich von meinem Kind unter Druck setzen?
Welche Identitätskrisen hatte ich in meiner Pubertät. Welche habe ich vielleicht sogar immer noch?
Bin ich im Nachhinein froh, dass meine Eltern in der Pubertät etwas verboten und mich damit vor Schlimmem bewahrt haben?
Bin ich voll und ganz mit meinem Geschlecht einverstanden?
Wenn nicht, was stelle ich mir in einem anderen Körper besser vor?
Habe ich mehr weibliche oder mehr männliche Persönlichkeitsanteile?

Für wen und welches Problem ist dieser Film Therapie?
Für Menschen, die grundsätzlich unzufriedenen sind mit den Gegebenheiten ihres Lebens.

Lebensbühne 5
Über Kreativität und Selbstverwirklichung

Auf der 5. Lebensbühne stehen wir tatsächlich auf der Bühne (unseres Lebens). Es ist jener Lebensbereich, wo wir aufgefordert sind, unser schöpferisches Potenzial, die jedem von uns auf irgendeine Weise gegebene Kreativität, für alle sichtbar zu zeigen. Wahre Kreativität kommt immer aus unserem innersten Wesen, ist Ausdruck unseres individuellen Seins. Um schöpferisch zu sein, müssen wir in erster Linie authentisch und echt sein. Eine bloße Fassade hält dem grellen Licht der Öffentlichkeit nicht lange stand und man verschwindet schnell wieder von der Bühne. Applaus, Anerkennung und der auf dieser Bühne oft begehrte Ruhm bleiben dann aus. Nur der echte Ausdruck unseres Wesenskerns, der aus unserer Mitte kommt, aus der Zentriertheit, hat Bestand und verglüht nicht im Scheinwerferlicht der Öffentlichkeit.

Die 5. Lebensbühne fordert Selbstverwirklichung, was meint, unbeirrt dem Auftrag des eigenen Wesens zu folgen – mit allen damit verbundenen Konsequenzen. Gehorchen wir unserem wahren Wesen, so folgen wir der Stimme unseres Herzens. Botschaften, die aus dem Herzen kommen, sind immer von seelischer Wärme geprägt und liebe-voll uns selbst und der Welt gegenüber. *„Das Herz ist der Schlüssel der Welt und des Lebens"*, schrieb Novalis, der in seinem dichterischen Werk aus den Tiefen seiner Seele schöpfte.

Rein intellektuelles Wollen verleitet dazu, von äußerem Ruhm besessen zu sein, in die Falle des Ego-Wahns zu tappen und nur um sich selbst zu kreisen. Die 5. Lebensbühne aber fordert von uns, ein guter „König" zu werden. In der archetypischen Gestalt des Königs sind wir zwar (mit Schöpfungskraft) Ausgezeichnete, tragen damit aber auch Verantwortung für das große Ganze. Einem guten König darf es nie nur um sich gehen, das Wohl seines Volkes erst macht ihn zu einem König der Herzen. Nur den persönlichen Ruhm im Auge, wird er zu einer tragischen Gestalt und Hochmut führt zum Fall. Napoleon, der dieser Bühne besonders verbunden war, ist dafür ein Beispiel.

Courage, wilde Beherztheit und Güte – in dem Sinne, dass man versucht, sein Bestes zu geben – sind Qualitäten, die ein wahrer König braucht. Immer muss er in dem Bewusstsein leben, dass er und sein Land eine Einheit sind und untrennbar zusammenhängen. Überträgt man dies auf unser normales Leben, bedeutet es, dass alles, was uns im Außen, auf unserem Lebensweg, begegnet, Spiegel unseres innersten Wesens ist.

Um auf der Bühne zu strahlen, braucht der Darsteller das Publikum als Spiegel der Selbsterkenntnis und manchmal als Korrektiv für (s)ein überbordendes Ego. Das Entwicklungsziel auf dieser Bühne ist, von innen her zu strahlen, mit den eigenen Talenten und (s)einer Persönlichkeit, die authentisch und beherzt agiert. Alles Herzblut dafür zu geben, wofür man auf der Bühne des Lebens steht, erschafft das faszinierende Charisma, das uns diese Lebensbühne schenkt. Es geht nicht darum, von allen geliebt und bewundert zu werden, sondern sein tiefstes Wesen und Sein zum Ausdruck zu bringen und damit der Welt ein Geschenk zu machen, sozusagen die Welt damit zu ergänzen. Der dafür erhaltene Applaus wird dann zur angenehmen Nebensache.

Jeder ist auf seine eigene schicksalhafte Weise ein Held. Es ist die Heldenreise des Lebens, die auf dieser Bühne von uns allen Mut und die Bereitschaft fordert, unsere individuelle Bestimmung zu leben, die sich auch in unserer schöpferischen Fähigkeit und unserer Einzigartigkeit zeigt. Anders betrachtet geht es darum, einfach nur der zu sein, der man ist und immer schon war. Das klingt sehr einfach und ist doch sehr schwer. Denn es geht erst einmal darum, überhaupt zu erkennen, wer man ist. Unser Wesen ist überlagert von unzähligen Prägungen unserer Lebensgeschichte. Es braucht viel Mut, sich nicht verbiegen zu lassen und zu sich zu stehen, auch wenn wir uns damit natürlich immer der Kritik der Umwelt aussetzen.

Der berühmte Luther-Satz: *„Hier stehe ich, ich kann nicht anders!“*, kann so ergänzt werden: *„Denn das bin ich und ich muss der Stimme meines Herzens bedingungslos folgen.“*

Der Weg des Helden als Synonym für den menschlichen Entwicklungsweg führt über Höhen und Tiefen, auf auch gefährlichen Pfaden nach Hause, das meint, in die eigene Mitte, zu sich selbst. Die Stimme des Herzens wird zum unüberhörbaren Wegweiser. Alle Irrfahrten liegen dann hinter uns, denn die Stimme des Herzens kennt immer den richtigen Weg. Ein Mensch, der dies schafft, wird berechtigterweise zur Lichtgestalt und zum Vorbild. Er ist so etwas wie ein kostbares Juwel unter den Menschen.

Ein symbolisches Bild für diese Lebensbühne ist das Mandala, der vollkommene Kreis. Wenn wir in der Mitte stehen, sind wir ganz in unserer Kraft. Innere Ruhe und Gelassenheit bestimmen unser Leben. Wir spielen das Spiel des (äußeren) Lebens zwar mit Freude mit, aber wir identifizieren uns nicht mehr damit. Wir definieren uns nicht mehr über unsere Leistung oder unser Wollen und richten uns nicht mehr nach der Meinung anderer. Wir sind, wer wir sind.

Stärken bzw. Aufgaben der 5. Lebensbühne:

Schöpferkraft, Selbstausdruck, Selbstverwirklichung, Selbstbewusstsein, Authentizität, Autorität, Souveränität, Güte, Herzenswärme, Lebensfreude, Mut, Beherztheit, Großherzigkeit, Selbstvertrauen, Charisma, Großzügigkeit, innere Kraft, Herzlichkeit, ganz im Moment leben, Organisationstalent.

Schwächen:

Egoismus, Selbstherrlichkeit, Paschaallüren, Hochmut, Angeberei,

Ruhmsucht, Herrschsucht, Geltungssucht, Ehr-Geiz, Selbstgefälligkeit, abhängig von Bewunderung und Applaus, mehr Schein als Sein, sich als Auserwählten betrachten.

Fragen, die wir uns dazu stellen können:
Wer bin ich?
Wie gut kenne ich meine wahre Identität?
Wie selbstbewusst bin ich?
Wie selbstsicher bin ich?
Wie viel Selbstvertrauen habe ich?
Auf welchen Gebieten kann ich mein kreatives Potenzial am besten ausdrücken?
Wie fühle ich mich, wenn ich im Mittelpunkt stehe und gesehen werde?
Wie viel Charisma habe ich (schon)?
Wie wichtig ist mir Applaus, die Bestätigung von außen?
Was tue ich alles, um Anerkennung zu bekommen? Wie sehr verbiege ich mich dafür?
Wie authentisch bin ich (bereits)?
Wie mutig bin ich?
Kann ich Chef sein und für viele Menschen Verantwortung übernehmen?
Wäre ich ein guter Herrscher?
Wie viel Autorität kann ich ausstrahlen?
Wie bewerte ich Autorität? Habe ich ein Problem, mich fremder Autorität zu (unter-)stellen?
Habe ich Organisationstalent?
Kann ich delegieren? Oder muss ich über alles selbst bestimmen?
Wie großzügig bin ich? Und wie großherzig?
Höre ich (auf) die Stimme meines Herzens?
Fühle ich mich in meiner Mitte?
Bin ich selbstbestimmt?

Kann ich ganz im Moment sein?
Wie lebendig fühle ich mich?
Wie viel Lebensfreude empfinde ich?
Was macht mir Freude?

Die Filme der 5. Lebensbühne

Lawrence von Arabien (1962, 227 Min.) von David Lean

Das bildgewaltige Epos mit Peter O´Toole und Omar Sharif zeichnet die historische Biographie des englischen Offiziers T(homas) E(dward) Lawrence nach, der sich dem Freiheitskampf der Araber gegen die Türken zur Verfügung stellt. Der Film erhielt 1963 sieben Oscars.

T.E. Lawrence ermöglicht es sich und seinen Kampfgefährten, über sich hinauszuwachsen und das Unmögliche zu schaffen, weil es notwendig ist. Dazu ist viel Disziplin notwendig, die seine neuen Soldaten erst mühsam lernen müssen. Vor allem aber ist beträchtliches Charisma notwendig. Als seine wüstenerfahrenen Mitstreiter zu Lawrence sagen *„Es steht geschrieben: diese Wüste kann niemand durchqueren"*, antwortet er nur: *„Nichts steht geschrieben!"*, und durchquert die Wüste mit ihnen, so dass Tradition und Geschichte umgeschrieben werden müssen. Die Türken lernen das Fürchten vor diesem Mann, den sie bald „El 'awrence" nennen und der – über die arabische Welt hinaus – zur Legende wird.

Als die englischen Politiker ihn und die Araber nach dem gewonnenen Krieg um das gegebene Versprechen eines freien Arabien betrügen, protestiert er vehement, zieht sich zurück und geht lieber in Ehren unter, als das abgekartete unehrliche Polit-spiel mitzuspielen.

Deutung 1:
Dieser historische Film ist weniger der Geschichte als der Figur von Lawrence gewidmet, einem Symbol für innere Kraft und Charisma, aber auch für Selbstüberschätzung. Er ist seinem Ruf in sein Reich gefolgt, hat darum gekämpft und gewonnen. Dann aber, von wortbrüchigen und verschlagenen Politikern um den Lohn gebracht, tritt er lieber zurück, als sich und denen, die ihm vertraut haben, untreu zu werden.

Deutung 2:
Überzeugungs-Kämpfer wie „El ´awrence" wünschen sich die meisten als Politiker und Chefs, aber die Wirklichkeit bietet nur wenige von diesem Format. Und wir lieben und verehren sie, weil wir auch so werden wollen: Könige in unserem Reich.

Fragen, die ZuschauerInnen sich stellen könnten:
Was bin ich bereit, aus der Geschichte zu lernen – und vor allem aus meiner Geschichte?
Wie konsequent folge ich meinem Ruf auf meinen Weg?
Was bin ich bereit, dafür zu wagen?
Auf wie viel (Löwen-)Mut kann ich mich verlassen, auf wie viel Großherzigkeit bauen?
Wie bewusst bin ich mir, dass auch ich unsterblich bin, weil ich – wie alle anderen auch – eine unsterbliche Seele habe?

Australia (2008, 166 Min.) von Baz Luhrmann

Dieses Epos mit Nicole Kidman und Hugh Jackman erzählt ein Stück der Geschichte Australiens und seiner Urbevölkerung, der Aborigines. Die englische Adelige Sarah Ashley, wundervoll gespielt von Nicole Kidmann, übernimmt eine Farm im entlegenen Outback und kann nur mit Hilfe des „Drover“ (Hugh Jackman), eines bekannten Viehtreibers, in einer Intrigenwelt aus Faustrecht und Projektion überleben, der schon ihr Mann zum Opfer fiel.

Der Drover unterstützt sie nicht nur in Farmangelegenheiten, sondern „bringt ihr Australien bei“. Dabei öffnet er ihr die Augen für dieses ungeheure Land – aber auch für die Ungeheuerlichkeiten, die die englischen Kolonialherren den Ureinwohnern und besonders deren Kindern antun. Sarah geht unbeirrt mit seiner Hilfe ihren Weg und rettet den Aborigine-Jungen Nullah, der ihr wie ein eigenes Kind ans Herz wächst. So findet sich unter schwierigsten Bedingungen eine kleine Familie, bestehend aus einer unerfahrenen Farmerin, einem Einzelgänger und -kämpfer als Mann und einem von den Behörden verfolgten Jungen. Den historischen Hintergrund bildet der Krieg mit Japan.

Deutung 1:

Exemplarisch zeigt der Film, wie eine Frau ihrer Bestimmung folgt, auch wenn diese sie in ein weit entferntes, (ihr) fremdes Land und seine unvertraute Kultur verschlägt. Und wie sie sich unter schwersten Bedingungen treu bleibt, in eine Mutterrolle hineinwächst – einem Kind gegenüber, das sie nicht geboren, und einer Farm gegenüber, die sie nicht aufgebaut hat.

Deutung 2:

Im Australien der Zeit des Zweiten Weltkriegs wurden den Aborigines von den englischen Behörden ihre Kinder weggenommen und zur Zwangsadoption in Familien weißer Einwanderer gegeben.

Ein ähliches Verbrechen ließ in der Ex-DDR die unsägliche Margot Honecker an Kindern von Regimekritikern begehen – um später ungestraft nach Chile auswandern zu dürfen. Solche politisch motivierten Verbrechen an Kindern werden kaum je gesühnt, damals wie heute. Dieser Film ist insofern auch eine Art Sühneleistung – für die Verbrechen der Weißen an den australischen Ureinwohnern der so genannten „Verlorenen Generation".

Beziehungen zu anderen Lebensbühnen:
Ganz stark spielt hier auch die 9. Lebensbühne herein, denn es geht Sarah darum, ihren eigenen Lebenssinn zu finden, und sei es noch so weit von der ursprünglichen Heimat entfernt, eben in Australien. Natürlich spielt wie fast immer auch die 7. Bühne über die sich langsam anbahnende Liebes-Beziehung hinein und die 4. über die sich so entwickelnde kleine Familie.

Fragen, die ZuschauerInnen sich stellen könnten:
Wie weit bin ich bereit, zu gehen, um mich und meinen Weg zu finden und ihm zu folgen?
Was ist mir das Finden meiner Bestimmung, meines Lebenssinns wert?
Wie weit reicht mein Engagement für das, was meine Seele für Gerechtigkeit hält?
Wie bereit bin ich, gegen politisches Unrecht aufzustehen?
Wie viel bin ich bereit, für Kinder und das Kind in mir zu wagen?

Für wen und welches Problem ist dieser Film Therapie?
Für alle, die noch ihren Weg suchen und ihre Tapferkeit. Aber auch für diejenigen, die sich mit Ungerechtigkeit konfrontiert sehen und davon träumen, ihrem Gerechtigkeitsgefühl Genüge zu tun.

Ricki – Wie Familie so ist (2015, 101 Min.) von Jonathan Demme

Mit Meryl Streep und Kevin Kline bestens besetzt, erzählt der Film die Geschichte von Linda, die ihrer Liebe zur Musik, dem Country-Rock, ihre Ehe, ihre Familie und ihr gutes Auskommen opfert. Auch wenn sie ein komfortables, finanziell gut abgesichertes Leben dafür aufgeben muss, tingelt sie lieber unter dem Künstlernamen Ricki Rendazzo mit ihrer Band „Ricky and the Flash" und ohne großen Erfolg von Saloon zu Saloon. Sie tut es, um sich in ihrer Musik zu verwirklichen und wohl auch ihrer Freiheit zuliebe. Um überhaupt zu überleben, muss sie nebenbei als Kassiererin im Supermarkt jobben. Aber trotz aller Widrigkeiten verfolgt sie ihr großes Ziel weiter. Nachdem sie allerdings von den Depressionen und Suizidgedanken ihrer inzwischen erwachsenen Tochter erfährt, kehrt sie zurück, um sich ihrer Vergangenheit und ihrer Mutter-Aufgabe zu stellen.

Deutung 1:
Ricki verhält sich auf klassische Weise unvernünftig. Sie verlässt ihren anständigen Ehemann Pete und ihre drei Kinder, um sich ihren Lebenstraum zu erfüllen. Von allen Seiten einschließlich ihrer Kinder hagelt es Kritik. Aber sie folgt ihrem Ruf unbeirrt und das rettet sie zum Schluss. Durch ihre Authentizität gewinnt sie am Ende sogar ihre verlorenen Kinder wieder und kann sich und ihrer Berufung doch treu bleiben.

Deutung 2:
Ricki folgt ihrer Vision, Musikerin zu werden, kompromisslos. Sie begibt sich auf den Weg der Individuation, auf die mythologische Heldenreise. Sie muss und will – komme was wolle – ihrem inneren Ruf folgen, um der Mensch zu werden, der sie im tiefsten Inneren ist: authentisch, unangepasst und kreativ. Dem eigenen

Traum zu folgen, ist selten ein bequemer Weg, wie es auch die alten Mythen belegen. Aber Ricki geht ihn und trägt dabei ganz selbstverständlich alle Konsequenzen ihrer Entscheidung. Sie stellt sich damit verbundenen Prüfungen. Als nach Jahren eine depressive Episode ihrer Tochter sie wieder fordert, kehrt sie zurück in ihre Vergangenheit. Nicht nur die Zeit ihres Mutterseins, auch die Liebe ihrer Kinder hat sie fast verloren. Schuldgefühle, ihre Mutterrolle nicht erfüllt zu haben, führen zur Projektion ihrer Schattenanteile auf die „andere" Mutter, Petes zweite Frau, die pflichtbewusst und mit Freude Lindas Kinder groß gezogen hat.

Deutung 3:
Anlässlich der Hochzeit von Rickis Sohn drohen alte Konflikte zu eskalieren und alte Wunden aufzubrechen. Mit Hilfe ihrer besseren Hälfte, ihres Freundes oder Animus, erkennt sie, dass sie ihren Kindern nur das zu geben hat, was wahrhaftig ihre Gabe ist: ihre Musik. Und genau das macht wahre Versöhnung möglich! Obwohl Ehefrau und Mutter, ist Ricki dem Ruf gefolgt, ihre Berufung zu leben, ein bislang männliches Privileg. Mit ihrem Mut erweitert sie auch den Horizont ihrer (spieß-)bürgerlichen Familie. Auf ihre Art zeigt sie ihren Kindern, was es bedeutet, authentisch zu sein. Sie selbst lernt die Bedeutung von „einmal Mutter, immer Mutter" verstehen. Sie begreift, dass es nicht die Pflicht der Kinder ist, sie zu lieben; sondern vielmehr ihre Pflicht als Mutter, ihre Kinder zu lieben. So kann sie zum Schluss die losen Enden ihres Lebensweges verknüpfen und erfahren, dass ja auch ihre Kinder, „ihre Schöpfung", Ausdruck ihrer Kreativität sind – mehr noch als ihre Songs.

Deutung 4:
Jede mythologische Heldenreise endet mit der Heimkehr. So muss auch Linda/Ricki wieder an den Ausgangspunkt ihrer Reise zurückkehren. Nach gesellschaftlicher Moral hat sie „Schuld" auf

sich geladen, als sie aus egoistischen Gründen ihre Familie und vor allem ihre Kinder verließ. Als sich dann mit ihrer Heimkehr der Kreis wieder schließt, haben alle einen Entwicklungs- und Reifungsprozess durchlebt. Gegenseitiges Verstehen und Einverstandensein mit dem, was ist und war, macht Versöhnung möglich. Schuld, Anschuldigungen und Projektionen werden überflüssig.

Deutung 5:
Solch einen radikalen Aufbruch, um dem eigenen Weg zu folgen, fordert auch Christus von seinen Jüngern, wenn er ihnen rät, die Toten die Toten begraben zu lassen und ihm ohne Zögern zu folgen.

Fragen, die ZuschauerInnen sich stellen könnten:
Wie weit kann ich mich in Ricky einfühlen?
In wie weit in ihren Mann und ihre Kinder?
Würde ich nur annähernd so radikal handeln und so weit gehen?
Wäre ich bereit, so viel für meinen Weg zu opfern?
Was wäre ich bereit, für meinen großen Lebenstraum preiszugeben?
Oder neige ich dazu, auf bequemen Wegen der breiten Spur des Mainstreams und seinen Erwartungen zu folgen?
Erwarte ich das dann auch von anderen – von allen?
Wozu fühlte oder fühle ich mich wirklich berufen?
Ist mein Beruf mir Berufung oder eher meine Partnerschaft?
Was habe ich auf meinem Lebensweg vernachlässigt?
Wie lässt sich mein Lebenskreis schließen?
Welche Versöhnung steht noch aus und an?
Wie sieht die Vision meines Lebens aus?
Konnte ich meine Vision verwirklichen?

Für wen und welches Problem ist dieser Film Therapie?
Für alle, die Ihren Lebenstraum den Konventionen und der eigenen Bequemlichkeit geopfert haben.

Nur für Personal (2010, 107 Min.) von Philippe Le Guay

Jean-Louis Joubert (Fabrice Luchini) ist Besitzer eines großbürgerlichen Stadthauses in bester Pariser Lage. Beruflich ein erfolgreicher Vermögensverwalter, verbringt er mit seiner Frau Suzanne (Sandrine Kiberlain) die meiste Zeit mit den üblichen gesellschaftlichen Verpflichtungen der Pariser Upper Class. Die Stimmung in ihrem luxuriösen Zuhause ist kühl und steril, ihr Leben mit Bedeutungslosigkeiten gefüllt und durchgetaktet. Der Luxus bringt wenig Licht in ihr „Gelebe". Man is(s)t so fein und elegant und sich seines Status bewusst, dass kein Raum für Lebendigkeit bleibt. Alles läuft entsprechend der Etikette und hat seine fest gefügte Ordnung. Ein nicht perfekt gekochtes Frühstücksei kann da schon die Tageslaune kippen lassen. Die Kommunikation innerhalb der Familie ist auf den Austausch von Banalitäten und auf Alltagsorganisation beschränkt. Zwischenmenschliche Missverständnisse sind so vorprogrammiert, werden aber nicht thematisiert, um bestehende Strukturen nicht zu gefährden.

So wird die Kündigung eines langjährigen, perfekt eingearbeiteten Dienstmädchens zur kleinen Katastrophe, zumal kein anderer französischer Ersatz verfügbar ist. Also sehen sich Jean-Louis und Suzanne gezwungen, ein spanisches Dienstmädchen als zweite Wahl einzustellen. Maria (Natalia Verbeke), die Neue, bezieht zusammen mit anderen Angestellten eine kleine Kammer in der 6. Etage des herrschaftlichen Hauses. Dieser Anlass führt Jean-Louis nach langer Zeit wieder in diesen Bereich seiner

Luxusimmobilie – eine Art Gegenwelt im Vergleich zu seiner Komfortzone weiter unten. Die Bewohnerinnen dieser Etage haben kein Bad und ihre Toiletten sind immer verstopft.

Deutung 1:
Nicht nur die gesellschaftliche Kluft zwischen den einfachen Leuten und der besseren Gesellschaft in ein und demselben Haus macht Jean-Louis betroffen, sondern auch, dass hier trotz Armut alle fröhlich und voll Lebensfreude sind. Irgendwie ist man weiter oben offenbar auch dem Himmel näher. Monsieur verliebt sich in das lebendigere Leben in den Oberstübchen. Auch er möchte dem Himmel näher kommen. Seine wachsende Sympathie für Maria veranlasst ihn dazu, Renovierungen in Auftrag zu geben. Er beginnt, sich für die spanische Kultur zu interessieren und lernt sogar die Sprache – wohl, um dem Geheimnis der Lebensfreude auf die Spur zu kommen. Mit der Zeit springen immer mehr Funken von Lebendigkeit und Lebensfreude auf ihn über. Zum Entsetzen seiner Familie zieht er zu den Frauen der 6. Etage in eine Abstellkammer und ist das erste Mal seit langem wieder glücklich. Jean-Louis' Zuneigung zu Maria wächst und ein modernes Aschenputtel-Märchen bahnt sich an.

Deutung 2:
Marias Freundin Concepción will diese vor der Wiederholung eines Fehlers (be-)schützen. Maria hatte schon einmal eine Beziehung, wurde schwanger und musste ihren Sohn Miguel zur Adoption freigeben. Mit der Aussicht darauf, ihren Sohn wieder zu finden, lockt Concepción Maria zurück nach Spanien. Jean-Louis bleibt zwar mit seinem Liebeskummer allein zurück, aber sein Leben hat sich durch die Begegnung mit der so ganz anderen Lebensweise für immer verändert. Aus den gesellschaftlichen Zwängen befreit, findet er zu jenen Werten, die das Leben befruchten und eigentlich erst lebenswert machen: Zusammenhalt,

Hilfsbereitschaft, Leichtigkeit, Lebensfreude und Vertrauen in den Fluss des Lebens.

Und so macht sich Jean-Louis drei Jahre später auf nach Spanien, in der Hoffnung, Maria wiederzufinden.

Deutung 3:
Nicht selten ist weniger mehr und Reichtum, Erfolg und Luxus sind nicht nur kein Garant für ein glückliches Leben, sondern werden im Gegenteil zum Hindernis. Der Preis für äußere Werte ist oftmals hoch – zu hoch, wenn Lebensfreude, Lebendigkeit und Fröhlichkeit auf der Strecke bleiben, Partnerschaften und Freundschaften verkümmern. Das Leben wird so zu einer inhaltlosen Fassade. Strukturen und Etikette ersticken die Lebendigkeit. Smalltalk ersetzt wirkliche Gespräche. Menschen leben, jeder in seiner eigenen Ego-Glocke eingeschlossen, neben einander vor sich hin und aneinander vorbei.

Deutung 4:
Wahres Glück, Erfüllung und Lebensfreude kommen von innen und finden sich nicht selten in den einfachen Dingen des Lebens. Je einfacher und wesentlicher sich das Leben gestaltet, desto weniger äußeren und inneren Zwängen sind wir unterworfen. Die Frage, was wahrhaft wichtig im Leben ist, lässt sich wohl am besten beantworten, wenn wir uns vorstellen, am Ende unseres Lebens zurückzublicken. Mit Hilfe dieser Übung lässt sich entscheiden, was wirklich von Bedeutung war. Aus dieser Perspektive sind es immer Werte wie Liebe, menschliche Nähe, angenommene Herausforderungen und oftmals auch (Selbst-)Disziplin.

Wenn wir unsere Tage mit Leben füllen, mit Lebendigkeit und (Lebens-)Freude, wird jeder Tag zu einem guten.

Fragen, die ZuschauerInnen sich stellen könnten:
Wie viel bedeuten mir Luxus, Status, gesellschaftliche Anerken-

nung und Erfolg?
Was bin ich bereit, dafür zu opfern?
Wie viel Lebenszeit und Energie investiere ich, um den Applaus der Gesellschaft zu bekommen?
In welchen Momenten empfinde ich Lebensfreude?
Wie oft bin ich richtig fröhlich?
Wie viele wirkliche Freunde habe ich? Was würde ich alles aus Freundschaft tun?
Was aus Liebe?
Wo ist mein Leben zu kompliziert, geordnet und unnötig durchorganisiert?
Von welchen gesellschaftlichen Zwängen möchte ich mich befreien?
Mit welchen vermeintlich wichtigen Konzepten beschwere ich mein Leben?
Was betrachte ich als wichtig, wertvoll und wesentlich?
Was ist mein größtes inneres Hindernis, um das Leben jeden Moment mit Freude im Herzen zu genießen?

Für wen und welches Problem ist dieser Film Therapie?
Für all jene, die auf dem Weg sich selbst und ihre Lebensfreude verloren haben und noch über ein paar Funken Lebendigkeit verfügen.

Evita (1996, 129 Min.) von Alan Parker

Die Verfilmung des bekannten Musicals von Andrew Lloyd Webber behandelt das Schicksal der bemerkenswerten Evita Peron (Madonna), die mit Hilfe des Offiziers Juan Peron (Jonathan Pryce) von der Prostituierten zum Idol der Massen und einer First Lady mit nie da gewesener Macht aufsteigt. Insofern ist sie eine der ersten Frauen, die wirklich politisches Gewicht erreicht. Zu Lebzeiten ein Idol der Armen, wird sie posthum zur Legende. Ihr frühes Sterben an Leukämie fördert diesen Verklärungsprozess noch, denn ihre Politik ist keineswegs nachhaltig, sondern auf Showeffekte ausgerichtet. Aber ihr Charisma war derart, dass selbst noch ihr einbalsamierter Leichnam über die Bewegung des Peronismus hinaus politischen Einfluss ausübte.

Im Film wird Che Guevara (Antonio Banderas), der Freiheitskämpfer an der Seite Fidel Castros und ebenfalls eine argentinische Legende, als eine Art Gegenpol aufgebaut, obwohl beide politisch-historisch keine Berührungspunkte hatten. Er redet und singt ihr sozusagen ins Gewissen.

Deutung 1:

Evita Peron verfolgt ihren Weg kompromisslos und mit dem ihr eigenen Charisma. Mittels ihrer Überlebensstrategie, bezahlter Liebe als Mittel zum Zweck, gewinnt sie das Herz des Offizier Juan Peron – und in der Folge erhebliche gesellschaftliche Macht. Aber es ist ihr Charisma, das sie zur Legende über ihren frühen Tod hinaus macht und zu einer Kultfigur in Argentinien, so dass sie schließlich sogar „ihr" Musical und einen Hollywood-Film bekommt. Sie missbraucht ihre Macht für ihre eigene Karriere und entwickelt sich zur klassischen Populistin, die dem Volk nach dem Mund redet und ihm und Argentinien eher schadet. Denn sie „regiert" mit großen Gesten und demonstrativen Geschenken, ohne jedoch, wie versprochen, wirklich im Land positive Entwicklungen in Gang zu bringen.

Das Musical setzt ihren frühen und öffentlichen Tod so wirksam in Szene, dass die historische Wirklichkeit dahinter verschwindet. Insofern ist heute kaum mehr zu klären, ob Evita zum Ende ihres Lebens wirklich Reue fühlte und sich ehrlich beim betrogenen Volk entschuldigte, oder ob auch das nur eine Show war.

Deutung 2:
Die Politiker der Welt, die gern jederzeit auf Edel-Callgirls „zurückgreifen", wie im Schweizer Film ***Der große Kater*** mit Bruno Ganz so nebenbei deutlich wird, müssen mit Evita Peron ganz öffentlich einer Ex-Prostituierten die Hand reichen und diese schütteln. Das mag eine große Genugtuung für Evita und die Callgirls der Welt gewesen sein und ein seltener Akt – selbstverständlich ungewollter – Ehrlichkeit seitens führender Politiker.

Wie sehr käufliche Liebe in die wohl immer schon käufliche Welt der Politik hineinspielt, zeigt auch der Film ***Die Kurtisane von Venedig***, in der diese durch ihren Einsatz mit Leib und Seele die Stadt rettet. Ihr gelingt die Erlösung der 5. Lebensbühne. Sie geht ihren Weg vom Hochmut (als sie alle einflussreichen Männer der Stadt haben kann) über den Großmut für die Stadt bis hin zum Löwenmut und jener Courage, die ihr erlaubt, sich sogar gegen die Inquisition zu behaupten. Als sie am Ende auch noch mit Gleichmut in der Stadt ihrer (Herzens-)Liebe lebt und einen Zufluchtsort für Leidensgenossinnen schafft, hat sie alle Formen des Mutes durchlaufen und erlöst.

Fragen, die ZuschauerInnen sich stellen könnten:
Wie käuflich bin ich?
Wie weit bin ich bereit, zu gehen, um mich zu verwirklichen?
Wofür würde ich mein Charisma einsetzen und nutzen?
Wie wichtig ist mir mein eigenes Gefühl? Wie wichtig ist mir die Meinung der anderen über mich?

Ein unmoralisches Angebot (1993, 112 Min.) von Adrian Lyne

Robert Redford spielt in diesem Filmdrama den Milliardär John Gage, der beobachtet, wie der Architekt David Murphy (Woody Harrelson) und seine Frau Diana (Demi Moore) vergeblich versuchen, beim Glücksspiel zu Geld zu kommen, um ihr „Traumhaus" fertig zu bauen. John bietet dem Paar eine Million US-Dollar für eine Nacht mit Diana. Nach Unterzeichnung eines entsprechenden Vertrags fliegen die beiden in Johns Hubschrauber zu dessen Jacht, knapp bevor David die inzwischen bereute Abmachung noch verhindern kann.

Deutung 1:
Der Film lebt vom Charisma, das Robert Redford ausstrahlt. Steinreich und obendrein gut aussehend, erscheint eine Nacht mit ihm nicht als das große Opfer für Diana. Aber für den eifersüchtigen David ist es dann doch viel zu groß. Das Paar erlebt eine besondere Nacht, aus der eine Menge Verwicklungen im Zusammenhang mit Sexualität, Liebe und deren Käuflichkeit entstehen.

Zwar bekommen David und Diana das Geld, sie verpassen jedoch knapp den Banktermin. So ist das Haus, für das sie sich interessiert haben, schon weg. Gage hat es gekauft. Die Ehe der beiden wird nun auf eine harte Probe gestellt und geht durch Streit und Misstrauen, vor allem aber durch Davids Eifersuchtsattacken in die Brüche. Schließlich folgt Diana dem Werben, dem Charme und dem Charisma von Gage, der sich in ihrer gekauften Nacht in sie verliebt hat. Sie zieht zu ihm.

Deutung 2:
Bei einem gemeinsamen Auktionsbesuch, wo es um Patenschaften für Zoo-Tiere geht, treffen die drei wieder zusammen. Als

David die erhaltene Million opfert, um die Patenschaft für ein Nilpferd zu ersteigern, das mit Erinnerungen an die gemeinsame Zeit mit Diana verbunden ist, versteht John, dass David und Diana einander immer noch viel mehr bedeuten als er je für sie bedeuten könnte. David opfert gleichsam das ganze Geld, um wenigstens nachträglich und moralisch aus diesem Deal herauszukommen, der ihre Ehe zerstört hat. Tatsächlich hat er natürlich nur deren Schwächen enthüllt.

Gage kann sich angesichts dieser Situation zur erlösten Höhe der 5. Lebensbühne aufschwingen und opfert nun absichtlich seine Liebesgeschichte mit Diana. Er kehrt dafür aber den protzigen selbstgerechten Aspekt dieses Prinzips hervor und teilt ihr kühl – in Wirklichkeit aber schweren Herzens – mit, sie sei die beste unter den vielen Million-Dollar-Frauen gewesen. Darauf besinnt sich Diana wieder auf David. John bleibt nach seiner Ego-Überwindung allein, aber gewachsen, zurück.

Deutung 3:
„Beim Geld hört die Freundschaft auf" weiß der Volksmund. Wo das stimmt, war es nie Freundschaft. Wenn die Liebe beim Geld aufhört, gilt dasselbe. Die große Liebe müsste über das große Geld hinausgehen, um dieses Adjektiv zu verdienen. Das ist in unserer Epoche der Geld-Welt-Religion ein großes Thema.

Fragen, die ZuschauerInnen sich stellen könnten:
Was ist (mir) meine Liebe wert?
Wie käuflich wäre ich in solch einer Situation?
Liegt auch eine Verlockung darin, mich für Geld hinzugeben oder Hingabe zu erkaufen?
Wie käuflich bin ich generell?
Wie weit ginge ich, um einen Lebenstraum zu erfüllen?

Für wen und welches Problem ist dieser Film Therapie?
Für all jene, die ihre Beziehung ängstlich vor Prüfungen bewahren möchten und auch für Partner, die das Verhältnis von Liebe und Geld in ihrem Leben klären wollen.

Im Auftrag des Teufels (1997, 138 Min.) von Taylor Hackford

Kevin Lomax (Keanu Reeves) ist ein junger Staranwalt in Florida, der noch nie einen Fall verloren hat. Als er einen Lehrer verteidigt, dem sexueller Missbrauch an einer Schülerin vorgeworfen wird, merkt er während des Prozesses zu seinem Entsetzen, dass sein Mandant schuldig ist. Lomax beantragt eine kurze Pause und geht auf die Gerichtstoilette, um dort nachzudenken, wie er weiter verfahren soll. Ein Reporter kommt in die Toilette und witzelt, dass die Serie der gewonnenen Verhandlungen für ihn mit diesem Fall wohl enden werde. Angestachelt von dieser Bemerkung kehrt Lomax kampfbereit in den Gerichtssaal zurück und vernimmt die Zeugin, ein elfjähriges Mädchen. Im Zuge seiner neu konzipierten Verteidigungsstrategie stellt er die Glaubwürdigkeit des Mädchens nachhaltig in Frage. Somit gewinnt Lomax den Fall, bekommt den Schuldigen frei und seinen Ruhm weiter gemehrt.

Die einflussreiche Anwaltskanzlei des charismatischen John Milton (Al Pacino) aus New York City macht ihm das äußerst lukrative Angebot, nach New York zu kommen. Lomax' Mutter, eine bibelfeste provinzielle Christin, warnt ihn vor New York, das sie als große Hure Babylon bezeichnet. Er und seine Frau Mary Ann (Charlize Theron) sind jedoch begeistert von der großen Stadt und der sündhaft teuren Wohnung, die ihnen die Kanzlei stellt.

Doch während sich Kevin Lomax in die Sozietät einarbeitet und Miltons überdurchschnittliches Interesse an seiner Person genießt, fühlt sich Mary Ann unter den verwöhnten Ehefrauen der anderen Anwälte bald unwohl. Wegen der vielen Arbeit ihres Mannes und dessen aufkeimenden und von Milton geförderten Interesses an Kollegin Christabella Andreoli beginnen die Probleme in der jungen Ehe. Derweilen bemerkt Kevin, dass in der Firma einiges nicht mit rechten Dingen zugeht: Akten werden vernichtet und Kollegen verbergen illegale Machenschaften vor ihm.

Schließlich erhält Lomax von Milton einen großen Fall: Der Baulöwe Alexander Cullen soll seine Frau und ihren Liebhaber ermordet haben. Obwohl er mit der Zeit Zweifel an Cullens Unschuld hegt, investiert der junge Anwalt von nun an alle Zeit in die Verteidigung des Klienten und vernachlässigt seine Frau noch mehr. Diese lässt sich von Milton auf einer Party zu einer radikalen Veränderung ihrer Frisur überreden, hat verstörende Visionen und Alpträume, in denen sich die Ehefrauen der anderen Anwälte in Dämonen verwandeln und ein Baby mit ihren herausoperierten Eierstöcken spielt. Milton schlägt Lomax schließlich vor, den Fall Cullen abzugeben und sich um seine psychisch immer labilere Frau zu kümmern, was Lomax jedoch mit der Begründung ablehnt, er habe Angst davor, es seiner Frau zu verübeln, wenn er den beruflichen Erfolg ihr zuliebe zurückstelle.

Als ein Kollege ermordet wird und seine zu Besuch gekommene Mutter entsetzt reagiert, als sie Milton begegnet, kommen Lomax erneut Zweifel an dessen Absichten. Zudem bemerkt er mehr und mehr offenbar übernatürliche Fähigkeiten an seinem Mentor und findet heraus, dass dieser über seine Firma die Finger in Waffen- und Drogengeschäften überall auf der Welt hat. Aber als Mary Ann Lomax behauptet, Milton habe sie vergewaltigt, schlägt sich Kevin erneut auf dessen Seite, da Milton zu dieser Zeit eindeutig bei Kevin im Gerichtssaal war. Mary Ann wird in eine psychiatrische Klinik eingewiesen. Als sie dort erneut Visionen hat, in denen Kevins Sekretärin dämonische Züge annimmt, schließt sie sich in ihr Zimmer ein und schlitzt sich mit einer Glasscherbe die Halsschlagader auf.

Benommen vom Tod seiner Frau erfährt Kevin Lomax von seiner Mutter, dass Milton sein Vater ist und dass sie schon damals, als sie ihm als junges Mädchen in New York begegnete, ahnte, wer er wirklich war. Kevin Lomax begibt sich daraufhin in Miltons Penthouse, wo dieser ihm bestätigt, dass er der Teufel und sein Vater sei. Viel mehr noch, Christabella ist Kevins Halbschwester und ihr Vater hat die beiden zusammengeführt, um den Antichristen zu zeugen. Nach einem längeren Wortwechsel glaubt der Leibhaftige, seinen Sohn zur Paarung mit seiner Schwester bewegen zu können, aber dieser schießt sich stattdessen eine Kugel in den Kopf, was einen durch die Wut des Teufels verursachten Feuersturm auslöst.

Kevin Lomax findet sich in der Herrentoilette des Gerichts wieder, im Moment kurz bevor er den anfangs genannten Sexualstraftäter vor einer Haftstrafe bewahrt. Er kehrt in den Saal zurück und findet Mary Ann gesund vor. Entschlossen, diesmal das Richtige zu tun, legt er sein Mandat nieder und riskiert seinen Ausschluss aus der Anwaltskammer. Er und seine Frau verlassen das Gericht, aber der Reporter macht sich mit Versprechungen einer großen Medienshow wieder an ihn heran. Es ist derselbe, der ihn in seiner Phantasie zum Gewinnen des Falls anstachelte. Kevin lehnt ein Interview zunächst ab, gibt dann aber – ermutigt durch den Zuspruch seiner Frau – schon sehr bald nach. Er bittet den Reporter, ihn am nächsten Morgen anzurufen. Als Kevin und Mary Ann Lomax ihn schon nicht mehr sehen können, verwandelt sich der freundliche Reporter in den selbstgefällig grinsenden Teufel Milton, der den Film mit der Miene des Siegers und den Worten abschließt: *„Eitelkeit, eindeutig meine Lieblingssünde.“*

Deutung 1:

Der junge Anwalt, dem der Ruf anhaftet, unschlagbar zu sein, klatscht sich in einer Verhandlungspause eine Hand voll Wasser ins Gesicht und sieht in diesem Moment zwei Varianten seines Lebens vor sich ablaufen. Die erste bildet unseren Film, die zweite wird zum Schluss kurz angedeutet.

Die Familiengeschichte wird hier zum Beleg für die Wirkungsweise des Gesetzes der Polarität. Kevins frömmelnd eifernde Mutter reiste einst nach „Babylon", also in die – aus ihrer Sicht – große, böse Stadt New York, und wird gleich vom Teufel persönlich in Gestalt des brillant-charmanten Al Pacino verführt und schwanger. Das Ergebnis ist ihr Sohn und Anwalt (des Teufels), der, von ihr allein erzogen, natürlich in den Gegenpol tendiert und von ihrer frömmelnden Kirchengemeinde nichts wissen will. Er geht seinen Weg und lässt sich auf seine Weise vom Teufel verführen, dem alle Mittel Recht sind. Ein Erfolg reiht sich an den anderen, seine Frau versucht ihn zu warnen, aber lässt sich selbst verführen. Letztlich treibt sie die eskalierende Dynamik des Bösen in den Wahnsinn und schließlich in den Tod.

Am Ende lehnt sich Kevin Lomax auf und versucht, sich gegen das Böse zu stellen, durchkreuzt die Träume seines Chefs, Vaters und Teufels, indem er dem Ganzen durch Selbstmord aus Verzweiflung ein Ende macht.

Deutung 2:

Zuschauer, die nun gedacht haben: „Ein Glück, das Gute hat mal wieder, wie in Hollywood üblich, über das Böse gesiegt", sehen sich allerdings auf die falsche Fährte gelockt. Es folgt das Erwachen in der Toilette. Wir sind zurück von diesem Ausflug und der Variante 1, in der Kevin seinem Ehrgeiz nachgibt. Nun schaut er sich auch noch die Variante 2 an. Er legt das Mandat nieder, was mitten in einer Verhandlung in den USA verboten ist, und folgt seinem Gewissen. Aber sogleich ist ein Journalist da, der ihm anbietet, daraus eine große Geschichte zu machen: „Der Erfolgsanwalt, der seine Karriere seinem Gewissen opfert.“ Erst lehnt Lomax ab, aber dann greift er auf Rat seiner Frau doch zu.

Und im Hintergrund zeigt Al Pacino sein teuflisches Lachen und analysiert treffend: *„Eitelkeit, meine Lieblingssünde.“* Wir entkommen dem Schatten nie, will uns dieser Film sagen, wir können uns ihm nur stellen.

Deutung 3:
Treffenderweise ist der Teufel (Al Pacino) in diesem Film Chef eines weltweiten Konzerns. Christus bezeichnet den Teufel als Herren dieser Welt. Und Konzernherren sind die modernen Herren der Welt. Ihnen geht es um Macht und Geld. Letzteres regiert diese Welt, und sie haben beides. Genau darum geht es dem Ego des jungen Anwalts und insofern ist er in diesem Weltkonzern schon richtig.

Wenn der Teufel der Herr dieser Welt und letztlich der Materie ist, gehört alles am Geld orientierte Leben, auch der Materialismus als Ganzes, zu seinem Reich. Christus sagt auch ausdrücklich: *„Mein Reich ist nicht von dieser Welt.“*

Deutung 4:
Das zeigt sehr deutlich, wo wir heute gelandet beziehungsweise gestrandet sind, dreht sich doch in der modernen Welt (fast) alles um Geld, Macht und Materie und damit den unerlöst weiblichen Pol. „Mater“ heißt lateinisch Mutter. Die Welt der Symbole, die auf die Einheit zielen, verliert in der Moderne immer mehr an Gewicht. Symbol(isch) kommt vom griechischen „symballein“, zusammen werfen, diabolisch von auseinander werfen, zerlegen, zerteilen. Insofern ist auch die Naturwissenschaft als Erforschung der Materie auf analytisch-zerteilende Weise letztlich eine diabolische. Das zeigt, wie nicht nur der junge Anwalt, sondern wir alle dieser diabolischen Welt nicht entkommen, uns ihr aber offenen Auges stellen können.

Fragen, die ZuschauerInnen sich stellen könnten:
Welchen Ego-Verlockungen bin ich schon begegnet?
Und wie damit umgegangen?
Wo liegen meine Versuchungen?
Welche Fallen habe ich hinter mir?
Welche möglicherweise noch vor mir?
Wie viel Ego kommt in meinem Beruf zum Ausdruck?
Wie viel in meiner Beziehung?

Für wen und welches Problem ist dieser Film Therapie?
Für alle Gutmenschen und Welt-Retter, aber auch für alle Bigotten.

Der Chor – Stimmen des Herzens (2014, 103 Min.) von Francois Girard

In diesem berührenden Drama prügelt sich ein kleiner Junge namens Stet (Garrett Wareing) in der Schule für die nicht vorhandene Ehre seiner meist betrunkenen und, nicht nur was Männer angeht, leichtlebigen Mutter. Er droht, unter die Räder seines schwierigen Umfelds zu geraten, ist aber mit (s)einem großen Talent beschenkt: einer himmlischen Stimme und unglaublichen Musikalität, was seine Schuldirektorin, Mrs. Steel, erkennt. Sie holt Master Carvelles (Dustin Hoffman) landesweit bekannten Jungen-Chor in ihre Schule, um Stet vorsingen zu lassen. Der aber kann die Chance nicht wahr- und die Situation nicht wichtig genug nehmen und rennt davon. Vielleicht ahnt er auch, dass ihn diese neue Herausforderung von seiner trotz allem geliebten Mutter wegführen würde.

Als diese bei einem Autounfall stirbt, kommt sein (erfolg-) reicher Vater ins Spiel und lässt sich von der Direktorin überzeugen, den Jungen in das Musik-Internat des „National Boychoir“

zu geben, wo Carvelle Chorleiter ist. Dort muss er sich durch harte Situationen durch- und hochkämpfen. Niemand macht es ihm leicht. Aber er findet immer wieder einen Fürsprecher und beißt –beziehungsweise singt – sich durch.

Deutung 1:
Der 12-jährige Stet ist ein rebellischer, musikalisch hochbegabter Einzelgänger. Seine leichtlebige, nie richtig erwachsen gewordene Mutter ist Alkoholikerin, seinen Vater kennt er nicht. Immer wieder sieht er sich gezwungen, die Mutter zu verteidigen, wozu sie umgekehrt weder in der Lage noch willens ist. In dieser Familienkonstellation ist er der Erwachsene und trägt eine Verantwortung, die seinem Alter nicht entspricht. So reagiert er häufig aggressiv und weder Mutter noch Lehrer werden mit ihm fertig. Einzig die Schuldirektorin Ms. Steel fördert ihn nach Kräften und überzeugt seinen Vater, ihn in das Internat des National Boychoir zu geben. Der erreicht seine Aufnahme nur durch Bestechung.

Deutung 2:
(Lebens-)Wege sind oft schwer, aber wir müssen sie gehen – trotz aller Widrigkeiten. Stet zeigt das bewunderungswürdig und gibt nicht auf. Er ähnelt jenem jungen Tanzgenie aus dem Bergarbeiter-Milieu, Billie Elliot, der sich gegen alle Wahrscheinlichkeit und jede Menge Widerstände frei- und ganz nach oben tanzt, wovon der Film ***Billy Elliot – I will dance*** (2000, 108 Min.) berührendes Zeugnis ablegt.

Der Chor macht in anrührender Weise deutlich, wie der vorgezeichnete Weg, hier verbunden mit dem großen Geschenk der Musikalität, gegangen werden muss. Und nur wer die Herausforderung annimmt, erhält auch schicksalhafte Unterstützung. Den Chorleiter Carvelle, der ihm anfangs eher skeptisch begegnet, kann Stet rasch von seinem Talent, aber nur langsam von seinem

Charakter überzeugen. Am Ende aber kämpft er sogar für ihn. Als der Vater nämlich seinen Sohn vom Internat nehmen will, weil er Angst hat, dass seine Frau von dem Ergebnis eines Seitensprungs erfährt, erpresst Carvelle ihn geradezu, damit Stet bleiben kann.

Stet war schon in seiner ersten Schule Außenseiter und bleibt es auch. Er kann sich nur schwer in die ganz andere, versnobte und elitäre Welt eines noblen Jungeninternats integrieren. Zudem herrscht unter den Buben ein gnadenloser Konkurrenzkampf, wer den besten Part singen darf. Gekämpft wird auch mit hinterhältigen Methoden, die sich üblicherweise gegen das schwächste Glied der Gruppe, Stet, richten. Insofern erlebt Stet ein drastisches Abbild unserer spätkapitalistischen Gesellschaft und Arbeitswelt.

Deutung 3:

Der strenge Chorleiter Carvelle versucht Stets Wildheit zu zähmen. Er provoziert ihn so lange, bis Stet trotzig den inneren Entschluss fasst, diese wahrscheinlich einzige große Chance seines Lebens – wenigstens im zweiten Anlauf – zu ergreifen. Er beginnt, wie besessen zu lernen. Je besser aber Stet wird, desto mehr Anfeindungen und Mobbingattacken der anderen Jungs ist er ausgesetzt. Doch schließlich kommt sein großer Sieg, die Belohnung für seine Ausdauer, seinen Fleiß und seine innere Wandlung. Anlässlich eines großen Konzerts in New York darf er die Solopartie singen und wird vom Publikum gefeiert. Im Zuschauerraum ist auch sein Vater. Berührt vom Talent seines Sohnes, gesteht er seiner Frau seinen damaligen Fehltritt.

Als Stet dann in den Stimmbruch kommt und das Internat des „Boychoir" verlassen muss, nehmen Vater und Stiefmutter ihn bei sich auf und er findet endlich (s)ein Zuhause. Er ist jetzt Sohn – und nicht mehr das störende Ergebnis eines Seitensprungs.

Deutung 4:
Unauffällig im Hintergrund hat Stet – wie jede(r) von uns – seinen Schutzengel, die Direktorin, die ihn, sein Talent und seinen guten (Wesens-)Kern erkennt und ihn nie aufgibt. Sie hat – typisch für Schutzengel im Hintergrund wirkend – zuerst den Chor zu ihm gebracht. Als das nicht klappte, brachte sie bei nächster Gelegenheit Stet zum Chor. Sie arbeitet mit allen Mitteln für ihn und ist auch bei seinem größten Triumph dabei – unerkannt im Hintergrund. Der Devise von Schutzengeln verpflichtet, treten diese – wie schon Bagger Vance – nur in extremen Notfällen in den Vordergrund, um bei erster Gelegenheit wieder zu verschwinden.

Deutung 5:
Wie in vielen Märchen sind es auch in dieser Geschichte die harten, widrigen, ja „bösen" Umstände, die Stet auf seinen Entwicklungsweg bringen. Der Tod der Mutter, die Anfeindungen im Internat und die gnadenlosen Forderungen seines Lehrers holen letztlich das Beste aus ihm heraus. Im Märchen übernehmen diese Entwicklungsrollen die böse Stiefmutter, die Hexe, herzlose Herrscher, Zauberer oder böse Geschwister.

Nicht selten werden aber gerade die vom Schicksal hart Geprüften zu außergewöhnlichen Persönlichkeiten, die Großes vollbringen. Wenn jemand auf der Sonnenseite des Lebens geboren wurde, fehlt oft die Notwendigkeit, sich zu entwickeln und die Bequemlichkeit eines reibungslosen, guten Lebens führt zu Erschlaffung. Das Leben verläuft dann in bedeutungslosen und banalen Bahnen.

Antoine de Saint-Exupéry rät: „*Geh nicht nur die glatten Straßen, geh Wege, die noch niemand ging, damit du Spuren hinterlässt.*" Das sind nicht die bequemen und leichten (Lebens-)Wege. Um als „Sieger" schließlich heimzukehren, müssen die Herausforderungen des Schicksals angenommen, die Gelegenheiten erkannt werden. Wir müssen uns den Prüfungen des Lebens stellen, statt in Jammern, Selbstmitleid und Klagen über die Ungerechtigkeit der Welt zu verfallen. So lassen sich Spuren in den Sand des Lebens zeichnen.

Beziehungen zu anderen Lebensbühnen:
Im Singen und seiner sinnlichen Schönheit begegnen wir der 2. Lebensbühne. Die unerlöste 7. Bühne streifen wir mit der käuflichen Liebe, die Stet wohl auf die Welt gebracht hat und insofern auch nicht zu unterschätzen ist. Die Hinterhältigkeit unter den Jungs und die Erpressung des Vaters durch Carvelle gehören auf die 8. Den Lebenssinn treffen wir auf der 9. in der himmlisch-christlichen Musik und die 4. Bühne mit dem Eintritt in die (fast) heile Familie.

Fragen, die ZuschauerInnen sich stellen könnten:
Wie gehe ich mit den Herausforderungen und Prüfungen des Schicksals um?
Ergreife ich Gelegenheiten, die sich mir bieten?
Oder neige ich zu Jammern und Selbstmitleid?
Tappe ich oft in die Falle der Projektion und suche Schuld bei anderen oder in äußeren Widrigkeiten?
Wogegen bin ich im Widerstand?
Neige ich zu Neid, wenn es anderen besser zu gehen scheint?
Hadere ich oft mit dem Schicksal?
Oder nehme ich die Hürden an und meistere sie?
Wie häufig fühl(t)e ich mich vom Leben ungerecht behandelt?
Wie oft und wann haben mich „böse“, „ungerechte“ Umstände auf einen guten und richtigen, nämlich meinen Weg gebracht?
Wo liegt mein Talent, meine Gabe?
Habe ich es schon gefunden und mich ihm gestellt?
Oder suche ich noch? Und wenn ja, wie engagiert und bereitwillig?
Bin ich offen für das Wirken meines Schutzengels? Er ist ja

längst da, auch wenn ich ihn bisher noch übersehen haben mag. Folge ich meinem Weg? Und lasse ich mich zugleich führen? Wo sind in meinem Leben Gegner, die zu Helfern werden könnten, wie hier der Chorleiter?

Für wen und welches Problem ist dieser Film Therapie?

Für alle Steckengebliebenen, scheinbar Hoffnungslosen, die ihren roten Faden noch nicht entdeckt haben, der sie durchs Leben führen kann und will. Und für alle, die nicht an Schutzengel glauben und insofern auch nicht offen dafür sind und so Gefahr laufen, das Wichtigste auf dem (Lebens-)Weg zu übersehen.

Musik-Filme

Zur 5. Lebensbühne gehören viele Musik-Filme, denn sie sind meist auch Biographien und spiegeln die Kreativität und oft Genialität ihres Stars, des Sterns, um den sich der Film dreht und um den er gedreht wurde.

Beyond the Sea – Musik war sein Leben (2004, 118 Min.)

ist ein Musikfilm von Kevin Spacey, der auch die Hauptrolle in der berührenden Lebensgeschichte von Bobby Darin, einem großen Star und Entertainer in den USA, spielt. Wegen rheumatischen Fiebers, das sein Herz angreift, und einer geringen Lebenserwartung von maximal 15 Jahren (wie ein wenig einfühlsamer Arzt für ihn hörbar sagt) beginnt er mit wirklich schlechten Karten.

Aber mit Hilfe seiner Mutter und der Musik, die sein Leben wird, macht er sich gegen alle Widerstände auf seinen Weg. Der führt ihn aus der Bronx, einem New Yorker Armenviertel, an die Weltspitze des Entertainments. Dabei hilft ihm sein Kinder-Ich: Der kleine, dünne Junge aus der Bronx, der mehr im Bett lag, als auf seinen Beinen stand, steht ihm ein Leben lang bei und berät ihn besser als die besten Freunde.

Bobby erobert sich seine Frau (Kate Bosworth), die Liebe seines Lebens, und ficht mit ihr manch dramatischen Kampf durch (sie ist Schauspielerin und träumt selbst von einer Karriere). Als er sich aber aus den Nachtclubs zurückzieht und politisch engagiert, für Robert Kennedys Präsidentschaftskandidatur kämpft und einfühlsame Anti-Kriegslieder singt, buht ihn das Publikum von der Bühne. Er aber bleibt sich treu und schafft es nochmals, wieder ganz nach oben zu kommen – obwohl sein Herz kaum noch mitspielt, aber immer mehr mitsingt. Bobbys Abschiedsvorstellung berührt insofern am meisten. Dabei stellt er der Welt seine wirkliche Mutter vor, die ein Leben lang seine ältere Schwester spielte, um ihm überhaupt nahe zu sein.

Deutung 1:

Darin stirbt gemessen an der Prognose spät, aber doch mit 37 Jahren früh, an seinem geschädigten Herzen. Sein Lebensweg ist verschlungen und auch für ihn selbst nur schwer und spät durchschaubar: aufgewachsen ohne Vater und mit einer Schwester, die eigentlich seine Mutter war, die ihn aber nicht hätte behalten können, weil sie ihn mit 17 bekam. Deshalb spielte seine Groß(e) Mutter seine Mutter. Trotz dieser ungünstigen Voraussetzungen schöpft er Vertrauen in sich und sein Talent.

Nicht nur wegen der mitreißenden Musik ist ***Beyond the Sea*** ein spannender Film über einen Musiker, der trotz aller gesundheitlichen Widrigkeiten sein Leben lebt. Da er keinen Vater hat, lässt er sich von den drei Frauen in seinem Leben, aber vor allem auch von seinem vielleicht imaginierten Kinder-Ich – dem dünnen Jungen, der nicht aufgibt – durch alle Höhen und Tiefen führen. Der wird zu seinem Schutz-Geist oder -Engel. Tatsächlich gehört vielleicht auch Kevin Spacey zu seinen Schutzengeln. Der sang alle Songs selbst, tanzte die Choreographien persönlich und verschaffte so Bobby Darin einen großen musikalischen Nachruf, auch wenn ihm viele Kritiker das als Egotrip auslegten.

Fragen, die ZuschauerInnen sich stellen könnten:
Wie gehe und ging ich bisher mit Widerständen – etwa durch Krankheit bedingten – um?
Konnte auch ich schon manchmal „Krankheit als Weg“ zu (m) einem Ziel erkennen?
Wo habe oder hatte auch ich Unterstützung, die ich gar nicht richtig einschätzen konnte (wie Bobby die Schwester, die in Wirklichkeit seine Mutter war)?
Habe ich noch Kontakt zu meinem jüngeren Ich, zu meinem inneren Kind?
Will ich dieses wieder in mein Leben integrieren und alles spielerischer, schwungvoller, beseelter angehen?

Für wen und welches Problem ist dieser Film Therapie?
Für all diejenigen, denen schwere Steine auf den Lebensweg gelegt wurden, um Mut zu fassen, trotzdem dem eigenen roten Faden zu folgen. Für alle, die ihrem Talent (noch) nicht trauen.

Walk the Line (2005, 136 Min.) von James Mangold

Die Musikerbiografie führt uns mitten ins Leben von Johnny Cash und June Carter, gespielt von Joaquin Phoenix und Reese Witherspoon. Getragen von Johnny Cashs wundervollen Songs zeigt der Film auch all die Schattenaspekte, die oft so typisch für den Lebens- und Erfolgsweg großer Künstler sind. Am Anfang will niemand Johnny (zu-)hören und alle Unterstützung bleibt aus. Vor allem glaubt niemand an ihn und seine Musik, außer ihm selbst. Zuerst muss er sich, der Welt und seiner Partnerin beweisen, dass er „es drauf hat". Das aber beginnt oft – so auch bei Johnny Cash – mit deprimierenden Vorsing-Situationen vor (manchmal miesen) kleinen Agenten, die nur eigene Vorteile im Kopf und Dollarzeichen in den Augen haben.

Deutung 1:

Sich durchzusetzen, hat offensichtlich nur bedingt mit Talent zu tun. So manchem Weltstar, der später die großen Konzertsäle füllte, hörte kaum jemand zu, als er als Straßenmusiker am Bahnhof stand. So mancher bekam auch anfangs kaum Geld – ein paar Dollar vielleicht aus Mitleid – und keine Anerkennung. Das zeigt, wie entscheidend die Umstände und vor allem das Feld der Unterstützer für eine Karriere sind. Dieses Feld müssen sich praktisch alle Stars erst aufbauen, ersingen oder ertanzen. Sie müssen die Herzen der Menschen erreichen. Aber die sind erst mal meist gar nicht offen für sie.

Das ist bei Johnny Cash nicht anders. Seine Anfänge verlaufen eher (proto-)typisch und außergewöhnlich hart. Er muss lernen, viele Körbe ein- und wegzustecken. Und er lernt es, was wohl seine Zeit seines Lebens gepflegte Nähe zu (anderen) Außenseitern zur Folge hat, mit der er auch kokettiert. Cash war tatsächlich im Gefängnis, sogar in dem berühmten St. Quentin, aber eben nicht als Gefangener, sondern als Stargast, der gratis für die Gefangenen sang und spielte. Als später der gleichnamige Song St. Quentin (Welt-)Karriere machte, sprachen böse Zungen und Schattengeister natürlich von einer PR-Masche.

Aber Johnny geht seinen Weg, davon spricht auch der Filmtitel – den Weg gehen, der Linie, dem Faden folgen.

Schließlich trennt er sich noch von seiner Frau und kämpft um seine wirkliche Seelen-, Liebes- und Lebenspartnerin June Carter, die schon lange vor ihm ein Star ist. Sie kommt aus einer landesweit bekannten Musiker-Familie, er aus einfachsten Bürgerverhältnissen, aus denen er sich erst einmal mit Jobs freikämpfen musste, die seine Seele nicht nährten und sein Herz kalt ließen.

Johnny gewinnt schließlich (seine) June und darf sie fast sein ganzes Leben lang (be-)halten. June Carter steht zu ihm durch dick und dünn, ohne je zu versuchen, ihm die Show zu stehlen. Sie geht mit ihm auch durch all die Schattentäler des Absturzes in Drogenhöllen und Lebenskrisen, die für so viele Stars (arche-)typisch sind. Sie kann ihr Ego hinter der Liebe zu Johnny zurückstellen und erträgt, wie sein Stern so richtig aufgeht und ihren eigenen bei weitem überstrahlt. Als sie vor ihm stirbt, ist er danach nicht mehr er selbst, singt aber tapfer weiter. Wir haben es also mit einer großen Liebesgeschichte in einer großen Lebensgeschichte zu tun.

Deutung 2:

Johnny Cash zeigt, wie sehr gerade Stars verlässliche Liebes- und Lebensbeziehungen brauchen, um ihr Lebensschiff durch ihre anstrengende und herausfordernde Welt voller Engen, Klippen und Versuchungen zu steuern. Johnny hat dieses Glück, musste es sich aber erst unter Schmerzen erkämpfen. Tatsächlich muss er sich sehr unbeliebt machen, seiner großen Liebe zuliebe. Aber er schafft es und auch June Carter schafft es – ihr wird es ebenso wenig leicht gemacht. Beide kämpfen sich aus der lähmenden bürgerlichen Bequemlichkeit frei, um einander zu haben und zu l(i)eben.

Diese große Liebe wird entscheidend für beider Leben. Erst spät wird – vor allem in seinem christlichen Album Songs from my Mother´s Songbook – Johnnys Beziehung zu seiner religiösen Rückbindung deutlich.

Fragen, die ZuschauerInnen sich stellen könnten:
Was bin ich willens, für meinen Traum vom (Lebens-)Erfolg zu tun?
Zu wie viel Einsatz bin ich bereit, um das auf die Welt zu bringen, was ich zu geben habe?
Habe ich eine so tragende Beziehung wie sie im Film gezeigt wird? Träume ich von einer solchen?
Auf wen kann ich mich wirklich immer verlassen?
Worauf kommt es mir am meisten an?
Wie gehe ich mit den Abgründen meines Lebens um?
Wo neige ich zu vermeintlichen Abkürzungen wie Drogen auf dem (Lebens-)Weg?
Wie leicht fällt es mir, Sackgassen, wenn ich sie als solche erkannt habe, wieder zu verlassen?

Für wen und welches Problem ist dieser Film Therapie?
Für alle, die sich noch nicht in ihrer Berufung verwirklichen, aber davon träumen. Die für etwas brennen, aber noch nicht gefunden haben, woran sie ihr Feuer entzünden können.

Für Menschen in Sackgassen, damit sie diese als solche durchschauen und den Mut zu finden, sie wieder hinter sich zu lassen. Und für diejenigen, denen es an Mut und Entschlossenheit fehlt, zu ihrer großen Liebe zu stehen, weil die beruflichen oder partnerschaftlichen Umstände dagegen sprechen.

Ray (2004, 152 Min.) von Taylor Hackford

In diesem Film geht es um das Leben des Soul-Musikers Ray Charles. In diesem wundervollen, von der berührenden Original-Musik geprägten und beschwingten Film, zeigt die Geschichte viele Parallelen zu der von Johnny Cash. Die Ähnlichkeiten solcher Lebenswege in aller Öffentlichkeit verraten besonders deutlich die archetypischen Lebensmuster. Als Blinder und Schwarzer – und das auch noch in Georgia – hat Ray noch mehr Widerstände gegen sich als Johnny Cash. Auch er verfällt den Verlockungen harter Drogen – aber im Gegensatz zu Johnny auch denen weiblicher Fans. So verliert er mit seiner Frau auch seinen Rückhalt, was den Absturz in die Drogensucht noch verschlimmert. Aber auch er taucht, vor allem aus eigener Kraft, wieder auf.

Zusätzlich hat Ray als Schwarzer in Georgia noch das Problem der Rassendiskriminierung gegen sich. Lange weigert er sich, diesen Fehdehandschuh aufzunehmen und eindeutig Stellung zu beziehen. Aber auch dieser Herausforderung muss er sich schließlich stellen und noch einen weiteren, jetzt öffentlichen Kampf ausfechten.

Deutung 1:
So kommt es, dass der Sänger von Georgia on my mind in seiner Heimat Georgia Auftrittsverbot bekommt. Obwohl ihn das ins Mark trifft, bleibt er sich und seinem Weg treu und wird am Ende belohnt. Er wird schließlich Ehrenbürger von Georgia und singt sein Lied im Parlament. So nimmt er schlussendlich nicht nur in der Musik-Geschichte seines Landes, sondern auch im Kampf gegen die Rassendiskriminierung in den USA seinen Platz ein.

Deutung 2:
Ray Charles' Weg durch die dunklen Seelenbezirke der Drogensucht, seine Sehnsucht nach Liebe, die ihn in die Arme von Frauen führt, die weniger ihn selbst, als seine Position und sein Geld meinen, aber auch die Diskriminierung als Schwarzer bewirkten, dass der Sänger zeitweise wie „von allen guten Geistern verlassen" dastand. All das macht bei Ray das „Schattenprinzip" noch deutlicher als bei Johnny Cash.

Fragen, die ZuschauerInnen sich stellen könnten:
Wie erlebe ich das „Schattenprinzip"?
Wie steht es um meine Fähigkeit, trotz allem zu mir und meinem Weg zu stehen.
Ist Sucht für mich eine echte Gefahr? Wenn ja, welches ist mein Suchtmittel (Drogen, Alkohol, Tabak oder auch der Fernseher, das Smartphone)?
Erliege ich der Versuchung, Sex nur oberflächlich zu konsumieren?
Achte ich in meinen Liebesbeziehungen darauf, tatsächlich selbst gemeint zu sein, nicht meine gesellschaftliche Stellung/mein Geld/mein Aussehen?
Wo werde ich wegen Eigenschaften diskriminiert, die zu mir gehören (z. B. als Mann/Frau, Homosexuelle/r, Migrant/in?
Stelle ich mich den Konflikten, die sich daraus für mich ergeben?

Für wen und welches Problem ist dieser Film Therapie?
Für alle Opfer des „Schattenprinzips", die dieses Opfersein aufgeben wollen.

Selena – ein amerikanischer Traum (1997, 122 Min.) von Gregory Nava

Mit einer überragenden Jennifer Lopez in der Hauptrolle erleben wir das Leben der lateinamerikanischen Sängerin Selena Quintanilla-Pérez mit, die in kurzer Zeit einen kometenhaften Aufstieg zum Superstar schafft. Und auch sie hat ihren Kampf zu führen – gegen den Vater, der auch der Manager der Familienband ist, der sie angehört, und für Ihre große Liebe. Auch ihre mexikanische Herkunft gibt immer wieder Anlass für Konflikte, in denen sie sich bewähren muss.

Deutung 1:

Selena lebt ihre Sturm- und Drangzeit – gegen ihren Vater, allerdings mit Rückendeckung der Mutter – durch rebellisches Verhalten aus, das dann in einer heimlichen Hochzeit gipfelt. Ihr Mut wird durch eine spätere Versöhnung belohnt. Vielleicht hat sie auch erkannt, dass ihr Vater sie schon längst mehr braucht, als sie ihn, was die Karriere angeht.

Sie erlöst durch ihren Erfolg auch ihre schlechten Startvoraussetzungen. Als Mexikanerin aus typisch mexikanischer Familie, ohne aber gut Spanisch zu sprechen und zu singen, in den USA gerade so geduldet und wie viele ihrer Landsleute illegal, sitzt sie anfangs zwischen allen Stühlen. Was ihr allein hilft, ist ihr großer Erfolg – nichts zählt in den USA schließlich mehr, wie soziologische Umfragen zeigen. Fast alle jungen Leute wollen dort bekannt und reich werden, nicht glücklich und zufrieden. Selena schafft beides scheinbar spielend beziehungsweise singend und tanzend, mit ihrem Charme und ihrer Ausstrahlung. Sie erlebt aber auch, dass die Herzen der eigenen Leute mitunter am schwersten zu gewinnen sind. Erst als Selena es zum US-Popstar geschafft hat, strömen ihr auch die Latinos in Scharen zu.

Deutung 2:

Völlig unerwartet, als sie und ihre erste Liebe sich gerade für ein Kind und damit für eine Karriere-Pause entschieden haben, klopft das Schicksal an und will es anders.

Selena wird erschossen und damit erst recht zur Legende. Vielleicht hat sie schon in der kurzen Zeit, die ihr vergönnt war, genug gelernt. Vielleicht war sie gegenüber ihrer Mitarbeiterin zu gutgläubig und zu wenig aufmerksam. Die hat sich im eigenen Schatten verirrt, ist zur Betrügerin herabgesunken, wird enttarnt und mutiert von der Anbeterin zur Mörderin. So wird Selena letztlich vom Schatten des Geldes eingeholt, wobei der Film das Probleme in diesem Fall nicht bei ihr sieht.

Natürlich wissen wir alle nie, wie lange unser Leben dauert und könnten so leben wie Selena: aus jedem Tag den besten machen.

Ein früher Tod auf dem Höhepunkt des Erfolgs macht einen Menschen rascher zur Legende als alles andere. Etwa auch Ritchie Valens im Film ***La Bamba***, der ein ähnliches Lebensmuster im Spannungsfeld zwischen nord- und lateinamerikanischer Welt zeigt. Wir erleben mit, wie ihm der Manager seinen spanisch-mexikanischen Namen Ricardo Valenciano ausredet. Ricardo stimmt der Namensänderung in „Ritchie Valens“ um des Erfolgs willen zu, obwohl er sich dafür innerlich verbiegen muss, ist er doch gern Ricardo und Mexikaner.

Sein Problem ist, als Latino das Herz seiner US-Freundin zu gewinnen, deren Eltern ihr den Floh von echten Amerikanern und minderwertigen Lateinamerikanern ins Ohr gesetzt haben. Er schafft es nicht und kann in seinem Song Donna nur noch von der verlorenen Liebe singen. Ritchie stirbt ähnlich unerwartet und früh wie Selena, noch bevor sein Potential als Musiker ausgeschöpft ist. Er wird Opfer eines Flugzeugabsturzes, der mit ihm noch andere Stars der frühen Rock-Szene in den Tod reißt.

Fragen, die ZuschauerInnen sich stellen könnten:

Wie verbinde ich die Ansprüche von Familie und Karriere?
Kann ich auf beiden Ebenen alles geben?
Wie verändert mich Erfolg?
Wie leicht fällt es mir, ich (selbst) und bei mir zu bleiben?
Kann ich trotz großer Verlockungen, etwa einer Karriere, auch bei meinen Wünschen, z. B. einer Familie und frühen Mutterschaft, bleiben?
Wie offen bin ich dafür, dass alles auch jederzeit zu Ende sein kann?
Muss ich solch einen frühen Tod betrauern? Oder kann ich ihn auch annehmen, vielleicht sogar als Geschenk, als abrupten Ebenenwechsel, frei von allem Leid (wie es z. B. im Film ***Die Möwe Jonathan*** gezeigt wird)?

Für wen und welches Problem ist dieser Film Therapie?
Für alle, die äußere Widerstände gegen die Wünsche ihrer inneren Stimme und ihrer Überzeugung erleben. Die sich eine Liebe von Erwachsenen, z. B. von Eltern, verbieten, die ehrgeizig oder geldgeil oder beides sind.

Für diejenigen, die ihr so genanntes Unglück auf äußere Umstände wie fehlendes Geld, eine schlechte Ausgangssituation, die falsche Herkunft oder ähnliche Ausreden projizieren.

Lebensbühne 6
Über Anpassung an die Bedingungen des Lebens und den Umgang mit inneren und äußeren Gaben

Was Menschen auf dieser Lebensbühne besonders beschäftigt und umtreibt, sind die alltäglichen, existenziellen Gegebenheiten in einer nicht immer lebensfreundlichen Umwelt. Vorsorge, Umsicht, Vorsicht, das Abwägen aller Eventualitäten und die Vorbeugung gegen mögliche Gefahren nehmen großen Raum in ihrem Denken ein. Das eigentliche Thema ist Anpassung an die gegebenen Lebensbedingungen, mögen diese auch noch so widrig und gefährlich sein. Die weit reichende Lebensplanung, die für die Darsteller dieser Bühne von großer Wichtigkeit ist, darf als Grundlage dienen, ist aber in jedem Moment den ständigen Veränderungen anzugleichen. Die Tendenz zu feststehenden Konzepten führt nicht selten zu ungesunder, weil nicht lebensgemäßer Lebensführung, und dazu, das Gegenteil dessen zu erreichen, was beabsichtigt war.

Das an und für sich chaotische Leben, das ständig seinen Verlauf ändert, bereitet in seiner Unberechenbarkeit beträchtliches Unbehagen. Aus diesem Grund ist hier die Umwelt unter ständiger, scharfer Beobachtung. Alles wird analysiert und als feindlich oder unbedenklich eingeordnet, was nicht selten zu einengendem Schubladendenken führt.

Menschen, die sich auf dieser Bühne tummeln, entgeht nichts. Sie sind sich mehr als andere bewusst, dass höchste Vorsicht geboten ist, um in dieser – für sie gefährlichen – Umwelt unbeschadet zu überleben. Das ist grundsätzlich eine durchaus positive und sinnvolle Qualität, denn vernünftige Vorsicht dient dem Leben und bewahrt vor größerem Unheil. Wie das Sprichwort sagt: „Vorsicht ist besser als Nachsicht“. Wenn ein Kind sich entscheidet, nicht auf die heiße Herdplatte zu fassen, ist das klug. Wenn es aber Angst vor jedem Herd hat, weil es da auch heiße Platten gibt, an denen man sich eventuell verbrennen könnte, ist das eine behindernde Lebensstrategie.

Die Tendenz auf dieser Lebensbühne, immer alle Eventualitäten im Blick zu haben, bringt oft diese Schattenseite einer ängstlichen seelischen Grundstimmung hervor. Angst macht krank; aus Ängstlichkeit dem Leben aus dem Weg zu gehen, macht noch empfindlicher und noch mehr Angst. Aus diesem Teufelskreis zu entkommen, fällt dann schwer.

Ein „jungfräuliches" Leben gibt es nicht. Ein Leben in Reinheit, Keimfreiheit, Giftfreiheit, ohne Störfelder usw. ist in unserer modernen Welt kaum möglich. Der Wunsch der Akteure dieser Bühne wäre aber eine fast sterile Unberührtheit in der Hoffnung, dass diese ihrer Gesundheit nicht schaden könne. Statt eines – in diesem Sinn – jungfräulichen Lebens wäre eine realistische und vernünftige Anpassung, sowohl in körperlicher als auch seelischer Hinsicht, der gesündere Weg.

Im ursprünglichen Sprachgebrauch war ja auch eine Jungfrau nicht unberührt, rein und „moralisch sauber". Vielmehr wurde damit eine Frau bezeichnet, die von niemandem abhängig war. Das verweist auf die Aufgabe dieser Lebensbühne, sich unabhängig zu machen von äußerer Meinung. Alles Wissen, alle (Lebens-)Weisheit kommt aus dem „Bauch" und dem Vertrauen in die eigene Beobachtung und Analysefähigkeit.

Gerade auf dieser Bühne legt man aber besonders viel Wert auf äußeres Wissen in Form wissenschaftlicher Theorien und neuester Erkenntnisse, die sich obendrein nicht selten nach einiger Zeit als falsche Vermutungen herausstellen. Hier gilt es zu akzeptieren, dass es keine absolute Wahrheit und keinen endgültigen Stand des Wissens gibt. Auch kein absolut richtiges, allgemeingültiges System, das für alle Menschen und Belange des Lebens stimmt.

Der paradiesische Zustand innerer und äußerer Reinheit ist nicht von dieser Welt. Es gibt zwar eine höhere Ordnung, nach deren Regeln alles funktioniert, aber in den Niederungen unserer materiellen Existenz müssen wir mit dem Chaos leben und immer wieder eine kleine Ordnung herstellen. Und sei es nur, jeden Tag Geschirr zu spülen, den Schreibtisch aufzuräumen und uns zu waschen.

Auf dieser Lebensbühne will das „Bauchgehirn" gehört werden. Es ist unser Urgehirn und nicht zufällig gleicht die Signatur unserer Darmwindungen denen unseres Gehirns. Dem Bauchgefühl, unserem Instinkt, zu vertrauen, böte Lösung für viele Probleme, die sich auf dieser Bühne ansammeln. Was spüre ich, was sagt mir mein Körper? Oder was will mir mein Körper durch meine Seele sagen? Gerade auf dieser Bühne funktioniert der Körper als „Messinstrument" seelischen Befindens. Der Mensch auf dieser Bühne ist im wahrsten Sinn des Wortes ein psycho-somatisches Wesen, das sich dessen bewusst wird. Das Zusammenspiel von Körper und Seele ist hier noch direkter zu durchschauen als auf den anderen Bühnen. Die psychosomatischen Botschaften zu hören und sie zu verstehen, führt zu dem ersehnten gesunden Leben.

Menschen, die sich hauptsächlich auf dieser Bühne bewegen, neigen dazu, das Haar in jeder Suppe zu finden. Sie entdecken jeden Fehler und ihrem (über-)kritischen Verstand entgeht nichts, was die Welt unvollkommen macht. Es ist jedoch gerade diese Haltung, mit der sie sich das Leben schwer machen.

Auf dieser Bühne will uns das Schicksal lehren, alles, was uns das Leben bietet, dankbar anzunehmen, es auch aufzunehmen, zu verarbeiten und alles, was nicht zu uns passt, auszuscheiden. Auf diese Weise können wir das ganze Leben integrieren und doch in bestimmter Hinsicht „rein" – weil unserem ureigensten Wesen treu – bleiben. Die Philosophie des Yoga nennt diese Haltung „Bhoga", was „Weltessen" bedeutet und meint, dass alles erst einmal angenommen, das Gute integriert und das Schädliche einfach durchgelassen werden soll, genau so, wie es unser Verdauungssystem vormacht.

Stärken bzw. Aufgaben der 6. Lebensbühne:

Ordnende Vernunft, Hausverstand, Beobachtungsgabe, analytisches Denken, Anpassungsfähigkeit an gegebene Lebensbedingungen, ökonomisches Denken und Handeln, Unterscheidungsfähigkeit, Differenziertheit, sinnvolle und effiziente Planung, Genauigkeit, Liebe zum Detail, Ordnungssinn, Achtsamkeit, Streben nach Vollkommenheit, Arbeitsfreude, Dankbarkeit (Erntedank!), Gesundheitsbewusstsein.

Schwächen:

Kritiksucht, Nörgelei, Verurteilung, Pedanterie, Haarspalterei, Abwertung, Effizienz auf Kosten von Gefühl und Lebendigkeit, Handeln nur nach Zweck und Nutzen für sich selbst, sich in unwichtigen Details verlieren, Misstrauen, Pessimismus, Angst und Ängstlichkeit, übertriebene Vorsicht, Besserwisserei, unreflektierte Wissenschaftsgläubigkeit.

Fragen, die wir uns dazu stellen können:

Wie gut kann ich mich den gegebenen Lebensbedingungen anpassen?
Wie vernunftbetont bin ich?
Wie gut ausgeprägt ist meine Beobachtungsgabe?
Wie strategisch und zweckorientiert ist mein Handeln?
Wie groß ist mein Bedürfnis nach Ordnung und Sauberkeit?
Wie kritisch bin ich und wie gehe ich mit Kritik um?
Wie wichtig sind mir die kleinen Details?
Wie gut kann ich planen?
Verursacht Chaos bei mir Unbehagen oder sogar Angst?
Wie ängstlich bin ich und wovor habe ich am meisten Angst?

Wie vorsichtig bin ich? Was vermeide ich aus übertriebener Vorsicht?
Wie gut kann ich Probleme „verdauen“?
Was beurteile ich positiv? Was verurteile ich?
Wie pessimistisch bin ich? Suche ich immer gleich nach dem sprichwörtlichen Haar in der Suppe?
Wie ungehalten reagiere ich auf Fehler?
Wie gesundheitsbewusst bin ich? Will ich leben, um gesund zu sein, oder will ich gesund sein, um zu leben?
Habe ich Angst um meine Gesundheit und vor Ungesundem?
Vertraue ich wissenschaftlichen Theorien mehr als meinem Bauchgefühl?
Wie gut funktioniert mein „Bauchgehirn“?
Welches Gefühl habe ich zu meinem Körper? Verstehe ich seine Sprache?

Die Filme der 6. Lebensbühne

Angsthasen (2007, 89 Min.) von Franziska Buch

Edgar Selge spielt in dieser deutschen Komödie den klassischen Hypochonder und Angstneurotiker Adrian Zumbusch. Sein Leben ist ein einziger Hindernislauf, wobei es Adrian schon längst nicht mehr gelingt, die unzähligen für ihn Angst auslösenden Reize zu umgehen und zu vermeiden. Als ihm seine einfühlsame Ärztin eine tödliche Diagnose überbringen muss, geschieht etwas Unfassbares, aus der Hypochondrie- und Angstlogik heraus aber gut Verständliches: es tritt Entspannung ein.

Vom neuen Rückenwind getragen, verliebt sich Adrian in die eigentlich bindungsunwillige und -fähige Ärztin. Als sich dann schließlich herausstellt, dass die Diagnose eine Verwechslung war, wird die Handlung sehr verwickelt und spannend.

Deutung 1:

Hypochonder gehen tatsächlich so lange zu Ärzten, bis diese etwas finden. Hypochonder, über lange Zeiten ohne Diagnose abgespeist, sind dann wirklich oft (heil-)froh, wenn endlich etwas gefunden wird. Das rehabilitiert sie sozusagen, macht aus der eingebildeten eine echte Krankheit.

Im Film fängt unser Held nun an, richtig zu leben, macht endlich, was er wirklich will, sagt seinem Chef und allen, die sie hören wollen, seine Meinung, kündigt bei erster Gelegenheit seine Arbeit und wird plötzlich geschätzt.

Der tatsächliche (Schatten-)Einbruch erfolgt dann, als die Verwechslung der Diagnosen entdeckt wird. An diesem Punkt wird die Macht der Diagnose und der Mediziner deutlich. Während der wirklich Todkranke durch eine beruhigende Diagnose ein Stück Lebenszeit und -qualität geschenkt bekommt, ist es für Adrian umgekehrt: Die Eröffnung seines sicheren Todes wird für ihn zur Offenbarung und großen (Lebens-)Chance.

Ärzte sollten sich der Macht, die sie sich durch das Stellen von Diagnosen anmaßen, bewusst sein. Sie können – wie Magier – damit Leben verzaubern – im Guten wie im Schlechten.

Deutung 2:

Adrian Zumbusch braucht die Diagnose gleichsam als sicheres Ablauf-Datum, um in sein Leben zu finden. Eine ähnlich befreiende Wirkung hat die tödliche Diagnose ohne Heilungsaussicht auf Morgan Freeman und Jack Nicholson in dem brillanten Film ***Das Beste kommt zum Schluss***, in dem sich beide erst nach dem mehr oder weniger verschleierten Todesurteil ihrer Ärzte tatsächlich den besten Teil ihres Lebens gönnen. In ***Das brandneue Testament*** ist es ebenfalls die Verkündung der Todesdaten über

Handy, die für Befreiung der Menschen sorgt. Dabei ist in jedem „Fall“ und für jeden von uns nur das eine sicher: das Ende am Punkt der (Er-)Lösung. Wir könnten also alle jederzeit anfangen, unser Leben zu leben und es obendrein zu genießen. Das Damokles-Schwert des sicheren Todes bekäme so etwas Erlösendes statt Bedrohliches.

Fragen, die ZuschauerInnen sich stellen könnten:
Was hindert mich eigentlich, meiner eigenen Sterblichkeit ins Gesicht zu schauen und mit meinem Leben zu beginnen?
Wo liegen meine Ängste und Engpässe und warten auf (Er-)Lösung?
Worauf warte ich, um mit dem Leben zu beginnen?
Brauche auch ich erst eine (Fehl-)Diagnose, also eine Diagnose, der etwas fehlt? (Dann bin ich bei der Schulmedizin goldrichtig, denn da fehlt bei fast jeder Diagnose die geistig-seelische Komponente.)
Was machen meine Ängste mit mir? Was mache ich mit ihnen? Stelle ich mich ihnen, wie es der zweite Filmteil zeigt? Oder versuche ich, ihnen auszuweichen und habe sie deshalb im Nacken? Kann ich mir vorstellen, mit meiner Angst einen Deal zu machen – wie im Buch *Angstfrei leben* beschrieben – und zu lernen, mit ihr zu leben, bevor ich sie loslasse?

Patch Adams (1998, 110 Min.) von Tom Shadyac

Mit Robin Williams ideal besetzt, erzählt dieser Film die Geschichte eines kranken Genies und wirklichen Arztes, der unbeirrt seinen Weg geht. Aus dem tiefsten Elend der Psychiatrie heraus, schafft es Patch, ein Medizin-Studium zu beginnen und abzuschließen. Ungleich intelligenter und zugleich empathischer als die meisten, wird er rasch zur Provokation – sowohl für seine Freundin als auch für die Professorenschaft. Als Patch die Bedeutung der Seele und der Gemütsstimmung für Heilerfoge erkennt und anfängt, PatientInnen aufzuheitern, indem er selbst den Clown gibt, ist die Toleranzgrenze der Altvorderen seines Fachs bald überschritten.

Patch beginnt noch während seines Studiums, eine eigene freie Klinik ins Leben zu rufen. Dabei findet er viel freiwillige Unterstützung – schließlich sogar von seinem anfangs ablehnenden Streber-Zimmerkollegen.

Allerdings schlägt der Schatten auch in seinem Leben voll zu und ins neue Projekt hinein in Gestalt eines Wahnsinnigen (Patienten), der seine Freundin umbringt. Aber selbst das lässt Patch Adams nicht von seinem Weg abweichen.

Deutung 1:
Patch Adams schafft es, sich im Studium und tatsächlich auch danach treu zu bleiben und einer ganz anderen, empathischen und humorvollen Medizin den Weg zu bereiten. Die heutigen Klinik-Clowns gehen auf ihn zurück und erfreuen nicht nur Kinderherzen. Was für ein Genuss auch für Mediziner, wenn sie ihren Humor, aber letztlich ihre ganz eigene Menschlichkeit mit in ihren Beruf einbringen. So wird dieser umso mehr zur Berufung.

Deutung 2:
Obwohl er nur Bestnoten erreicht, fliegt Patch Adams wegen seines „exzentrischen Verhaltens“ fast von der Uni. Etablierte Mediziner, die sich – weit vom wirklichen Arztsein entfernt – an Regeln und Gesetze klammern, fühlen sich von ihm provoziert. Humor hat in deren sturem und starrem Medizin-Verständnis nichts zu suchen. Dass die Ärzte damit auch eine ganze Lebensbühne und viel Menschlichkeit verbannen, ist ihnen nicht bewusst, aber doch allenthalben spürbar.

In der Verhandlung über das weitere Schicksal des Studenten Adams gewinnt jedoch bei den Entscheidungsträgern das Gefühl dafür, was einen wirklichen Arzt ausmacht, die Oberhand. Sie erlauben ihm, zu bleiben und erteilen sogar den Dogmatikern eine Absage. Ein seltener Glücksfall in der Medizin-Geschichte – vielleicht sogar vergleichbar mit der plötzlichen Toleranz des dekadenten Papstes Innozenz III., der Franz von Assisi gewähren ließ und ihm sogar seinen Orden zugestand. Dies konnte nur passieren, weil er sich im entscheidenden Moment an seinen eigenen ursprünglich glühenden religiösen Eifer erinnerte und einen inneren Schritt auf den Heiligen zugehen konnte.

In der täglichen Praxis des Medizinbetriebs müssen wir aber davon ausgehen, dass viele empathische junge Kollegen auf der Strecke bleiben, weil sie nicht die herausragende Intelligenz eines Patch Adams besitzen. Sie wären aber wundervolle Ärztinnen und Ärzte geworden, wäre das System nicht so menschenverachtend und einseitig geld- und leistungsorientiert.

Und trotzdem sehen wir an Patch und einigen seiner heutigen Nachfolger, dass es möglich ist, selbst unter den vom Geld diktierten Bedingungen der Pharmaindustrie ein wirklich guter Arzt zu werden, der bei sich und seinen PatientInnen alle Lebensbühnen im Auge hat.

Fragen, die ZuschauerInnen sich stellen könnten:

In wie weit lebe ich meinen Humor, meine Lust am Witz und daran, andere zum Lachen zu bringen?
Wie gern lache ich selbst? Und kann ich auch über mich lachen?
Wie viel Spaß mache ich meinen Mitmenschen und wie viel Freude machen sie mir?
Wie viel Freude machen mir das Leben und meine Berufung?
Folge ich meinem Ruf? Habe ich überhaupt nach ihm gehorcht, um ihm dann zu gehorchen?
Wie gehe ich mit schwersten Rück- und Schicksalsschlägen um?

Wie bereit bin ich, für meine Überzeugung durchs Feuer der Herausforderung zu gehen?

Für wen und welches Problem ist dieser Film Therapie?
Ein Film für alle Mediziner, die es noch zum Arzt bringen wollen, aber auch für alle zu Ernsten, die nur die Arbeit kennen und nicht die Freude daran.

Semmelweis Ignaz – Arzt der Frauen (1988, 117 Min.) von Michael Verhoeven

Inszeniert vom Arzt und Filmemacher Michael Verhoeven und mit Heiner Lauterbach und Friedrich von Thun in den Hauptrollen glänzend besetzt, zeigt dieser Film ein Stück (arche-)typischer Medizingeschichte am Beispiel einer großen Persönlichkeit. Wir können uns dabei auch ein Bild davon machen, was Genie ausmacht. Semmelweis beobachtet sehr genau und zieht daraus logische Schlüsse – das ist schon sein ganzes Geheimnis. So wird er den Anforderungen der wissenschaftlichen Medizin im tiefsten Sinne gerecht. Arzt aus Empathie und Forscher aus Berufung, erlebt er in einer gynäkologischen Studentenklinik, wie Frauen unter den hilflosen Händen der Mediziner sterben, während das Kindbettfieber die Hebammenklinik direkt gegenüber verschont.

Auf der Straße spielen sich herzergreifende Szenen ab, wenn die Studentenklinik Aufnahme hat. Die Wiener Prostituierten wollen nicht zum Sterben in diese Klinik, sondern zum Gebären in das Haus gegenüber. Das aber hat eben nur jeden zweiten Tag Aufnahme. Die leichten Mädchen machen es sich und dem Personal gar nicht leicht und wehren sich mit Händen und Füßen, werden aber schließlich zwangsweise in die zur Todesfalle verkommene Studentenklinik geschleppt, wo tatsächlich die meisten von ihnen am Kindbettfieber sterben. Besser gestellte Bürgerfrauen auf der Privatstation überleben dagegen auch dort.

Deutung 1:

Dieses Szenario provoziert Semmelweis und ist für ihn der Weckruf, zum Wissenschaftler im besten Sinn zu werden. Während die Professoren vom „Genius epidemicus" schwadronieren, sterben die Frauen. Semmelweis ist einerseits betroffen und denkt andererseits nach. Es muss an den gynäkologischen Untersuchungen durch die Studenten liegen, ist das Ergebnis seines Nachdenkens, denn wo die nicht stattfinden, tritt auch kein Kindbettfieber auf. In der Hebammenklinik werden die Untersuchungen von den Hebammenschülerinnen durchgeführt, auf der Privatstation vom Professor selbst.

Worin besteht aber der entscheidende Unterschied? Ist die richtige Frage gestellt, fällt die Antwort gar nicht so schwer: die Studenten sezieren Leichen, die Hebammen und der Professor nicht. Die Studenten müssen also mit ihren ungewaschenen Fingern etwas von den Leichen auf die Frauen übertragen, so sein logischer Schluss. In Zeiten, in denen die Entdeckung der Erreger durch Robert Koch noch Zukunftsmusik ist, ein mutiger Gedanke, denn er sucht die Verantwortung im eigenen Kreis und nicht irgendwo draußen bei einem unfassbaren „Genius epidemicus". Aber Selbstverantwortung war schon damals äußerst unpopulär.

Semmelweis zwang also die Studenten gegen deren verbissenen Widerstand, ihre Hände mit Chlorkalk zu waschen. So erfand er die erste bewusste Desinfektion. Das Kindbettfieber verschwand daraufhin. So einfach funktioniert Genie – rückwirkend betrachtet.

Deutung 2:

Aber Semmelweis und die Frauen hatten diesen Kampf noch lange nicht gewonnen. Immer wieder wurde seine Methode in den Wiener Kliniken boykottiert. Die Mediziner wollten einfach nicht wahrhaben, dass sie die Auslöser und in diesem Sinn die Schuldigen an der Epidemie waren. Was nicht sein durfte, konnte einfach nicht sein.

Semmelweis zog sich in seine Heimat Budapest zurück und hatte auch dort nicht viel mehr Glück mit seiner Hygiene-Methode. Schließlich steigerte er sich wegen dieser Ignoranz bis in Tobsuchtsanfälle hinein, die zugleich Spätfolgen seiner Syphilis waren. Infolgedessen zieht er sich äußerliche Hautverletzungen zu. Überall in Europa wird inzwischen nach seiner Methode desinfiziert, nur in Wien und Budapest wird er noch – als ob es um persönliche Rache ginge – ignoriert und findet zeitlebens keine Anerkennung.

Schließlich in die Wiener Psychiatrie eingeliefert, lässt man ihn dort unbehandelt zu Grunde gehen. Man könnte bei absichtlich und fahrlässig unterlassener Hilfeleistung auch durchaus von Mord sprechen. Jedenfalls stirbt der große Arzt in dieser unsäglichen Psychiatrie an banalen äußeren Wunden, infolge einer Infektion. Mit seiner eigenen Chlorkalk-Desinfektions-Methode wäre er leicht zu retten gewesen. Vielleicht wurde er ermordet, weil ihm seine Wiener Kollegen übel nahmen, dass er aus ihrer Mittelmäßigkeit herausragte.

Deutung 3:

So ist einer der größten Entdecker der Medizingeschichte – ohne zu Lebzeiten je Anerkennung gefunden zu haben – von seinen eigenen Kollegen aus Neid oder auf Grund von deren Lernunwilligkeit umgebracht worden. Semmelweis ist beharrlich seiner Überzeugung treu geblieben. Für seine Entdeckung ist er einerseits gestorben, andererseits wurde er durch sie unsterblich.

Die Schulmedizin war und ist immer noch nachtragend. Solange dieser Schatten nicht konfrontiert ist, kann das Elend nicht enden. Und heute ist die Situation keineswegs besser. Zu meinen

Klinikzeiten mussten viele PatientInnen am üblichen Cholesterinsenker Clofibrat zugrunde gehen, bis dieses unsägliche Medikament endlich vom Markt genommen wurde. Hunderte mussten später an Lipobay sterben, bevor Bayer seine Killerdroge zurückzog. Heute nehmen Millionen PatientInnen Lipidor/Sortis, um nur bei den Fettsenkern zu bleiben, Drogen, von denen der US-Neurologe David Perlmutter auf Grund von Studienergebnissen das Schlimmste befürchtet. Lipidor bringt einen Jahresumsatz von 17 Milliarden US-Dollar. Noch viele Menschen werden deswegen Schaden nehmen, bis diesem Elend ein Ende gesetzt wird. PatientInnen, die weiterhin solche Statine schlucken, sind keineswegs selbst daran Schuld; vielmehr liegt die Verantwortung bei den Medizinern, die solche Mittel verordnen und es besser wissen könnten, wenn sie nur wirklich wissenschaftlich und nicht nur im Interesse ihrer Sponsoren pharmako-logisch denken würden.

Und das ist nur einer von vielen Fällen, bei denen überfälliges Umdenken verweigert wird. In der Alzheimer-Behandlung ist es ganz ähnlich. Da klammern sich pharmahörige Forscher an die Hoffnung, ein Medikament gegen das Alzheimer-Toxin zu finden, obwohl es schon seit 20 Jahren Hinweise gibt, dass es viel wirksamer wäre, die Neuroplastizität des Gehirns anzuregen.

Es bräuchte auch keine Wochenbett-Psychose mehr zu geben. Man müsste nur das Wissen aus der Schlafforschung anwenden und betroffenen Müttern wieder zu genügend gesundem Schlaf mit Traumphasen verhelfen. Aber da wäre die Therapie eben keine Pille, sondern ein Fläschchen, mit dem ein Angehöriger das Neugeborene durch die Nacht bringt, damit die Mutter wieder durchschlafen und ihre REM-Phasen erleben kann.

Beziehungen zu anderen Lebensbühnen:

Solche Schattendurchbrüche in der Medizin wie auch Epidemien gehören zur 8. Lebensbühne, das Sterben zur 10. Im Vordergrund aber steht hier die Schulmedizin an der Kippe zum wissenschaftlich analytischen Denken, das von Semmelweis schon praktiziert wird, und das ist der 6. Lebensbühne zuzuordnen.

Fragen, die ZuschauerInnen sich stellen könnten:
Wie stehe ich zu Wissenschaft in ihrem besten Sinn?
Wie viel Vertrauen habe ich noch zu einer Schulmedizin, die sich bis heute – von der Pharmaindustrie gesponsert – konsequent weigert, aus ihrer Geschichte zu lernen und Konsequenzen zu ziehen?
Lerne ich aus meiner eigenen Geschichte und meinen Fehlern?
Welche Lehren ziehe ich aus meiner medizinischen Biografie und den eigenen Krankheitsbildern?
Wie steht es um meine analytische Logik bezüglich meiner Probleme in Partnerschaft und Beruf?
Wie konsequent bin ich mit mir und meinen Themen?

Für wen und welches Problem ist dieser Film Therapie?
Für alle, die sich nicht trauen, neue Wege des Denkens zu nutzen.

Ein Werk Gottes (2004, 110 Min.) von Joseph Sargent

Alan Rickman spielt darin den ersten Herzchirurgen dieser Welt, Alfred Blalock, und Mos Def seinen Assistenten Vivien Thomas. Blalock ist ein Chirurg und Forscher, der das medizinische und handwerkliche Genie des dunkelhäutigen Schreiners Vivien erkennt und ihn zu sich in sein Labor holt. Es ist vor allem Vivien, der die Forschungen beider Männer, die Behandlung von Schock mit Bluttransfusionen und die Operationen am offenen Herzen möglich macht – durch seine Ideen und indem er dazu notwendige Geräte erfindet, aber auch durch sein Wissen und sein Geschick beim Operieren. Allerdings wird er auf Grund der in den USA herrschenden Rassendiskriminierung in den Kriegsjahren und danach weitgehend um die Anerkennung seiner Verdienste betrogen.

Blalock nimmt Vivien überall mit hin, steht aber bei seinem größten Triumph, der ersten Herzoperation an einem Baby mit angeborenem Herzfehler, nicht zu ihm, was zur Trennung führt. Als Vivien schließlich zurückkehrt, verschafft er ihm aber immerhin den Direktor-Posten im Labor der John Hopkins-Universität.

Erst Jahrzehnte später, als Blalock schon gestorben ist, wird Vivien Thomas der Ehrendoktor-Titel seiner Universität verliehen. Auch wird er als einer der großen Söhne der Medizin dort mit einem Portrait verewigt.

Deutung 1:

Auch wenn es lange so aussieht, als bringe das Schicksal Vivien Thomas um die Früchte seines Engagements: schließlich ist es doch so weit. Lange aber schaut es für ihn hoffnungslos aus, etwa als Viviens Bank in Konkurs geht und er um das in sieben Jahren gesparte Geld gebracht wird, das er für sein Medizin-Studium braucht. Oder als er für seine Behandlungsmethoden gegen Schock und Herzfehler bei Babys keine Anerkennung findet. Um alles muss er erst kämpfen, etwa um eine wenigstens minimale Bezahlung.

Andererseits wäre all das nicht möglich gewesen, hätte Vivien studiert und wäre er nicht an der Seite von Alfred Blalock gelandet, der ihm diese unglaublichen, genau auf ihn zugeschnittenen Aufgaben stellte. Dazu brauchte es nicht nur einen begabten Chirurgen, sondern auch einen brillanten Handwerker, Denker und Erfinder, der die nötigen Geräte zu beschaffen wusste. Auch wenn Blalock Vivien Thomas auf Grund der Umstände und seines Charakters öffentlich nie die überfällige Anerkennung verschaffen konnte – später taten dies viele andere.

Zum Schluss zahlt sich großer Einsatz immer aus. Manchmal dauert es lediglich länger, und oft fehlt den Menschen die Größe, um Größe zu erkennen. Aber im Werk Gottes – so der anspruchsvolle Filmtitel – sorgt das Karma-Gesetz zum Schluss immer für Ausgleich. Das kann dauern, auch über ein Leben hinaus, aber die Kette der Leben sorgt auf längere Sicht für Gerechtigkeit.

Deutung 2:
Der Film zeigt natürlich auch, wie absurd es ist, jemanden auf Grund seiner Hautfarbe oder auch anderer Kriterien wie Religion und Herkunft zu diskriminieren. Die große Aufgabe ist Integration. Apartheid und Rassentrennung sind offensichtlich Irrwege, wie es die Geschichte ja auch zeigt.

Fragen, die ZuschauerInnen sich stellen könnten:
Wie reagiere ich auf ausbleibende Anerkennung?
Wie wichtig ist mir angemessene Bezahlung?
Kann ich auch für Gottes Lohn arbeiten – und wie lange?
Wie stehe ich zu abgespaltenen Teilen meines eigenen Wesens?
Wie stehe ich zu Rassendiskriminierung und anderen Formen der Diskriminierung? Was lösen diese in mir aus?
Wenn ich jemanden in der äußeren Welt diskriminiere, wo finde ich Aspekte dessen, was ich ablehne, in mir selbst?
Welches ist die dunkle Seite in mir, der „schwarze Mann“, wenn ich diesen draußen bekämpfe und herabsetze?
Wo steckt der Muslim in mir, falls ich mich heutzutage mit Menschen dieses Glaubens schwer tue?

Lorenzos Öl (1992, 135 Min.) von George Miller

Nick Nolte spielt in diesem Drama Augusto Odone, einen italienischen Diplomaten, Susan Sarandon seine Frau Michaela. Das Paar lebt beruflich auf der Inselgruppe der Komoren, als beider Sohn auffällig wird und unter Wutausbrüchen und Bewegungsstürmen der Muskeln zu leiden beginnt. Die Schulmedizin kann ihm – nach sehr langer quälender Zeit – schließlich nur einen seltenen Gen-Defekt, gleichsam als Todesurteil, diagnostizieren. Aber beide Eltern geben sich damit nicht zufrieden. Während die Mutter auf der seelischen Ebene ihr Bestes gibt, wird der Diplomaten-Vater zum Forscher. Er gibt seinen Beruf auf, unternimmt alles Mögliche und Unmögliche im Kampf um das Leben seines Sohnes.

Deutung 1:
Schließlich, nach langem Forschen, findet Augusto Odone die Lösung für das Problem seines Sohnes im Fett- und Nervenstoffwechsel. Mit Hilfe eines speziellen Öls gelingt die Heilung. Beide Eltern reifen an dem Widerstand, den sie überall erleben, als sie – aus Liebe zu ihrem Sohn – den Kampf gegen das scheinbar Unausweichliche aufnehmen.

Peter Ustinov ist brillant in der Rolle des schulmedizinischen Professors Nikolais. Nach außen hin ist dieser hilfsbereit, freundlich und jovial, in der Sache aber ein (arche-)typischer Fortschrittsverhinderer im Dienst von Schulmedizin und Pharmaindustrie, ein Medizyniker wie er im Buche steht. Die Schulmedizin ist voll von Menschen dieses Schlags. Sie sind für PatientInnen schwer zu erkennen, weil äußerlich nett und freundlich. Innerlich aber haben sie sich als Ärzte oder Forscher längst aufgegeben und sind in die Abhängigkeit von Big Pharma und Big Money geflüchtet.

Die Eltern aber halten zusammen, setzen sich durch und retten damit vielen ähnlich Betroffenen das Leben, inzwischen sind es

Tausende, und Augusto bekommt am Ende, nachdem er so viel Missachtung und Verunglimpfung erfahren hat, im Alter einen medizinischen Ehrendoktor zuerkannt – wie Vivien Thomas in ***Ein Werk Gottes***. Immerhin sieht die Schulmedizin in der Regel nach mehr oder weniger langer Zeit ihre Fehler und Verfehlungen ein. Leider müssen die Leidtragenden – ungezählte PatientInnen und die großen Pioniere der Medizin – dazu oft erst sterben.

Für den eigenen Sohn kommt die Lösung ohnehin spät. Seine Myelinscheiden sind schon so geschädigt, dass er nicht mehr auf die Beine kommt. Wieder geben beide Eltern nicht auf und bringen das Myelin-Projekt in Gang, den Versuch, schon geschädigte Myelin-Scheiden, etwa auch bei MS-PatientInnen, zu heilen.

Deutung 2:

Dieser Film zeigt wie der über Ignaz Semmelweis das Wesen des medizinischen Fortschritts, der auffällig häufig gegen den Widerstand der etablierten Professorenschaft erkämpft und errungen werden muss. Er zeigt insofern auch den Schatten, der sich in diesem Milieu breit gemacht hat. Eigentlich sollten ja die Fortschritte von den Universitäten und den dortigen Professoren kommen, aber diese sind vielfach bereits dem Gegenpol, der Verhinderung von Fortschritt, verfallen. Heute haben sich die Universitäten in erschreckendem Ausmaß vom Geld der Pharma-Industrie abhängig gemacht. Aber auch Big Pharma selbst ist auf diesem Trip, ist dem Schatten verfallen und vielfach vom Segen zum Fluch der Medizin geworden. Iwan Illich hat das schon vor Jahrzehnten in seinem Buch *Nemesis der Medizin* aufgedeckt. Aber der Kitt, der dieses Krankheitssystem zusammenhält, das sich als Gesundheitssystem ausgibt, ist äußerst wirksam: das Geld.

Auf der Seite des wirklichen Fortschritts stehen hier die liebenden Eltern und die höchste Form der Liebe, die Agape. Mutter- oder Vaterliebe hat keine Wahl. Sie erwartet keinen Lohn und erhält diesen dann auch oft erst sehr spät, wenn überhaupt.

Dass ihr Kampf gegen das Establishment aber beste Chancen hat, zeigt auf wissenschaftlicher Ebene das Buch *David und Goliath: Die Kunst, Übermächtige zu bezwingen* von Malcolm Gladwell.

Deutung 3:
Der Film zeigt aber auch die Spannung zwischen Schicksalsergebenheit im Sinne des Bibelsatzes „Dein Wille geschehe" und der individuellen Selbstermächtigung („Ich gehe meinen Weg"). Dies ist eine lebenslange Gratwanderung. Da gilt letztlich der alte Spruch der Anonymen Alkoholiker, über deren Gründer es den sehenswerten Film ***Verhängnisvolles Verlangen – My Name is Bill W.*** gibt: *„Herr, gib mir die Kraft zu ändern, was ich ändern kann, die Demut zu akzeptieren, was ich nicht ändern kann, und die Weisheit, das eine vom anderen zu unterscheiden."*

Fragen, die ZuschauerInnen sich stellen könnten:
In wie weit neige ich zur Annahme meines Schicksals, in wie weit zum Aufbegehren?
Wo neige ich dazu, den Dingen – koste es was es wolle – auf den Grund zu gehen?
Kann ich mich in Aufgaben vertiefen auf der Suche nach wirklicher Lösung?
Kenne ich die Elternliebe aus der Perspektive des Kindes oder Elternteils?
Wo erlebe ich die göttliche Liebe, die nichts erwartet und nur geben will?

Für wen und welches Problem ist dieser Film Therapie?
Für alle, die zum Resignieren neigen vor der scheinbaren Übermacht des Systems von Vater Staat.

Lorenzos Öl ist nicht der einzige Film, in dem (Eltern-)Liebe zur Triebkraft für wissenschaftliche Durchbrüche wird. Unbedingt zu erwähnen ist hier auch ***Ausnahmesituation*** mit Harrison Ford, Brendan Fraser und Keri Russel. Auch dieser Spielfilm hat teilweise dokumentarischen Charakter. Es ist die Geschichte der Bewältigung eines genetischen Enzymdefekts, ebenfalls angetrieben von Elternliebe, die nicht aufgibt und alles möglich macht, um das geliebte Kind zu retten. Hinzu kommt hier die wissenschaftliche Genialität eines Professors, den Harrison Ford entsprechend verschroben darstellt. Es geht um das so genannte Pompe-Syndrom und die moderne Welt des ökonomisierten Medizinbetriebs.

Lebensbühne 7
Über Liebe, Partnerschaft und wahre Harmonie

Inhaltlich geht es im Drehbuch der 7. Lebensbühne um zwischenmenschliche Beziehungen aller Art, Partnerschaft und Liebe. Letztlich sind ja die Liebe und die Sehnsucht, geliebt zu werden, der eigentliche Antrieb für all unser Denken, Fühlen und Handeln. Wenn wir reich und mächtig, schön und klug genug sind, dann hoffen wir, die Liebe zu finden und geliebt zu werden. Auch, wenn sich echte Liebe um Äußerlichkeiten dieser Art nicht kümmert, wachsen und lernen wir doch ständig an der Liebe. Das Streben aller irdischen Existenz ist es, einen Zustand der Harmonie und des idealen Gleichgewichts zu erlangen. Denn alles in unserer Welt beruht auf sensiblen Gleichgewichtssystemen, damit Leben überhaupt möglich ist. Ob es um das Gleichgewicht der Gase in unserer Atmosphäre geht oder um die Balance zwischen männlichem und weiblichem Geschlecht, immer müssen sich gegensätzliche Pole die Waage halten, denn ein Gleichgewicht in der Polarität entsteht nur durch den Ausgleich (sich ergänzender) Gegensätze.

Auf seelischer Ebene suchen wir nach einem inneren Gleichgewicht durch Partnerschaft. Als Wesen dieser polaren Welt spüren wir unsere Unvollkommenheit, unsere Halbheit und verlangen nach unserer zweiten, „besseren" Hälfte, mit der zusammen wir runder und vollständiger sind. Schon in Platons Gastmahl suchen die geteilten Kugelmenschen ihren passenden Gegenpart. Andere Archetypen, die damit zusammenhängen, sind Prinz und Prinzessin im Märchen, Anima oder Animus in der Psychologie C. G. Jungs und die „bessere Hälfte" des Volksmunds. Haben wir dann den (vermeintlichen) Mr. Right oder die perfekte Mrs. Right gefunden, beginnt das eigentliche Schauspiel der 7. Lebensbühne. Im Zustand des Verliebtseins nämlich geht es uns gut, wir fühlen uns rundum wohl und glücklich und glauben uns am Ziel unserer paradiesischen Liebes-Träume. Das übliche Partnerschaftsmodell dieser Phase ist, dass wir eine Beziehung zum Wohl beider führen und glauben, dass diese weitergeht, „bis dass der Tod uns scheidet".

Der Sturz von Wolke 7 ist deshalb meist hart und die rosarote Brille zerbricht dabei. Ab nun zeigt sich, ob wir bereit sind, uns auf eine Beziehung zum Heil(werden) einzulassen. Der Partner ist nämlich plötzlich wieder ein eigenständiges (und eigensinniges) Wesen und spiegelt uns obendrein unsere eigene Fehlerhaftigkeit, unsere Schattenseiten. Jetzt beginnt das tägliche Ringen um Ausgleich, Gleichgewicht und damit echte Harmonie. Wie die griechische Göttin Harmonia eine Kette aus abwechselnd weißen und schwarzen Perlen als Symbol für den Ausgleich gegensätzlicher Kräfte trägt, bedeutet dies in einer lebendigen Partnerschaft die Bereitschaft, sich ständig auseinanderzusetzen. Konflikte sind anzuerkennen und Lösungswege zu finden. Es gilt, sich immer wieder zu versöhnen, Frieden zu schließen und nach Kompromissen zu suchen, die für beide Partner stimmen. Es braucht das Gleichgewicht zwischen gegenseitigem Geben und Nehmen, nur dann ist ein Zusammensein in echter Harmonie möglich.

Das Liebesspiel auf dieser Bühne wird früher oder später zum Drama, wenn die Partner in die Falle der Scheinharmonie tappen. Nach außen hin ist alles wunderbar, es gibt keinen Streit. Konflikte werden großräumig umgangen und Unstimmigkeiten unter den sprichwörtlichen Teppich gekehrt. Damit ist der Gegenpol des (scheinbaren) Friedens aber nicht aus der Welt. Nicht selten schlägt er dann irgendwann als Rosenkrieg umso heftiger zu(-rück).

Lassen wir uns auf eine Partnerschaft ein, so geht es also um einen permanenten Entwicklungsprozess und die Konfrontation mit seelischen Schattenthemen. Partnerschaft ist gleichsam tägliche Psychotherapie. Unter diesem Aspekt würden wohl nicht viele

Menschen diese Anstrengungen auf sich nehmen, gäbe es die Liebe nicht.

Die Liebe ist eine Himmelsmacht. Gegen die Liebe ist kein Kraut gewachsen. Und wo die Liebe hinfällt, erliegen wir ihrem Zauber. Wahre, echte Liebe ist wohl das höchste menschliche Ideal. Venus/Aphrodite, die mythologische Göttin der Liebe, ist auf Grund ihrer Herkunft ein Geschöpf des Himmels. Sie ist die mutterlose Tochter des Himmelsgottes Uranus. Die Liebe erleben wir als Himmelsmacht, wir schweben im 7. Himmel und der oder die Geliebte gleicht einem himmlischen Wesen.

Aber in der irdischen Welt hat auch die Liebe ihren Preis. Hat uns Amors Pfeil getroffen, gibt es kein Entkommen mehr. Als Sohn der Liebesgöttin und des Kriegsgottes hat er, seiner Herkunft gemäß, seine Pfeile in süßen Honig und bittere Galle getaucht. Sollten wir also erwarten, dass wir, von der Liebe auserwählt, ein nur himmlisches Dasein führen, werden wir eines Besseren belehrt. Die Liebe will uns verwandeln und veredeln. Sie ist das größte, gefährlichste und schönste Abenteuer, auf das wir uns einlassen können. Niemand hat das so trefflich und schön in Worte gefasst wie Khalil Gibran[3]:

„Winkt dir die Liebe, so folge ihr, sind auch ihre Wege hart und steil. Und umwehn dich ihre Flügel, so ergib dich ihr, mag auch das unterm Gefieder verborgene Schwert dich verwunden. Und redet sie mit dir, so trau ihrem Wort, mag auch ihre Stimme deine Träume erschüttern, wie der Nordwind den Garten verwüstet. Denn gleich, wie die Liebe dich krönt, so wird sie dich kreuzigen, wie sie deinen Lebensbaum entfaltet, so wird sie ihn beschneiden.

Gleich Garben von Korn rafft sie dich an sich. Sie drischt dich,
um dich zu entblößen.
Sie siebt dich, um dich von Spreu zu befrein.
Sie zermalmt dich, bis du weiß bist.
Sie knetet dich, bis du geschmeidig bist.“

Auch Erich Fried hat das Geheimnis der Liebe in Worte zu fassen versucht:

[3]Khalil Gibran: Der Prophet. Walter Verlag, Freiburg, 1985, S. 13

Es ist Unsinn
Sagt die Vernunft
Es ist was es ist
Sagt die Liebe

Es ist Unglück
Sagt die Berechnung
Es ist nichts als Schmerz
Sagt die Angst
Es ist aussichtslos
Sagt die Einsicht
Es ist was es ist
Sagt die Liebe

Es ist lächerlich
Sagt der Stolz
Es ist leichtsinnig
Sagt die Vorsicht
Es ist unmöglich
Sagt die Erfahrung
Es ist was es ist
Sagt die Liebe

Auch wenn Liebe und Liebesbeziehungen uns aufs Heftigste herausfordern, werden wir reich beschenkt. Jedes Leben ohne Liebe ist ein armes Leben. So ist die zentrale Frage, die sich die meisten Menschen in den letzten Stunden ihres Lebens stellen: „*Habe ich genug geliebt?*" Am Ende ist, was wesentlich ist und war, die Liebe.

Stärken bzw. Aufgaben der 7. Lebensbühne:
Liebesbereitschaft, Beziehungsfähigkeit, Ausgeglichenheit, echte Harmonie, Ausgewogenheit, innere Balance, inneren und äußeren

Frieden schaffen, Kompromissbereitschaft, diplomatisches Geschick, Taktgefühl, Schöngeistigkeit, Schönheitssinn, Stilempfinden, äußere Schönheit als Spiegel innerer Schönheit.

Schwächen:
Scheinharmonie, der schön geschminkte Schatten, die seelenlose, schöne Maske, Eitelkeit, Falschheit, Sucht nach Verliebtheit, statt Partnerschaft zu leben, nur auf äußere Schönheit achten, Schönheitswahn, Unentschlossenheit, Halbherzigkeit, Konfliktvermeidung.

Fragen, die wir uns dazu stellen können:
Wie viel Bewunderung und Liebe brauche ich?
Was tue ich alles, um geliebt zu werden?
Zeige ich mich, wie ich bin? Oder zeige ich nur eine schöne Maske von mir, von der ich meine, dass sie anderen gut gefällt?
Finde ich mich schön und liebenswert?
Wie abhängig bin ich vom äußeren Schönheitsideal?
Wie viel Energie stecke ich in äußere Schönheit? Wie viel investiere ich in meine Seelenschönheit?
Wie groß ist mein Harmoniebedürfnis?
Gebe ich mich mit Scheinharmonie zufrieden?
Habe ich eine „Heile-Welt-Vorstellung“?
Wie gehe ich mit der anderen Seite der Waagschale um? Setze ich nur auf „Friede, Freude, Eierkuchen“? Oder bin ich auch bereit, Konflikte auszutragen, damit wieder echte Harmonie entstehen kann?
Vermeide ich grundsätzlich, wenn irgend möglich, Konflikte?
Wie ausgeglichen bin ich?
Wie wichtig sind für mich Partnerschaften?
Was erwarte ich von einer Partnerschaft? Eine Partnerschaft zum Wohl? Oder bin ich auch für eine Partnerschaft zum Heil bereit?

Wie leicht verliebe ich mich? Und wie lange hält dann die Liebe?
Bin ich liebesfähig?
Wie oft habe ich schon geliebt?
Woran scheitern meine Liebesbeziehungen?
Wie reagiere ich auf die Wunden der Liebe?
Kann ich überhaupt schon sagen: „Ja, ich habe geliebt", im Sinne des Gedichtes von Khalil Gibran?

Die Liebe und die Lebensbühnen

In der klassischen Antike Griechenlands gab es drei Aspekte der Liebe. Um Missverständnisse zu vermeiden, wollen wir sie hier kurz anführen und den entsprechenden Lebensbühnen zuteilen:

Die erotische Liebe mit ihrer Sinnlichkeit und dem Ziel der Überwindung der Polarität und der Erfahrung der Einheit im Orgasmus, ist sozusagen die unterste, materiellste Ebene der Liebe. Wobei diese Gegensatzvereinigung mit Verschmelzungs-Erfahrung und daraus folgender Entstehung von neuem Leben schon wieder zur 8. Lebensbühne gehört.

Philia, die Freundschaftsliebe, zum Üben der Nächstenliebe, beziehungsweise darin, den Nächsten zu lieben wie sich selbst, gehört zur 11. Lebensbühne.

Agape, die göttliche Liebe, die sich auf Erden am ehesten in der Elternliebe spiegelt, gehört schon wieder zur 12. Lebensbühne.

Die Filme der 7. Lebensbühne

Don Juan de Marco (1995, 97 Min.) von Jeremy Leven

Geradezu ein (Mani-)Fest sinnlicher Eros-Liebe ist der Film Don Juan de Marco mit Johnny Depp, Marlon Brando und Faye Dunaway. Marlon Brando als Psychiater Jack Mickler ist das Abbild des guten Seelenarztes. Er hat sich seine Empathie für die PatientInnen bis zur Pensionsreife bewahrt, die direkt bevorsteht. Mit Hingabe setzt er ganz auf seine sprechende, verstehende und deutende Form der Medizin und zeigt seine Verachtung für die Seelenklempner, die „Störungen" mittels Chemie zu therapieren versuchen.

Kurz vor seiner Pensionierung muss er noch einen Selbstmörder vom Dach holen, was ihm bravourös gelingt, indem er geschickt auf dessen Wahn einsteigt, Don Juan, der größte Liebhaber aller Zeiten, zu sein. Er reklamiert diesen an seinem Wahn festhaltenden Patienten dann auch mit all seiner noch verbliebenen Autorität für sich, obwohl ihm dafür eigentlich gar keine Zeit mehr bleibt. Aber es zeigt sich: für die Liebe ist es nie zu spät. Und so lässt sich Jack Mickler von „Don Juan" in seine aufregende und fiktive Lebensgeschichte entführen.

Deutung 1:

Der Film macht wundervoll deutlich, dass gute Psychotherapie dem Klienten ebenso nützt wie dem Therapeuten – und er tut es auf verführerisch anmachende und erotische Art und Weise, auch für die ZuschauerInnen.

Don Juan ist in einer anderen, ungleich weniger aufregenden Wirklichkeit ein Junge aus Queens, einem nur wenig an Königinnen erinnernden Stadtteil New Yorks. Seine Liebesträume bezüglich eines Mädchens aus einer Illustrierten bleiben unerfüllt.

Seine Mutter hat sich früh ins Kloster geflüchtet, weil sie mit ihrer (Lebens-)Verantwortung nicht klar kam. Der Vater war nie für ihn da. So entflieht er den ärmlichen Verhältnissen in schönere Phantasiewelten und macht dort das Beste aus seinem Elend. Seine Herkunft verlegt er kurzerhand nach Mexiko, macht seine Mutter zur Edelfrau, seinen Vater zum tragischen Helden.
Seine enttäuschten erotischen Träume verwandelt er ins pure Gegenteil: Er wird der größte und beste Liebhaber aller Zeiten und erfindet sich eine ungleich faszinierendere Wirklichkeit, als Queens und die Großmutter ihm bieten könnten. Seine Träume um Donna Anna, seine erste Geliebte und Liebeslehrerin, werden immer wahrer für ihn und wahnhafter für die anderen, die ihnen nicht folgen wollen und können. Aber sein Arzt will und kann, lernt von seinem Patienten und gewinnt dadurch wieder Anschluss an seine eigenen, verschütteten erotischen Träume, was seine Frau Marilyn sichtlich erregt.

Während er Don Juan einfühlsam zwischen der „Scylla" gerichtlicher Einweisungsbeschlüsse und der „Charybdis" der Neuroleptika hindurch navigiert, erlebt Dr. Mickler, wie hilfreich und Leben spendend die Phantasien der Liebe sind. Diese erotischen Träume, die seinem Patienten möglicherweise das Leben retteten, fangen an, ihn ebenfalls zu retten. So wird der psychotische Junge aus Queens zum Therapeuten seines Therapeuten und macht ihn, den so brillant arbeitsfähigen, auch wieder liebesfähig. Sigmund Freud hätte (s)eine wahre Freude an ihm gehabt. Zugleich aber bringt er Don Juan auch wieder so weit auf den Boden zurück, dass dieser der Psychiatrie entkommen kann und stattdessen mit ihm und seiner Frau auf Europareise geht. Die führt das Trio direkt auf die Insel Eros, wo der Psychiater und seine Frau sich und ihre Liebe wieder entdecken und Don Juan seiner geliebten Traumfrau begegnet. Und wenn sie nicht gestorben sind, leben sie heute noch im Märchen von Eros.

Deutung 2:
Don Juan wird in seiner Phantasie zum Liebegott Eros/Amor. Und dieser ist wirklich eine phantastische Gestalt, mit deren Hilfe sich so viel lernen und erleben lässt. Im Märchen *Amor und Psyche* von Apuläus wird er von seiner eifersüchtigen Mutter, der Liebesgöttin Aphrodite/Venus, genötigt, einen seiner Liebespfeile ins Herz des unglaublich schönen Menschen-Mädchens Psyche zu schießen, auf die die Liebesgöttin eifersüchtig ist. Den anderen Pfeil soll Amor auf Hades, den Gott der Unterwelt, abschießen, damit dieser in Liebe zu Psyche entbrenne und sie zu sich in den Hades hole, womit sie Venus aus den Augen käme. Amor folgt ihrem Befehl, verletzt sich aber am ersten Pfeil und schießt so sein eigenes Blut in Psyches Herz. Beide entflammen augenblicklich füreinander und treffen sich jede Nacht zu den schönsten Liebesfesten. Psyche ist überglücklich, nur einen Haken hat ihre Liebe: Weil Amor ein Gott und sie eine Sterbliche ist, darf sie ihn nicht sehen. Mit der Zeit hetzen Psyches Schwestern, die, wie so oft in Märchen und Mythen, ihre unerlösten Wesensanteile repräsentieren, sie immer mehr gegen Amor auf und stellen ihn schließlich als bösartigen Verführer und Vergewaltiger dar. So beschließt Psyche ihn zu ermorden, ergreift ein Messer gegen ihn und macht Licht. Da geht ihr ein Licht auf, sie ist wie geblendet vom wunderschönen Liebesgott. Aber zu spät, Amor entzieht sich, seine Liebe zu ihr allerdings ist unsterblich.

Untröstlich über den Verlust ihrer großen Liebe, bleibt Psyche nur der Weg der Demut. Sie muss zur Liebesgöttin Venus gehen und Abbitte leisten. Diese gibt ihr schwierige, fast unlösbare Aufgaben. Aber die geläuterte Psyche macht sich daran und schafft das Unmögliche. Das muss die Liebesgöttin schließlich anerkennen und sie in den Olymp aufnehmen.

Für uns Menschen hält dieser Mythos eine erfreuliche Botschaft parat. Über die Liebe kann die Psyche, unsere Seele, Befreiung und (Er-)Lösung finden und das Himmelreich Gottes in sich verwirklichen.

Im Himmel feiern die nun ebenfalls göttliche Psyche und ihr Liebesgott Eros auf höchster Ebene Liebesfeste. Daraus entsteht ein Kind der Liebe: Voluptas, die Wolllust. Dass die Wolllust ein Kind göttlicher Liebe ist, könnte uns Kindern der christlichen Kultur zu denken geben. Offenbar ist Eros im Verein mit Seele (Psyche) in der Lage, uns zu befreien und uns den Himmel der Einheit zu öffnen. So können sich Eros, Psyche und Agape durchaus nahe kommen.

Fragen, die ZuschauerInnen sich stellen könnten:
Was könnte ich mir an Phantasie(n) schenken, um mein Leben zu versüßen?
Wie viel Raum räume ich der Liebe in meinem Leben ein?
Wie viel Macht gebe ich ihr über mein Leben?
Welche Träume leben noch unerlöst in mir?
Warum kreiere ich mir nicht auch meine Liebesgöttin, meinen Liebesgott?

Für wen und welches Problem ist dieser Film Therapie?
Für alle aus elenden Quartieren dieser Welt, aber auch aus elenden Situationen. Der Film zeigt all denen, für die das Leben scheinbar nicht viel übrig hat, dass es da noch die Ebene der inneren Bilder und Phantasien gibt, wo wundervolle Lösung warten. Selbst der unbedeutendste Junge – mag er auch gerade herb abgeblitzt sein – wird dort zum größten Liebhaber aller Zeiten. Walt Disney sagte richtig: *„If you can dream it, you can do it – Wenn du es träumen kannst, kannst du es (auch) tun.“* Das gilt nicht nur, aber auch in Liebesangelegenheiten. So ist ***Don Juan de Marco*** ein unerhört hoffnungsvoller und aufbauender Film für alle, die seine Botschaft annehmen können. Nur gilt es, darauf zu achten, nicht gänzlich in den Traum-Welten zu verschwinden wie Don Juan, sondern sich von ihnen anregen und befruchten zu lassen wie es bei Dr. Mickler geschieht.

Salz auf unserer Haut (1995, 110 Min.) von Andrew Birkin

Welten trennen das Liebespaar George (Greta Scacchi) und Gavin (Vincent d´Onofrio). Die beiden passen überhaupt nicht zusammen, können aber auch nicht ohne einander. Sie ist Uni-Dozentin, hat Geschmack und Stil. Er, Fischer von Beruf, weiß nicht einmal, was Geschmack und Stil sind. Eine typische Polaritätsgeschichte nach dem Motto „Gegensätze ziehen sich an". So faszinierend und Funken sprühend die Liebe auch sein mag – ohne ein Mindestmaß an Gemeinsamkeit ist es schwer, sie auf Dauer zu leben.

Dieser geradezu archaische Mann und diese moderne, emanzipierte Hochschul-Professorin verlieben sich unsterblich ineinander. So, wie die Engländer sagen „to fall for someone", verfallen sie einander.

Deutung:

Es ist ein (arche-)typischer Fall von Beziehung zum Heil. Durch die Verschmelzung der Gegensätze wird ein Ganzes geschaffen, während den Einzelteilen immer irgendetwas fehlt. Im Gegensatz dazu schafft das Resonanzgesetz eine Beziehung zum Wohl, nach dem Motto „Gleich und Gleich gesellt sich gern". (Diese Art von Beziehung kommt aber im Film gar nicht vor.) In der Liebe von George und Gavin liegt folglich viel Heil(ungspotenzial), sie könnten so viel voneinander lernen und integrieren. Aber es liegt kein Wohl(fühlen) darin, weil das Geborgenheitsgefühl fehlt, das eher aus einem Gleichklang der Interessen, Ansichten und Geschmacksvorstellungen erwächst.

Fragen, die ZuschauerInnen sich stellen könnten:

Lebe ich mehr in einer Beziehung zum Heil oder zum Wohl?
Hat uns unsere Gegensätzlichkeit oder unsere Ähnlichkeit zusammengebracht?

Wie viel bin ich bereit, von meinem Partner und Gegenpol zu lernen?
Auf wie viel Gemeinsamkeit lege ich wert?
Wie viel (Beziehung zum) Heil kann ich aushalten, wie viel (Beziehung zum) Wohl(-fühlen) brauche ich?

Für wen und welches Problem ist dieser Film Therapie?
Für alle, die so sehr zusammen wollen und müssen und doch nicht können. Für all jene auch, deren Partnerschaft sie vor schier unlösbare Aufgaben stellt.

Ob so ein Gegensatzpaar dann in einer Beziehung funktioniert, lässt der Film offen, genau wie Crocodile Dundee – ein Krokodil zum Küssen (1986, 98 Min.) mit Paul Hogan und Linda Kozlowski. Dort folgt der ursprüngliche und -wüchsige Crocodile aus Crododile Creek, dem letzten Kaff im hintersten Outback, seiner Liebe zu einer modernen Journalistin aus New York in deren Metropole. Das hat Charme, wenn er einem Räuber in der U-Bahn mal ein richtiges Messer zeigt und ihn das Fürchten lehrt. Oder einen Fall von Taschendiebstahl über große Entfernung mittels gezielten Konservendosen-Wurfes „löst". Oder bissige Hunde mit (s)einem Handsymbol und seinem stärkeren Willen in hypnotischen Schlaf schickt. Ob es auf die Dauer allerdings so charmant bleibt, wenn Dundee weiterhin das Bidet als Stiefelputz-Maschine verkennt, bleibt eher offen. Kein großer, aber ein witziger Film, der neben der 7. auch die 11. Lebensbühne mit ihrem Witz und Humor belebt.

Lars und die Frauen (2007, 102 Min.) von Craig Gillespie

Diese skurrile und völlig einzigartige Liebeskomödie erzählt die anrührende Geschichte von Lars Lindstrom (Ryan Gosling), der in einer biederen amerikanischen Kleinstadt in einer Garage lebt. Dass seine Mutter bei seiner Geburt gestorben ist, lässt Lars tief in seinem Inneren gegen Schuldgefühle ankämpfen. Ähnlich wie der kleine Sebastian in ***Wer früher stirbt, ist länger tot***, aber doch mit ganz anderen Mitteln, setzt er sich mit dieser seelischen Wunde auseinander. Lars ist ein schüchterner Einzelgänger, der zwischenmenschlichen Begegnungen ausweicht. Nicht einmal Gus, seinem Bruder, der mit seiner schwangeren Frau Karin (Emily Mortimer) im Haupthaus nebenan wohnt, gelingt es, ihn aus seinem Schneckenhaus zu locken. Alle Einladungen und Kontaktversuche blockt Lars konsequent ab.

Doch dann die Überraschung! Lars kündigt an, Gus und Karin seine neue Internet-Bekanntschaft vorzustellen. Zunächst erleichtert über die positive Nachricht, machen sich schnell Gefühle von Ratlosigkeit, Ablehnung und Entsetzen breit, als die beiden Bianca kennen lernen. Die „neue Freundin" ist eine lebensechte Liebespuppe, die sich Lars auf Anregung eines Arbeitskollegen aus dem Internet bestellt hat.

Deutung 1:

Für Lars aber ist Bianca eine an den Rollstuhl gefesselte, sehr religiöse Brasilianerin. Er spricht mit ihr und behandelt sie wie eine richtige Frau aus Fleisch und Blut. Gus und Karin sind so besorgt um seinen Geisteszustand, dass sie Rat bei der Ärztin und Psychologin Dagmar (Patricia Clarkson) suchen, die erkennt, dass es sich bei Lars eher um ein Problem mit der Seele als um eine Geisteskrankheit handelt.

Sie versteht, dass Lars' Seele mit dieser „Wahnvorstellung" die

Traumata seiner Vergangenheit aufarbeiten will und reagiert mit einem für alle unverhofften und befremdlichen therapeutischen Trick. Sie rät Gus und Karin, mitzuspielen, Bianca als vollwertiges Mitglied in die Familie aufzunehmen und in ihr alltägliches Leben zu integrieren. Das führt in Folge zu berührend skurrilen Situationen.

Dagmar hat aber noch einen weiteren therapeutischen Geniestreich auf Lager. Unter dem Vorwand, Bianca wegen ihrer Erkrankung unbedingt medizinisch helfen zu müssen, bestellt sie sie zusammen mit Lars einmal pro Woche zu sich in die Praxis, um während Biancas „Behandlung" Lars' soziale Ängste zu therapieren.

Von Mal zu Mal beginnt sich Lars, den Menschen mehr zu öffnen, und die engagierte Ärztin bezieht bald immer mehr Menschen aus dem Viertel in die Therapie mit ein. Anfangs verwundert bis ablehnend, spielen auch sie allmählich immer besser mit und integrieren Bianca in ihr gesellschaftliches Leben, verschaffen ihr sogar Jobs in Kindergarten und Krankenhaus. Schließlich wird sie von allen geradezu liebevoll angenommen.

Je „selbständiger" aber Bianca wird und je mehr Lars sich anderen Menschen öffnet, desto häufiger kriselt es in der Beziehung. Er geht sogar fremd, indem er sich einmal mit seiner Arbeitskollegin Margo zum Bowling trifft!

Dann, eines Morgens, findet Lars Bianca bewusstlos vor. Er bringt sie ins Krankenhaus und informiert seinen Bruder, Bianca liege im Sterben. Herzergreifend nehmen die Nachbarn und Gemeindemitglieder Anteil. Bianca bekommt Blumen und Geschenke ans Krankenbett und Lars Trost. Schließlich stirbt Bianca und wird „ganz normal" wie jedes Mitglied der Gemeinde beerdigt. Alle, die sie kannten, erweisen ihr die letzte Ehre, Tränen echter Trauer fließen. Bianca hat auch allen Respekt verdient, hat sie doch eine große Aufgabe erfüllt, ihren „Partner" Lars geheilt und endlich ins wirkliche Leben (ein-)geführt.

Deutung 2:
So skurril die Geschichte auch klingen mag, ist sie doch eine sehr realitätsnahe Darstellung von erlittenen Traumen, vermeintlicher Schuld und dem Gefangensein im eigenen seelischen Muster, in diesem Fall einem seelischen Gefängnis. Auswege daraus sind nicht selten nur mit radikalen und außergewöhnlichen Schritten möglich.

Mittelpunkt der Geschichte sind aber Mitgefühl, Empathie, Hilfsbereitschaft und Liebe, die hier sogar in gewisser Weise bedingungslos ist. Äußerlichkeiten, gesellschaftliche Vorgaben, Normen und vorgefasste Meinungen verlieren hinter diesen großen menschlichen Werten an Bedeutung. Vielmehr zeigt uns die Geschichte, dass wir allem und jedem unsere Zuneigung und Liebe schenken können, Menschen, Tieren, der Natur und auch einem „Wesen" wie Bianca, die ihre Aufgabe als Liebeslehrerin mit Bravour erfüllt, ohne jemals Bedingungen zu stellen.

Die große Botschaft dieser Geschichte ist: Liebe, in welcher Form auch immer, ist heilsam.

Fragen, die ZuschauerInnen sich stellen könnten:
Welche Gefühle hat in mir die Begegnung mit Bianca ausgelöst?
Wie versuche ich meine seelischen Wunden zu heilen? Tue ich das überhaupt?
Welche (falschen) Schuldgefühle plagen mich?
Welche Traumata verfolgen mich, die ich bisher nicht loslassen konnte?
In welchem seelischen Gefängnis bin ich gefangen?
Wie sehen meine „seelischen Gebrechen" aus?
Mit welchen „therapeutischen Tricks" könnte ich mich daraus befreien?
Wie mitfühlend und empathisch bin ich?
Was ist für mich liebenswert, was nicht?

Für wen und welches Problem ist dieser Film Therapie?
Für all jene, die schwere frühe Verluste zu verarbeiten haben.

Mit dem Herz durch die Wand (2015, 87 Min.) von Clovis Cornillac

Der Film erzählt eine ungewöhnliche Beziehungsgeschichte zwischen einer etwas verklemmten und angespannt kontrollierten Pianistin (Melanie Bernier) und einem misanthropischen Erfinder (Regisseur Clovis Cornillac). Beide wohnen neuerdings als Nachbarn Wand an Wand. Der Erfinder versucht, die aus seiner Sicht unerträglich lärmende, Klavier spielende Nachbarin mit allen Tricks seiner erfinderischen Phantasie wieder aus der Wohnung zu vergraulen. Doch die Pianistin lässt sich nicht so einfach vertreiben und schlägt ihm, ohne ihn zu kennen und ohne ihn auch nur einmal gesehen zu haben, durch die Wand hindurch einen Kompromiss bezüglich ihres Zusammenlebens vor.

Nach beträchtlichen Anfangsschwierigkeiten stellen beide fest, doch so einiges gemeinsam zu haben. Wenn auch äußerlich durch die Wand getrennt, kommen sie sich innerlich immer näher. So beginnt eine innige, für beide beglückende Liebesbeziehung mit einer Wand dazwischen, die den beiden Beziehungsgeschädigten überhaupt erst die Möglichkeit gibt, sich aufeinander einzulassen. Ab nun „Madame" und „Monsieur", schlafen sie Wand an Wand, kochen Wand an Wand und treffen sich sogar mit Freunden Wand an Wand. Alles scheint perfekt zu sein und ihre Beziehung besser als so manche „normale", bei der die Wand weniger konkret und mehr seelisch ist.

Stellvertretend für den ganz normalen Wahnsinn des Beziehungslebens begegnet uns im Film Charlotte, die Schwester von „Madame". Als frustrierte Ehefrau und Mutter schleppt sie jeden

Mann sofort ab, vernascht ihn und bleibt trotzdem oder gerade deswegen unerfüllt und innerlich leer, nur scheinbar lebendiger als ihre Schwester.

Deutung 1:
Und wie es so ist: Wir wollen immer mehr, als wir haben. Die Sehnsucht nach mehr Liebe, mehr Gefühl, mehr Zweisamkeit, mehr Spüren bringt das wohltemperierte Arrangement ins Wanken.

Deutung 2:
Letztlich sind alle gefangen in ihrem Elfenbeinturm. Beziehungen werden zwar eingegangen, aber nur halb-herzig oder ohne Herz gelebt oder auf den Gehörsinn reduziert. Meist bleiben die Protagonisten auf Dauer unerfüllt und einsam. Das Gefängnis der Einsamkeit kann aber immer nur von innen geöffnet werden. Das Leben und vor allem die Liebe fordern allen Einsatz, das ganze Herz, ein Sich-einlassen auf das volle Risiko mit allen damit verbundenen Konsequenzen. Das Leben und die Liebe wollen alle „Mauern" sprengen und alle Wände einreißen, auch wenn beziehungsgeschädigte Menschen sich dem oft widersetzen wollen.

Beziehungen zu anderen Lebensbühnen:
Die Wand ist eine Mauer und steht natürlich für das Hindernis, die Trennung und Abschottung. Letztlich ist sie eine kranke Lösung der 10. Lebensbühne.

Fragen, die ZuschauerInnen sich stellen könnten:
Bevorzuge ich verbindliche oder unverbindliche Beziehungen?
Was verhindert, dass ich mich auf eine Beziehung wirklich einlasse?
Neige ich dazu, schlechte Erfahrungen zu lange in meinem Her-

zen zu tragen und vergesse darüber die guten?
Welche Schutzmauern bauen ich um mich auf und warum?
Was macht mir Angst in Liebe und Partnerschaft?
Erfüllt mich die Art, wie ich die Liebe und Liebesbeziehungen lebe?
Was ist meine Definition von Liebe?

Für wen und welches Problem ist dieser Film Therapie?
Für alle mit Erfahrungen in schwieriger Beziehung, mit Mauern und ähnlichen Hindernissen.

Le Weekend (2013, 93 Min.) von Roger Michell

Nick (Jim Broardbent) und Meg (Lindsay Duncan) sind seit 30 Jahren verheiratet. Nach Kindern und Karriere sind sie wieder als Paar gefragt, aber es ist nicht viel von der früheren Liebesbeziehung übrig. Ein Wochenendtrip nach Paris soll ihre Beziehung auffrischen. Vor 30 Jahren verbrachten sie in der Stadt der Liebe ihre Flitterwochen. Die Erinnerungen daran sollen ihre alltagsgeschädigte Partnerschaft neu beleben. Auf der Anreise sind beide optimistisch, voller Vorfreude und bester Erwartungen.

Das ändert sich bei Meg schlagartig, als sie das von Nick unter dem Aspekt der Sparsamkeit gebuchte Hotelzimmer beziehen. Was zur Zeit der Flitterwochen wohl noch gegangen wäre, geht für sie jetzt gar nicht mehr. Meg rastet aus, nimmt zum Entsetzen des knauserigen Nick in Eigenregie einen Kleinkredit auf und bucht ein Zimmer im sündteuren Grand Hotel. Das bringt wiederum Nick an seine Grenzen. Das ständige Hin und Her zwischen ihren unvereinbaren Bedürfnissen belastet das Projekt Liebesurlaub.

Deutung 1:
Ihre unterschiedlichen Charaktere, die sich über die Jahre im Sinne seiner Anima-Entwicklung und ihrer Animus-Verwirklichung nicht angeglichen, sondern eher noch verfestigt haben, prallen in der Enge des Hotelzimmers ungehemmt aufeinander: Nick, der sparsame, jammernde Nörgler, der Meg ständig an die Wäsche will. Meg, kühl, scharfzüngig und zickig, die ihren – von Nick so begehrten – Lusttempel besser gesichert hat als Fort Knox.

Aber über die Jahre haben sie gelernt, das Beste aus kleinen und großen Katastrophen zu machen. Das investierte Geld soll auch nicht ganz umsonst verschwendet sein. Also auf ins Pariser Stadtleben. Das gemeinsam bestandene Abenteuer einer Zechprellerei wirkt dann so befreiend auf beide, dass sie doch wieder richtig in Stimmung kommen. Aber das Schicksal ist tückisch und unglaublich kreativ.

Gerade einander wieder näher gekommen, laufen sie Nicks früherem Studienkollegen Morgan in die Arme. Das angeschlagene männliche Ego von Nick, Lehrer an einem kleinen College in der englischen Provinz, ist nun konfrontiert mit einem vor Selbstbewusstsein strotzenden Morgan. Der gefeierte Bestseller-Autor lebt mit seiner blutjungen Frau in einem Pariser Luxusappartement und umgibt sich mit ungeheuer wichtigen und bekannten Freunden der Kulturschickeria. Und er lädt sie ausgerechnet auch noch zu einer seiner angesagten Partys ein. Nick will nicht, Meg unbedingt. Sie gehen (natürlich!) hin. Der Abend auf dem Fest, einem Jahrmarkt der Eitelkeiten, gibt beiden das Gefühl, so richtig unbedeutend und provinziell zu sein. Aber dadurch ausgelöst und weil sie das wiederum miteinander teilen, finden sie nach einigen spätpubertären Turbulenzen doch wieder einen Weg zueinander.

Deutung 2:
Durch die unterschiedlichen Lebensaufgaben und das Altern

entwickelt jeder der Partner in langjährigen Beziehungen seine ganz speziellen Charakterzüge, die sich von Jahr zu Jahr festigen. Es sei denn, man arbeitet sehr bewusst und therapeutisch daran. Aber wer tut das schon? Gewohnheiten schleifen sich ein und fixe Vorstellungen, was richtig und falsch ist, verfestigen sich. Die Anpassungsfähig- und -willigkeit nimmt auch nicht zu. Irgendwann hat sich jeder in seinem Leben und seiner Rolle fest etabliert. Nicht selten prallen dann solche Gegensätze während eines Urlaubs, in dem der Alltag wegfällt, hart aufeinander – vor allem wenn es keine Möglichkeit gibt, dem anderen zu entkommen. Konfliktbesetzte Themen und nervende Eigenheiten erscheinen nun wie unter dem Vergrößerungsglas. Was im Alltag noch klappt, wenn jeder seiner Wege geht und Lästiges unter den Teppich der Scheinharmonie gekehrt wird, wird jetzt unübersehbar.

Fast jede Beziehung beginnt mit dem Traum der nie endenden, glücklichen Liebe. Man will sich in erster Linie miteinander wohl fühlen, sich die Wünsche von den Augen ablesen und gemeinsam im 7. Himmel schweben. Die Landung im Alltag, auf dem harten Boden der Realität, kommt aber garantiert.

Deutung 3:

Jetzt hieße es, an der Beziehung zu arbeiten, sich zu entwickeln und vor allem nicht zu erwarten, der Partner habe sich gefälligst zu ändern. Sich mit dem Partner zu arrangieren und sich dabei doch nicht selbst zu verlieren, ist die Kunst gelingender Partnerschaft. Gemeinsam darf und soll jeder seinen Weg gehen und seiner Bestimmung folgen. Das gilt besonders, wenn die Lebensmitte überschritten ist, Fortpflanzung und Nestsicherung nicht mehr im Mittelpunkt stehen und nach der Beschäftigung mit der Natur nun die Verwirklichung von Kultur zur Aufgabe wird. Jetzt müsste die Frau ihren männlichen Anteil, den Animus, in sich entdecken und verwirklichen, und er seinen weiblichen, die Anima. Dabei könnten sich beide ideal unterstützen und einander spiegeln.

Vor allem aber wird eine Beziehung lebendig und lebenswert bleiben, wenn beide ein gemeinsames Ziel im geistig-seelisch-spirituellen Bereich haben. Dann fällt es ihnen leichter, sich zu verstehen, einander auch (Ver-)Änderungen zuzugestehen, weil sie das alles in einen Gesamt-Zusammenhang einordnen können.

Partnerschaft heißt aber auch, immer wieder aufs Neue um dieses Gemeinsame zu ringen, das verbindet. Sonst endet das Ganze in einem „Zusammen-und-doch-allein-sein" oder in Trennung, die immer eine verpasste Chance bedeutet.

Fragen, die ZuschauerInnen sich stellen könnten:
Was erwarte ich von meinem Partner?
Wie nahe sind wir uns noch?
Was verbindet uns?
Was nervt mich besonders am anderen? Was nervt ihn an mir?
Was soll er oder sie bei sich (ver-)ändern?
Bin ich mit unserem gemeinsamen Leben zufrieden, nach dem Motto: „Ich liebe Dich trotzdem"?
Lieben wir uns überhaupt noch?
Welche gemeinsamen Ziele verbinden uns?

Für wen und welches Problem ist dieser Film Therapie?
Wer in langjähriger Beziehung (ge-)lebt (hat), wird einiges in dieser Geschichte wieder erkennen.

Safe Haven – Wie ein Licht in der Nacht (2013, 115 Min.) von Lasse Hallström

In dem Liebesdrama von Regisseur Lasse Hallström verbinden sich einige Spielarten der Liebe. Wobei sich die Ebene von Philia erst ganz zum Schluss und überraschend offenbart.

Katie (Julianne Hough) entflieht ihrem gewalttätigen Mann, einem hochneurotischen Polizisten und Alkoholiker aus Boston, der sie quält – aus Angst von ihr verlassen zu werden. Er treibt es soweit, bis ihr kein anderer Ausweg mehr bleibt, als die Flucht zu ergreifen. Sie entkommt ihm – quasi im letzten Moment – und sticht ihn in Notwehr in den Rücken. Daraufhin verfolgt er sie von seinem Polizeirevier aus – völlig illegal – mit Steckbriefen wegen versuchten vorsätzlichen Mordes.

Deutung 1:
Katie entkommt in ein kleines Kaff am Meer – eigentlich nur eine Zwischenstation auf dem Weg nach Atlanta. Aber etwas in ihr will hier aussteigen und bleiben. Und natürlich holt sie ihre Vergangenheit ein, während sie sich in einen Mann und seine ihr so heil erscheinende Familie verliebt. Auf wunderbare Weise geführt, wird sie dieser Familie, die in Wahrheit extrem unheil ist, weil die Mutter und Ehefrau gerade gestorben ist, wieder und wieder nahe gebracht. Dabei kommt sie auch sich selbst näher und lernt, sich ihrer Liebe, aber auch ihrer Vergangenheit zu stellen und sich von letzterer zu befreien.

Deutung 2:
Katie verliebt sich tatsächlich in eine Familie, die ihr heil erscheint, obwohl sie gerade den schlimmsten denkbaren Verlust erlitten hat, den der Mutter. Zuerst liebt und gewinnt sie die Tochter Lexie, die ihr eine mutige Farbberatung gibt und wieder etwas Farbe in ihr Leben bringt. Dann lernt sie den Vater lieben, der sich gleich in sie verguckt hat und ihr bei jeder Gelegenheit hilft. Nur um den Sohn Josh muss sich Katie bemühen, der – verbockt und eifersüchtig – um seine Mutter trauert.

Ansonsten hat sie eine Freundin, die sich von Anfang an sehr um sie kümmert, bei ihr zum Fenster hereinschaut und gute, wichtige Hinweise gibt. Zum Beispiel, die Fahrrad-Leihgabe ihres

Verehrers anzunehmen, danke zu sagen, statt Stolz zu zeigen und sich der Vergangenheit zu stellen. Die Freundin wird für sie zu einer Art Schutzengel in der Fremde. Sie taucht immer dann auf, wenn es notwendig ist und verschwindet genauso rasch und dezent wieder.

Zusammen mit ihrer neuen Liebe muss Katie die Krise ihrer Vergangenheit noch einmal bewältigen, als er ihren Steckbrief findet. Er konfrontiert sie damit und verstößt sie aus Sorge um seine Kinder. Aber seine Liebe ist letztlich stärker, die beiden stellen sich gemeinsam der Vergangenheit. Katie muss ihren Amok laufenden Exmann tatsächlich eigenhändig entsorgen, indem sie ihn nun tatsächlich in Notwehr tötet.

Vorher hat er noch das alte Haus der Familie abgefackelt und ihr so unbewusst einen wirklichen Neuanfang ermöglicht. Der wäre sonst im Haus ihrer Vorgängerin schwierig geworden, etwa weil der kleine Sohn Josh niemandem den Zutritt zu den Räumen seiner Mutter gewähren wollte. So kommt das Gute des Schlechten gemäß dem Polaritätsgesetz zum Tragen. Der Teufel der Vergangenheit wird wider Willen zum Engel der Zukunft.

Deutung 3:
Aber da ist noch ein richtiger Engel – typisch für Engelwesen – ganz unerkannt mit im Spiel (ihres Lebens). Aus den Trümmern des abgebrannten Hauses seiner Vergangenheit rettet Katies neuer Mann einen Brief seiner verstorbenen Frau mit der Aufschrift „An Sie“, ihre Nachfolgerin. Es ist ein berührender Brief voll freundschaftlicher Liebe für die Neue, der auch das Glück ihres zurückgelassenen Mannes im Auge hat. Vor allem ist es das Zeugnis einer großen Liebe zu ihren Kindern, deren Schicksal sie ihrer Nachfolgerin ans Herz legt. Katie erkennt im Bild ihrer Vorgängerin ihre Freundin, die ihr beim Start in dieses neue Leben geholfen hat. Sie war damit zugleich Schutzengel für ihre Kinder und Beziehungsanbahnerin für ihren Mann und Katie, machte beiden Mut, gemeinsam in ein neues Leben zu starten.

Beziehungen zu anderen Lebensbühnen:
Dieser Film lässt sich in Anteilen noch zu verschiedenen anderen Bühnen rechnen: Natürlich zur 4., weil sich Katie in eine Familie verliebt und ihren neuen Kindern gegenüber Philia und Agape erlebt. Aber auch zur 11., wegen der Begegnung mit ihrem Engel. Zur 7., weil sie die Liebe findet, hier besonders die erotisch-sinnliche zu ihrem neuen Mann, aber auch die Mutterliebe zu ihren neuen Kindern und vielleicht sogar die Freundesliebe zur mütterlichen Engelin, die anbietet, sich auch weiter um die Familie zu kümmern. Wenn sie sich dieser Chance öffnen kann, ist das eine wundervolle Lösung für alle. Die Kinder bekommen eine großartige neue Mutter und behalten ihre ursprüngliche als himmlische Mutter, die ihnen allen vieren zugleich (Schutz-)Engel ist. Katie kann so neben Eros auch Philia und Agape l(i)eben.

Der Film bringt aber auch noch eine Art von Schattenliebe in Form der von Angst pervertierten Liebe ihres ersten Mannes ins Spiel ihres Lebens, den sie erst umbringen muss, um wieder frei zu werden.

Fragen, die ZuschauerInnen sich stellen könnten:
Habe ich einen Schutzengel, auf den ich mich verlasse(n kann)?
Wie viel Mut habe ich, mich aus gescheiterten Situationen und Sackgassen frei zu kämpfen?
Neige ich zu Resignation? Oder zur Flucht nach vorn? Zum Neuanfang?
Wie viel Eros lebe ich? Habe ich den oder die Geliebte(n), nach der (dem) ich mich sehne? Wie viel bin ich bereit, dafür zu unternehmen?
Darf Philia noch in mein Leben? Habe ich eine beste Freundin? Einen besten Freund? Darf er auch vom anderen Geschlecht sein?
Erlebe ich Agape, diese selbstlose Liebe, die keinen Dank, die gar nichts erwartet?

Für wen und welches Problem ist dieser Film Therapie?
Für Menschen, die einen Neuanfang brauchen, und solche, die Vertrauen zu ihrer inneren Führung benötigen. Für Menschen, die erst noch erkennen müssen, dass ihre besten Freunde zugleich ihre Engel sein könnten.

Wellness für Paare (2016, 90 Min.) von Jan Georg Schütte

In der Filmkomödie mit Anke Engelke melden sich ganz verschiedene Pärchen zu einem Wellness-Wochenende für Paare in einem sehr schönen Zentrum an. Jeweils einer von beiden hatte die Idee, der andere wurde mehr oder weniger genötigt oder ist lediglich auf oberflächliche Dinge erpicht, z. B. auf schöne Massagen. Tatsächlich geht es aber um eine tiefere Form des Wohlseins, um seelische Wellness sozusagen, und die Teilnehmer(innen) werden gleich am ersten Tag zum Paargespräch gebeten. Diese Gespräche werden ziemlich rasch ziemlich peinlich für mindestens einen von beiden Partnern, einfach weil plötzlich ein Moment von Ehrlichkeit in die Beziehung einbricht. Die Handlung ließe sich auch so zusammenfassen: 5 Paare, 10 Menschen, weder Lebensfreude noch Ehrlichkeit.

Ein Berliner Teilnehmer ist schon völlig impotent, weil er den offensiven Kinderwunsch seiner Duisburger Freundin (die auch unbedingt und seit langem geheiratet werden will) nicht mehr erträgt. Er will überhaupt kein Kind, was er ihr aber nie gestanden hat. Jetzt, nach ihrem beeindruckenden „Auftritt“, gesteht er es. In der Umkehrung dieser Situation spielt Anke Engelke eine erfolgreiche 50-jährige Geschäftsfrau, die mit ihrem 44-jährigen Lover (und Loser), einem Fotographen, zusammen lebt, der eine Familie und Kinder von ihr will. Sie erklärt ihm, das ginge mit 50 nicht mehr, zumal er nicht einmal sich selbst, geschweige denn eine Familie ernähren könne. Mit den Schicksalsgesetzen und Spielregeln des Lebens im Gepäck hätte sie gewarnt sein können. Im Anfang liegt alles: Kennen gelernt haben sich beide, als er ihr – ohne die notwendige Haftpflichtversicherung – ins Auto gefahren ist. Statt einen unergiebigen Prozess gegeneinander zu führen, haben beide den Schadensfall eine Woche lang „weggevögelt" (wie er sich ausdrückt).

Ein älteres Paar kommt mit dem Wunsch, gemeinsam zu fasten. Er ist Gardinen-Verkäufer und nicht männlich genug, wie sie findet (und die ZuschauerInnen unschwer erkennen können). Sie hat ebenfalls Fett angesetzt, fastet aber nur widerwillig mit. Als sie erfährt, dass ihr Mann vor 23 Jahren eine Affäre hatte, flippt sie aus, weil er sie belogen hat. Er erwidert darauf: „*Es gehört ja wohl zum Betrügen, dass man lügt.*" Später bekennt er ganz offen, dass es Sex ohne Gefühl für ihn nicht gebe und er durchaus zwei Frauen parallel lieben könne. So viel Wahrheit macht sie noch verrückter.

Ein etwas verlebter Unternehmer kommt mit einer hübschen jüngeren Polin, die gern mehr Sicherheit hätte im Fall einer Familiengründung. Als er jedoch bekennt, dass er Konkurs anmelden muss, flippt sie völlig aus. Denn sie hatte von ihm keine Pleite, sondern einen Friseurladen erwartet.

Als letztes erscheint ein Lehrerehepaar, das seit 22 Jahren zusammen ist. Er hat seit einiger Zeit das Gefühl, etwas stimme nicht mehr in ihrer Ehe. Sie gibt ihm schließlich Recht und gesteht, dass sie vor einiger Zeit mit Hamid aus Afghanistan geschlafen hat, weil ihr etwas gefehlt habe.

Deutung 1:

Der Fall der beiden Lehrer macht besonders deutlich, was Ehrlichkeit – und etwas Bildung – für eine Paarbeziehung bringen kann. Als er von ihr erfährt, sie sei nicht in Hamid verliebt, erleichtert ihn das zutiefst. Beide haben spontan wilden Sex und schlafen an allen möglichen und unmöglichen Orten miteinander. Dabei erleben sie größtmöglichen Spaß und sogar wirkliches Glück. Bei einem Besuch in der Kirche wird dies besonders deutlich, als die beiden „Jesus" von ihrem neu gefundenen Glück erzählen.

Bei den anderen Paaren dauert die Entwicklung länger, aber der kleine Moment von Ehrlichkeit, der jeder Lösung vorangeht, tut allen gut. Die Duisburgerin, die aus dem Therapie-Gespräch weggerannt war, weil sie den Therapeuten nicht auf ihre Seite ziehen konnte, verläuft sich einen ganzen Tag lang im Wald. Obwohl sonst keine Geistesriesin, versteht sie immerhin dies: Wer nicht mal den (Rück-)Weg findet, sollte vielleicht nicht auf einem Kind bestehen. Dieses Eingeständnis entlastet ihren Partner sehr, insbesondere im Verein mit seinem, dass er gar kein Kind wolle.

Anke Engelke und ihrem netten, etwas düsteren Loser, der Angst hat, in einer Sekte gelandet zu sein und seine Beredtsamkeit nutzt, um sich vor dem Eingeständnis seiner Unfähigkeit zu drücken, tut die Wahrheit ebenfalls gut. Sie fühlt sich berührt von seiner freimütig ausgedrückten Liebe und befreit, weil die Situation offen an- und ausgesprochen wurde.

Der Gardinenhändler ist von seinem Geständnis sowieso erleichtert. Seine Frau erkämpft sich den Raum, ihren Eifersuchtsgefühlen Ausdruck zu geben und versucht, ihn wieder sexuell anzumachen.

Die Polin ist von dem in Anwesenheit des Therapeuten gemachten Heiratsantrag dann doch so begeistert, dass sie darauf eingeht, sogar die Pleite ihres Liebsten in Kauf nehmend.

Deutung 2:

Der Film zeigt, wie wenig Projektion und wie viel Ehrlichkeit bringt. Allerdings gibt es auch dazu einen Gegenpol: Wenn unsere Gesellschaft keinen Rahmen für die Wirklichkeit unserer

Gefühlswelt bietet, kann Ehrlichkeit vielleicht noch für den Geständigen erleichternd, aber insgesamt auch zerstörend wirken.

Es ist selten möglich, mit einer Person auf allen Lebensbühnen erfüllend zu leben. Stellen wir uns vor, ein glücklicher Familienvater und Architekt mit den Hobbys Reiten und Tanzen, die er mit seiner über alles geliebten Frau teilt, erleidet bei einem Reitunfall eine Querschnittslähmung. Natürlich liebt er seine Frau und Kinder weiter. Tatsächlich waren sie der Grund, warum er wenigstens im übertragenen Sinn wieder auf die Füße kommt. Auch seinen Beruf kann er fast ohne Einbußen weiter führen und sogar noch mehr genießen. Soll er nun von seiner ebenfalls noch jungen Frau verlangen, nicht mehr zu tanzen und zu reiten, weil er es nicht mehr kann? Wohl sicher nicht. Soll sie auf sexuelle Liebe verzichten? Und falls sie sich einen anderen Mann für das „Körperliche" sucht, muss sie ihm das wirklich erzählen – und in allen Details?

Es gibt viele Menschen, die keine Querschnittslähmung brauchen, um solch ein Problem zu erleben. In 40 Jahren Beratung haben wir verschiedene Verheiratete erlebt, die besser damit fuhren, einiges – manchmal schweren Herzens – für sich zu behalten, weil es ansonsten nur quälen und zerstören würde. Meistens, weil der geliebte Partner die Wirklichkeit nicht ertragen könnte, manchmal aber auch, weil diese insgesamt enge Gesellschaft dafür keinen Raum lässt.

Fragen, die ZuschauerInnen sich stellen könnten:

Wo könnte meiner Beziehung mehr Ehrlichkeit und Offenheit gut tun?

Inwiefern täte mir persönlich mehr Ehrlichkeit und Offenheit gut?

Habe ich noch eine beste Freundin, einen besten Freund, mit der oder dem ich einmal ein ehrliches Gespräch über meine Beziehung führen könnte?

Wäre es möglich, sie oder ihn zu einem Paar-Gespräch mit uns

beiden, also zu dritt, zu bitten?
Oder benötigen wir dazu eine Therapeutin?
Was stört mich an meinem Partner und spiegelt mir also meinen Schatten?
Könnte ich mir vorstellen, mit meinem Partner zusammen auf diese Schattensuche bei mir zu gehen? Und später auch bei ihr/ihm?

Für wen und welches Problem ist dieser Film Therapie?
Für alle, die in Partnerschaftsproblemen feststecken und nicht den Mut haben, die Wahrheit über ihre Gefühle zu sagen, obwohl das Unausgesprochene die Beziehung belastet.

45 Years (2015, 53 Min.) von Andrew Haigh

Kate (Charlotte Rampling) und Geoff (Tom Courteney) sind ein älteres Ehepaar, das sein großes Fest zum 45. Hochzeitstag vorbereitet. Da erfährt Geoff, dass die Leiche seiner Jugendliebe Katya gefunden wurde. Sie war vor mehr als 50 Jahren auf einer gemeinsamen Bergtour verunglückt und bisher im Gletschereis eingefroren. Kate wusste nichts von dieser Beziehung, und auch jetzt ist Geoff nicht bereit, darüber zu reden. Beide tun so, als wäre die Angelegenheit nicht so wichtig.

Deutung 1:
Nach außen respektiert Kate Geoffs verweigernde Haltung, macht sich aber doch auf die Suche nach Spuren aus der Vergangenheit und entdeckt, dass Katya schwanger war, als sie abstürzte. Aber wie bei den Ehepartnern üblich, bleibt wieder alles unausgesprochen. Kate setzt alles daran, dass ihr Fest gelingt und niemand merkt, was für Risse ihre Beziehung hat. Geoff hält zwar eine er-

greifende Rede über seine Liebe zu Kate, in ihr aber ist Bitterkeit.

Wir erleben mit, wie 45 Jahre Scheinharmonie, Schonprogramm und Konfliktvermeidung in einer wohltemperierten Beziehungssackgasse enden. Nach viereinhalb Jahrzehnten taucht noch eine Chance auf Veränderung und Belebung der Partnerschaft auf – in Form der Leiche seiner ehemaligen Geliebten. Ein gleichsam symbolisches Bild auch für den eingefrorenen Zustand ihrer Beziehung. Am Anfang ihrer Partnerschaft wurde der tragische Unfall nicht angesprochen. Nun zeigt der Fund der Leiche nicht zufällig symbolisch deren unveränderten Zustand als junge Frau.

Ein langes, gefühlsarmes, rein rhetorisches Philosophieren darüber, wie mit diesem unerwarteten und unerwünschten Einbruch der Vergangenheit in ihr durchgeplantes Leben umzugehen sei, verpufft in jeweils den Partner schonenden Ausreden. Geradezu auf die Spitze getrieben wird dieser Verdrängungsmechanismus in der theoretischen Beschäftigung mit den Auswirkungen des Klimawandels, der zum Auffinden der Leiche (im Keller) geführt hat. Ausflüchte, um eine Konfrontation mit der Vergangenheit zu vermeiden, sind die angeschlagene Gesundheit des Ehemannes – er ist herzkrank und ihm ist die Anstrengung einer Reise nicht zuzumuten. Aber natürlich mutet uns das Schicksal jede Reise in die Vergangenheit zu, und zwar genau so lange, wie da noch etwas unverarbeitet ist.

So aber bleibt den Partnern nur das gewohnte wohltemperierte Nebeneinander, das ein paar Risse durch diesen Einbruch von Wirklichkeit bekommen hat. Das Leben ohne Höhepunkte und tief greifende Erinnerungen wird fortgeführt, nicht einmal Fotos aus der gemeinsamen Zeit existieren. Sie wären Symbole besonderer Zeitqualitäten in dieser Beziehung.

Unbeirrt und unberührt treibt Ehefrau Kate die Vorbereitungen für die Party zum 45. Hochzeitstag voran. Der Schein nach innen und außen bleibt gewahrt. Tränen fließen nur im übertragenen Sinn in ihrem gemeinsamen Lied *Smoke gets in your eyes*. Alle drei Protagonisten sind gleichsam erstarrt und eingefroren – die ehemalige Geliebte tatsächlich körperlich, Kate und ihr Mann seelisch.

Die für wahre Beziehungen notwendige „Konfliktstufe der Entwicklung“ wird konsequent vermieden und umgangen. Es bleibt eine mehr oder weniger unverbindliche und austauschbare Beziehung. Kate, die Ehefrau, ist für Geoff möglicherweise die problemlosere Fortsetzung von Katya. Eine Beziehung ohne gemeinsames Ziel, ohne Feuer der Begeisterung, dafür die perfekte Scheinharmonie.

Deutung 2:
Neben all dem, was dieser Beziehung fehlt, ist aber durchaus die Frage erlaubt, ob ein harmonisches und wohltemperiertes Miteinander in diesem Lebensabschnitt und nach 45 gemeinsamen Jahren nicht wichtiger sein kann als eine spannende, aufregende, aber damit auch immer aufreibende Partnerschaft. Beziehung zum Wohl, das Anliegen der meisten, steht hier gegen Beziehung zum Heil, das Anliegen des Schicksals.

Fragen, die ZuschauerInnen sich stellen könnten:
Wie viel weiß mein Partner von mir und meinem früheren Leben?
Gibt es etwas, das ich bewusst verschwiegen habe?
Was verheimliche ich und warum?
Gibt es „Leichen in meinem Keller“?
Welches „große Schweigen“ belastet meine Beziehung?
Wie unfrei macht mich mein Geheimnis?
Was verdränge ich an meiner Geschichte?
Welche Konflikte vermeide ich?
Lebe ich in einer Scheinharmonie?
Für wen und welches Problem ist dieser Film Therapie?

Für alle, die ähnlich eingefroren in entsprechend erstarrten Beziehungen frieren.

Die Braut, die sich nicht traut (1999, 111 Min.) von Garry Marshall

Die romantische Komödie mit Julia Roberts als Maggie Carpenter und Richard Gere als Ike Graham erzählt eine luftige journalistische Liebesgeschichte mit Selbstfindungs- und Wandlungsaspekten. Wieder ist die Ausgangsposition der beiden Filmfiguren schwierig und sie könnten nicht weiter voneinander entfernt sein. Ein weiter, witziger und spannender Weg liegt vor ihnen und fordert von beiden viel Selbsterkenntnis und große Schritte, die auch den meisten ZuschauerInnen gut tun.

Maggie ist die Dauer-Braut, die schön und charmant im Eisenwaren-Laden der Familie arbeitet. Gleichsam als Hobby macht sie reflexhaft Männer an. Sie erobert sie mittels ihrer gewinnenden Ausstrahlung und merkt immer erst vor dem Traualtar, wenn es wirklich ernst wird, dass sie nicht wirklich und aus ihrem Herzen ja sagen kann. Ike ist ein bekannter Journalist, der sich darüber – ohne überhaupt zu recherchieren – zunächst männlich-machohaft lustig macht.

Ike Graham, der diese Kolumne für seine frühere Frau (die Chefredakteurin der größten US-Tageszeitung) schreibt, fällt über die „Runaway Bride“ auf zynische Art her. Das entfacht einen Entrüstungssturm unter den Leserinnen, und er wird von seiner Ex-Frau – wenn auch schweren Herzens – gefeuert. Sein Nachfolger bei seiner Frau und Freund erbittet für ihn die Chance, in das Kaff zu reisen, wo die berüchtigte Braut wohnt, und die Geschichte gutem Journalismus entsprechend zu recherchieren.

Dort angekommen, stößt Ike auf massive Ablehnung von

Maggie und ihren Freundinnen, deren eine Friseuse ist und Ike erst einmal gehörig den Kopf wäscht. Sie verpasst ihm eine bunte Abreibung beziehungsweise seinem Kopf eine auffällige Einfärbung, so dass er im Dorf bald im wahrsten Sinne des Wortes als bunter Hund bekannt ist.

Deutung 1:
Zu Ikes Erstaunen hat Maggie schon wieder einen neuen Mann in Arbeit, was ihn erst einmal noch mehr gegen sie aufbringt. Aber zunehmend merkt er, wie schlecht es ihr eigentlich in dieser Rolle geht. Und je mehr frühere männliche Opfer er recherchiert, desto besser durchschaut er Maggies Muster.

Das Problem liegt gar nicht am jeweiligen Mann, denn sie probiert wirklich die verschiedensten Typen aus, sondern darin, dass sie sich selbst nicht kennt. Sie passt sich jedem ihrer Liebhaber bedingungslos an, verliert sich selbst dabei aber immer mehr aus den Augen. Besonders deutlich wird dies an der Art, wie sie ihre Eier isst, nämlich jeweils genauso wie ihr aktueller Bräutigam.

Ike erkennt, wenn auch erst auf den zweiten Blick, wie sehr Maggie selbst Opfer ihres Musters ist. Sie wird, angeführt von ihrem alkoholkranken Vater, vom ganzen Ort auf den Arm genommen. Außerdem hat sie ihre liebe Not mit sich selbst und ihrem neuen Mann, einem Sporttrainer, der gerade versucht, sie für eine Himalaya-Bergtour fit zu machen. Natürlich isst sie jetzt auch die Eier wie er – nur als Omelette und nur aus Eiweiß – für mehr Muskelkraft und fällt trotzdem bei der Rucksack-Anprobe auf den Rücken.

Maggie fängt an, Ike Leid zu tun, und er fängt an, ihr zu gefallen. Diesmal will sie es allen zuliebe gut und richtig machen. Ihr zukünftiger Mann und Coach trainiert sie mit positivem Denken und Psycho-Tricks und bereitet sie so auf das entscheidende Ja-Wort vor. Ike und Maggie kommen sich durch das allmählich wachsende gegenseitige Interesse immer näher und so spielt er bei den Proben in der Kirche den Bräutigam. Und natürlich verlieben sich die vormaligen Streithähne ineinander.

Nach dem Motto „Gegensätze ziehen sich an" wollen Maggie und Ike sich der Polarität stellen und es miteinander wagen. Sie übernehmen einfach den bereits angesetzten Hochzeits-Termin, wechseln nur den Bräutigam aus. Obwohl beide den jeweils anderen in seinem Muster ganz gut durchschauen und ihm auch wesentliche Ratschläge geben können, kennen sie sich selbst doch noch nicht richtig. In ihrer Liebe sehen sie den anderen in seinem ganzen Potential und ermuntern ihn, den Künstler in sich zu leben, von dem beide früher träumten. Aber da Maggie sich noch immer nicht kennt und sich nicht trauen kann in des Wortes dreifachem Sinn, flüchtet sie wieder und lässt Ike, der ihr noch im wahrsten Sinne des Wortes nachläuft, schließlich hinter sich.

Sie traut sich nicht ja zu sagen, weil ihr vor allem der Mut dazu fehlt, sich selbst zu bejahen. Und sie traut sich nicht, sich trauen zu lassen, weil sie sich selbst nicht trauen kann. Wie könnte sie auch jemandem trauen, den sie gar nicht kennt? Und uns Zuschauern schwant immer mehr, warum dieser Gelöbnis-Tisch „Trau-Altar" heißt. Um davor zu bestehen, müssen Mann und Frau sich schon einiges trauen. Um so eine Trauung richtig hinzubekommen, braucht es Mut, also Traute und Vertrauen – zu sich in erster Linie und erst in zweiter auch zum Partner.

Ike zieht sich nach dieser Pleite nach New York und in sich selbst zurück. Maggie bleibt betroffen und nachdenklich in ihrem Nest.

Deutung 2:

Die miteinander gesammelten Erfahrungen und auch das Scheitern ihrer Liebe an dieser in verschiedener Hinsicht verfrühten Hochzeit arbeiten in Maggie und Ike weiter. Maggie nutzt ihre Erfahrung, Eier auf alle möglichen Arten zuzubereiten, um herauszufinden, welche ihr selbst am besten schmeckt. Sie ist also auf ihre Weise auf dem Weg zu sich selbst. Beide haben einander an alte Träume erinnert und finden jetzt zurück zu ihnen. Er versucht sich als Schriftsteller, statt als Kolumnen-Schreiberling, sie als Künstlerin, die aus Metall-Abfall Kunstobjekte erschafft, statt Blech zu verkaufen. Schließlich reist sie ihm in seine Stadt nach und macht ihm einen wundervollen Heiratsantrag, dem er nicht widerstehen kann. Nach gelungener Hochzeit reiten beide in eine hoffnungsvolle Zukunft.

Deutung 3:
Der Film animiert dazu, nachzudenken, ob es Sinn macht, gleich in der ersten heißen Liebesphase zu heiraten. Vielleicht ist es in vielen Fällen besser, nicht nur den Partner, sondern vor allem sich selbst erst einmal kennen zu lernen. Man sollte nicht nur fragen: *„Zu wem sage ich Ja?“*, sondern auch: *„Wer sagt da überhaupt Ja?“*. Das Geschenk der Selbsterkenntnis muss jeder sich zunächst selbst machen, bevor man sich verschenkt. Die Selbstfindung gehört vor die Partnerfindung oder doch zumindest parallel mit ihr ins Auge gefasst, wenn das etwas werden soll.

Fragen, die ZuschauerInnen sich stellen könnten:
Wie mag ich meine Eier oder mein Gemüse? Und mit wem und welchem Muster hat das zu tun?
Wie weit bin ich schon auf meinem eigenen Weg, zu meinem eigenen Essen, Geschmack und Leben vorgestoßen?
Hab ich schon das Essen, das Wasser und die Art von Film gefunden, die mir wirklich gut tun und zu mir gehören?
Erlaube ich Filmen, eine Brücke von ihrer zu meiner Seelen-Bilderwelt zu schlagen?
Wie gut kenne ich mich und meine Vorlieben? Kann ich diese meinem Partner oder meiner Partnerin vermitteln?
Wenn ich mich auf die Vorlieben meines Partners einlasse, wie bewusst bin ich mir dieser Art des Fremdgehens? Und wie gern

kann ich das für sie und ihn tun?
Wenn ich in einer festen Partnerschaft bin: Wer hat da wen geheiratet, wer sich mit wem verbunden, wer sich wem ergeben?
Als ich meinen Partner das erste Mal meinen Eltern vorgestellt habe, wie war mein Gefühl da?
Habe ich ihn überhaupt aufgrund eigener Vorlieben oder aus dem Blickwinkel meiner Eltern, meiner Kultur ausgesucht?
Welches ist der Lieblingsfilm meines Partners oder meiner Partnerin und wie passt er zu meinem?
Haben wir vielleicht auch eine gemeinsame Lieblingsmusik, ein Lieblingsessen? Was haben wir gemeinsam und was jeder für sich?
Und wie schmecken mir seine Lieblingsspeisen und -filme? Und umgekehrt?

Für wen und welches Problem ist dieser Film Therapie?
Für alle Vorschnellen. Und all jene, die sich zu schnell und zu sehr anpassen – an Partner, Chefs, Institutionen und die Gesellschaft – und dabei Gefahr laufen, sich selbst zu verlieren.

Schwer verliebt (2001, 108 Min.) von Peter und Bobby Farelly

Schon dem kleinen Hal Larson (Jack Black) wurde von seinem Vater eingeimpft, bei Frauen solle er vor allem auf perfekte Rundungen und umwerfendes Aussehen achten. So programmiert, ist der erwachsene Hal weiter auf der Suche nach dem „Superweib". Alles, was zählt, ist körperliche Schönheit und Attraktivität bei einer Frau, dabei ist er selbst weder ein Tarzan noch ein Einstein, bei denen die Frauen reihenweise schwach werden, sondern klein, dicklich und nur mäßig erfolgreich. Dann trifft er auf einen Persönlichkeitscoach, der ihn hypnotisiert und umprogrammiert, in Zukunft nur noch die inneren Werte einer Frau wahrzunehmen und nicht mehr das Aussehen. In diesen Zustand versetzt, verliebt er sich in die extrem übergewichtige Tochter seines Arbeitgebers. Mit ihren 300 Pfund kann Rosemary anfangs gar nicht glauben, dass Hal seine Komplimente ernst meint und sie wirklich liebt. Ihr Vater und Hals Arbeitskollegen vermuten, Hal benütze Rosemary nur als Karriereleiter.

Die beiden werden trotz aller Gerüchte ein Paar. Doch Hals bester Freund fühlt sich berufen, den Spuk zu beenden. Er bringt den Persönlichkeitscoach dazu, den hypnotischen Auftrag zu löschen und Hal aus dem Bann „falscher Wahrnehmung" zu befreien. Etwas in Hal hat sich aber während der Zeit unter Hypnose verändert. Er erkennt, dass er Rosemary wirklich liebt, auch wenn er nun den Erzählungen über ihr wahres Aussehen glauben muss. Da er fürchtet, dass die Konfrontation mit ihrer körperlichen Realität seiner Liebe schaden könnte, will er unbedingt wieder in den hypnotischen Zustand zurückversetzt werden.

Deutung 1:
Liebe macht bekanntlich blind. Verliebt sehen wir die ganze Welt durch die sprichwörtliche rosarote Brille. Der/die Geliebte ist im Rausch des Verliebtseins das wundervollste Wesen, das Gott je erschuf. Der Traum von der ewigen Liebe scheint in Erfüllung zu gehen. Wenn wir dann aus diesem Traum beziehungsweise dieser hormonellen Großhirnvergiftung erwachen, kommt es uns vor, als wären wir wie hypnotisiert gewesen. Und plötzlich scheint uns der Partner gar nicht mehr so vollkommen, so klug, so schön. Zumal dann nicht, wenn er anfängt, uns unsere eigenen Schattenseiten zu spiegeln. Und das ist seine Aufgabe und folglich immer der Fall.

Jetzt würde, wenn wirklich Liebe und nicht nur hormongesteuertes Verliebtsein im Spiel war, Beziehung(sarbeit) beginnen:

„Obwohl du nicht so fehlerlos bist, wie ich anfangs dachte, möchte ich mit dir sein und ein gemeinsames Leben gestalten. Und ich bin bereit, die Hürden, die sich uns in den Weg stellen werden, mit dir gemeinsam zu meistern." Nur mit dieser inneren Haltung kann aus dem immer vergänglichen Verliebtsein eine tiefe und beständige Liebe wachsen.

Deutung 2:
Mit jedem Jahr, in dem wir älter und irgendwann richtig alt werden, verliert sich der Glanz äußerer Schönheit ohnehin und es kommt auf die innere Schönheit unserer Seele an, die wir im Laufe des Lebens entwickelt haben. Wenn wir einen alten Menschen schön finden oder auch jemanden, der nicht dem gängigen Schönheitsideal entspricht, ist es immer diese Schönheit der Seele, die uns beeindruckt und berührt. Insofern bietet der Film einen guten Ausblick auf das, was niemandem von uns erspart bleibt.

Fragen, die ZuschauerInnen sich stellen könnten:
Wie viel Wert lege ich auf äußere Schönheit, wie viel Einsatz bringe ich selbst für eine schöne „Fassade"?
Was tue ich im Vergleich dazu für meine innere Schönheit?
Wie viel Wert lege ich überhaupt auf Äußerlichkeiten, nur um anderen zu gefallen?
Wie wichtig sind sie mir beim Gegenüber?
In welchen „Scheinwelten" lebe ich?
Wie wichtig ist es für mich, den äußeren Schein zu wahren?
Wie weit klaffen Schein und Sein in meinem Leben auseinander?

Für wen und welches Problem ist dieser Film Therapie?
Für alle, die vor lauter äußeren Werten die inneren vergessen. Aber auch für diejenigen, die äußeres Schwergewicht mit innerem verwechseln.

Was das Herz begehrt (2003, 123 Min.) von Nancy Meyers

Jack Nicholson ist Harry, ein alternder passionierter Womanizer, der mit seiner neuesten Eroberung, der blutjungen Marin, ein erstes gemeinsames Wochenende im Strandhaus ihrer Mutter (Diane Keaton) genießen will. Er hat schon Viagra eingeworfen, als Marins Mutter, die Theaterautorin Erica, nebst Schwester hereinplatzt und seine sexuellen Träume platzen lässt. Erica, die Harry zunächst nicht für den Partner der Tochter, sondern für einen Einbrecher hielt, schlägt ein gemeinsames Wochenende vor. Aber gleich am ersten Abend zieht sich Harry in einen Herzinfarkt zurück.

In der Notaufnahme des Krankenhauses lernt Erica wenigstens den jungen Arzt Julian (Keanu Reeves) kennen, der an ihr mehr als die bekannte Dramatikerin schätzt. Harry kann im Krankenhaus – wegen Viagraeinnahme – weder behandelt werden, noch ist er reisefähig. Ehe die Mutter reagieren kann, quartiert die Tochter ihn in ihrem Strandhaus ein und macht sich aus dem Staub. Kurz darauf trennt sie sich von ihm. Erica ist plötzlich sehr umworben. Während der jugendliche Arzt gleich ein Date mit ihr arrangiert, fängt auch Harry an, mit ihr zu flirten. Das erzwungene Zusammenleben beginnt sich in Liebe zu wandeln.

Doch Harry wäre nicht Harry, würde er das nicht wieder (zer-)stören. Noch nicht ganz genesen, aber schon wieder auf den Beinen, sieht Erica ihn mit einer viel Jüngeren. Verletzt zieht sie sich zurück und schreibt stattdessen eine Komödie über die Liebe. Nun wendet sie sich dem auch viel jüngeren Julian zu.

Ein halbes Jahr später feiern die beiden Ericas Geburtstag in Paris. Wie es der Zufall beziehungsweise das Schicksal will, kommt Harry dazu. Julian checkt, dass zwischen den beiden noch viel mehr als freundschaftliche Erinnerung ist und gibt ihnen dezent Zeit. Harry springt endlich über seinen Schatten und gesteht Erica seine. Es hat den Anschein, als sei das, wenn auch im fortgeschrittenen Alter, sein erster Anlauf in diese ernsthafte Richtung.

Deutung 1:
Harry überwindet nur mühsam seine Pubertät, aber er versucht es. Und schließlich kommt zusammen, was auch zeitlich besser zusammen passt. Eine für unsere Zeit – in der vieles verfrüht und manches viel zu spät geschieht – durchaus typische Liebesgeschichte. Die Zeitqualität des rechten Augenblicks kommt viel zu kurz.

Da hatten es ursprüngliche Völker, die wir heute so fälschlich primitiv nennen, ungleich leichter. Wenn der rote Mond (also die Mentruation) ins Leben trat, wurde das Indianermädchen zur Frau und von Indianerjungen umworben, die eigene Rituale zu Erwachsenen gemacht hatten. Wenn der rote Mond aufhörte, wurde die Frau zur Mutter. Das war ein großer Schritt nach vorn. Zog der rote Mond sich ganz und auf Dauer zurück, wurde die Mutter zur Groß(en)Mutter und erreichte den Klimax oder Gipfel ihres Lebens. Den hat die Moderne mit ihrem Jugendkult ins Gegenteil, den Tiefpunkt im Leben der modernen Frau, verwandelt – zu aller Schaden.

Deutung 2:
Das Thema Erwachsenwerden ist tatsächlich in unserer Gesellschaft schon längst nicht mehr an steigende Hormonspiegel der Pubertät gebunden. Immer mehr Männer verlängern die Pubertät bis in die Midlife-Crisis und einige retten sie auch noch darüber hinaus. Sie sitzen dann nicht selten mit sehr jungen Frauen in offenen Sportcabriolets, auch wenn das Rheuma längst dagegen spricht und sich auch gar keine Haare mehr anbieten, im (Fahrt-) Wind zu flattern. Oder sie besuchen Schnell-Futter-Plätze mit Kinder-Essen in Kinderzimmer-Dekoration und tun so, als hätten

sie noch viel vor in ihren (gar nicht mehr so) jungen Jahren. All das ist jedoch immer noch besser, als an den Schalthebeln der Macht pubertäre Konkurrenz- und Hahnenkämpfe mit ähnlich verspäteten Jungs auf dem Rücken von anderen auszufechten.

Fragen, die ZuschauerInnen sich stellen könnten:

Wie steht es mit meinem Lebensalter im Verhältnis zu meiner Reife?
Spiele ich in meiner Liga oder bin ich im Leben sitzen geblieben?
Wie gehe ich mit den Verlockungen der Jugend um?
Was bedeuten mir Kairos und die Zeitqualität?
Wann habe ich in meinem Leben das erste Mal ernst gemacht in Beziehungsangelegenheiten?
Wie sehr erkenne ich das Spiel der Polarität in meinem Leben?

Für wen und welches Problem ist dieser Film Therapie?

Für alle Spätpubertierer und Adoleszenzverweigerer, Zurückgebliebenen und Dauer-Regressions-Fans, um zu erkennen, dass es nie zu spät ist.

Der Rosenkrieg (1989, 116 Min.) von Danny deVito

Der Film mit Kathleen Turner und Michael Douglas als Ehepaar Rose zeigt ein (arche-)typisches Beziehungsmuster, das in der Moderne mit ihrer Unkenntnis der „Schicksalsgesetze“ und Spielregeln des Lebens, insbesondere der Polarität, immer häufiger wird. Sie finden und verlieben sich auf einer Versteigerung in Nantucket, wo Oliver Barbara überbietet, um sie anschließend zu beschenken. Mit dieser milden Form der Polarität kommen sie noch bestens zurecht. Erst ärgert sich Barbara über Oliver, dann lernt sie ihn schätzen und verliebt sich in den spannenden Typen. Und er kann sich als der überlegene Großzügige großartig fühlen. So bauen sich beide ein wunderschönes Haus voller kleiner und mittlerer Kunstschätze in üblicher Arbeitsteilung: Er verdient das Geld und sie richtet mit Hingabe ein.

Deutung 1:
Im Rosenkrieg inszenieren Kathleen Turner und Michael Douglas eine klassische Partnerschaftsverwicklung anstatt -entwicklung. Sie lassen ihre große Liebe zu kaltem Hass verkommen und merken es – weil es allmählich geschieht – nicht einmal. Die Spannung wächst, aber nicht im positiven Sinn wie etwa der Entwicklung ihrer Sinnlichkeit. Sie findet eher auf der Einrichtungs- und Sammlerebene Ausdruck. Im Anfang liegt alles, so haben sie sich kennen gelernt, so machen sie weiter. Bis sie auf dem Höhepunkt ihrer zu Hass verwandelten Liebe die Kunstschätze wieder zerschlagen.

Meilenweit vom Licht entfernt, sitzen sie am Ende immerhin auf ihrem riesigen Lüster, der nur noch am Stromkabel hängt, weil Oliver – mit Mordabsichten gegen Barbara – vorher die Verankerung gelöst hat. Dass die Mordswut und der über die Zeit aufgestaute Hass noch eng mit der anfänglichen Liebe verbunden sind, zeigen seine Rettungsversuche der so hasserfüllt geliebten Frau. Diese bringen ihn dann mit ihr zusammen in Lebensgefahr, zwar nicht mehr ins selbe Boot, aber doch auf denselben Lüster. Schließlich stürzen sie in jeder Hinsicht ab und bringen sich gegenseitig und zusammen um, begraben unter den Trümmern ihrer Träume von einem kunstvollen Leben. Alles endet, wie so oft, in einem großen Scherbenhaufen.

Deutung 2:
Zur Verwirklichung ihres eigentlichen Ziels, eines harmonischen Heimes voller (Lebens-)Kunst hätten sie die Lebensbühnen 1

und 7 versöhnen müssen. Die antike Göttin Harmonia ist ein Kind des Kriegsgotts Ares/Mars und der Liebesgöttin Aphrodite/Venus. Zu den Themen letzterer gehören auch die Versöhnung der Gegensätze, die Oliver und Barbara nicht gelingt, weil sich zu viel negative Kampf- und Aggressions-Energie von der 1. Bühne aufgestaut hat und sich in dem dramatischen Endkampf so tödlich entlädt.

Die Götter der Liebe und des Krieges, Venus und Mars, haben in Eros, dem Liebesgott, noch ein weiteres für unsere Entwicklung wesentliches Kind. Die Vervollkommnung ihrer anfangs so sinnlich spürbaren Erotik wäre eine weitere wundervolle Ebene der Verwirklichung und Weiterentwicklung gewesen, die beide offenbar nicht genutzt haben. Sogar in ihrem Namen Rose rückt – nomen est omen – mit der gleichnamigen Blume die Aufgabe schon deutlich ins Blickfeld. Die Rose verbindet die 1. Lebensbühne (Stacheln) mit der 7. (Blüte), die für Schönheit und Liebe steht.

Wenn auch das Ende hier filmisch-symbolisch überhöht ist: Die Situation ist nicht selten und äußert sich in Lebensweisheiten wie „Er nimmt das Auto, sie die Möbel, den Rest teilen sich die Anwälte". Nicht bewältigte Aggressions-Energie kann – wie hier gezeigt – vom Zerstörerischen bis zum Selbstzerstörerischen gehen, nach dem Motto „Bevor sie das bekommt, schlag ich lieber alles kurz und klein". Sind Kinder im Spiel (des Lebens), werden diese oft sogar zu Geiseln gemacht und mit in die von unfähigen Eltern unbewältigte Situation gezogen, zu ihrem meist lebenslangen Schaden – und auch dem der missratenen Eltern. Die Hindus kennen zu den unübersehbar schrecklichen Langzeitfolgen den lapidaren Satz „Karma is working – Karma arbeitet". Aus gut 30 Jahren Psychotherapie und Beratung können wir dem auch für westliche Menschen nur zustimmen.

Fragen, die ZuschauerInnen sich stellen könnten:

Wo staue ich in der Beziehung und darüber hinaus?

Haben wir mit heißer Liebe begonnen? Dann ist – bei Unbewusstheit – kalter Hass immer eine Gefahr.
Wie komme ich mit meiner Aggression zurecht?
Welche Rolle spielen meine erlösten Eigenschaften wie Mut, Entscheidungskraft, Energie und Konfrontationsbereitschaft in meinem Leben?
Erkenne ich selbstzerstörerische Tendenzen auch bei mir?
Wie steht es um die konstruktiven Möglichkeiten dieser Lebensbühne wie Mut zu radikalen Wandlungen im Sinn von Metamorphose und Metanoia, tiefster Reue?

Für wen und welches Problem ist dieser Film Therapie?
Das beantwortet dieser Film ausnahmsweise selbst schon im Vorspann, in dem Danny de Vito als Rechtsanwalt die Idee vorgibt: sich bei Ehe- und Partnerschaftsproblemen diesen Film (am besten gemeinsam) anzuschauen, statt einen konkreten Scheidungskrieg, schlimmstenfalls bis zur Selbstzerstörung, zu führen. So kann der Krieg der Roses geradezu präventives Potential entwickeln.

Malen oder Lieben (2005, 100 Min.) von Arnaud Larrieu und Jean-Marie Larrieu.

Der französische Film führt uns aus einer üblichen Midlife-Crisis-Situation auf ein von unseren Kirchen und ihrer Moral verbotenes und schwer vermintes Terrain. Das französische Ehepaar Madeleine und William, beide in der Mitte ihres Lebens, langweilt sich. Er versucht sich – auf Anregung von ihr – an einer Hausrenovierung, sie malt ein bisschen vor sich hin, als plötzlich ein Blinder auf sie zukommt. Er kann sich verblüffend gut über seine anderen Sinne orientieren, was bei ihr Eindruck macht, und ist obendrein der Bürgermeister des Ortes. Die neuen Bekannten laden sich gegenseitig ein, und auch ihre beiden Partner stehen der neuen Bekanntschaft offen gegenüber. Eva, die junge Frau des Bürgermeisters Adam, lässt sich von Madeleine als Akt malen. Alle Beteiligten haben bei ihren Treffen Spaß, miteinander zu reden und zu essen – bis sich eines Abends ein Partnertausch ergibt, bei dem sie alle erst recht Spaß haben. Aber dürfen sie das auch?

Deutung 1:
Kaum ist unser Midlife-Crisis-Paar wieder allein mit sich, kommt wie ein Racheengel die moralische Keule „christlicher" Erziehung über sie und sie distanzieren sich entsetzt, eigentlich ja vor allem von ihren eigenen (Ge-)Lüsten. Sicherheitshalber meiden sie fortan das Bürgermeisterhaus und seine Bewohner. Aber die Sehnsucht nach neuen Erfahrungen mit den beiden Bekannten – eigentlich also die Sehnsucht nach Leben – ist jetzt geweckt und lässt ihnen keine Ruhe mehr. Bei erster Gelegenheit kehren sie wieder zu Bürgermeisters zurück und nähern sich nun auch gedanklich deren Offenheit und Liberalität.

Da klopft das Schicksal neuerlich an und lässt das Bürgermeisterhaus abbrennen. Unser Paar ist entsetzt, aber der Bürgermeister und seine Frau, Adam und Eva, nehmen es gelassen – vielleicht haben sie Schlimmeres erlebt – und beschließen ganz entspannt, aus ihrer schönen Alpengegend in die Karibik auszuwandern. Unser Paar ist betroffen, ihnen würde wirklich etwas fehlen, wenn die beiden gingen. Und so nehmen sie allen Mut zusammen und beschließen, ihr Haus ebenfalls zu verkaufen und den beiden später zu folgen.

Hier erleben wir die Wirkungsweise des Resonanzgesetzes, denn kaum sind Madeleine und William in Berührung mit dieser freieren Sinnlichkeit gekommen, treffen sie andere, die ebenso unterwegs sind. Ein sympathisches Ehepaar, das ihr Haus besichtigen will, kommt rasch zur Sache – eine der schnellsten und mutigsten Verführungsszenen. Die Besucherin lässt sich vom Hausherren die Toilette zeigen und sagt, als sie davor stehen: „Sie können gern mit rein kommen." Sie setzt sich auf die Klobrille, zieht sich dabei ihr Kleid aus, ist nackt und wunderschön. Er hilft ihr verdattert mit etwas Toilettenpapier beim „Abtrocken" und schon kann losgehen, was beim komplementären Paar schon begonnen hat. Als sich die Gastgeber daraufhin wieder treffen wollen, erklären die beiden Gäste, Wiederholungen gehörten nicht zu ihrer Abmachung.

Deutung 2:

In dieser Äußerung spüren wir die Angst vor Komplikationen, die auftreten könnten, wenn so eine Erfahrung tiefer geht. Unser Midlife-Crisis-Pärchen hat aber gerade durch die wachsende Vertrautheit zu dem anderen Paar viel Öffnung und neben neuer Lebendigkeit und Spannung auch Sinnlichkeit und Liebe gefunden. Stellen wir uns nur einmal vor, das würde um sich greifen und Menschen könnten ihr Bedürfnis nach Sinnlichkeit und Sex wieder stillen – dabei aber auch in ihrer festen Beziehung noch mehr Tiefe und Vertrauen zueinander finden.

Mehr Offenheit ist in allen Bereichen sinnvoll, denn zum Schluss müssen wir uns ja allen 12 Lebensbühnen öffnen und danach streben, jede einzelne vom Unerlösten zum Konstruktiv-Erlösten zu wandeln. Also auch die 7. – und warum nicht auch mutiger und so wie es den Einzelnen und den Paaren entspricht?

Fragen, die ZuschauerInnen sich stellen könnten:

Ist meine Beziehung so tragfähig, dass ich mich trauen kann, diesen Film überhaupt ins Abendprogramm zu bringen?
Könnten wir es wagen, anschließend darüber offen zu sprechen?
Oder ist das für uns schon zu „französisch" und gefährlich?
Ist dann aber nicht unsere Beziehung tatsächlich ständig gefährdet?

Ist es vorstellbar, dass solch sinnliche Spiele auch meine Partnerschaft beleben könnten?

Für wen und welches Problem ist dieser Film Therapie?
Wenn sich eine Frau in den besten Freund ihres Mannes (oder umgekehrt der Mann in die Freundin der Frau) verliebt hat, könnte dieser Film sogar noch in der Krise helfen. Aber er könnte auch allen auf die Sprünge helfen, die sich – wie unser Film-Pärchen – noch sehr mögen, deren Leben aber auf Grund abnehmender erotischer Glut langweilig geworden ist.

In Woody Allens sehenswertem Film ***Vicky, Cristina, Barcelona*** (2008, 96. Min.) mit Javier Bardem, Scarlett Johansson, Rebecca Hall und Penelupe Cruz spielt inmitten eines Beziehungs-Chaos ebenfalls eine unkonventionelle Liebe zu dritt herein.

Gefährliche Schönheit – Die Kurtisane von Venedig (1998, 107 Min.) von Marshall Herskovitz

Die junge Venezianerin Veronica Franco (Catherine McCormack), aus ehemals gutem Hause, aber verarmt, und der adlige venezianscihe Senator Marco Venier (Rufus Sewell) verlieben sich unsterblich. Sie scheitern aber an seinen politischen Verpflichtungen, die ihn nötigen, eine Adelige mit erklecklicher Mitgift zu heiraten. Veronica gibt sich ihrem Geliebten zunächst nicht hin, gerade weil sie ihn liebt und ihm auch ganz gehören will. Weil er sie aber nicht zur Frau nehmen kann, entzieht sie sich ihm.

Statt dessen lernt sie – anfangs widerwillig – von ihrer Mutter, einer ehemaligen Kurtisane (Jacqueline Bisset), diesen „Beruf" und macht ihn nach anfänglichem Widerstand zu ihrer Berufung. Sie lernt die Liebe von Grund auf und lehrt sie dann die Notablen von Venedig, die sich reihenweise in sie verlieben. Dem wirklichen Geliebten ihres Herzens, Marco, zahlt sie seinen Mangel an Mut heim, indem sie keine Zeit für ihn hat.

Andererseits ist ihrer beider Liebe so groß, dass sie am Ende doch wieder zueinander finden. Eifersüchtig geworden, will Marco Veronica nun erst recht ganz für sich haben und gönnt sie keinem anderen. Sie stimmt dem auch von Herzen zu, muss aber zunächst noch Venedig retten, indem sie ihre Gunst dem perversen französischen König schenkt. Sie lehrt ihn nebenbei die Liebe und er gewährt dafür Venedig die Unterstützung seiner Flotte. Marco leidet schwer daran und an seiner Eifersucht und bricht sogar mit ihr, kurz bevor er zu Schiff in den Krieg zieht. Beider Liebe aber ist stärker.

Deutung 1:

In der Abwesenheit der Männer zeigt sich besonders deutlich, dass die eigentlich mächtigen Frauen zur damaligen Zeit die Kurtisanen waren. Besser gebildet als die Männer, sofern sie es wollten, reich aus eigener Kraft und immer gut informiert, waren sie den adeligen Ehefrauen weit voraus und im Vergleich mit ihnen im heutigen Sinn geradezu emanzipiert.

Als die siegreichen Helden zurückkehren, herrscht in Venedig die Pest und wird von der katholischen Kirche zu Zwecken der Inquisition missbraucht, um ein religiöses Schreckensregime zu etablieren. Veronica Franco, die gerade ihre Mutter an die Pest verloren hat, wird vom Pöbel attackiert. Ein Nebenbuhler, der ihr als Poet nie das Wasser reichen konnte und als Liebhaber von ihr nicht akzeptiert wurde, schwärzt sie bei der Inquisition an.

Marco muss nun kompromisslos für die Liebe seines Lebens einstehen, was er beim ersten Mal gegenüber seinem Vater nicht schaffte. Er kämpft und riskiert sein Leben, zeigt wirklichen Mut und widersteht der Inquisition. Veronica indes lässt sich nicht einmal, um ihr Leben zu retten, verbiegen. Sie steht zu ihrer Berufung als (Lehr-)Meisterin der Liebe und bekennt sich zu ihr als der größten Himmelsmacht. Jetzt findet Marco zu seinem Löwen- und Heldenmut. Er appelliert an den Mut in den Herzen der notablen Venezianer (von denen viele ehemalige Liebhaber Veronicas sind), sich ebenfalls zu ihr zu bekennen und ihr Leben gemeinsam vor der Inquisition zu retten.

So siegt schließlich – wie in allen Liebesfilmen und Märchen – die Liebe über die Bosheit. Auch die Inquisition als Schattenseite der Agape muss schließlich unterliegen.

Fragen, die ZuschauerInnen sich stellen könnten:
Könnte ich so zur Liebe meines Lebens stehen?
Wie steht es um meine, unsere Liebeskunst?
Ließe sich da noch etwas lernen, um zu mehr (Lebens-)Genuss und tieferer Liebeserfahrung zu gelangen?
Wie weit würde ich für meine große Liebe gehen?
Wie stehe ich zu (Schuld-)Projektionen, egal von welcher Seite?
Welche Bedeutung haben die Moralvorstellungen der Kirche und meiner Kultur für mich?
Habe ich eine eigene Inquisition in mir? Wie sieht sie aus?

Für wen und welches Problem ist dieser Film Therapie?
Er könnte allen Mut machen, die dessen bedürfen, zu sich, zu ihrer Liebe und ihrem Weg zu stehen. Auch könnte der Film helfen, sich von einengenden und lustfeindlichen Vorgaben der Kirche und Gesellschaft zu befreien.

The Lucky One – Für immer der Deine (2012, 100 Min.) von Scott Hicks

Ein Liebesdrama nach dem gleichnamigen Bestseller-Roman von Nicholas Sparks. Der Marine-Sergeant Logan (Zac Effron) findet nach (s)einem Einsatz bei einem der US-Überfälle auf den Irak ein Bild von einer Frau (Taylor Schilling), das ihm mehrfach das Leben rettet. So wird er zum Glücklichen, der heimkehrt im Gegensatz zu den vielen, die in der Fremde gefallen sind.

Als er wieder nach Hause kommt, macht er sich zu Fuß auf den Weg mit seinem Schäferhund Zeus, um die Frau auf dem Bild zu finden, die ihn überleben ließ. Er durchwandert die USA und befragt die Menschen, ob sie die Frau auf dem Bild kennen. Schließlich findet er Beth, aber bevor er mit seinem Anliegen herauskommt, hat sie ihn schon mit einem Hundepfleger verwechselt, den sie für ihre Hundepension anstellen wollte. Zac nimmt die Stelle an und wird sehr rasch zum Segen für die Farm, was zuerst die Mutter und dann der kleine Sohn erkennen.

Dem verhilft Logan zu Selbstvertrauen und begleitet ihn unter anderem auch auf dem Klavier. Beth und Logan verlieben sich, was deren Ex-Ehemann, einen Hilfssheriff, auf den (eifersüchtigen) Plan ruft. Der hat die Trennung von seiner Frau, die er mehrfach betrogen hat, noch immer nicht akzeptiert und versucht, sie mit allen Mitteln zurückzubekommen.

Logan hat nun die ganze Spießergesellschaft und den Sheriff gegen sich, aber er setzt sich gegen üble Nachrede und falsche Unterstellungen durch. Seiner Geliebten jedoch sagt er nie die Wahrheit, warum er zu ihr gekommen ist. Schließlich scheitert daran fast die Beziehung.

Deutung 1:

Hier folgt jemand kompromisslos seinem Schicksal und deutet die Zeichen, die ihm dieses auf seinen Weg legt. Mit Hilfe des

Bildes verfolgt er die Spuren der Liebe.

In der ewigen Auseinandersetzung zwischen Licht und Schatten, die schon mit Gilgamesch und Enkidu begann und sich in Kain und Abel fortsetzte, gewinnt mal wieder – wie in Hollywood-Filmen üblich – am Ende das Gute. Der gute, geradlinige Soldat setzt sich gegen das verschlagene, hinterhältige Böse in Gestalt des Sheriffs durch und zeigt, wo die wirkliche Stärke liegt.

Deutung 2:

Der Film vermittelt obendrein Einblicke ins System der US-Marines, in ihre Kameradschaft und Ehrenkodizes. Jeder ist dort für seinen Buddy so verantwortlich wie für sich selbst und schützt sein Leben mit allen Mitteln. „Home is where the Marine-Corps sends me" ist einer der Slogans, und tatsächlich sind die Marines als Soldaten-Elite fast überall auf der Welt zuhause, führen die USA doch praktisch ständig irgendwo für ihre Interessen Krieg.

Was die verschlungenen Schicksalswege angeht, ist der Film gut gemacht und gespielt und durchaus sehenswert. Ansonsten hat er aber auch etwas von einem Propaganda-Film, den Western nicht unähnlich, in denen zum Schluss immer der gute US-Marshall gewinnt. Der ist meist ähnlich idealisiert wie hier der einfühlsame, Klavier spielende Marine.

Fragen, die ZuschauerInnen sich stellen könnten:

Wie viel Vertrauen habe ich in die Wege des Schicksals und die Vorsehung?

Wie weit lasse ich mich führen, speziell zu meinem Schicksalspartner?

Wie weit kann ich mich auf meine Kraft und meinen Körper verlassen?

Würde ich einer Familien-Tradition freiwillig in solch einen Krieg folgen?

Für wen und welches Problem ist dieser Film Therapie?
Für alle, die lernen wollen, der Vorsehung zu folgen.

Der bunte Schleier (2006, 120 Min.) von John Curran

Ein in wundervoller chinesischer Landschaft aufgenommener Film nach dem gleichnamigen Roman von William Somerset Maugham. Der schüchterne Bakteriologe Dr. Fane (Edward Norton) verliebt sich in Kitty (Naomi Watts). Die heiratet ihn, weil sie diesbezüglich schon unter Druck ist, ihrem Vater auf der Tasche liegt und vor allem ihrer Mutter entkommen will. Er weiß das, aber er liebt sie und hat nicht viel Zeit, da er zu seiner Arbeit zurück nach China muss. Kitty betrügt Dr. Fane gleich nach der Hochzeit mit dem Playboy Charles, den sie aber nicht durchschaut. Aber ihr Mann, der ihr just in dem Moment eine Platte mit klassischer Musik schenken will, bemerkt ihre Untreue. Sie könnte es wissen, denn er lässt ihr das Geschenk da, quasi wie zum Zeichen.

Als er sie bittet, mit ihm in ein entlegenes Cholera-Gebiet in China zu reisen, um dort zu helfen, ist sie entsetzt und weigert sich. Darauf droht er ihr mit sofortiger Scheidung wegen ihrer Untreue. Schließlich überredet sie ihn zu einer stillen Scheidung. Er willigt ein, unter der Bedingung, dass Charles sich ebenfalls von seiner Frau scheiden lässt und Kitty heiratet. Sie rennt sofort zu ihrem Liebhaber, der aber lässt sie kühl abblitzen. Kitty weiß nun, woran sie mit ihm ist.

Entnervt willigt sie mangels Alternative in die Reise ein und ihr Mann wählt eine absichtlich lange und schwierige Route. In Sänften durch beeindruckende Landschaften getragen, landen die Eheleute in einem entsetzlichen Haus inmitten eines von einer grausamen Cholera-Epidemie heimgesuchten Dorfes.

Dr. Fane hat gar keine ärztlichen Erfahrungen, da er bis dahin nur als Wissenschaftler gearbeitet hat. Ihm wird kotzübel beim Anblick der Cholera-Opfer, aber er tut seine Pflicht als Arzt. Kitty ist unterdes so langweilig, dass sie sich in einem Schwestern-Konvent als Hilfskraft anbietet. Ganz allmählich lernen die beiden einander neu schätzen und respektieren und es entsteht auch von ihrer Seite Liebe auf einer ganz anderen Basis, nämlich Achtung.

Deutung 1:
Kitty wählt eine Ehe zu (ihre)m Wohl, in der sie keine Liebe erwartet. Walter wählt (s)eine Liebe zum Heil und bekommt sie, aber lange Zeit keinerlei Wohl.

Der anfangs so schüchterne Walter entpuppt sich als ein Mann, der weiß, was er will und sich seine Frau, nachdem sie ihn so enttäuscht hat, erzieht. Er mutet ihr absichtlich viel zu, erlebt aber, wie sie unter seinen harten Händen wieder an Format gewinnt. Es spielt hier auch ein Aspekt des Pygmalion-Mythos mit hinein. Walter formt sich Kitty, wie er sie haben will und verliebt sich dann neuerlich in sie – und sie sich erstmals in ihn.

Deutung 2:
Als Walter schließlich dank seiner Konsequenz und Härte die Cholera besiegen kann und alle im Dorf ihn als ihren Retter schätzen, trifft es Kitty wie ein Schlag, als er ebenfalls an Cholera erkrankt und schließlich stirbt. Was kurz vorher für sie noch wie eine Befreiung gewesen wäre, ein quasi ehrenvolles Entkommen aus der Ehe-Falle, wird jetzt zum entsetzlichen Verlust.

Das Schicksal spielt mit Kitty und erteilt ihr eine Lehre: Sie wollte Walter anfangs nicht, sondern benutzte ihn nur zur Flucht aus ihrem Elternhaus. Dann hasste sie ihn für seine Erpressung, die aber nur dazu gedacht war, ihr die Augen bezüglich Charles zu öffnen. Schließlich verliebt sie sich in ihn und gerade als dies geschicht, stirbt er. Lange wollte sie ihn vor allem loswerden, was ein weiteres Mal an die Weisheit „Bedenke, was du dir wünschst, es könnte dir gewährt werden!“ erinnert.

Beziehungen zu anderen Lebensbühnen:
Mit Walters Erpressung kommt die 8. Lebensbühne ins Spiel, mit der Bakteriologie und seinem Hineinwachsen in den Arztberuf ist die 6. angesprochen, mit den weiten Reisen die 9., mit der Cholera und dem Tod meldet sich schließlich noch die 10. Bühne.

Fragen, die ZuschauerInnen sich stellen könnten:
Welche Beziehungsform habe ich gewählt, die zum Wohl oder die zum Heil? Oder eine für mich und uns gute Mischung?
Wie würde ich auf solch einen Seitensprung reagieren? So überlegt wie Walter oder emotionaler?
Habe ich auch schon Erziehungsmaßnahmen in meiner Partnerschaft erlebt oder angewandt?
Kenne ich Erpressung in der Beziehung und von welcher Seite: der des Opfers oder der des Täters?
Habe ich mich auch schon zu meinem Besten zwingen lassen?
Was könnte ich aushalten an Härten und Gefährdung?
Habe ich mir auch schon Dinge gewünscht, die ich bei ihrem Eintreten dann kaum ertragen konnte?

Für wen und welches Problem ist dieser Film Therapie?
Für all jene, die den verschlungenen Wegen der Liebe nicht vertrauen.

Der Vorleser (2008, 124 Min.) von Stephen Daldry

Das Drama mit Kate Winslet, Ralph Fiennes, Bruno Ganz und Hannah Herzsprung ist die Verfilmung des gleichnamigen Romans von Bernhard Schlink. Gezeigt wird die verbotene Liebe zwischen der älteren Busschaffnerin Hanna Schmitz und dem jungen Burschen Michael Berg, der ihr vorlesen darf und dafür ihre Liebe bekommt.

Deutung 1:
An der Tatsache, dass sie nicht lesen kann, entzündet sich das ganze Drama des Lebens von Hanna Schmitz. Wie sich zeigt, hat sie eine schauerliche Vergangenheit als KZ-Aufseherin in der Nazi-Zeit; auch diesen „Beruf" verdankt sie letztlich ihrem Analphabetentum. Hier zeigt sich, wie ein scheinbar kleines Versäumnis ein ganzes Leben in Mitleidenschaft ziehen kann.

Aus der Sicht von Michael Berg erfüllt sich ein Traum, nämlich jener, von einer erfahrenen Frau, reifer und sicherer als er selbst, in die Liebe eingeweiht zu werden. Auch wenn wir heute schnell von Missbrauch sprechen, ist dieser Traum in vielen jugendlichen Seelen verankert, letztlich auch ein Archetyp. Und es gibt nicht so selten auch Fälle, in denen die Initiative von den Jüngeren ausgeht. Wenn etwa ein Jugendlicher alles tut, um von (s)einer angebeteten älteren Geliebten in spe erhört zu werden. Aber auch kleine Lolitas machen es ihren Turnlehrern oder Vorgesetzten nicht immer leicht, dem gesetzlich verordneten Pfad der Tugend treu zu bleiben. Das sollten wir im Bewusstsein haben, um nicht jede – für die Seele vielleicht segensreiche – Verbindung zu kriminalisieren. In diesem Fall nimmt der Junge jedenfalls keinen Schaden.

Deutung 2:
Darüber hinaus lehrt der Film eine Binsenweisheit, die heute

umso wichtiger ist, als sie vielen Menschen nicht bewusst ist: Alles, was wir nicht gelernt haben, bleibt ungelernt und als Aufgabe vor uns. Wer nicht lesen lernt, bleibt Analphabet, wer nicht schwimmen lernt, Nichtschwimmer – und zwar ganz genau so lange, bis sie oder er es lernt. Wer nicht pubertiert, bleibt unabhängig vom Alter Kind, bis er schließlich pubertiert. Das Alter allein macht uns nicht erwachsen.

Fragen, die ZuschauerInnen sich stellen könnten:
Was habe ich in meiner Jugend versäumt, das sich bis heute auswirkt?
Wie kann ich es am besten nach- und aufholen?
Wie gehe ich mit gesellschaftlichen Tabus um?
Kann ich sie mit Genuss brechen, wenn es niemandem schadet und mir und anderen Freude bereitet?
Oder muss ich sie – zur Not auch zwanghaft – beachten?
Ist für mich die Rolle als Liebes-Lehrerin/Liebes-Lehrer oder Schüler/Schülerin vorstellbar?
Oder muss ich eine solche Beziehung – meiner Sozialisation gehorchend – in jedem Fall verurteilen?

Für wen und welches Problem ist dieser Film Therapie?
Menschen, die etwas Wesentliches im Leben versäumt haben, mag er Mut machen, es so rasch wie irgend möglich nachzuholen. Für jene, die Tabus wie Sinnlichkeit, Erotik, Sexualität mit einem viel älteren Partner gebrochen haben und sich von Schuldgefühlen befreien wollen.

Die Dornenvögel (Fernsehserie, 1983, 463 Min.) von Daryl Duke

Mit Richard Chamberlain als Priester Ralph und Rachel Ward als Meggie hat sich die unglaublich erfolgreiche und bewegende Fernsehserie zur Zeit der Erstausstrahlung tief ins Bewusstsein der Menschen eingeprägt. Dieser Eindruck hält zum Teil bis heute an. Ein gut aussehender Priester auf dem Karriereweg innerhalb der Kirchenhierarchie trifft auf eine wunderschöne australische Farmerstochter. Bald schon treffen Eros' Pfeile alle beide. Das Drama zieht sich über mehrere Folgen hin, bis sich beide einander gönnen können und sogar ein Kind miteinander bekommen – wovon er aber zunächst nichts weiß.

Deutung 1:
Das Zölibat ist eine der umstrittensten Erfindungen des Katholizismus, wird aber von der Gerontokratie im Vatikan mit Krallen und Klauen verteidigt. Es ist als Dogma einfach unantastbar, selbst wenn die Kirche daran zugrunde geht. Der ehemalige Bischof von Basel erklärte mir bei einer Diskussion das Wesen des Dogmas als ein Denkverbot. Darüber darf also gar nicht nachgedacht werden. In der katholischen Bevölkerung, die sich ihre Religion gern erhalten möchte, wird aber über weniges so intensiv nachgedacht.

Ein Zölibat ist in der Bibel nirgends erwähnt und hat deshalb mit dieser entscheidenden Instanz des Christentums im Grunde nichts zu tun. Jedenfalls nicht mit Jesus Christus, von dem es auch in katholischer Bibelübersetzung heißt, er habe nur einen einzigen Jünger auf den Mund geküsst: Maria Magdalena.

Dabei gibt sich der Vatikan auf der praktischen Ebene schon jetzt sehr pragmatisch. Bis zu drei Kinder von Priestern alimentiert er, nur darf der Priester sich nicht offen zu der Frau bekennen. Dieser Umstand, so heißt es, sei sogar einer der wichtigsten

Nachwuchslieferanten für die Lateran-Universität.

Ein Tabubruch ist immer faszinierend und die Grenzüberschreitung liegt im Grunde schon im Wesen des Tabus begründet. Jedes Tabu wird und will irgendwann gebrochen werden. Und da wahrscheinlich die meisten von uns insgeheim schon Tabus gebrochen (oder sich dies jedenfalls gewünscht) haben, bietet die Priesterschaft natürlich eine wundervolle Projektionsfläche. Das erklärt unter anderem das enorme Interesse für diese katholische Seifenoper.

Deutung 2:

Selbst wenn nicht jeder ***Die Dornenvögel*** gesehen hat: Die meisten wissen sofort Bescheid, worum es geht, wenn die Fernsehserie erwähnt wird. Es muss also ein Archetyp im Spiel sein. Und den kennen wir bereits: Ein charismatischer Mann, der in diesem Fall sein Leben und seine Liebe Gott geweiht hat, ist fasziniert von einer in der gesellschaftlichen Hierarchie weit unter ihm stehenden wunderschönen Frau und ihrer Liebe. Nach vielen Skrupeln seines Gelübdes und Amtes wegen gibt Pater Ralph sich schließlich beidem, ihrer Schönheit und Liebe, hin. Dabei sticht er weltliche Männer wie nebenbei aus. Wieder haben wir es mit dem alten und bekannten Muster von *Aschenputtel* über ***Pretty Woman*** bis zu Jesus Christus und Maria Magdalena zu tun. Nur hatte Jesus noch kein Zölibat am Hals und keinen Vatikan im Nacken. Sein Bodenpersonal war noch handverlesen und beschränkte sich auf zwölf Mann und – als dreizehnte – eine Frau: Maria Magdalena.

Fragen, die ZuschauerInnen sich stellen könnten:

Welche Tabus habe ich schon gebrochen?

Tat ich es konkret oder in Gedanken? Hier wären die Zehn Gebote als Erinnerungsstütze geeignet, denn natürlich sind Töten und Stehlen ebenfalls Tabus der bürgerlichen Welt.

Lebe ich nach den mosaischen 10 Geboten, was mich eigentlich

als Juden ausweist? Und nehme ich die Gebote wörtlich?
Oder lebe ich nach der christlichen Version aus der Bergpredigt, wonach schon ein Gedanke das Gebot bricht?
Was hindert mich, in diesem eigentlichen und strengen Sinne Christ zu werden?
Könnte ich mich an solch strenge, der Natur widersprechende, ganz auf Kultur gestützte Gesetze halten?
Wenn nicht, kann ich es auch anderen nachsehen, wenn sie solche Gesetze brechen?
Wie weit wäre ich bereit, für meine Liebe zu gehen?

Für wen und welches Problem ist dieser Film Therapie?
Für die vielen Priester in Gewissenskonflikten und die mit ihnen (zumindest in Gedanken) verbundenen Frauen. Aber eigentlich für alle, die mit Gewissenskonflikten zu tun haben und für Menschen, die mit von außen auferlegter Moral und Ethik hadern oder in Konflikt geraten sind. *„Euer Ideal ist himmlisch, während meines nur menschlich ist"*, sagte Tschuang Tse, der chinesische Weise.

Labour Day (2013, 111 Min.) von Jason Reitman

In diesem Liebesdrama mit Kate Winslet und Josh Brolin begegnen wir nochmals einer anderen verbotenen Form von Liebe. Bei der Liebe wird eben unglaublich viel verboten von der bürgerlichen Welt, die mit dem Gegenpol, dem Krieg, ungleich ausgesöhnter ist. An Kriegen und im Krieg ist fast alles erlaubt, die Genfer Konvention ist da sehr großzügig.

Kate Winslet ist Adele, depressiv und geschieden. Sie lebt isoliert mit ihrem vorpubertären Sohn, der quasi für sie sorgt, in jenem alten Haus, in dem es ihr Ehemann und Vater ihres Sohnes nicht mehr ausgehalten hat. Er hat das Weite gesucht und mit neuer Frau und neuem Sohn ein neues Leben begonnen.

Unerwartet quartiert sich der entflohene Sträfling Frank zwangsweise bei ihnen ein – und entpuppt sich als Segen für beide. Er kocht verblüffend gut für sie, backt ihnen einen wundervollen Pfirsichkuchen beziehungsweise bringt ihnen bei, wie es geht. Er putzt, repariert alles Mögliche, und die drei verlieben sich ineinander und damit auch wieder ins Leben. Adele entdeckt mit Frank ihre alte Liebe zum Tanzen wieder, dem Sohn bringt er Baseball bei. Er ist auch nicht der kaltblütige Mörder, von dem die Nachrichten berichten. Vielmehr hat er bei einem höchstens als Totschlag zu bezeichnenden Unfall seine Frau getötet.

Die beiden Erwachsenen beschließen, zusammen nach Kanada zu fliehen und den Sohn mitzunehmen. Als alles vorbereitet ist, fliegt die Flucht im letzten Moment auf, weil der Sohn seinem Vater einen Brief hinterlassen hat, weil er unbedingt noch von seinem Zimmer Abschied nehmen muss, vielleicht auch, weil er seiner Freundin zu viel erzählt hat. Auch stellt sich Adele in der Bank extrem auffällig an und beinahe kommt ihnen ein wohlmeinender Polizist dazwischen. Schließlich umstellt die Polizei das Haus. Frank macht es für Mutter und Sohn leicht und fesselt beide zum Schein, bevor er sich stellt.

Als Adele merkt, dass Frank dafür obendrein zehn Jahre für Entführung bekommt, will sie ihm helfen und die Wahrheit sagen, aber der Richter droht ihr mit Verlust des Sorgerechts. Sie schreibt Frank täglich Briefe, die nach Jahren alle zurückkommen. Resigniert gibt sie schließlich das Sorgerecht für ihren Sohn freiwillig auf und sich ebenfalls.

Als Frank im Gefängnis ein Bild von Adeles Sohn mit „seinem" Kuchen sieht, aus dem dieser ein Geschäft gemacht hat, meldet er sich bei ihm und bittet geradezu demütig um die Erlaubnis, Kontakt zu seiner Mutter aufnehmen zu dürfen, wenn er entlassen wird. Und endlich, sichtlich alt geworden und vom Leben mitgenommen, finden die beiden Liebenden zusammen.

Deutung 1:

Frank ist an pervertierter Liebe, der Eifersucht auf seine Frau, gescheitert. Er ist schon damals ein liebevoller Vater, aber als seine Frau vor seinen Augen mit anderen flirtet, rastet er aus. Ein unkontrollierter Stoß bringt sie um und er büßt diese Affekthandlung mit jahrelanger Freiheitsstrafe im Gefängnis. Anlässlich einer Blinddarm-Operation springt er aus dem zweiten Stock und flieht. Dem Wärter hat er es angekündigt. Aber er weiß: Die Wahrheit ist immer am unverdächtigsten und wird fast nie geglaubt.

Adele verzweifelt an ihren Fehlgeburten und einer Totgeburt, an ihrer Unfähigkeit, außer ihrem Sohn noch weitere Kinder zu bekommen. Sie zieht sich beleidigt vom Leben zurück in die Depression und eine Lebens-Unfähig- und -Unwilligkeit. Ähnlich beleidigt mit ihrem Schicksal wie Captain Rannulph Junuh (in ***Die Legende von Bagger Vance***) nach seinen schrecklichen Weltkriegserfahrungen, wartet sie praktisch auf (Er-)Lösung von außen. Und die kommt tatsächlich in Gestalt von Frank.

Die beiden Lebensuntüchtigen – Mutter und Sohn – sind auch nicht einmal mehr fähig, die von Frank geplante Flucht durchzuziehen. Eigentlich stehen sie sich vor allem selbst (und ihm) im Weg. So boykottieren sie – unbewusst – ihre Rettung, den Ausweg ins neue Leben in Kanada.

Deutung 2:

Aber beide bleiben dem Schönen, Liebevollen und Achtsamen dieser wenigen Tage treu. Die verbotene Liebe zwischen scheinbarem Täter und scheinbarem Überfall-Opfer bleibt über Jahrzehnte und gegen alle Widrigkeiten lebendig und hält. Liebe kann tatsächlich unsterblich sein – und machen.

Auch das Leben des Sohnes Henry ist von diesen wenigen gemeinsamen Momenten mit einem „guten Vater“ geprägt. Er lernt von ihm nicht nur Baseball, sondern dabei auch Selbstvertrauen und (Pfirsich-)Kuchen-Backen und traut sich plötzlich sogar zu sagen, dass er am liebsten Modern-Jazz-Tänzer werden würde. Wodurch die neue Spießerfamilie um seinen leiblichen Vater sofort in Schwulen-Angst (ver-)fällt. Schließlich gründet Henry seinen Erfolg auf dem einen guten Kuchen von damals, findet eine Frau und eine Lebens-Perspektive. Zum Abschied hatte ihm Frank mitgegeben: *„Du bist ein guter Typ, was immer sie dir erzählen wollen."* Das hat gesessen und zeigt, wie wichtig wenigstens ein paar gute Gedanken von einem „guten Erwachsenen" sind. Und sei es von einem in und an der bürgerlichen Welt gescheiterten „Verbrecher".

Henry ist besser dran als die altkluge, frühreife Göre Mandy, die ihm ihre verschroben pessimistische Weltsicht reindrücken will und einen routinierten ersten Kuss verpasst.

Auch Adele überlebt die lange Zeit durch die neue Hoffnung, ihre Briefe, ihr Warten. Allerdings ist sie mit ihrer Neurose auch nicht in der Lage, Frank zu helfen. Im Gegenteil: er muss die schöne Episode bei den beiden bitter mit einer neuen, weiteren langen Strafe büßen. Sie ist sich und ihrem Sohn eine Last und verharrt beleidigt und unfähig in ihrem Elend.

Als die Liebenden zum Schluss nach Franks Freilassung erstmals zusammen gehen können, ist es wie eine Erlösung für beide. Und der inzwischen erwachsene Henry, der dachte, die Sorge für seine Mutter, die sein ganzes bisheriges Leben ausgefüllt hat, würde nie enden, ist ebenfalls erlöst. Die nun legale Liebe erlöst sie alle drei.

Deutung 3:
Hier (zer-)stört Vater Staat – wie so oft – zwei Leben, die Mutter Natur so freizügig geschenkt hat. Dieser Spannung und der ungebrochenen Tendenz, uns von Mutter Natur zu entfernen und immer mehr auf Vater Staat zu verlassen, verdanken wir eine Fülle schrecklicher Probleme.

Fragen, die ZuschauerInnen sich stellen könnten:
Woher kenne ich Eifersucht und was hat sie in meinem Leben schon alles zerstört?
Wo habe ich Tendenzen, beleidigt auf mein Schicksal zu reagieren?
Wann habe ich mich schon erpressen lassen wie Adele vom Richter?
Wie viel Durchhaltevermögen habe ich – in Liebesangelegenheiten und im Allgemeinen?
Was konnte ich schon in wenigen entscheidenden Augenblicken lernen?
Wie viel Vertrauen habe ich in mein Schicksal?

Für wen und welches Problem ist dieser Film Therapie?
Für alle, die die Hoffnung schon aufgegeben haben.

Die Brücken am Fluss (1995, 135 Min.) von Clint Eastwood

Nach dem Tod ihrer Mutter Francesca (Meryl Streep) ordnen die Kinder deren Nachlass. Der für sie erstaunliche Wunsch der Verstorbenen, ihre Asche von der Roseman Bridge aus zu verstreuen, animiert sie zur Spurensuche im Leben der Mutter. Sie finden unbekannte Fotos und Briefe und erfahren, dass sie vor vielen Jahren eine Affäre mit dem Fotografen Robert hatte, der damals hier im Ort Station machte für eine Fotoserie der überdachten Brücken der Gegend. Francesca zeigte ihm damals den Weg zur Roseman Bridge und lud ihn zum Tee ein. In den vier Tagen, in denen Ihr Mann, ein Farmer, und die Kinder verreist waren, kamen sich Francesca und Robert so nahe, dass sie sich ein Leben lang nicht mehr vergessen sollten. Als Robert Francesca bat, mit ihm zu kommen, entschied sie sich aber für ihre Familie.

17 Jahre später erhält Francesca Post von Roberts Anwalt und erfährt von dessen Tod. Robert hat ihr alle seine Habseligkeiten hinterlassen, Erinnerungsstücke an ihre kurze, aber große Liebe und seine Asche.

Durch die Tagebücher von Francesca erfahren die zuerst über die Affäre der Mutter entsetzten Kinder von der Liebe ihrer Mutter und dem großen Verzicht und verstreuen schließlich beider Asche an der Roseman Bridge.

Deutung 1:

Die Geschichte von Francesca und Robert lässt sich von verschiedenen Seiten betrachten. Eine einfache, aber auch banale Interpretation wäre, dass Francesca nur zu feige war, ihrem Herzen zu folgen. Das wird auch oft genug der Fall sein, denn unsere Gesellschaft vermittelt ja nicht gerade einen offensiven Zugang zum Mut der ersten Lebensbühne.

Spannender ist in diesem Fall eine andere Sichtweise auf Francescas Lebensgeschichte. Eigentlich erzählt der Film ja auch von einer funktionierenden Ehe und einer glücklichen Familie. Einige Jugendträume sind für die Italienerin Francesca, die ihrem Mann nach dem Krieg nach Amerika folgte, sicher nicht in Erfüllung gegangen. Aber jeder von uns musste wohl einige seiner unrealistischen jugendlichen Vorstellungen vom Leben schon zurücknehmen, vielleicht gerade auch, was den Traum von der großen Liebe anbelangt.

Ehe und Liebe erfüllen unterschiedliche menschliche Bedürfnisse und Sehnsüchte, sie gehören ja auch zu verschiedenen Lebensbühnen, nämlich der 10. und der 7. Das eine kann durchaus auch ohne das andere existieren. So können aus Vernunft geschlossene Ehen die Basis einer guten und tragfähigen Partnerschaft werden. Gemeinsam werden die Hürden des Lebens genommen und daraus mag sich manchmal Liebe entwickeln.

Die Liebe, die ihren Anfang in einem ekstatischen Zustand des Verliebtseins nimmt, kann dagegen in dem sprichwörtlichen Rosenkrieg enden und einen Haufen Scherben und seelische Wunden hinterlassen.

Um den Zustand andauernder Liebe zu erleben, die alle Widrigkeiten des Alltags übersteht, braucht es sicher Glück, aber auch die Bereitschaft beider Partner, an sich zu arbeiten, nicht gleich bei Schwierigkeiten die Flinte ins Korn zu werfen, sondern „in guten wie in schlechten Zeiten“zusammenzuhalten. Gegenseitiger Respekt und Achtung sowie die Fähigkeit, sich und dem Partner zu verzeihen, sind entscheidende Voraussetzungen, damit dies gelingt.

Deutung 2:
Wie in der Geschichte dieses Films ist oft auch großer Verzicht notwendig. Die moderne Zeit kann dem Verzicht und der 10. Lebensbühne inzwischen kaum noch etwas abgewinnen. Am Fasten ließe sich erleben, wie viel Gesundheit, Glück und sogar Fülle sich aus bewusstem Verzicht ergibt. Die Liebe von Francesca und Robert stirbt durch ihren Verzicht nicht, vielleicht bleibt sie sogar gerade durch ihn für immer in ihren Herzen so lebendig. Auch im Inneren kann sich Liebe erfüllen, möglicherweise sogar vor allem dort. Vielleicht ist das sogar die wahre Liebe, die nicht nur an eigene egoistische Wünsche denkt, sondern auch all jene in den Blick nimmt, die davon mit betroffen wären. Francescas Liebe bleibt in gewisser Weise eine „reine“. Sie muss nicht damit leben, das Leben anderer – ihrer Kinder, aber auch das ihres Mannes – zerstört zu haben. Wahrscheinlich besitzt sie tief in ihrem Inneren so viel Erfahrung, zu wissen, dass jede noch so große Liebe und jede Beziehung irgendwann von der banalen Realität des Alltags eingeholt wird. Und für viele beginnt dann das Liebes-Spiel von vorne. Es gäbe aber auch die Möglichkeit, mit dem ursprünglichen Partner weiter und tiefer zu gehen.

Eine alte Weisheit sagt, dass sich auf dem Unglück anderer nur schwer neues Glück aufbauen lässt. Wahre menschliche Größe und Liebe zeigen sich manchmal erst im Verzicht, im Opfern eigennütziger Wünsche und Sehnsüchte.

Francesca konnte durch ihre Entscheidung viele Facetten der Liebe erfahren und leben: die zu Robert, zu ihren Kindern, zu ihrem Mann. Und wie sich zeigt, war ihr Leben ein durchaus erfülltes.

Deutung 3:
Interessant und spannend ist auch, wie sich in diesem Film der erzkonservative Republikaner Clint Eastwood und die zutiefst liberale Meryl Streep, die sich offen für die Demokraten einsetzt, zu einem so gelungenen Gesamtkunstwerk zusammengefunden haben.

Fragen, die ZuschauerInnen sich stellen könnten:
Was heißt für mich „Liebe" und was bedeutet sie mir?
Welches innere Bild von diesem großen Gefühl trage ich in mir und woher stammt es?
Welche Opfer würde ich aus Liebe bringen? Welches Opfer für die Liebe?
Wie schnell folge ich Impulsen des Verliebtseins?
Neige ich zum Wechsel der Beziehung, wenn sie nicht mehr so läuft wie gewünscht und schwierig wird?
Glaube ich stets von neuem, dass es in einer neuen Beziehung einfacher und besser wird?
Wie oft schon musste und durfte ich die Erfahrung machen, wie sich nach einem Beziehungswechsel immer wieder die gleichen Schwierigkeiten auftaten?
Wie oft habe ich mir insgeheim schon gedacht: *„Da hätte ich auch in meiner alten Beziehung bleiben können!"*?
Wie oft habe ich es bereut, nicht geblieben zu sein?

Werden ich einmal sagen können: „*Ich habe ein Leben in Liebe gelebt*“, und: „*Ich durfte eine große Liebe erfahren.*“?

Für wen und welches Problem ist dieser Film Therapie?

Für alle, die schon der Liebe begegnet sind und auch für diejenigen, die noch darauf warten – also für alle.

Lebensbühne 8
Über Vergänglichkeit, Wandel und die Forderung des Lebens nach Entwicklung

Die 8. Lebensbühne konfrontiert uns mit der extremen Erfahrung der Polarität. Wir werden gezwungen, auf tiefster seelischer Ebene zu erleben, dass Dunkelstes und Hellstes in uns vorhanden sind, dass wir gleichsam Himmel und Hölle in uns tragen.

In Märchen, Mythen und Literatur hat dieses urmenschliche Thema viele große Geister beschäftigt. Goethe etwa lässt Faust und Mephisto damit ringen. In *Die Schöne und das Biest* geht es ebenso um diese Problematik wie in *Dr. Jekyll und Mr. Hyde* und vielen weiteren Werken. Letztlich geht es immer um den inneren Kampf zwischen Gut und Böse in uns.

Auf anderer Ebene betrachtet, finden wir hier auch den Kampf zwischen triebgesteuertem Bios und von Bewusstheit getragener Menschlichkeit.

Der Mensch ist ein Wesen in der *„Schwebe zwischen Tier und Gott"*, formulierte schon Plotin. In diesem Schwebezustand geht es darum, sich seines Schattens, der seelischen Abgründe, die jeder in sich trägt, bewusst zu werden. Nur dann können wir eine klare und bewusste Entscheidung treffen, ob wir uns mit Himmel oder Hölle, Gut oder Böse verbinden (wollen).

Den eigenen Schatten anzuerkennen, ermöglicht erst, ihn zu beherrschen, also Herr über ihn zu werden und nicht Sklave unbewusster verdrängter Triebhaftigkeit. Genau das meint die von dieser 8. Bühne des Lebens geforderte Selbstbeherrschung.

Ohne Bewusstheit führt sie zu weiterer Schattenproduktion und Verdrängung und fördert (Schuld-)Projektion eigener (dunkler) Seeleninhalte auf die äußere Welt, wo dann erfolglos vermeintlich Böses bekämpft oder vermeintlich Gutes vergöttert wird. Schatten muss nicht immer dunkel sein. Schatten meint vor allem, dass etwas im dunklen, unbewussten Bereich unserer Seele liegt.

Wahre Entwicklung, um die es besonders auf dieser Lebensbühne geht, bedeutet immer, den eigenen Schatten zu durchlichten, sich selbst gegenüber gnadenlos ehrlich zu sein und zu erkennen, dass nicht nur das arme Opfer in uns lebt, sondern auch der skrupellose Täter. Nur so können wir Gefühle wie Hass oder Rache vermeiden, die aus unserem Herzen eine Mördergrube machen.

Die achte Bühne fordert von uns immerwährenden äußeren und inneren Wandel. Sie steht für das Stirb-und-Werde-Prinzip. Das Samenkorn muss sterben, damit die Blume sich entfalten, die Raupe muss sich opfern, damit der Schmetterling sich in den Himmel erheben kann. Das Kind und der Jugendliche in uns müssen sterben dürfen, damit der oder die alte Weise reifen kann. Und immer wieder ist von uns Metanoia, radikaler Gesinnungswandel, gefordert. Dem voraus geht tiefe Reue, die nichts anderes meint, als das Erkennen und Akzeptieren der eigenen Fehler. Wir alle sind „fehlerhaft", weil noch nicht vollkommen, was aber der perfektionistische Anspruch der 8. Lebensbühne ist. Jeder Fehler ist nur die Aufforderung, etwas zu korrigieren, etwas, was uns bisher fehlte, zu integrieren. So muss jeder auf seine ganz individuelle Weise vom Saulus zum Paulus reifen.

Im Mythos steht dafür symbolisch der Kampf mit dem Drachen. Gemeint ist damit immer unser persönlicher innerer Drachenkampf oder, banaler ausgedrückt, der sprichwörtliche Kampf mit dem inneren Schweinehund. Besiegen wir den inneren Drachen, der für das unkultivierte, ungezähmte, unkontrollierte und selbstzerstörerische Wesen in uns steht, erweist sich diese vermeintlich negative Energie plötzlich als große Kraftquelle, die Quantensprünge der Entwicklung ermöglicht. Dann erleben wir, was Goethe im Faust meinte, als er den Mephisto sagen lässt: *„Ich* *bin ein Teil von jener Kraft, die stets das Böse will und stets das Gute schafft.“*

Dieses eigentlich wertfreie Zusammenwirken von Gut und Böse und der dadurch mögliche Sieg über sich selbst, über den inneren Drachen, ist das große Mysterium und Geschenk der achten Lebensbühne.

Stärken bzw. Aufgaben der 8. Lebensbühne:
Wandlungsfähigkeit, Entwicklungsbereitschaft, seelische Intensität, sich auf die tiefsten Tiefen einlassen, ständiges Erleben des Stirb-und-Werde-Prinzips, Regenerationskraft, Verbindlichkeit, bedingungsloser Einsatz für eine Sache, über sich selbst hinauswachsen, Fähigkeit zu Reue, Gesinnungswandel, Umkehr, Selbst- und Schattenkonfrontation, Überwindung von Furcht, Loslassen, sich auf das Leben mit allen Höhen und Tiefen und ohne Wenn und Aber einlassen.

Schwächen:
Destruktivität, Besessenheit, Prinzipienreiterei, Fixierung, Unerbittlichkeit, Manipulation, Machtkämpfe, Machtmissbrauch, Fanatismus, Rache, Selbsthass, Eifersucht, Schuldprojektion, sich in Extreme verlieren: Exzess oder Askese, Hörigkeit und Abhängigkeit schaffen oder erleiden, Macht oder Ohnmacht, Sadismus oder Masochismus, überzogener Perfektionsanspruch.

Fragen, die wir uns dazu stellen können:
„Alles im Leben ist vergänglich!“ Wie stehe ich zu dieser Tatsache, welche Gefühle löst sie in mir aus?
Woran halte ich am meisten fest?
Was will ich um jeden Preis bewahren, was kann ich einfach nicht loslassen?
Wo ist meine Verlustangst am größten?
Wovon bin ich geradezu besessen?

Was besitzt mich und versklavt mich damit?
Wie viel Intensität ist in meinem Leben? Bin ich „heiß“ oder „kalt“? Oder bevorzuge ich lauwarmes Dahinplätschern des Lebensflusses?
Welche Beziehung habe ich zu Leid- und Schmerzerfahrungen?
Wie nachtragend bin ich?
Wie eifersüchtig?
Wie sehr will ich mein Leben und das anderer unter Kontrolle haben?
Was bedeutet mir Macht?
Wie bewerte ich Macht?
Welche ethischen Werte sind mir wichtig?
Sind es wirklich Werte, die ich aus mir selbst schöpfe, oder sind es überkommene oder fremde Werte?
Wie vorstellungsfixiert bin ich? Inwieweit neige ich dazu, die Realität durch die Brille fixer Vorstellungen zu beurteilen?
Wie perfektionistisch bin ich? Wie sehr blockiert mich mein Perfektionismus?
Wie opferbereit bin ich?
Wie viele radikale Wandlungen und Veränderungen hat es in meinem Leben schon gegeben?
Wie verbindlich kann ich sein?
Was verdränge und unterdrücke ich?
Welche „Leichen“ habe ich im Keller?
Bin ich bereit, mich mit meinen dunklen Seiten zu konfrontieren und mich trotzdem zu lieben?
Was ist für mich absolut tabu? Und warum?
Worin besteht mein Seelenreichtum, mein innerer Schatz?

Die Filme der 8. Lebensbühne

Black Swan (2010, 108 Min.) von Darren Aronofsky

Der Psychothriller mit Natalie Portman, Vincent Cassel und Mila Kunis zeigt archetypisch den Weg der Schattenkonfrontation und der Metamorphose. Wir können mit der Tänzerin Nina erleben, wie sie dem Schatten in sich auf sehr schattenhaft-düstere Weise begegnet. Es ist mehr ein Thriller – und für zart besaitete Seelen sogar Horror – als ein Tanzfilm. Nach langen und ausgesprochen intensiven Minuten bleibt am Ende offen, was Realität, was Phantasie und was Psychose war.

Der Regisseur Darren Aronofsky, der wie zuvor in ***The Wrestler*** Mickey Rourke, hier nun auch Natalie Portman bis zum Letzten fordert, muss starken Bezug zur 8. Lebensbühne des Stirb-und-Werde-Prinzips haben. In ***The Wrestler*** geht es um die Wiedergeburt, das Comeback eines alternden, geradezu abgestürzten Ringers (der damit indirekt auch Schauspieler ist). ***Black Swan*** kreist um das ganz der Polarität gewidmete Ballett *Schwanensee* von Tschaikowsky, der selbst von Depressionen gequält wurde. In dem älteren Film ***Genie und Wahnsinn*** geht er am Ende seines Lebens in einem der grauenhaften Irrenhäuser seiner Zeit unter.

Ein angesehener Choreograph (Vincent Cassel) will Tschaikowskys berühmtestes Werk, *Schwanensee*, mit einem berühmten New Yorker Ballettensemble neu herausbringen. Dabei soll dieselbe Tänzerin die Rolle des weißen und schwarzen Schwans – der Polarität also – verkörpern. Der Regisseur inszeniert mit allen Mitteln Spannung zwischen den Polen und Druck zwischen den Menschen: Die alternde Primaballerina tritt nur widerwillig und unter Druck ab und unterstellt ihrer Nachfolgerin eine sexuelle Beziehung zum Choreographen. Sie erleidet am Abend der Premiere des ihr „weggenommenen" Stückes einen Autounfall.

Die ehrgeizige und extrem fleißige, überaus disziplinierte Ballerina Nina, die im Leben nichts außer Tanzen kennt, will um jeden Preis ihre Nachfolgerin werden und die Doppelrolle tanzen. Aber ihr Direktor hält sie bewusst hin, gesteht ihr zu, die Rolle des unschuldigen weißen Schwans drauf zu haben, aber nicht die des verführerischen schwarzen Schwans, da es ihr an Sinnlichkeit und Sex fehle. Pikanterweise nötigt er sie bei der Besprechung zu einem Kuss, den sie mit einem Biss beantwortet. Kurz darauf bekommt sie – zu ihrem Erstaunen – die Doppelrolle.

Deutung 1:

Nina ist tatsächlich überfordert mit der Doppelrolle, denn sie ist nicht mal erwachsen, lebt als kleines schmächtiges Mädchen noch beengt bei ihrer Mutter in einem Zimmerchen mit einer Spieluhr auf dem Nachtkästchen, die *Schwanensee* spielt. Natalie Portman, seit ihrer Kindheit Veganerin, soll für die Rolle 10 kg abgenommen und die meisten Tanzszenen selbst getanzt haben.

Allein mit ihrer Mutter lebend, bekommt Nina auch von ihr hinterhältigen Druck zu spüren. Diese nämlich musste ihre eigene Tanzkarriere aufgeben, als sie, vom Choreographen schwanger, Nina zur Welt brachte. Jetzt rächt sie sich einerseits subtil, andererseits auch deftig an der eigenen Tochter, indem sie sie etwa zur Feier der Eroberung der Rolle der Primaballerina zur streng verbotenen Cremetorte verführt. Andererseits verlangt die Mutter von ihr, es besser zu machen als sie und erzieht sie mit extremem Nachdruck zu jener Perfektion, die das Tanzen so anstrengend, ja quälend macht. Hinter dem, was auf der Bühne schwebend leicht erscheint, steckt tatsächlich eine ungeheure Härte gegen sich selbst beim Training und eine geradezu selbstzerstörerische Disziplin in der Lebensführung, die nur für das Tanzen Raum lässt. Der ganze Film lebt so vom extremen Spannungsfeld der 8. Lebensbühne bis hin zu Kameraführung und Musik.

Deutung 2:
Der Film versucht eine bildungsbürgerliche Annäherung an das Drama der Polarität – in diesem Fall auf der Opernbühne. Nina muss gleichsam beide Extreme, *Dr. Jekyll* und *Mr. Hyde*, tanzen. Um Letzteren hinzubekommen, soll sie wenigstens onanieren, rät der Choreograph. Der dunkle, ihr noch fremde Gegenpol setzt sie immer mehr unter Druck. Sie fängt an, sich nachts blutig zu kratzen, wobei der Film uns ZuschauerInnen im Dunkeln darüber lässt, ob es sich um das Krankheitsbild der Dermatillomanie (krankhaftes selbstzerstörerisches Kratzen) oder um eine Halluzination handelt. Am Morgen ist jedenfalls Ninas Schulter blutig. Auch als sie glaubt, Lily (Mila Kunis), eine neue, im Gegensatz zu ihr sehr sexy auftretende Tänzerin im Ensemble, wolle ihr die Rolle streitig machen, erfahren wir nicht, ob das Wahn oder Wirklichkeit ist. Einerseits entwickelt Nina immer deutlicher paranoide Züge, andererseits belauern sich die Mitglieder fast jeder Tanzcompagnie eifersüchtig.

Einiges spricht für Wahn, denn Lily weist Ninas Vorwürfe zurück, will sie mit ihr klären und überredet sie zu gemeinsamem Ausgehen, trotz Mamas Verbot. In der Bar nascht Nina von Lilys Drogen, fängt an, hemmungslos und so ganz anders und frei zu tanzen und geht offensiv auf Männer zu – und dazwischen funkt immer wieder ihr Gesicht als schwarzer Schwan. Schon im Taxi und erst recht zuhause hat sie eine intensive erotische Begegnung mit Lily, deren Gesicht sich nun ebenfalls in das des schwarzen Schwans verwandelt und ihren Schatten zum Ausdruck bringt, der sich im ekstatischen Ausleben ihrer lesbischen Sexualität meldet.

Als Nina am nächsten Morgen ihren Rausch auf vielen Ebenen aus- und folglich die Probe verschläft, erlebt sie – verspätet zur Probe erschienen – ihren Albtraum: Lily hat wegen ihrer Abwesenheit in der Probe den schwarzen Schwan getanzt und bekommt dafür noch Anerkennung vom Choreographen-Gott.

Obendrein weiß sie gar nichts von den gemeinsamen Erlebnissen, sondern will die Nacht mit einem Mann aus der Bar verbracht haben. Und wir Zuschauer wissen wieder nicht: Ist Lily ein besonders raffiniertes Biest, das Nina verrückt machen will? Oder ist Nina verrückt und versinkt immer tiefer in ihrer Psychose?

Letzteres wird immer wahrscheinlicher, denn weitere Halluzinationen wie sprechende Fotos der Mutter kommen hinzu und aus der nicht heilenden Wunde an ihrer Schulter zieht die Tänzerin eine blutig-schwarze Schwanen-Feder. Ihre Augen färben sich rot und ihre Beine werden zu denen des schwarzen Schwanes. Rot und Schwarz sind die Farben der 8. Lebensbühne, mit deren Symbolik der Regisseur offenbar sehr vertraut ist.

Von ihrer besorgt-bösartigen Mutter in ihrem Kleinmädchenzimmer eingeschlossen, muss Nina sich mit Gewalt befreien, um überhaupt zur Premiere und der Geburt ihres Schattens zu gelangen.

Ihr Alptraum, zweiter Akt: Der Direktor hat, nachdem Ninas Mutter übergriffig für diese abgesagt hatte, in der Not Lily bestimmt, die Hauptrolle zu tanzen. Nina kann das gerade noch und mit ungewohnt erwachsener Bestimmtheit rückgängig machen. Als Lily Nina in der Pause im Kostüm des schwarzen Schwans vorschlägt, ihr den dunklen Part abzunehmen, stößt diese sie in den Garderobenspiegel und rammt ihr eine lange Scherbe in den Leib. Nina versteckt die Verblutende im Bad und eilt zurück auf die Bühne. Dort tanzt sie nicht nur den schwarzen Schwan, sie wird zu ihm und erlebt ihren Schatten tanzend immer ekstatischer und in vollkommener Hingabe. Vor einem begeistert applaudierenden Publikum wachsen ihr Flügel des schwarzen Schwanes.

Wir ZuschauerInnen, gerade noch erschüttert vom Mord an der Rivalin, erleben nun ein Wechselbad der Gefühle, als eine quicklebendige Lily an Ninas Garderobentür klopft und ihr zu dieser Leistung gratuliert. Also war der Mord an Lily wieder eine Phantasie oder Halluzination. Aber dass es in jedem Fall ein Durchbruch ihres Schattens war, ist symbolisch klar.

Und damit nicht genug: Nina wird sich bewusst, dass sie zwar Lily verschont, aber den Garderobenspiegel wirklich zerbrochen hat. Die Glasscherbe hat sie sich selbst in den Bauch gebohrt und wankt schwerst verletzt zum letzten Akt auf die Bühne. Dort gibt sie einen wundervollen sterbenden weißen Schwan unter begeistertem Beifall. Und niemand weiß, ob das gespielt oder echt war. Aber all denen, die sich den Film bis zum Ende gegeben haben, dürfte klar sein: Nina ist ihrem Schatten begegnet und hat die Rolle vollkommen ausgefüllt. Natalie Portman erzählte im Interview über sich selbst, sie habe das Kind in sich getötet und wohl auch die kindliche Unschuld, um frühzeitig erwachsen zu werden.

Deutung 3:

Regisseur Darren Aronofsky gelingt es, seine Zuschauer fast körperlich, aber jedenfalls nervlich an den Qualen seiner tanzenden Schauspieler teilhaben zu lassen. Er macht das gleichermaßen subtil und brutal, um die Brutalität des Ballettbetriebs darzustellen. Man spürt geradezu die Quälerei, der sich so viele junge Mädchen mehr oder weniger freiwillig unterziehen, um perfekte Tänzerinnen mit der perfekten Körperhaltung und der bestmöglichen Körperbeherrschung zu werden. Das alles ist durchaus (arche-)typisch für die 8. Lebensbühne; aber hier kommt noch hinzu, dass verlangt wird, mit Hilfe dieser höchst kontrollierten Kunst auch noch Triebhaftigkeit und Sinnlichkeit auf die Bühne zu bringen.

Fragen, die ZuschauerInnen sich stellen könnten:

Wie steht es in meinem Leben um das Zusammenspiel der Gegensätze?
Wo sehe ich vor dem Hintergrund dieses Filmes

Einseitigkeit(en) bei mir?
Wie steht es in meinem Leben um die Grenze zwischen Phantasie und Wirklichkeit?
Gibt es etwas, was mir so wichtig ist wie Nina der Tanz?
Habe auch ich Lebensaspekte ausgelassen und Lebensbühnen ignoriert, um auf einer zu brillieren und alle zu überragen?
Wie sieht der Tanz meines Lebens aus? Ist da die Polarität bewusst integriert, ist mir das „Schattenprinzip" bewusst?

Für wen und welches Problem ist dieser Film Therapie?
Für von Einseitigkeit Bedrohte, von Ehrgeiz Zerfressene, für Fanatiker und Menschen, die um ihr Erwachsenwerden ringen.

Gott des Gemetzels (2011, 80 Min.) von Roman Polanski

Polanski, den wir als Altmeister des Grauens schon aus Filmen wie ***Rosemaries Baby*** kennen, drehte hier mit einer Premium-Schauspieler-Riege: Kate Winslet, Jodie Foster, Christoph Waltz und John Reilly. Ein Film, der den Schatten anfangs subtil zeigt, wie er direkt unter der gutbürgerlichen Fassade lauert, und der sich dann allmählich zu einer schwarze Komödie über die bürgerliche Welt entwickelt. Hinter halbwegs gut gespielter Liberalität ist der Schatten aber mehr verdrängt als verborgen.

Alternativ trifft hier auf neureich: Die Börsenmaklerin Nancy (Kate Winslet) und der Pharma-Anwalt Alan (Christoph Waltz) treffen auf die „Alternativen" Penelope (Jodie Foster), die als Möchtegern-Schriftstellerin in einem Buchladen verkauft, und ihren Mann, den eher bieder wirkenden Haushaltswaren-Verkäufer Michael (John C. Reilly). Der Grund ist so einfach wie brutal: der Sohn der Reichen hat dem der Alternativen aus ungeklärten

Beweggründen mit einem Prügel zwei Zähne ausgeschlagen.

Die Eltern treffen sich, um alles zu besprechen, geben sich dabei zivilisiert oder versuchen das jedenfalls anfangs einigermaßen erfolgreich.

Deutung 1:
Der Schatten kommt eigentlich schon von Anfang an durch. Die alternative Penelope formuliert das Problem sehr deutlich: Der Sohn der anderen sei „mit einem Stock bewaffnet" gewesen. Dagegen protestiert die Gegenseite erfolgreich. Auch der Ausdruck, der eine Junge habe den anderen „entstellt", kann noch einigermaßen im Konsens aus dem von Penelope angefertigten Protokoll gestrichen werden. Aber innerhalb kurzer Zeit arbeiten sich die vier tief ins „Schattenprinzip" (hin-)ein. Die Charaktere und ihre dunklen Seiten drängen bald durch die Fassade. Der unsägliche Pharma-Anwalt Alan telefoniert in einer Tour und zeigt sein mangelndes Interesse nicht nur an den Anwesenden, sondern auch am eigenen Sohn. Auch seine Frau Nancy ist davon genervt.

Er nutzt die Zeit für seine viel einbringende, aber wenig gewinnende Arbeit, Pharmafirmen gegen die Ansprüche geschädigter PatientInnen zu verteidigen. Daneben stopft er sich das gebotene Essen ziemlich flegelhaft hinein. Tatsächlich erbricht dann aber seine Frau, der wohl schon lange zum Kotzen ist, die sich aber bis dahin perfekt zusammengerissen hat. Dann aber ist es so weit und ihr kommt alles auf einmal hoch. Als ihr Erbrochenes Bücher und Kunstkataloge der ohne Talent Liberalität mimenden Penelope beschmutzt, ist es mit deren Zurückhaltung vorbei. Aber auch der eigene Ehemann ekelt sich dramatisch. Allmählich entgleist die Situation immer mehr und selbst der lange sehr versöhnlich wirkende Michael, ein großes Baby, das vor allem Frieden will, geht auf sehr unangenehme Weise „aus sich heraus". Es wird überdeutlich, dass sie alle, nur jeder auf seine eigene Art, dem „Gott des Gemetzels" dienen.

Deutung 2:
Wie in ***Wer hat Angst vor Virginia Woolf*?** mit Elizabeth Taylor und Richard Burton wird deutlich, wie dünn das Eis der Zivilisation ist. Weder stimmt die liberale Fassade der beiden Paare, noch deren Beziehungen. Schon dieses eine überschaubare Ereignis provoziert ungeheure Schattenausbrüche und zeigt ein gewaltiges Aggressionspotential.

So macht dieser von allen vier Akteuren brillant gespielte Film Angst, wenn man ihn symbolisch versteht. Es braucht erschreckend wenig, um tiefste Schattenanteile hervor zu holen. Das ist in vieler Hinsicht, nicht nur familiär, sondern auch beruflich, wirtschaftlich und politisch brisant, wie es auch Filme wie die deutsche Produktion ***Das Experiment*** mit Moritz Bleibtreu offenbaren.

Beziehungen zu anderen Lebensbühnen:
Die viele Aggressionen – Alan telefoniert und frisst aggressiv, seine Frau Nancy kotzt sich offensiv aus, und geht anschließend auch zum ehrlichen Gegenangriff über – gehören zur Lebensbühne 1. Aber bestimmend sind doch die ständigen kleinen bis gewaltigen Schattendurchbrüche der 8. Lebensbühne.

Fragen, die ZuschauerInnen sich stellen könnten:
In welchen Bereichen errichte ich eine Fassade, hinter der ganz anderes lauert?
Bei welchen Anlässen kann ich ausflippen, bricht mein innerer Vulkan aus?
Welche kleinen Hinweise auf diesen Vulkan kann ich schon heute spüren?
Wie weit ist es mit meiner Solidarität mit meinem Partner her?
Wie reagiere ich auf diesen Film?
Habe ich den Mut, ihn nochmals anzuschauen, um all die unsympathischen Wesenszüge, die mich an den vieren abstoßen –

wenigstens in Spuren – bei mir zu finden?
Wem empfehle ich so einen Film und warum?

Für wen und welches Problem ist dieser Film Therapie?
Ein Film für jene, die sich (und ihren Schatten) hinter einer unauffälligen Fassade verstecken – also für fast alle.

Bruder Sonne, Schwester Mond (1972, 116 Min.) von Franco Zeffirelli

Das religiöse Drama zeigt die entscheidenden Wandlungsjahre des jungen Franziskus – einem der berühmtesten und geliebtesten Heiligen der Religionsgeschichte. Es ist ein Klassiker der (Ver-)Wandlung. Der stadtbekannte Playboy Francesco, der nichts anbrennen lässt, kein Scharmützel und kein Mädchen in und um Assisi auslässt, der sich diesbezüglich sogar besonders hervortut, um als Sohn reicher Bürger den adligen Freunden zu imponieren, kommt an einen Wendepunkt. Angesichts des Leidens von Aussätzigen, die er trifft, erlebt er die große Reue, die Metanoia. Im Anschluss macht er eine totale Verwandlung, eine wirkliche Metamorphose, durch – das klassische Thema der 8. Lebensbühne.

So wird er zu dem Heiligen der katholischen Kirche, als den wir ihn heute kennen und lieben. Gottes Auftrag entsprechend, baut er die kleine ländliche Kirche in San Damiano wieder auf, bevor er begreift, dass Gott in seiner Vision die ganze große Weltkirche meinte.

Deutung 1:
Der Film verdeutlicht in berührenden Bildern die beiden Leben von Franziskus, seine Wandlung vom weltlichen Pol zum göttlichen und

in diesem Sinn vom Sünder zum Heiligen. Dabei zeigt er auch die glücklichen Zufälle, die auf kirchenpolitischer Ebene zur Anerkennung der Franziskaner als Orden führten. Letztlich ist sie der Erinnerung des herrschenden, in seiner Lebensführung längst verlotterten Papstes an seine eigene, von religiöser Inbrunst getragene Jugend geschuldet. Er hat die umgekehrte, viel häufigere Verwandlung durchgemacht wie Franziskus. Von religiöser Begeisterung ist er in die Dekadenz abgestürzt.

Weiters wird am Beispiel der Beziehung zwischen Franziskus und Klara auch die Verwandlung der erotischen Liebe in die göttliche Liebe der Agape deutlich. Die Schärfe der Polarität – symbolisch ausgedrückt im Gedicht *Bruder Sonne und Schwester Mond* – wird in einer höheren Synthese aufgehoben.

Deutung 2:

Dieser Lebensweg ist ein zeitloser Mythos der 8. Lebensbühne auf den Spuren der Verwandlung des politischen Massen- und Christenmörders Saulus zum Heiligen Paulus. Mit Hilfe des amtierenden Papstes Franziskus gewinnt er – hoffentlich – wieder an Aktualität. Franziskus I., bürgerlich Jorge Mario Bergoglio, ist ursprünglich Jesuit. Diese haben nach ihren Statuten dem Papst zu dienen, das Amt selbst ist ihnen jedoch verboten. Bergoglio wurde dennoch Papst und brach schon damit ein kirchliches Tabu. Als Jesuit zum intellektuellen Teil der Kirche gehörend, wählte er auch erstmalig als Namen den des bescheidenen Heiligen aus Assisi, der mit seinen Franziskanern zum emotionalen und volksnahen Teil der Kirche gehört. Sein Papstleben ist sicher ein gefährdetes und bedrohtes und sein Pontifikat ist zum Wandel geradezu verurteilt. Franziskus dürfte die letzte Hoffnung und auch das letzte Aufgebot der Kirche sein und scheint sich der Bedeutung seines Namens und der damit einhergehenden Aufgabe auch bewusst zu sein: die aufgrund von Macht und Reichtum verrottende Kirche von Grund auf zu erneuern.

Die überfälligen Reformen gegen die im Vatikan herrschende Gerontokratie durchzusetzen, ist ein beinahe unmögliches Unterfangen. Es bräuchte eine unglaubliche Metamorphose für diesen in seinen Machtstrukturen erstarrten Weltkonzern – und wohl eine fast übermenschliche Kraft von Franziskus I.

Fragen, die ZuschauerInnen sich stellen könnten:
Welche radikalen Verwandlungen habe ich erlebt und durchlebt?
Welche habe ich verweigert?
Wie ist mein Gefühl zu Franziskus, dem Heiligen, und zu Papst Franziskus?
Wie stehe ich zur Lehre des Heiligen bezüglich der Ehrfurcht vor allem Lebendigen, die Albert Schweitzer später wieder aufnahm?
Wie stehe ich zu Visionen?
Habe ich selbst eine?

Für wen und welches Problem ist dieser Film Therapie?
Für alle, denen der Mut fehlt, ihre Vision zu entwickeln und zu leben. Und für diejenigen, die ein Vorbild von der 8. Lebensbühne finden wollen.

Green Mile (1999, 189 Min.) von Frank Darabont

Tom Hanks führt die Besetzungsliste dieses Gefängnisdramas über einen schauderhaften, aber nicht untypischen Justizmord an – insofern auch ein Film über den Wahnwitz und die Anmaßung der Todesstrafe. In dieser Hinsicht spielt der Film in einer Liga mit ***Dead Man Walking*** mit Sean Penn als Mörder und Susan Sarandon als Nonne, die sich seiner annimmt. Im letztgenannten

Film ist der Mörder allerdings schuldig und wird von der Nonne zu einem Geständnis angesichts seiner nahenden Hinrichtung motiviert.

In ***Green Mile*** hat der herzensgute, aber naive Gefangene John (Michael Clarke Duncan) eine umwerfende Heiler-Begabung und vollbringt ein Leben lang Gutes als Helfer und Heiler. Gerade das aber bringt ihn in die Todeszelle – ein krasses Beispiel für das Polaritätsgesetz. Die Kinder, die er ermordet haben soll, wollte er retten. Weil er aber ein physisch gewaltiger, aber keineswegs gewalttätiger Schwarzer ist und obendrein so naiv, wird er für schuldig befunden und landet in der Todeszelle, während ein gefährlicher doppelter Kindsmörder in Freiheit bleibt.

Deutung 1:
Die Gefängnismannschaft ist zutiefst von Johns Unschuld überzeugt. Alles spricht für und nichts gegen ihn, außer dass er eben ein Koloss von einem Schwarzen ist, der sich nicht gut artikulieren kann. Trotzdem wird er schließlich – dem Fehlurteil des Gerichts entsprechend – hingerichtet: von Menschen, die ihn schätzen und sogar lieben gelernt haben. Eines von vielen Beispielen, wie Vater Staat Menschen dazu zwingt, ihrer inneren Natur und aller Natur zuwider zu handeln.

Deutung 2:
Tatsächlich sind schon viele Heiler(innen) in der Geschichte (insbesondere durch die Inquisition) hingerichtet oder zu Fall gebracht worden, weil sie nicht ins System passten und, mit besonderen Fähigkeiten gesegnet, Minderbegabten und Böswilligen verdächtig waren.

Noch immer werden etwa diejenigen, die auf Unrecht hinweisen, wie die so genannten Whistleblower, verfolgt, während man die wirklich schuldigen Verursacher des Unrechts in Regierungsämtern in Ehren hält.

Fragen, die ZuschauerInnen sich stellen könnten:
Wo habe ich mich in entscheidenden Angelegenheiten völlig missverstanden gefühlt?
Wo bin ich selbst schon Opfer des „Schattenprinzips“ geworden?
Wie würde ich reagieren, wenn mich das System von Vater Staat, wie es hier Tom Hanks geschieht, zu einer falschen, verwerflichen und unverantwortlichen Handlung zu zwingen versucht?
Wie mag es all den Soldaten ergangen sein, die für etwas kämpfen mussten, an das sie nicht glaubten?
Welche Einstellung habe ich zur Todesstrafe?

Für wen und welches Problem ist dieser Film Therapie?
Für Menschen in der Falle, die etwa als Beamte, Soldaten, Konzern- und Firmenchefs etwas durchführen sollen, das ihnen zutiefst widerstrebt. Wie geht es z. B. den Mitarbeitern in Konzernen, die den Ärmsten das Wasser abgraben, gefährliche Medikamente durchdrücken oder kriminell manipulierte Autos produzieren? Und natürlich könnte der Film auch Anhänger der Todesstrafe von ihrer Geistesstörung heilen.

Eine verhängnisvolle Affäre (1987, 119 Min.) von Adrian Lyne

Dieser nervenaufreibende Film mit Michael Douglas und Glen Close macht eine Stalking-Geschichte in ihrer ganzen beklemmenden Scheußlichkeit ein- und nachfühlbar. Der verheiratete Dan wird von seinem attraktiven One-Night-Stand Alex verfolgt. Die verliebte und höchst gefährliche Dame dringt nicht nur in sein Familienleben ein, am Ende geht es in dieser Geschichte einer irregeleiteten Liebe tatsächlich um Leben und Tod.

Deutung:
Der Film zeigt, was herauskommt, wenn sich die Themen Dominanz und Liebe in ihren unerlöst-destruktiven Aspekten als Macht- und Besitzanspruch offenbaren.

Die Themen Emanzipation und Gleichberechtigung im konstruktiven und Eifersucht im destruktiven Sinn sind Dauerbrenner. Insofern bleibt dieser Film in all seiner Schrecklichkeit weiterhin beachtenswert.

Fragen, die ZuschauerInnen sich stellen könnten:
Wie sind meine Besitzansprüche in der Partnerschaft?
Kenne ich Eifersucht nur als deren Opfer?
Oder kann ich Ansätze davon auch bei mir selbst finden?
Wen oder was will ich beherrschen?

Für wen und welches Problem ist dieser Film Therapie?
Für Menschen, die den Anspruch haben, den anderen zu besitzen – hier wäre der Polizisten-Ehemann aus ***Safe Haven*** ein weiteres erschreckendes Beispiel.

Für Eifersüchtige und Opfer von Eifersucht – nach dem Resonanzgesetz liegen beide ganz nah beisammen –, die diese rationalisieren und für natürlich erklären.

Phenomenon – Das Unmögliche wird wahr
(1996, 123 Min.) von Jon Turteltaub

Der Automechaniker George Malley (John Travolta) lebt in einem kleinen, verschlafenen kalifornischen Städtchen. Im Anschluss an seine Geburtstagsfeier zum 37. trifft ihn ein unheimlicher Lichtstrahl und wirft ihn zu Boden. Im Anschluss entwickeln sich bei ihm unerklärliche Kräfte – eben „Phänomene". Neben Schnelllesen und Turbolernen hat er die Kraft, willentlich Gegenstände zu bewegen. Er löst bei Demonstrationen seiner übersinnlichen Fähigkeiten Verwunderung und Staunen, aber in der kleinstädtischen Spießeratmosphäre auch Verdächtigungen aus und wird rasch zum Außenseiter. Der dort noch neuen und fremden allein erziehenden Mutter Lace (Kyra Sedgwick) kommt er dagegen rasch näher und sie verlieben sich, während seine alten Freunde misstrauisch auf Distanz gehen.

Schließlich bekommt George auch noch Ärger mit der Obrigkeit, denn man will seine unglaublichen Fähigkeiten wissenschaftlich erforschen und „nutzen". Dem widersteht er und besteht darauf, sie nur für wertvolle Zwecke einzusetzen.

Als er sich auf einem Fest allen Fragen all seiner Freunde und Kritiker offen stellen will, ist der Andrang riesig und für ihn nicht zu bewältigen. Von einem weiteren Lichtstrahl getroffen, bricht er zusammen und verliert das Bewusstsein. Mediziner diagnostizieren anschließend einen bereits inoperablen Gehirntumor. Durch ihn würden seine Gehirnnerven einerseits stimuliert, andererseits aber würde die Durchblutung zunehmend reduziert. Vorgeschlagene Operationen und Experimente zu wissenschaftlichen Zwecken lehnt George kategorisch ab. Aber per Gerichtsbeschluss wird er gegen seinen Willen in der Klinik festgehalten. Er flieht zu Lace, bei der er in Frieden stirbt.

Deutung 1:

Der Film zeigt die Polarität von Schicksalsschlägen: Einerseits wachsen die übersinnlichen Fähigkeiten von George dramatisch, aber er lebt nur noch kurze Zeit. Plötzlich ist viel Leben in eine ganz kleine Zeitspanne gepackt.

Dem könnten wir natürlich auch jederzeit bewusst nahe kommen, indem wir ganz viel Leben in jeden Tag und jede Stunde packen. Und dazu brauchen wir keine Tumor-Drohung. Insofern ist der Film auch ein starkes Plädoyer für ein erfülltes Leben im Hier und Jetzt.

Der geradezu enthusiastische Charakter von George, der durch den Hirntumor noch gefördert wird und verstärkt zum Ausdruck kommt, als würde er all seine Lebensenergie in seine letzte Zeit packen, ist anmachend. Und „anmachend“ ist hier wirklich im Sinne von Anschalten gemeint. Wir könnten unser Lebenslicht von diesem Film tatsächlich anknipsen lassen, indem wir motiviert werden, unsere geballte Lebensenergie ins Jetzt zu packen und hier und heute unser Bestes zu geben und zu leben.

Das ist das Herz dieses Films, der eine warmherzige Stimmung verbreitet, auch wenn die Geschichte sich um Wunder, einen Tumor und den Tod dreht. Wir alle können nur jetzt leben, aber das können wir wirklich jederzeit, auch gleich.

Fragen, die ZuschauerInnen sich stellen könnten:

Kann ich zu etwaigem Anders- oder Besonderssein stehen?
Wie viel Unerklärliches habe ich schon bezeugt?
Wie viele Wunder habe ich persönlich schon erlebt?
Wie viel meiner Zeit verbringe ich im Hier und Jetzt?
Wie viel mehr Leben könnte ich in meine Lebenstage und -stunden packen?
Wo ist mein Standpunkt zwischen den zwei Extremen „weniger ist mehr“ und „mehr ist lebendiger“?

Für wen und welches Problem ist dieser Film Therapie?

Für all jene, die das Geschenk des Lebens noch besser würdigen und jeden Moment genießen wollen. Und für diejenigen, die noch lernen wollen, dass Wunder möglich sind.

St. Vincent (2014, 102 Min.) von Theodore Melfi

Bill Murray spielt in dieser alternativen „Heiligenlegende" einen brummigen, unsympathischen Ruheständler und Vietnamkriegs-Veteranen, der (zu) oft betrunken ist, an Wettfieber leidet und wohl auch deshalb vielen viel Geld schuldet. Vom Namen her ein Sieger, ist er wie so viele Vietnam-Veteranen zum Verlierer geworden und so im Gegenpol versackt. Seine geistig verwirrte Frau ist in einem aufwendigen Sanatorium, das er seit Monaten nicht mehr bezahlen kann. Sie erkennt ihn nicht mehr, aber er wäscht ihr weiter die Wäsche und gibt sich bei ihr als Doktor aus.

Ansonsten gibt es da keine Freunde, nur die schwangere russische Prostituierte Daka (Naomi Watts), mit der er sich ab und an sinnlich vergnügt, und Felix, den Glücklichen, seinen Kater. Im Gegensatz zu dessen Namen zieht sich aber Vincents Leben in griesgrämiger Stimmung und ohne Höhepunkte dahin.

Deutung 1:

Das geht so weiter, bis das Schicksal einschreitet. Es nutzt dazu die allein erziehende Maggie (Melissa McCarthy) und ihren zwölfjährigen Sohn Oliver. Maggie kämpft nach der Trennung von ihrem Mann, einem Anwalt, der sie regelmäßig betrogen hat, um das Sorgerecht für ihren Sohn. Sie muss unter erheblichem Stress arbeiten gehen und stellt Vincent als Aufpasser für Oliver an. Der spielt mit, vor allem weil er das Geld dringend braucht.

Vincents Auffassung von „Beaufsichtigen" und „Aufpassen" ist allerdings für Normalpädagogen und -bürger sehr gewöhnungsbedürftig, denn er beaufsichtigt den Jungen auch in Bars und auf der Pferderennbahn. Aber statt in Widerstand zu gehen, fangen die beiden an, voneinander zu lernen – mit dem Effekt, dass sie besser zurecht und zurande kommen. Oliver durchschaut das Wettsystem auf der Pferderennbahn besser als Vincent. So tun sie sich und ihr Geld zusammen und können bald erhebliche Gewinne einstreichen. Auf diese hatte Vincent immer gehofft, aber ihm fehlte Olivers Durchblick dafür, was über Außenseiter(-pferde) erreichbar ist. Im Gegenzug lehrt der alte Vietnamveteran den jungen Oliver, wie man sich unter schwierigen Bedingungen erfolgreich gegen mobbende Mitschüler wehrt.

So entdeckt Oliver, indem er sich auf Vincents Eigenart und seine Klugheit einlässt, überraschend viel Positives an dem alten, verkorksten Haudegen. Als Vincent mit Schlaganfall im Krankenhaus landet und auch noch seine Frau stirbt, zeigt sich, wie emotional berührbar der alte Griesgram ist. Hinter seiner Rüstung und harten Schale verbirgt sich ein weicher Kern.

Deutung 2:
Die beiden müssen allerdings um und für ihre Beziehung kämpfen. Als nämlich Olivers Vater herausbekommt, wohin Vincent seinen Sohn überall mitgenommen hat, nutzt er das vor Gericht, um ein gemeinsames Sorgerecht zu erzwingen. Maggie entlässt Vincent daraufhin. Doch Oliver bleibt Vincent auf seine Art treu. Als der Priester den Kindern im Schulunterricht die Aufgabe stellt, einen „Heiligen" der Gegenwart zu finden, der sich durch gute Taten auszeichnet, fängt Oliver an, Vincents früheres Leben zu erforschen – und wird fündig. Bei einer Feier stellen die Schüler ihre Kandidaten vor, die auch auf die Bühne gebeten werden und eine Medaille erhalten. So wird Vincent zum heiligen „St. Vincent".

Deutung 3:
Vincent erobert als griesgrämiger Eigenbrötler die Herzen der Zuschauer in dem Maß, wie er sein eigenes Herz wieder entdeckt und öffnet und über das Kind Oliver wieder Zugang zu seinem eigenen inneren Kind findet.

Die Geschichte des scheinbar unsympathischen, vom Leben gezeichneten Kauzes, der durch die Freundschaft zu einem Kind sein eigentlich doch auf dem richtigen Fleck sitzendes Herz wieder entdeckt und sein inneres Kind wiederbelebt, ist nicht neu. Es ist ein Archetyp, aber hier so berührend verfilmt, dass der (auch von der Kritik vielfach) ausgezeichnete Film zum Kassenerfolg wurde. Sehr schön wird dargestellt, wie die lichtvollen Anteile Vincents selbst schon in seine Schattentage hinein blitzten, als er z. B. weiter zu seiner Frau hält und ihre Wäsche wäscht.

Fragen, die ZuschauerInnen sich stellen könnten:
Wie steht es um meine Lebensstimmung?
Wo habe ich mich schon beleidigt (vom Leben) zurückgezogen?
Wie steht es um mein inneres Kind?
Wer könnte für mich in meinem Umfeld zum heiligen „St. Vincent“ werden?
Wenn ich die von Anfang an durchschimmernden guten Seiten bedenke, hinter welchem Scheusal in meinem Leben könnte so ein Heiliger stecken?
Wie wäre es, wenn ich meine heiligen Helden tatsächlich suchen und dekorieren würde?
Könnte ich vielleicht sogar selbst und rechtzeitig einer werden?

Für wen und welches Problem ist dieser Film Therapie?
Für alle, die ihr eigenes inneres Kind (wieder-)erwecken wollen. Aber auch für diejenigen, die schon – beleidigt vom Leben – aufgegeben haben und insgeheim doch auf ihre Chance hoffen und warten.

Gleißendes Glück (2017, 97 Min.) von Sven Taddicken

In dem Liebesdrama nach einer Romanvorlage von A.L. Kennedy treffen sich zwei vom Leben Versehrte: Helene Brindel (Martina

Gedeck) und der Psychologe und Bestseller-Autor Eduard E. Gluck (Ulrich Tukur). Helene quält sich jeden Tag durch schlaflose Nächte und ein ödes, nichtssagendes Leben an der Seite ihres gewalttätigen Ehemannes. Wie gelähmt erträgt sie alles mit eingefrorenem Lächeln und innerlich unberührt. Es scheint kein Glück mehr für sie in ihrem Leben zu geben, selbst Gott hat sie verlassen, zu dem sie lange eine sehr kindliche, aber „persönliche" Beziehung hatte.

Eines Tages hört sie einen Vortrag des gefragten Autors Eduard E. Gluck im Radio. Helene stürzt sich sogleich in die Lektüre seines Buches über neue Kybernetik, das durch gedankliche Umprogrammierung die Lösung fast aller Probleme verspricht. Fasziniert und hoffnungsvoll bittet Helene Eduard um ein Treffen. Der willigt ein und fühlt sich, für ihn unerklärlich, zu dieser schweigsamen, unglücklichen Frau hingezogen.

In wenigen Begegnungen, aber zahlreichen Briefen, lernen sich die beiden auf tiefer seelischer Ebene kennen und werden sich dabei ihrer inneren Dämonen bewusst. Gemeinsam hoffen sie, diese zu besiegen, um endlich wieder wenigstens den Schimmer von gleißendem Glück erleben zu können.

Dann finden sich vielleicht Antworten auf Fragen wie „Wenn unser Verlangen erfüllt wird, was dann?" oder „Sehnen wir uns nach Glück oder der Sehnsucht nach Glück?". Denn nach neuesten wissenschaftlichen Erkenntnissen wird der Glücksstoff Dopamin nur bei Verlangen ausgeschüttet. Ist also die Empfindung von Glück nur ein chemischer Prozess? Und sind spirituelle Erfahrungen auch nur Chemie? Oder sind sie doch viel mehr als das?

Deutung 1:

Wie für diese Lebensbühne inszeniert, treffen in dieser Geschichte zwei extrem unterschiedliche Charaktere aufeinander, die doch letztlich eine verbindende Gemeinsamkeit haben. Beide sind getrieben von der Sehnsucht, dass ihr qualvolles Verlangen gestillt werden möge und sie dadurch etwas vom gleißenden Glück des Menschseins erleben dürfen. Beide sehnen sich nach Befriedigung im weitesten Sinn, nach innerem Frieden.

Deutung 2:
Helene ist vom Glauben abgefallen, der sie lange Zeit durchs Leben getragen hat und sie vieles ertragen ließ. Das Leben erscheint ihr nur noch sinnlos und leer. Sie empfindet nichts mehr, nur so hält sie ihr ödes, „lauwarmes" Leben aus. Es scheint, als wären die Schläge ihres Ehemannes die einzige Möglichkeit, um wenigstens Schmerz zu spüren. Die schlimmsten Verletzungen lassen sie beinahe unberührt. Teilnahmslos fristet sie ihr Leben und findet nicht einmal nachts etwas (innere) Ruhe. Sie hat sich ganz und gar in eine masochistische Opferrolle begeben und braucht dafür ihr Pendant, den sadistischen, gewalttätigen Ehemann, von dem sie nicht loskommt und von dem sie alles erträgt, als betrachte sie es als verdiente Strafe Gottes.

Und doch ist da ein Funke in ihrem Herzen geblieben. Sie will und muss wiederfinden, was sie in ihren speziellen Begegnungen mit Gott erlebt hatte.

Deutung 3:
Eduard als Gegenpol von Helene ist der typische akademische Theoretiker des Lebens. Fühlt Helene sich klein und wertlos, ist er gesegnet mit einer gehörigen Portion Selbstbewusstsein, Selbstgefälligkeit und Narzissmus.

In seinen erfolgreichen Büchern über die neue Kybernetik lehrt er, wie man sich problemlos von destruktiven seelischen Mustern und Glaubenssätzen befreien kann. Das einfache Umprogrammieren verheißt Macht und Kontrolle über das eigene Leben und macht den Weg zu Glück frei.

In der Realität aber ist Eduard Sklave seiner Sex- und Onaniersucht, der sein ganzes Leben untergeordnet und unterworfen ist. Als Sklave seiner Triebe ist er ein Getriebener. Nach außen der souveräne und charismatische „Seelenfänger", ist er nach innen der abhängige „Triebtäter", eine moderne, etwas harmlosere Version von *Dr. Jekyll und Mr. Hyde.*

Deutung 4:
Das Aufeinandertreffen dieser zwei Menschen verwandelt beide. Helene einerseits, voll Abneigung und Furcht vor Sexualität, auf der Suche nach Gott, und andererseits Eduard, der sexbesessene Atheist, heilen sich durch ihre Liebe von ihrer selbstzerstörerischen Lebenshaltung. Mit ihnen geschieht, was C. G. Jung meinte: *„Wenn zwischen zwei Menschen wirklich eine Beziehung zustande kommt, geschieht das Gleiche, wie wenn man zwei verschiedene chemische Stoffe zusammenbringt, es entsteht etwas Neues, beide Anteile gehen verwandelt daraus hervor."*

Fragen, die ZuschauerInnen sich stellen könnten:
Wie sieht mein innerer Drache aus?
Wovon bin ich besessen?
Über welche Schatten in meinem Inneren kann ich nicht springen?
Wovon bin ich abhängig?
Was muss und will ich unbedingt verbergen?
Was soll keiner über mich erfahren?
Bin ich der Typ Opfer oder Täter?
Mit welchen Programmierungen versuche ich, mein Leben zu beherrschen?
Von welchen Glaubenssätzen werde ich beherrscht?
Was ist mein größtes Verlangen?
Welche Rolle spielt Sex(-sucht) in meinem Leben?
Aus welchen zwischenmenschlichen Begegnungen meines Lebens ging ich verwandelt hervor?
Welche dieser Begegnungen förderten meine helle Seite, welche

konfrontierten mich mit meinem dunklen Schatten?
Wie und wann erlebe ich gleißendes Glück?
Habe ich überhaupt noch Sehnsucht danach?

Für wen und welches Problem ist dieser Film Therapie?
Für alle, die schon aufgeben wollten, die sich fast abgeschrieben haben.

The Dressmaker – Die Schneiderin (2015, 118 Min.) von Jocelyn Moorhouse

Kate Winslet, Liam Hemsworth, Judy Davis und Hugo Weaving spielen die Hauptrollen in diesem Rache-Epos. Es erinnert teilweise an Der Graf von Monte Christo von Alexandre Dumas.

Myrtle (Kate Winslet) kehrt nach vielen Jahren in ihren verschlafenen Heimatort im australischen Niemandsland zurück. Die Schatten der Vergangenheit verdunkeln immer noch ihre Seele. Als Kind wurde sie des Mordes beschuldigt und die Bosheit der Bewohner trieb sie so weit fort wie nur möglich. Sie lebte in der Zwischenzeit in Paris und machte dort Karriere als Designerin exklusiver Mode. Ihre Heimkehr inszeniert sie entsprechend. In eine besonders extravagante Robe gekleidet, steigt sie aus dem Zug und lässt wissen: *„Ich bin zurück, ihr Mistkerle!“* In dem biederen Dorf erscheint Myrtle in ihren prächtigen Kleidern wie ein Wesen von einem anderen Stern. Auf sehr subtile Weise startet sie nun ihren Rachefeldzug gegen ihr früher zugefügtes Unrecht.

Ihre Nähmaschine und kostbare Stoffe hat sie dafür mitgebracht. Damit verführt sie die Frauen des Ortes, die, anfangs skeptisch, erleben, wie Myrtle eine nach der anderen vom hässlichen, farblosen Entlein in einen schillernden Schwan verwandelt. All das ist Teil von Myrtles (Rache-)Plan.

Deutung 1:
Wie in vielen archetypischen Erzählungen bringt das harte Schicksal ihrer Kindheit Myrtle auf den vorbestimmten Weg ihrer Berufung. Sie muss sich wandeln und verändern. Auch sie entwickelt sich vom farblosen Entlein zum prächtigen Schwan. Ihr kreatives Potenzial wäre im australischen Niemandsland verdorrt. So könnte sie eigentlich dankbar für ihre Vertreibung sein, stattdessen ist sie voller Rache-Gelüste. Dem Impuls zur Wandlung folgt Myrtle, aber sie löst sich nicht von ihrer Vergangenheit. Sie trägt nach, kann weder vergessen noch gar verzeihen und ist dadurch getrieben von Hass und Rachegefühlen. Auch wenn sie am Schluss Vergeltung übt, ist es unwahrscheinlich, dass sie dadurch inneren Frieden findet. „Auge um Auge, Zahn um Zahn" bringt niemals Aussöhnung und damit innere Befreiung. Vergangene Wunden werden dadurch nur mit eigener Schuld zugedeckt. Rache ist immer nicht vollzogene Wandlung, die Unfähigkeit, loszulassen und in Freiheit seinen Weg weiterzugehen.

„Stirb und Werde" ist der essentielle Auftrag der 8. Lebensbühne. „Und solang du dies nicht hast, dieses ‚Stirb und Werde!', bist du nur ein trüber Gast auf der dunklen Erde", dichtete Goethe, der eine besondere Beziehung zu dieser Lebensbühne hatte. Es geht immer wieder im Leben um das radikale Loslassen von alten Identifikationen, Erfahrungen und überholten seelischen Mustern, damit Neues und Besseres werden kann. Genau das meint auch das archetypische Bild des Phoenix, der sich verwandelt aus seiner Asche erhebt und in die Freiheit fliegt.

Deutung 2:
„Die Rache ist mein; ich will vergelten, spricht der Herr", ist die Antwort der Bibel auf menschliche Rache-Feldzüge wie etwa den von George W. Bush, der versuchte, den Krieg seines Vaters im Irak zu Ende zu bringen und damit die Welt erst recht anzündete.

Alles Nachtragen gilt es als mühsame, unselige eigene Plackerei zu durchschauen und die *Heilkraft des Verzeihens* (CD bei www.heilkundeinstitut.at) zu erlernen. Ein Film, der das wundervoll unterstützen kann, ist ***Die Hütte*** nach dem gleichnamigen erfolgreichen Roman.

Fragen, die ZuschauerInnen sich stellen könnten:
Trage ich Rachegedanken in mir?
Mit welchen nachtragenden negativen Gefühlen mache ich mein Herz zur „Mördergrube“?
Habe ich schon einmal Rache geübt?
Wer könnte sich für Unrecht an mir rächen?
Kann ich verzeihen?
Welches mir widerfahrene Unrecht hat mich auf meinem Lebensweg entscheidend weitergebracht?
Besitze ich die wundervolle Fähigkeit des Loslassens und Neuanfangens?
Wie oft konnte ich schon erleben, dass ich mich wie Phoenix aus der Asche erhoben habe?

Für wen und welches Problem ist dieser Film Therapie?
Für alle Rächer und Rache-Engel, Nachtragenden und Verzeihungs-Unwilligen.

Beim Leben meiner Schwester (2009, 109 Min.) von Nick Cassavetes

Abigail Breslin, Sofia Vassilieva und Cameron Diaz spielen die Hauptrollen in diesem Drama. Es geht um ein Kind, das nur deshalb gezeugt wurde, um das Leben seiner älteren Schwester mittels Organspende zu retten.

Eine reale Parallele der schrecklichsten Art ist der Umgang

mit diesem Thema in der Volksrepublik China. Dort sollen Todeskandidaten hinsichtlich ihrer Gewebestruktur sortiert und so lange in Camps gehalten werden, bis für ihre Organe geeignete und bezahlende Spender gefunden sind. Dann werden sie – gleichsam „on demand“ (neudeutsch für „nach Bedarf“) – hingerichtet. So kann ein Körper bis zu 250.000 US-Dollar bringen.

Die Geschichte wird noch makabrer, wenn man bedenkt, wie rasch manche chinesische Volksgerichtshöfe die Todesstrafe verhängen, da soll oft schon Homosexualität als Grund reichen.

Wo das Grauen nicht mehr steigerbar erscheint, geht das in China leider doch. Gefangen gehaltene Falun-Gong-Anhänger, die eine Art Qi Gong betreiben und in China als Staatsfeinde gelten, sollen in ähnlicher Weise zur Organentnahme missbraucht worden sein und schlimmstenfalls noch werden.

Diesen grauenhaften Schattenaspekt der Organverpflanzung zeigt der auch stimmungsmäßig schwer erträgliche, aber gut gemachte Film ***Alles, was wir geben mussten*** (2003, 110 Min.) mit Keira Knightly, Carrey Mulligan und Andrew Garfield (Regie: Mark Romanek). Darin werden geklonte „Waisen-Kinder“ nur zum Zweck der Organverpflanzung in einem Waisenhaus „gehalten“.

I Origins – Im Auge des Ursprungs (2014, 113 Min.) von Mike Cahill

Schon seit jeher fasziniert Ian Gray (Michael Pitt) das menschliche Auge. Für ihn ist jedes Augenpaar wie jeder Mensch ein einzigartiges Universum. Er studiert Molekularbiologie, um die Rätsel der Evolution des Auges zu entschlüsseln. Dabei verlässt er sich als bekennender Atheist ausschließlich auf wissenschaftliche Fakten, obwohl er immer wieder eigenartige Grenzerfahrungen macht. Ganz sein Gegenpol ist die geheimnisvolle Sofi (Àstrid Bergès-Frisbey), deren Augen ihn sofort verzaubern und in die er sich deshalb verliebt. Für sie ist eine übersinnliche Wahrnehmung der Wirklichkeit ganz selbstverständlich. Obwohl beide sehr verliebt sind, prallen zwei Welten aufeinander, die unterschiedlicher nicht sein könnten. Ian wirft Sofi vor: *„Du lebst in einer scheißfröhlichen magischen Märchenwelt, das ist eine Lüge, die du einfach glauben willst."* Sie wiederum warnt ihn immer wieder, wenn er von seinen wissenschaftlichen Forschungen erzählt: *„Es ist gefährlich, Gott zu spielen."* Für Ian sind Augen eine Ausstülpung des Gehirns, für Sofi die Fenster zur Seele. Trotz dieser Spannung verbindet die beiden etwas Besonderes, Schicksalhaftes. Doch einen Tag vor der geplanten Hochzeit stirbt Sofi durch einen tragischen Unfall.

Nach einer Zeit verzweifelter Trauer nimmt Ian wieder seine Forschungen auf. Sieben Jahre später heiratet er seine Laborpartnerin Karen (Brit Marling). Dann bricht unerwartet die andere, magische Welt wieder in Ians Leben ein. Nach der Geburt seines Sohnes werden dessen Augen gescannt und in eine weltweit vernetzte Datenbank eingegeben. Obwohl normalerweise kein Augenpaar dem anderen gleicht, findet sich eine hundertprozentige Übereinstimmung mit der Iris eines kürzlich verstorbenen Mannes. Für das wissenschaftliche Denken von Ian und Karen ist das unmöglich, es kann sich nur um einen Fehler in der Datenbank handeln. Und doch ist da etwas, was sie dazu treibt, Nachforschungen auf diesem Gebiet anzustellen. Mit Hilfe eines Freundes, der Zugriff zur weltweiten Iris-Datenbank hat, suchen sie nach Erklärungen. Dann stoßen sie auf die außergewöhnliche, auffallende Iris von Sofi, die jetzt einem kleinen Mädchen in Indien gehört und dort vor kurzem gespeichert wurde.

Deutung 1:
Ian ist der klassische „ungläubige Thomas", der nur eine messbare

und lückenlos wissenschaftlich beweisbare Realität akzeptiert. Unter den 12 Jüngern Christi ist Thomas der Zwilling und Zweifler, der erst dem Auferstandenen in die von der Longinus-Lanze zugefügte Wunde fassen muss, bevor er glauben kann.

Die vielen Zeichen einer anderen, synchron und verborgen ablaufenden Wirklichkeit hinter der messbaren ignoriert Ian. Durch ihre Liebe öffnet Sofi in seinem Leben die Tür zu dieser anderen Welt einen kleinen Spalt. Sie prophezeit ihm, dass er die Antwort auf alle Fragen seiner Forschungsarbeit irgendwann einmal hinter dieser „Tür“ finden wird.

Während ihrer kurzen, aber intensiven Liebesgeschichte scheint Sofi immer zu ahnen, dass sie so etwas wie eine Beauftragte des Schicksals in Ians Leben ist. Sie musste, von einer höheren Warte betrachtet, Ian begegnen, weil er für etwas Besonderes auserwählt ist. Zwar einerseits der penible Wissenschaftler, besitzt er doch andererseits die Gabe, eine meta-physische Ebene der Wirklichkeit wahrzunehmen, auch wenn er dies vorerst strikt von sich weist.

Seine Frau Karen, obwohl auch Wissenschaftlerin durch und durch, ist mit ihrer weiblichen Weltsicht offener. Sie ist es, die Ian dazu drängt, dem geheimnisvollen Rätsel um die doppelte Iris auf der Spur zu bleiben.

Deutung 2:

Ian betrachtet die Wirklichkeit auf eine archetypisch männliche Weise. Sofi und Karen vertreten das archetypisch weibliche Weltbild. Das archetypisch männliche Denken ist linear und fasziniert davon, was machbar und erreichbar ist. Immerwährender Fortschritt ist Ziel dieses Denkens und führt der Absicht nach zu einer permanenten Verbesserung der Schöpfung. Das archetypisch weibliche Denken dagegen ist zyklisch. Es denkt in Kreisläufen, in dem sicheren Wissen, dass alles uns wieder begegnet und wieder auf uns zurückkommt, oder gar zurückschlägt.

Die rein männliche Weltsicht führt in die Sackgasse des Materialismus, hinter dem kein tieferer Sinn verborgen ist. Eine nur weibliche Sicht der Dinge kann durch ihren magischen Glauben, dass alles ohnehin vorbestimmt und von „Göttern" beherrscht wird, zu Fatalismus führen, in dem Sinn, dass jede Eigenverantwortung unnötig wird, weil der freie menschliche Wille nicht existiert. Dürfen sich diese beiden Pole der Wirklichkeit ergänzen und voneinander lernen, kommen wir der wahren Wirklichkeit näher.

Ian hat sich letztlich auf dieses für ihn größte Experiment eingelassen. Er geht als ein Gewandelter daraus hervor. In seinem Labor hatte er wie unter einer Glasglocke, getrennt vom wahren Leben, Antworten auf die große Frage der Evolution gesucht. Am Ende darf er die lebendige Erfahrung machen, dass die Großartigkeit der Schöpfung alle Grenzen des (wissenschaftlich) Vorstellbaren übersteigt und nicht im Reagenzglas eingefangen werden kann. Er wollte das Rätsel der Evolution lösen, am Ende wurde ihm ein kurzer Blick durch die prophezeite „Tür" gewährt. Dieser Blick vermittelt ihm eine Ahnung davon, wie viel größer der Plan menschlicher Entwicklung ist als die Geschichte der Evolution.

Ob Ian nun an Gott oder eine höhere Macht glaubt, bleibt offen. Mit Sicherheit aber ist seine Wahrnehmung der Wirklichkeit weiter geworden und sogar demütiger in Anbetracht des Wunders der Schöpfung.

Fragen, die ZuschauerInnen sich stellen könnten:

Wie sieht meine Weltanschauung aus?
Habe ich mir die Welt überhaupt angeschaut oder kenne ich sie nur aus Büchern und dem Fernsehen?
Was ist meine Welt?
Glaube ich an einen höheren Plan, (m)ein Schicksal?
Oder vertraue ich vor allem den wissenschaftlichen Erkenntnissen, Studien, Statistiken?

Wie sehr beeinflussen die neuesten wissenschaftlichen Erkenntnisse mein tägliches Leben?
Bin ich wissenschaftsgläubig oder -abhängig?
Glaube ich dem, was gerade der neueste Stand der Wissenschaft ist mehr als meinem eigenen Gefühl?
Hinterfrage ich wissenschaftliche Erkenntnisse?
Wie verarbeite ich die Tatsache, dass die wissenschaftlichen Erkenntnisse von heute oft schon morgen nicht mehr gelten?
Wie reagiere ich, wenn ich merke, wie die neueste Wissenschaft sich heute immer mehr den Erkenntnissen der alten Weisheitslehren annähert? Freut, erstaunt oder entsetzt es mich?
Fühle ich mich als Marionette oder Geführte(r) einer höheren Macht?
Kann ich zu allem ja sagen, was das Schicksal mit mir macht und vorhat?
Hatte ich schon Vorahnungen? Wenn ja, welche?
Wäre ich gerne hellfühlig oder -sichtig? Oder würde mich das beunruhigen?
Macht mir die Wirklichkeit hinter der äußeren Welt Angst, oder finde ich es beruhigend, dass es mehr gibt als das Sichtbare?
Wie stehe ich zu übersinnlicher Wahrnehmung?
Glaube ich an Wiedergeburt?
Hatte ich schon ein unerklärliches Erlebnis, das mich verwandelt hat?

Für wen und welches Problem ist dieser Film Therapie?

Für Menschen, die in ihrem diesseitigen Weltbild festhängen, statt auf allen Bühnen dieser und jener Welt zu tanzen.

Die Tänzerin (2016, 108 Min.) von Stephanie Di Giusto

Der Film erzählt die wahre Geschichte der Tänzerin Loïe Fuller (SoKo) und verbindet ebenfalls die Lebensbühnen 8 und 9. Er erzählt die Geschichte einer beeindruckenden Metamorphose – eine unscheinbare Raupe verwandelt sich in einen prächtigen Schmetterling, der unbeirrt seiner Vision folgt. Loïe Fuller wächst unter dem Namen Marie Louise Fuller in ärmlichen und rauhen Verhältnissen als Tochter eines amerikanischen Rodeo-Reiters auf. Die Mutter hatte wegen der Alkoholexzesse des Vaters die Familie verlassen und Zuflucht bei radikalen Abstinenzlerinnen in Brooklyn gefunden. Marie Louise trägt seither die Verantwortung für ihren Vater und versucht, dessen Eskapaden auszubügeln, bis er eines Tages erschossen wird. Sie zündet die alte Blockhütte an, in der beide zusammen lebten und lässt damit diesen Teil ihres Lebens für immer zurück. Auch das ist schon ein radikaler Schritt der (arche-)typisch für die 8. Lebensbühne ist. Es hätte auch genügt, einfach zu gehen und die Hütte anderen als Zuflucht in der Not zu überlassen.

Für einige Zeit sucht sie Unterschlupf bei ihrer Mutter in der bigotten Gemeinschaft der Abstinenzlerinnen. Sie hegt den Traum, Schauspielerin zu werden, wird aber, wie damals offenbar fast üblich, als Nacktmodell eingesetzt und auch körperlich missbraucht. Schließlich bekommt sie eine Chance als Pausen-Tänzerin in einem Theater. Der „Zufall" will es so, dass sie durch ein viel zu großes Kleid zu ihrer wahren Bestimmung findet. In der Not erfindet sie, um der Menge Stoff Herr zu werden, einen magischen Serpentinentanz, der ihr auch die Bewunderung des melancholischen Adeligen Louis d'Orsay einbringt. Mit seiner Hilfe begibt sie sich auf die große Reise nach Paris, wo sie bald zur berühmtesten Tänzerin ihrer Zeit wird. Mit ihrem revolutionären neuen Tanzstil erobert sie das Paris der Belle Époque im Sturm. Von Perfektionismus getrieben, setzt sie alles ein, auch ihre körperliche Gesundheit. Ihr großes Ziel ist es, das Publikum der Pariser Oper mit ihrem Tanz zu verzaubern.

Deutung 1:
Loïe verkörpert die Qualitäten der 8. Lebensbühne mit beeindruckender Konsequenz. Mit jedem Lebensabschnitt schließt sie radikal und endgültig ab, wie schon beim Abfackeln der heimatlichen Hütte. Ohne jede Wehmut lässt sie die Vergangenheit zurück und beginnt mit ganzem Herzen ein neues Leben. Sie erfindet sich immer wieder neu und folgt dabei den „zufälligen" Angeboten des Lebensflusses. Nie hadert sie mit dem Schicksal, obwohl sie einigen Grund dafür gehabt hätte. Statt ihre Lebensenergie an Jammern zu verschwenden, nimmt sie jeden Stein, der ihr in den Weg gelegt wird und baut damit weiter an ihrer „Lebensstraße", die sie näher an ihr großes Ziel bringt. Ihr Perfektionismus und ihre Leidenschaft lassen sie über alle Grenzen hinauswachsen und sie ist bereit, jeden noch so hohen Preis dafür zu bezahlen.

Es ist nicht der Ruhm, der sie treibt, sondern die Verwirklichung ihrer Idee, ihrer Vision, ihres Lebenstraumes.

Deutung 2:
Als Frau entspricht Loïe in keiner Weise dem damaligen Schönheitsideal und schon gar nicht dem gängigen Bild einer Tänzerin. Dennoch zaubert sie mehr (weibliche) Schönheit in die Welt als die „Barbies" ihrer Zeit und fasziniert mit einer unglaublichen inneren Kraft und der bedingungslosen Hingabe an ihren Tanz.

Von Anfang an lebt sie ein radikales und einzigartiges Leben ohne Wenn und Aber, getrieben von ihrer Vorstellungskraft, besessen von ihrem inneren Auftrag.

Fragen, die ZuschauerInnen sich stellen könnten:
Wie bedingungslos verfolge ich den Weg zur Verwirklichung meiner Ziele?

Wie viel Einsatz zeige ich?
Wie hoch ist der Preis, den ich bereit bin, für die Verwirklichung meiner Ziele zu zahlen?
Habe ich (überhaupt) mein Ziel, meine Bestimmung schon gefunden?
Was treibt mich innerlich an?
Wie perfektionistisch bin ich?
Kann ich vergangene Lebensabschnitte radikal hinter mir lassen?
Wie gehe ich mit den Stolpersteinen des Lebens um?
Welches „Geschenk" will und werde ich der Welt hinterlassen?

Für wen und welches Problem ist dieser Film Therapie?
Für alle Lauwarmen, um ihnen Mut zu machen, sich für heiß oder kalt und ihren ureigenen Weg zu entscheiden.

Lebensbühne 9
Über Sinnfindung, inneres Wachstum und Erfüllung

Auf der 9. Lebensbühne stellt sich ein Mensch die Frage nach dem Sinn des Lebens. Wer bin ich? Woher komme ich? Wohin gehe ich? Hat jedes Geschehen eine tiefere Bedeutung? Gibt es einen höheren Plan, dem alles Geschehen unserer irdischen Existenz folgt? Was ist Glück?

Es sind diese philosophischen Fragen, die das große Thema dieser Bühne ausmachen. Antworten finden sich in den alten „zeitlosen" Weisheitslehren, den Religionen der Welt und in moderner Philosophie. Auf der Suche nach dem Urgrund, dem Kern, der die Welt zusammenhält, können wir uns auf weite Reisen in ferne Kulturen, auf Bewusstseinsreisen nach innen oder auf Pilgerreisen begeben, die beides verbinden. Unentwegt tun sich auf dieser Bühne neue, unbekannte Horizonte, größere und weitere Ziele auf. Durch Horizont- und Bewusstseinserweiterung hoffen wir, das Rätsel unserer Existenz zu lösen. Eine tiefe innere Sehnsucht nach Erfüllung lässt die Darsteller dieser Lebensbühne nicht zur Ruhe kommen und verweilen, vor allem, solange sie ihr Glück in äußerer Fülle, die nicht selten in Unmäßigkeit ausartet, suchen. Das rechte Maß zu finden, ist hier wesentliche Aufgabe.

Immer wieder müssen sie die Welt umrunden, nur um schließlich zu erkennen, dass das Gesuchte immer schon in ihnen war. Des Rätsels Lösung, wahre Erkenntnis und Weisheit, stellen sich ein, wenn wir unseren ganz persönlichen Sinn im Leben finden. Die vielen weiten Wege, die wir gegangen sind, waren schon Teil des hoch angesetzten Zieles. Auf Reisen in die Welt dürfen wir Lebenserfahrung sammeln, die unser Wissen erst zu Weisheit reifen lässt. Denn immer gilt es, auf dieser Lebensbühne das große Ganze in Form körperlicher, seelischer und geistiger Erfahrung zu erfassen und vor allem zu erleben. So kann die Suche nach Sinn und Bedeutung des Lebens oder nach dem höheren (göttlichen) Plan zu dem durchaus erleuchtenden Erlebnis führen, dass jedes Wesen so etwas wie den göttlichen Funken schon immer in sich trägt. Mit dieser Erfahrung öffnet sich die Quelle der Inspiration und Intuition. Menschen mit dieser Erfahrung sprechen von Gipfelerlebnissen, in denen für einen, wenn auch nur kurzen Moment, das Tor zum Himmel auf geht und sie eins mit allem werden. Wenn es gelingt, dieses Tor auch nur einen kleinen Spalt offen zu halten, kann sich das so schwer fassbare Prinzip des Geistes gleichsam in einem weisen Menschen verkörpern, der dann zu einem echten Guru, Priester oder Pontifex, einem Brückenbauer zwischen Himmel und Erde, wird. In diesem Bewusstseinszustand erlebt der Mensch, wie alles im Leben tatsächlich von Sinn und Sinnhaftigkeit durchdrungen ist, wie jede(r) (s)einem bestimmten Lebensauftrag folgt, weil jede(r) ein einzigartiges, nach Vollkommenheit strebendes Universum verkörpert. Grenzenlose Toleranz ist das Ergebnis dieser wahrhaft religiösen Weltsicht, die dann zur echten Heilsbotschaft wird.

Stärken bzw. Aufgaben der 9. Lebensbühne:

Sinnsuche, inneres Wachstum, innere Fülle und Erfüllung, Horizont- und Bewusstseinserweiterung, Toleranz, Gerechtigkeit, Zielbewusstsein, Lösungsorientierung, Optimismus, Fähigkeit zu Synthese und Überblick, Brückenbauer sein, Ein-Sicht, das rechte Maß kennen, humanistische Bildung und Weisheit erstreben, Ethik, Religiosität (jenseits von Konfession), nie die Hoffnung aufgeben, Großzügigkeit.

Schwächen:

Völlerei, nie genug kriegen, über das Ziel hinausschießen, Unbescheidenheit, Größenwahn, Maßlosigkeit, Verschwendungssucht, Hochstapelei, Selbstgerechtigkeit, Scheinheiligkeit, missionarischer Drang, Fanatismus, der selbsternannte Guru, Rechthaberei, egoistischer Expansionsdrang, sich für etwas Besseres halten, auf andere herabsehen, moralische Überheblichkeit, arrogantes Elitedenken, für sich unbedingte Toleranz fordern, sie den anderen aber nicht zugestehen, den Lebensraum anderer missachten.

Fragen, die wir uns dazu stellen können:
Welche hohen Ziele habe ich in meinem Leben? Wie zielbewusst bin ich überhaupt?
Mit wie viel Enthusiasmus verfolge ich meine Ziele?
Was ist der Sinn meines Lebens?
Woran glaube ich?
Vertraue ich auf einen höheren Plan, der hinter allem steht?
Welche Religion spricht mich an?
Glaube ich an einen Gott?
Worin finde ich Erfüllung?
Was lässt mich glücklich sein?
Hatte ich schon ein Gipfelerlebnis?
Welche Weltanschauung trägt mich?
Habe ich einfach eine vorgegebene übernommen oder mich auf die Suche nach meiner eigenen gemacht?
Wie wichtig ist es mir, Weisheit zu erlangen?
Was fehlt mir zur Weisheit?
Wie hoch sind meine Ansprüche?
Wie maßlos oder sogar gierig bin ich?
Bin ich arrogant und elitär?
Wie tolerant bin ich?
Wie bewerte ich Fremde, ihre Kulturen und Religionen?
Wie weit ist mein Horizont?
Wie großzügig bin ich anderen gegenüber?
Wie optimistisch?
Wie lösungsorientiert?
Finde ich für jedes Problem eine Lösung oder bin ich eher jemand, der zu jeder Lösung ein Problem sucht?
Wie ausgeprägt ist mein Sinn für Gerechtigkeit?

Die Filme der 9. Lebensbühne

Das brandneue Testament (2015, 113 Min.) von Jaco Van Dormael

Gott existiert und lebt in Brüssel! Er, der Allmächtige (Benoît Poelvoorde), ist aber nicht der gütige Allvater und besonnene Weltenlenker, sondern ein griesgrämiger, gelangweilter Familientyrann. Er bewohnt mit seiner Frau, der Göttin (Yolande Moreau), und seiner Tochter Ea (Pili Groyne) eine heruntergekommene 3-Zimmer-Wohnung in Brüssel. Seiner Frau verbietet er das Wort, seine Tochter verprügelt er und ansonsten sitzt er in seinem Büro, das keiner betreten darf und denkt sich an seinem Computer fiese Gebote aus, mit denen er die Menschen quälen kann.

Ea hat es irgendwann satt, eingesperrt und der väterlichen Willkür ausgesetzt zu sein. Sie will auch all die Bosheiten, die er den Menschen antut, nicht mehr akzeptieren. So hackt sie sich heimlich in seinen Computer und schickt allen Menschen per SMS deren Todesdatum. Nach gelungener Flucht macht sie sich unter Anleitung ihres Bruders Jesus auf den Weg, ein brandneues Testament zu schreiben. Im Mittelpunkt dieser neuen „heiligen" Schrift stehen die Lebensgeschichten von sechs Menschen, die zu modernen Aposteln auserwählt wurden.

Inzwischen ist aber seit dem Bekanntwerden aller Todesdaten auf der Welt nichts mehr, wie es war. Die nun weltweit am häufigsten gestellte Frage lautet „Wie verbringe ich den Rest meines Lebens?".

Da Gott klar ist, dass er dadurch die Macht über die Menschen verloren hat, die sich nun mit diesem Wissen nicht mehr von seinen boshaften Geboten schikanieren lassen, macht er sich auf die Suche nach seiner Tochter. Angekommen auf der Welt, fällt er nun in alle Gruben, die er selbst gegraben hat.

Deutungen:
In diesem Film findet man bei genauerem bzw. mehrmaligem Hinsehen einige Deutungsebenen. Die Geschichte beginnt mit einer systemischen Familienebene. Fast parallel dazu läuft eine mythologisch-archetypische. Der Hauptteil handelt von dem urmenschlichen Angst-Thema, der Konfrontation mit unserer Sterblichkeit. Über allem schwebt die Frage nach unserem Gottesbild.

Deutung 1:
Die Familienstruktur, in der Gott, die Göttin und ihre Tochter Ea leben, ist eine patriarchalisch eingefahrene, kranke und destruktive: der tyrannische Vater, die willensschwache, zum Schweigen verurteilte Mutter und die aufbegehrende Tochter, die all dem ausgeliefert ist. Ea aber ist als Kind mit der Zukunft und dem Traum von einer besseren Welt verbunden. Deshalb ist sie es auch, die aus dem verfahrenen Gefängnis der überkommenen Familienstruktur der Eltern ausbricht, um deren Fehler wieder gut zu machen und damit das ganze System (einschließlich der Menschheit) aus diesem Sumpf zu befreien.

Therapeutisch gesehen ist es immer so: Wenn auch nur einer aus einem kranken, entwicklungsfeindlichen (Familien-)System aussteigt, verändert sich zwangsläufig das ganze System und Leben und Entwicklung können weitergehen.

Deutung 2:
Auf dieser Ebene begegnen uns Gott und die Göttin als Repräsentanten der vorherrschenden patriarchalen und der entmachteten matriarchalen Gesellschaftsstruktur. Schon in der Antike wurde mit der Übernahme der Herrschaft durch die männlichen Gottheiten der Kult der Großen Göttin zum Schweigen gebracht, der über sehr lange Zeit im Mittelpunkt des religiösen Lebens stand. In diesem Sinn beklagt Ea wohl zu Recht, dass alle von

Gottes Sohn sprechen, aber niemand von seiner Tochter.

Das archetypisch männliche Prinzip (das natürlich nicht auf Männer beschränkt ist) zeichnet sich durch Konkurrenz-Kampf und die Haltung „Jeder gegen jeden“ aus. Das archetypisch Weibliche ist dagegen schon durch die biologische Gegebenheit von Schwangerschaft und Geburt auf Lebenserhaltung und Mitgefühl ausgerichtet und steht unter dem Motto „Gemeinsam sind wir stark“.

So ersinnt auf dieser Ebene Gott in Form seiner Gebote die absurdesten Bosheiten, um es den Menschen schwer zu machen und vor allem ganz klar zu zeigen, wer der Größte, der Beste, der Mächtigste, der Einzig(artig)e ist. In diesem „Ego-Wahn“ ist es ihm nicht zu blöd, sich um die kleinsten Widrigkeiten zu kümmern. So erlässt er etwa das Gebot, dass ein Telefon immer dann klingelt, wenn der Mensch gerade in der Badewanne liegt, dass ein Marmeladenbrot immer auf die Marmeladenseite fällt und dass die Schlange, in der sich ein Mensch anstellt, immer die langsamste ist. Er sorgt dafür, dass ein Unglück selten allein kommt und dass es gerade nur so viel Glück gibt, dass die Menschen immer wieder Hoffnung schöpfen, die er dann enttäuschen kann.

Der Göttin wird der Mund verboten. Während der patriarchalen Herrschaft führt sie ein Schattendasein, beschäftigt sich mit Banalitäten und verkommt zu einem willenlosen Geschöpf. Aber ihre weibliche Kraft und Stärke lebt in ihrer Tochter Ea weiter. Sie ist es schließlich, die dem lebensfeindlichen Spuk Gottvaters ein Ende setzt. So nebenbei erlöst sie damit auch das Familiensystem. Sie befreit das unterdrückte Weibliche, die Göttin, die im wahrsten Sinn des Wortes wieder aufblühen kann. Wie Aphrodite, die Göttin der Liebe und Schönheit, lässt sie die Welt erblühen und zeigt, wie die Liebe den Tod besiegen kann.

Deutung 3:
Im Mittelpunkt der Filmgeschichte stehen folgende Fragen: Was fangen wir mit unserem Leben an, wenn wir ganz genau wissen, wie lange es noch dauert? Wie wollen wir diese Zeit verbringen, wie unser Leben gestalten? Welche Träume würden wir noch verwirklichen wollen? Was würden wir sofort aufgeben und hinter uns lassen?

Die Antworten sind natürlich so vielfältig, wie es die Menschen sind. Da gibt es den Mann, der beschließt, die Titanic aus Streichhölzern zu bauen, den neuen „Apostel" Jean-Claude, der sein „Scheißleben mit den Scheißarbeitszeiten" in die Tonne tritt, sich auf eine Parkbank setzt, um nie wieder aufzustehen und dann doch seiner Bestimmung folgt. Sein Element ist die Luft, Symbol für Beweglichkeit und Wanderschaft, und so führt ihn stimmigerweise ein Vogelschwarm zum Ziel.

Der „besessene" Apostel Mark löst seine Konten auf und lebt endlich in diversen Bordellen seine sexuellen Phantasien aus, die ihn schon seit seinem neunten Lebensjahr verfolgen und quälen. Als Synchronsprecher von Pornofilmen findet er Erlösung, als er die Frau seiner Träume wiedersieht.

Apostel François, der von sich behauptet, er sei als Mörder geboren, kauft ein Gewehr, um einen Menschen zu erschießen und damit zu beweisen, dass die preisgegebenen Todesdaten ein Fake seien. Dabei erwischt er Aurelie, trifft aber nur ihre Armprothese und findet in ihr seine große Liebe. Damit beginnt in all dem Chaos der Siegeszug der Liebe, und die besiegt bekanntlich den Tod.

Martine (Catherine Deneuve) verliebt sich in einen Gorilla, denn Liebe kennt keine Grenzen (mehr).

Jean-Claude, den der Vogelschwarm zum Polarkreis geführt hatte, findet dort die Frau seines Lebens.

Und Gott tobt!

Parallel zu diesem Geschehen in der Welt blüht inzwischen die zurückgebliebene Göttin regelrecht auf. Frei von der männlich-göttlichen Bevormundung erwachen immer mehr ihrer alten Fähigkeiten. Sie wagt sich schließlich an den „heiligen" Computer Gottes und wird dort herzlichst begrüßt: „Guten Tag, Göttin. Ich freue mich, Sie wiederzusehen."

Mit der Göttin am Schalthebel der schöpferischen Macht stehen die Zeichen auf Neustart. Auf spielerische Art setzt sie nun alle lebens- und liebesfeindlichen Programme Gottes außer Kraft. Alle Todesdaten werden gelöscht und nach langer Zeit fühlt sich das Leben auf der Erde paradiesisch an, während Gott in einem Arbeitslager am Fließband arbeitet, das er einst erschaffen hatte, um die Menschen zu quälen.

Der Film überzeichnet natürlich, aber gerade dadurch wird mit unendlich viel Humor deutlich, wie unsere eigene innere männliche und weibliche Weltsicht unsere Realität bestimmt.

Deutung 4:

Jedes Bild, das wir uns von Gott oder der Göttin machen, entspringt einem inneren Seelenbild, einer subjektiven Vorstellung, gespeist aus Anlage, Erziehung, Gesellschaft und Kultur. Wir folgen sozusagen dem selbsterschaffenen Gott unserer inneren Bilder. Mit dem Abbild des wahren Gottes, das wir uns erschaffen, kreieren wir gleichzeitig unsere Weltanschauung, die unser Leben bestimmt.

Ähnelt unser Gottesbild dem dieser Filmgeschichte, so erschaffen wir uns eine Welt voller Widrigkeiten, Ärgernisse, Widerstände, Projektionen, Bosheiten und Kriege. Mürrisch, verbittert, gelangweilt und frustriert schlurfen wir dann im abgerissenen Bademantel durchs Leben.

Folgen wir der Göttin in uns, wie sie sich zu Beginn der Geschichte zeigt, haben wir uns willenlos mit allem abgefunden. Apathisch und resigniert vergeuden wir die kostbare Zeit unseres Lebens in Freudlosigkeit.

Verbünden wir uns mit Ea, die ja die Endlichkeit ins Spiel gebracht hat, wird uns das beflügeln und wir werden aus jedem Moment des Lebens ein Fest machen, weil die Zeit so kostbar ist.

In dem Sinn, dass uns Gott nach seinem Ebenbild erschaffen hat, hat er uns auch die Gabe verliehen, Schöpfer unserer Lebensqualität zu sein.

Fragen, die ZuschauerInnen sich stellen könnten:
Was würde ich als erstes in meinem Leben ändern, wenn mir mein Todesdatum bekannt wäre?
Welcher Bestimmung muss ich noch folgen?
Welche Träume will ich unbedingt noch verwirklichen?
Was muss ich dringend loslassen?
Mit welchen Widrigkeiten und Widerständen erschwere ich mir mein Leben?
Womit tyrannisiere ich mich?
Was hindert mich hauptsächlich an einem Leben voll echter Liebe?
In welchen Bereichen müsste es bei mir „Alles auf Neustart!“ heißen?
Wo habe ich mich wie die Göttin willenlos in mein Elend ergeben?
Wo wäre es notwendig, aufzubegehren?
Was könnte mein Leben bunter und „blumiger“ machen?
Was ist meine „innere Musik“?

Für wen und welches Problem ist dieser Film Therapie?
Für alle Gläubigen und Ungläubigen und solche, die es noch werden wollen.

Die Päpstin (2009, 148 Min.) von Sönke Wortmann

Das Historiendrama zeigt den vom Schicksal bestimmten Lebensweg der kleinen Johanna (Johanna Wokalek), die als hochintelligente Tochter eines krankhaft religiösen Eiferers und Pfarrers und einer noch mit der alten Religion verbundenen kräuterweisen Mutter zwischen den Zeiten und Traditionen ihrem Stern folgen muss. Ihr Schicksal nimmt gleichsam unaufhaltsam seinen Lauf und führt sie über Widrigkeiten und „Zufälle" zu sich selbst und ihrer Aufgabe als Päpstin.

In eine bäuerliche Welt geboren, kämpft sich das hochbegabte Kind aus seiner grauenhaften Situation zwischen allen Stühlen mitten ins Zentrum der damaligen Welt und ins Leben. Sie erhält die ersten Bücher und wirkliche (Herzens-)Bildung, kann sich aus der Elendshütte ihrer Herkunft befreien. Dort lässt sie ihren lieben, aber vergleichsweise dumpfen und uninteressierten Bruder zurück, vor allem aber die Mutter, die immer mehr zum Opfer ihres fanatischen Priester-Mannes wird, so wie die Anhänger der alten (Natur-)Religion zum Opfer fanatischer Christen wurden.

Deutung 1:

Johanna muss ihren Weg allein gehen, den Vater-Priester, der sie alle mit seiner Bigotterie tyrannisiert, und die Mutter, die noch Spuren des alten germanischen Wissens um die Götter und die Pflanzen in sich trägt, hinter sich lassen und der eigenen Bestimmung folgen. Ihr Wissensdurst ist so stark, dass die verschlungenen Wege des Schicksals sie auf eine Klosterschule führen, weil sie den Bischof mit ihrem Wissen becirct und die Zuneigung eines Fürsten gewinnt. Der nimmt sie gegen den Willen seiner arroganten, eifersüchtigen und dummen Frau bei sich auf und sie verlieben sich in einander.

Als die Fürstin, kaum musste ihr Mann in den Krieg, Johanna

gegen ihren Willen verheiraten will und sie schon vor dem Altar kniet, greift das Schicksal wieder ein: in Gestalt der Normannen. Die metzeln alle nieder, übersehen nur Johanna. Sie flieht und landet in einem Kloster, wo sie sich als Junge ausgibt und zu einer Koryphäe der Heilkunst und Bildung wird. Ihr Bezug zur Kräuter-Medizin der alten Tradition ist es, der ihr den Weg zu einer Art „Karriere" im Bereich der Kloster-Medizin ebnet.

Aber neuerlich muss sie fliehen und ihrem Weg weiter folgen. Das Schicksal hilft ihr in Gestalt eines alten Mönchs, der ihr Geheimnis längst kennt und bewahrt. Bei einer Familie, die sie früher einmal gerettet hat, gesundet sie nach schwerem Fieber und pilgert anschließend nach Rom.

Hier nimmt sie ihre Karriere als kräuterweiser Mönch wieder auf und rettet bald auch den Papst, der an Gicht leidet, durch Pflanzenmedizin und Diät. Schließlich rettet sie ihm auch die politische Macht durch einen technischen Trick, den sie mit ihrem Geliebten einst entdeckt hatte. Sie wird sein erster Berater und schließlich sogar Nachfolger, gerade in dem Moment, in welchem sie ihre große Liebe wiederfindet. Johanna entscheidet sich für das Amt und gegen ihre Liebe, bittet ihren Geliebten aber zu bleiben und sie zu beschützen. Schließlich wird sie schwanger, bleibt aber so lange es geht im Amt, um Gutes zu tun, etwa die erste Schule für Mädchen zu gründen. Aber die Zeit ist weder reif für Mädchenschulen noch für eine Päpstin, letzteres bis heute. Schließlich fällt sie mit ihrem Geliebten einer Intrige zum Opfer.

Deutung 2:

Wie kaum ein Film macht dieser deutlich, dass Zufall ist, was uns gesetzmäßig (auf dem Lebensweg) zufällt. Oder noch schöner ausgedrückt: Zufall ist das Pseudonym, das Gott sich gibt, wenn er nicht erkannt werden will. Das kleine Mädchen folgt einfach seinem inneren Bedürfnis und findet immer wieder Hilfe. Wie eine Märchenheldin nimmt sie auch jede Hilfe an – wo immer sie herkommen mag – und erlebt ihr (Lebens-)Märchen als wunderbaren Ausdruck der Höhenpsychologie, die Märchen vermitteln (im Gegensatz zur Tiefenpsychologie der Mythen).

Die Liebe ihres Lebens scheint unerreichbar und holt sie doch ebenso unerwartet wie beglückend ein auf dem Weg, den sie voll Glauben und Zuversicht auf sich nimmt. Sie wird eine Päpstin, die diesem Amt gerecht wird und so viel Licht verbreitet, dass sie ihre männlichen Vorgänger und Nachfolger im Amt weit in den Schatten stellt. Wegen ihres Geschlechts wird sie aus der Geschichte der katholischen Kirche gestrichen, wie letztlich alle Frauen bis heute von dieser Religion grundsätzlich degradiert und in der Hierarchie entrechtet werden.

Das Doppelleben, das Johanna gezwungenermaßen als Frau in Männerrollen und -kleidern und gleichzeitig als Geliebte eines Mannes lebt, holt sie am Ende ein. Schwanger mit einem Traum und von der Liebe ihres Lebens, bricht sie als Päpstin blutend bei einer Prozession zusammen, Opfer einer Intrige, die ihren Geliebten das Leben kostet.

Deutung 3:
Die Päpstin ist ein wundervolles Beispiel für eine Frau, die in ausgesprochen frauenfeindlicher Zeit trotzdem ihren Weg unbeirrt bis an die Spitze geht, die sich dabei sogar noch Selbst verwirklicht in ihrer Kräuter-Medizin und sogar die Liebe ihres Herzens und Lebens findet.

Der Film enthüllt die unglaubliche Ressourcenverschwendung in geistiger Hinsicht durch die Diskriminierung der Frauen, die bis heute auch in unserer westlichen Welt anhält. In fast allen patriarchalen Religionen – nicht nur im Islam – ist sie bis heute tatsächlich Standard.

Beziehungen zu anderen Lebensbühnen:
Die Kräutermedizin der Päpstin gehört auf die 6. Lebensbühne,

das Leben ihrer großen Liebe auf die 7. Der Weg zur guten Macht, an die Spitze der Kirchen-Hierarchie und ihre Selbstverwirklichung bringen sie auf die 5. Lebensbühne, aber ihr Glaube an ihr Schicksal und sich selbst, ihr religiöser Weg und die Synthese der alten und neuen Religion führen sie auf die 9. Lebensbühne.

Fragen, die ZuschauerInnen sich stellen könnten:
Wie konsequent folge ich meiner Berufung, meinem Weg, meinem Glauben (an mich und an Gott oder die Göttin)?
Welche Themen ziehen sich durch mein Leben wie ein roter Faden?
Zu welcher Synthese habe ich Beruf(ung) und Liebe gebracht?
Welche Rolle spielt die Geschlechtsrolle in meinem Leben, welche mein Glaube?
Wo bin ich Diskriminierung begegnet und wie habe ich mich dazu gestellt?

Für wen und welches Problem ist dieser Film Therapie?
Ein Film, um den langen Arm des Schicksals kennen zu lernen und ihm zu vertrauen, über Emanzipation, die Kraft des Amtes, die (Lebens-)Aufgabe, das Glück und den Glauben.

Der Ja-Sager (2008, 104 Min.) von Peyton Reed

Ein langweiliger Job und eine Scheidung haben Carl Allen (Jim Carrey) zu einem deprimierten Menschen werden lassen. Alle Bemühungen seiner Freunde, ihn wieder ins pralle Leben zurückzuholen, scheitern. Er erfindet immer nur Ausreden, lehnt alle Einladungen und Freundschaftsangebote ab. Ablehnung und ständiges Nein-Sagen bestimmen sein alltägliches Leben. In diesem seelischen Zustand landet er „zufällig“ und vor allem ungewollt in einem Motivationsseminar. Der als Guru gefeierte Coach spricht ihn öffentlich, für Carl unerwartet, auf seine Probleme an, als könne er seine Gedanken lesen. Völlig überrumpelt von diesem Geschehen, verspricht er, der chronische Nein-Sager, ab nun jede Frage, jede Bitte, jedes Anliegen, das an ihn herangetragen wird, mit ja zu beantworten.

Dieses bedingungslose Ja bringt ihn zwar nicht nur in angenehme Situationen, es verändert aber sein Leben und ihn selbst komplett. Chaotisch, unvorhersehbar, lebendig ist jeder Tag.

Allen seinen Befürchtungen zum Trotz bringt Carl diese durch das konsequente Ja offene Haltung wieder auf die Glücksspur des Lebens. Alles scheint auf einmal möglich, bis er mit einem ersten Nein seinen vermeintlichen Schwur bricht. Verzweifelt bittet er seinen „Glücksguru", ihn von seinem Ja-Sager-Versprechen zu entbinden. Doch der Schwur existierte sowieso nur in seiner Vorstellung.

Deutung 1:

Viele unserer Probleme würden nicht existieren, wenn wir öfter ja zum Leben, seinen Angeboten und Herausforderungen sagen würden.

Wie viele verpasste Gelegenheiten, Momente der Freude, des Glücks, der Erfüllung gehen verloren durch das ewige „Nein, das geht nicht, das kann ich (man) nicht, das darf man nicht, das will ich nicht, das kann ich mir gar nicht vorstellen!"? Was da alles passieren könnte!

Das Leben aber würde von uns erwarten, dass wir uns ohne so viel Wenn und Aber einlassen auf die vielen Gelegenheiten, die es uns bietet. Nicht selten ist es die Begrenztheit unseres Vorstellungsvermögens, das sich im wahrsten Sinn des Wortes vor die Wirklichkeit stellt, das uns den Reichtum und die Vielfalt des Lebens verpassen lässt.

Fragen, die ZuschauerInnen sich stellen könnten:
Bin ich grundsätzlich ein Nein-Sager, ablehnend und eher pessimistisch?
Oder bin ich eher ein Optimist?
Welche (falschen) Vorstellungen verleiten mich immer wieder dazu, die Angebote des Lebens abzulehnen?
Was befürchte ich?
Was hindert mich daran, ja zu sagen, einverstanden zu sein mit dem, was ohnehin ist?
Kann ich mir vorstellen, nur einen Tag lang zu allem ja zu sagen, was mir begegnet, was an mich herangetragen wird? Ein abenteuerlicher Versuch, der sich vielleicht sehr lohnt.

Für wen und welches Problem ist dieser Film Therapie?
Für alle chronischen Pessimisten.

Hectors Reise oder die Suche nach Glück (2014, 120 Min.) von Peter Chelson

Diese launige Komödie macht uns mit Hector (Simon Pegg) bekannt, einem erfolgreichen Psychiater, der eigentlich ein rundum gutes und schönes Leben führt und sogar in einer liebevollen Beziehung mit seiner Freundin Clara lebt. Und trotzdem ist er zunehmend unzufrieden und frustriert, weil er seinen PatientInnen nicht zu echtem Glück verhelfen, ja dieses nicht einmal für sich definieren kann. Um dem Geheimnis von Glück auf die Spur zu kommen, begibt er sich auf eine Studienreise. Er hofft, eine Antwort auf die Frage zu finden, welche äußeren Lebensbedingungen der Nährboden für dauerhaftes Glück sind.

Sein Weg führt ihn nach Shanghai, in ein abgelegenes chinesisches Kloster, nach Afrika und schließlich nach Los Angeles zu Agnes, seiner alten Jugendliebe. Agnes arrangiert für ihn ein Treffen mit einem Professor, der ein Verfahren zur Visualisierung von Gemütszuständen entwickelt hat. Abgesehen davon, dass damit ersichtlich wird, dass Hector gefühlsmäßig blockiert ist (weil er nur im Kopf ist), findet er auch hier keine Antwort. Erst eine sein Herz berührende Annäherung an seine Freundin Clara öffnet ihn für jene Erfahrung, nach der er so lange gesucht hatte.

Deutung 1:
Wie so viele (Märchen-)Helden begibt sich Hector auf die Suche nach Glück und muss nach einem langen Weg erkennen, dass der„Schatz“, den er suchte, immer schon da war, wo auch er war – nur hat er ihn nicht wahrgenommen. Die Geschichte folgt der alten Volksweisheit „Warum in die Ferne schweifen? Sieh, das Gute liegt so nah.“. Das ist auch die Geschichte von Paulo Coelhos Welterfolg *Der Alchimist.*

Und doch brauchen wir immer diesen weiten Weg hinaus in die Welt, um diese einfache Wahrheit zu erkennen. Wir können nicht glauben, dass alles, was wir zum Glück brauchen, immer genau da ist, wo auch wir gerade sind.

Die Vorstellung, dass es woanders besser, schöner und leichter sei, lässt uns weitersuchen. Unzählige Male da angekommen, wo der Schatz ist, hasten wir weiter, wie der sprichwörtliche Esel, der der Karotte hinterherläuft, die an seinem Kopf festgebunden ist. Oft braucht es die Erfahrung des Alters, bis wir verstehen, dass Glück immer auch etwas mit Zufriedenheit zu tun hat, mit innerem Frieden, den wir nur in uns selbst finden können, unabhängig von äußeren Bedingungen.

Deutung 2:
Hinter Glück verbirgt sich auch noch ein anderes Geheimnis: „Das Glück ist eine leichte Dirne, sie weilt nicht gern am selben Ort. Sie streicht das Haar dir von der Stirne und küsst dich

rasch und flattert fort.“ Diese alte Volksweisheit beschreibt, dass Glücklichsein eine Erfahrung des Augenblicks ist, eben eine Art Gipfelerlebnis. Blieben wir dauernd in diesem ekstatischen Gefühl, wäre es irgendwann ein normaler Zustand, wie wenn jeden Tag Weihnachten wäre. Momente von Glück oder Glückseligkeit zeichnen sich durch ihre überraschende Seltenheit aus, sie können nicht von uns „gemacht“ werden, sind immer etwas Besonderes und Außergewöhnliches. Allerdings ziehen solche Momente nach dem Resonanzgesetz weitere Glückserlebnisse an. Und alle Religionen und Traditionen gehen davon aus, dass sie schließlich, wenn gar nicht mehr erwartet, ins große bleibende Glück der Erleuchtung, Befreiung und Lösung übergehen.

Fragen, die ZuschauerInnen sich stellen könnten:
Was bedeutet für mich Glück?
In welchen Momenten bin und war ich glücklich?
Wann war ich zuletzt glücklich?
Was war der glücklichste Moment meines Lebens?
Wo könnte mein Glück ganz nah sein und ich bemerke es nur nicht?
Wie lange am Stück war ich schon richtig glücklich?
Welche innere Haltung ist mein größtes Hindernis, um Glück zu empfinden?
Wie zufrieden bin ich mit und in meinem Leben?

Für wen und welches Problem ist dieser Film Therapie?
Für alle, die die Suche nach Glück schon aufgegeben haben.

Dein Weg (2010, 121 Min.) von Emilio Estevez

Im Mittelpunkt der Geschichte steht der amerikanische Augenarzt Tom Avery (Martin Sheen). Nachdem sein Sohn, mit dem ihn eine schwierige Nicht-Beziehung verbindet, gleich zu Beginn des Jakobsweges gestorben ist, reist der Vater zu seiner Verbrennung an. Während er die Asche und das Reisegepäck seines Sohnes an sich nimmt, reift in ihm der Entschluss, den Weg mit seinem Sohn und für ihn zu gehen, dabei die Asche auf dieser Pilgerreise zu seiner Vaterschaft zu verstreuen.

So beginnt er den Camino und die Pilgerschaft nach Santiago de Compostela. Station für Station bringt er nun wenigstens die Asche seines Sohnes auf den Weg.

Deutung 1:

Der Sohn wollte sich endlich auf den Weg machen und (sich) finden: nicht irgendeinen, sondern den Weg, den Camino, und nicht irgendeinen anderen Menschen, sondern sich selbst. Nicht umsonst nennen die Spanier diese berühmteste Pilgerreise der Welt gar nicht Jakobsweg wie wir, sondern einfach den Weg: el Camino.

So wie sein Sohn sich finden wollte, hofft nun der Vater, seinen Sohn zu finden. Und natürlich macht er die Erfahrungen auf seinem Weg als Vater und Mann und kommt dabei auch dem Sohn Schritt für Schritt näher. Gehend entwickelt sich die Vater-Sohn-Beziehung, die offenbar zu Lebzeiten kaum bestand und nun posthum Gestalt annimmt.

Deutung 2:

Wandern ist generell ein wundervoller Weg zu sich selbst und – wie dieser Film der großen Pilgerschaft zeigt – auch zu anderen, die uns dabei näher kommen. Noch weitaus tiefer geht, wer beim Wandern zusätzlich fastet und sich so ganz darauf konzentrieren kann, den Weg in sich aufzunehmen, ja zum Weg zu werden. Die Weisheit „Der Weg ist das Ziel“ kann so noch besser und Schritt für Schritt im fastenden Wanderer lebendig werden. Das „*panta rhei*“ (alles fließt) des Vorsokratikers Heraklit wird so zur gelebten erwanderten Wirklichkeit.

Dass das Leben eine Reise ist, macht der Weg klar. Ankommen wird dann ganz natürlich zur (Er-)Lösung und der Tod verliert seinen Schrecken. Was Tom auf dem Weg zu seinem Sohn und mit ihm widerfährt, kann jedem geschehen, der sich auf den Weg und auf sich auf dem Weg einlässt.

Fragen, die ZuschauerInnen sich stellen könnten:
Auf welchem Weg bin ich eigentlich?
Wie komme ich voran auf meinem Weg zum großen Ziel?
Wie viel laufe ich im Leben und was läuft in meinem Leben?
Wie komme ich voran?
Gehe ich gern und geht etwas in meinem Leben (weiter)? Geht das voran, worum es mir geht?
Was sollte ich auf meinem Lebensweg allmählich sterben lassen?
Und wie oft und wann ist mir der Tod schon auf meiner Wanderschaft begegnet? Was hat er mit gesagt?
Er war immer da und wird es bleiben. Was will er mir sagen?

Der große Trip – Wild (2014, 115 Min.) von Jean-Marc Vallée

Dieses Roadmovie erzählt die Erlebnisse einer jungen Amerikanerin auf dem Pacific Crest Trail (PCT) im Westen der USA. Hauptfigur Cheryl Strayed hatte in ihrem Buch *Der große Trip: Tausend Meilen durch die Wildnis zu mir selbst* darüber berichtet. Reese Witherspoon spielt sie als Drogensüchtige, die nach dem frühen Krebstod ihrer Mutter abgestürzt ist, ihre Ehe durch viele Seitensprünge zerstört hat und sich nun – nach verschiedenen gescheiterten Psychotherapie-Versuchen – in Eigenverantwortung auf den Weg zu sich selbst macht. Konkret heißt PCT: 1000 Meilen zu Fuß.

Mit einem enorm überdimensionierten Rucksack bürdet sich die Trekkerin von Anfang an viel zu viel auf, hält aber von Moment zu Moment durch, meistert Gefahren mutig und bewusst. Mit der Zeit macht sie es sich leichter und erleichtert auch den Rucksack. Sie lernt, notwendige Hilfe anzunehmen, Hunger und Durst zu erleiden und auf sich zu achten. Aber vor allem lernt sie Aufmerksamkeit und Achtsamkeit. So verarbeitet sie den Verlust ihrer Mutter, die Drogenzeit und ihre gescheiterte Ehe. Sie lernt aber auch Dankbarkeit für ein paar neue Schuhe und ist offen für die Zukunft. Wüsten durchwandernd und Berge überwindend, lässt sie sich von Schneefeldern genauso wenig wie von Klapperschlangen abhalten, ihren Weg zu gehen.

Dieser Film gehört in eine Reihe mit ***Dein Weg*** oder ***Picknick mit Bären***. Laufen liegt wieder im Trend, genauso wie die Selbstfindung durch Wandern. Fasten-Wandern ist die neue Spitze dieser Bewegung. Wo wir gehen, geht etwas. Wo wir laufen, läuft etwas.

Fragen, die ZuschauerInnen sich stellen könnten:

Wie gehe ich mit Entbehrungen um?
Wie mit Härten?
Habe ich überhaupt schon mal gehungert, gefastet und Durst gelitten?
Geht etwas in meinem Leben? Gehe ich genug (voran)?
Läuft etwas in meinem Leben? Laufe ich genug?
Rennt etwas? Renne ich genug?

Lebensbühne 10
Über die Begegnung mit den Schicksalsgesetzen

Auf dieser Lebensbühne begegnen wir auf sehr direkte Weise unserem Schicksal mit den Aufgaben, die es im Leben für uns bereitstellt. Jeder Mensch ist auf seine ganz besondere und individuelle Art ein vom Schicksal Berufener. Das heißt, dass jeder von uns, ausgestattet mit bestimmten Voraussetzungen und Fähigkeiten, Aufgaben zu erfüllen hat, die nur ihm entsprechen. Bei dieser Berufung geht es darum, unsere Talente und Möglichkeiten zu finden, sie auszuformen und etwa in einem entsprechenden Beruf auch für die Allgemeinheit nutzbar zu machen. Ein Berufener folgt dabei immer dem Ruf seines Wesens.

Nun ist es aber in der Regel so, dass wir lange Zeit nicht wirklich wissen, was den Kern unseres Wesens ausmacht. Um das herauszufinden, stellt diese Lebensbühne gleichsam einen besonderen Lehrplan für uns auf. Darin finden sich die großen und kleinen Lebenskrisen, die es zu bewältigen gilt und die zahlreichen äußeren und inneren Prüfungen, die zu bestehen sind. Alle Hürden und Hindernisse, auf die wir stoßen, müssen sein, damit wir den Charakter unseres inneren Wesens entdecken, unsere Grenzen und Möglichkeiten ausloten können. Deshalb rät uns Teresa von Avila: *„Bete nicht um leichtere Last, sondern um einen stärkeren Rücken.“*

In diesem Zusammenhang konfrontiert uns diese Bühne auch mit dem irdischen Gesetz von Ursache und Wirkung – östliche Weisheitslehren nennen es Karma.

Mit anderen Worten heißt dies, dass wir immer ernten, was wir gesät haben. Daraus ergibt sich, dass wir für all unsere Taten, ja für den gesamten Verlauf unseres Lebens selbst verantwortlich sind, denn für alles, was uns widerfährt, haben wir irgendwann einmal nach dem karmischen Gesetz von Ursache und Wirkung den Samen gelegt. Jede unserer Taten, auch die kleinste, hat in diesem Sinn eine Konsequenz, die es zu bedenken und zu tragen gilt. Deshalb rät der Weise: *„Was immer du tust, handle klug und bedenke das Ende."*

Alles, was auf dieser Welt geschieht, hat Konsequenzen. Die Tatsache, dass wir geboren wurden, schließt das Ende unseres Lebens, den Tod, mit ein.

So ist ein weiteres großes Thema auf dem Spielplan dieser Bühne die Konfrontation mit Zeit und Endlichkeit. *„Die Zeit befiehlt´s, ihr sind wir Untertan"*, schrieb Shakespeare. Jeder Tag kann unser letzter sein, der Tod ist in jeder (sterbenden) Zelle allgegenwärtig. In jeder Minute sterben zahllose davon und werden durch eben so viele neue ersetzt. So läge es nahe, jeden Tag so zu leben und zu gestalten, als wäre er der letzte. Welch unglaubliche Qualität läge dann in jeder Minute! Das Bewusstsein über unsere Endlichkeit fordert von uns, immer wieder (am besten täglich) Bilanz zu ziehen, unsere Taten zu prüfen, unsere Erkenntnisse und Erfahrungen dem Moment anzupassen und uns Rechenschaft darüber abzulegen, wofür wir unsere kostbare Lebenszeit ver(sch)wenden.

Carpe diem. Nutze den Tag, in dem Sinn, dass jede Stunde ein wertvolles, nicht wiederkehrendes Geschenk des Lebens ist.

Immer wieder gilt es auf dieser Bühne zu überprüfen, was wirklich wichtig und wesentlich ist, an uns selbst und an dem, was wir tun. *„Mensch, werde wesentlich!"*, mahnte der Mystiker Angelus Silesius.

Der mythologische Repräsentant dieser Lebensbühne ist Chronos/Saturn, der Herr über die Zeit. Sein Attribut ist die Sichel, die alles Nicht-Wesentliche, alles, was nicht zu uns gehört, weg mäht. Als archetypischer Hüter der Schwelle wird er uns im Moment des Todes darauf überprüfen, ob wir alles Unwesentliche losgelassen haben.

Es geht aber hier nicht nur um unser Wesen, sondern auch

darum, was im Leben wirklich wesentlich ist und am Ende zählt. Alle hohen Ansprüche, alle Vorstellungen, alle Flausen, die wir im Kopf haben und alle hochtrabenden Wünsche, die unserem Wesenskern und unserer Entwicklung entgegenstehen, werden von Chronos/Saturn radikal beschnitten. Er tut dies in Form von Schicksalsprüfungen, in denen wir an unsere Grenzen gebracht werden. Denn *„Erfahrung bleibt des Lebens Meisterin"*, wusste Goethe. Aus jeder dieser Prüfungen gehen wir (hoffentlich) ein Stück erfahrener, reifer, weiser und erwachsener hervor und haben weitere und tiefere Aspekte unseres Wesens kennen gelernt. Ein schwerer Schicksalsschlag, zum Beispiel in Form einer lebensbedrohlichen Krankheit, kann unsere ganze Haltung zum Leben auf einen Schlag verändern. Ansprüchlichkeiten, Animositäten und rein materialistisches Streben erscheinen plötzlich unwichtig, geradezu lächerlich. Ein Mensch, der so eine harte Prüfung be- und überstanden hat, wird die Welt und das Leben mit ganz anderen Augen sehen. Er ist gereift und wird ab jetzt dankbar und demütig jeden Tag erleben und den Wert der geschenkten Zeit erkennen. So viele Dinge, die ihn bis dahin umgetrieben haben, sind von ihm abgefallen. Er sieht das Wunder Leben, das sich im Kleinsten verbirgt: *„Das Große geschieht so schlicht, wie das Rieseln des Wassers, das Fließen der Luft und das Wachsen des Getreides"*, wusste Adalbert Stifter.

Das Schicksal findet seine Wege, uns unter Druck zu setzen, wie ein Bildhauer den rohen Stein, bis sich aus dem groben Klumpen die Skulptur unseres individuellen Wesens herauskristallisiert, bis aus dem Ausgangsstoff der schwarzen Kohle ein leuchtender Diamant entsteht.

„Per aspera ad astra" (durch die Dunkelheit zu den Sternen) meint, dass es die oft dunklen und harten Zeiten des Lebens sind, die uns am Ende auf eine reiche Lebensernte zurückblicken lassen mit dem inneren Wissen: *„Jetzt bin ich wirklich ich selbst, jetzt bin ich der, der ich immer schon war."*

Stärken bzw. Aufgaben der 10. Lebensbühne:
Beschränkung auf das Wesentliche, Klarheit, Bescheidenheit, Demut, Meisterschaft, Konzentrationsfähigkeit, Traditionsbewusstsein, Pflichtbewusstsein, Ernsthaftigkeit, Verlässlichkeit, Erkennen und Annehmen der Schicksalsgesetze, Verantwortungsbewusstsein, Konsequenzen übernehmen, alle Hindernisse überwinden, Treue.

Schwächen:
Härte, Strenge, Kälte, Gnadenlosigkeit, Starrsinn, Obrigkeitsgläubigkeit, Normopathie, Zwanghaftigkeit, Angst, die eigene Meinung zum Gesetz erheben, überzogener Leistungsanspruch, Anerkennung nur für Leistung, Scheuklappendenken, Kontrollzwang.

Fragen, die wir uns dazu stellen können:
Wie wichtig sind mir Klarheit, Ordnung und Struktur?
Kann ich Wesentliches von Unwesentlichem unterscheiden?
Bin ich gerne, vielleicht sogar mit Freude, bereit, meine Pflichten zu erfüllen und auch die Mühen des Lebens ohne Groll zu ertragen?
Wie verantwortungsbewusst bin ich?
Wie gehe ich mit den Hindernissen im Leben um? Stelle ich mich den Aufgaben oder drücke ich mich davor?
Womit bin ich in Widerstand?
Wie viel Strenge, Härte, Bitterkeit ist in mir?
Bin ich bereit, die Konsequenzen für meine Taten und Handlungen zu tragen?
Wie erlebe ich Prüfungssituationen?
Wie ehrgeizig bin ich, wie leistungsorientiert?
Wie stehe ich zu Gesetzen, Regeln und Normen?
Akzeptiere ich die Schicksalsgesetze? Oder glaube ich, über alles selbst Kontrolle zu haben?

Wovor habe ich Angst?
Was löst in mir der Gedanke an die Begegnung mit dem Tod aus?
Was war der härteste Schicksalsschlag in meinem Leben? Welche die härteste Prüfung?
Was war die schwerste Krankheit, die ich hatte und was hat sie in mir verändert?
Welche Prüfungen des Schicksals haben mich im menschlich positiven Sinn verändert?
Weiß ich schon, was mein Wesen ausmacht?
Wenn ich jetzt eine Bilanz meines Lebens ziehe, wie sieht sie aus? Was war wirklich wichtig und wesentlich in meinem Leben? Was war das wichtigste Erlebnis?
Könnte ich jederzeit diese Erde verlassen, habe ich mich verwirklicht? Was ist noch offen?

Die Filme der 10. Lebensbühne

Sie liebt ihn – sie liebt ihn nicht (1998, 98 Min.) von Peter Howitt

Der Film lässt uns erleben, wie wenig Chancen wir haben, unserem Schicksal zu entgehen. Der englische Titel ***Sliding Doors*** macht das noch deutlicher. Einmal verpasst Helen (Gwyneth Paltrow) knapp die U-Bahn, die Tür schließt sich direkt vor ihrer Nase und erspart ihr, ihren Partner in den Armen einer anderen zu finden. Im anderen Fall schlüpft sie noch gerade so hindurch, bevor der Zug abfährt und überrascht die beiden Seitenspringer. Am Ende aber laufen beide Versionen auf dasselbe hinaus. Ähnlich zeigte das auch der Film ***Im Auftrag des Teufels***, als Keanu Reeves als Anwalt, kaum dem einen Ego-Trip entronnen, schon dem nächsten ins Auge sehen muss, mit dem der geniale Teufel (Al Pacino) ihn in die Falle lockt.

Die fünf Menschen, die dir im Himmel begegnen
(2004, 154 Min.) von Lloyd Kramer

Die Verfilmung eines Roman-Bestsellers von Mitch Albom. Eddie (Jon Voight) kommt an seinem Arbeitsplatz an seinem 83. Geburtstag ums Leben, als er einem Kind das Leben rettet.

Fast sein ganzes Leben hat er im Vergnügungspark „Ruby Pier“ gearbeitet und für technisch einwandfreies und gefahrloses Funktionieren der Jahrmarktsattraktionen gesorgt, obwohl er in seiner Jugend ganz andere berufliche und private Träume hatte.

Nach seinem Unfall erwacht Eddie im Himmel und trifft dort auf fünf Menschen, die in seinem Leben, bekannter- oder unbekannterweise, eine entscheidende Rolle gespielt haben. Mit jedem von ihnen besucht er die Orte der gemeinsamen Vergangenheit und durchlebt nochmals für sein Leben Weichen stellende Momente.

So erzählen diese fünf Menschen, die ihm in „seinem“ Himmel begegnen, seine Lebens-Geschichte, aber nun mit allen für ihn zu Lebzeiten verborgenen Hintergründen. Er erkennt mehr und mehr die schicksalhaften Zusammenhänge seines Lebens und warum alles genauso sein und geschehen musste.

Deutung 1:
In Eddies Fall wird ihm die Bedeutung seiner Geschichte vom 1. bis zum 5. Treffen immer deutlicher. Der wahre Sinn seines nur scheinbar bedeutungslosen Lebens taucht so allmählich wie eine beglückende Offenbarung vor Eddie auf. Tibeter würden vielleicht sagen, im Kreise seiner Bilder von Bardo- zu Bardozustand

wandelnd wird ihm das ganze Mosaik seines Lebensgeflechts klar. Inder mögen dabei an die Karma-Struktur denken.

Deutung 2:

Das naive *Märchen vom Sterben* bekommt hier eine schöne Ergänzung und Vertiefung. Vorausschauend können die Seelen den Sinn ihres Lebensschicksals erkennen, vergessen ihn aber mit dem Eintritt in die Welt der Gegensätze, um ihn – bestenfalls – langsam und bewusst lebend wieder zu finden.

Aber nicht nur voraus-, sondern auch zurückschauend können wir vieles erst richtig einordnen. Im Rückblick eröffnet sich uns oft erst der wahre Sinn des Geschehens auf unserem Lebensweg. Dass wir unser Leben vorwärts leben müssen, aber erst rückwärts (blickend) verstehen können, hat eine gewisse Tragik, ist aber auch das Geheimnis des kosmischen Spiels Lila, wie Hindus das Leben nennen.

Deutung 3:

Letztlich folgen wir diesem Konzept in diesem Buch die ganze Zeit über: Wir schauen erst den Film an, vertiefen ihn dann mit Deutungen und üben, tiefer zu blicken. Das ist auch das Konzept des Lebens und ließe sich wundervoll auf dieses übertragen. Wir können es erst rückblickend so richtig verstehen und sollten das auch. Aber wir dürfen – mit Hilfe solcher Filme – auch schon während unseres Lebens versuchen, seinen tieferen Sinn zu erkennen.

Es lohnt sich, nach diesem Film für einige Momente in sich zu gehen und dann still für sich oder im Dialog mit einer guten Freundin, einem guten Freund das eigene Leben Revue passieren zu lassen – auf der Suche nach diesen schicksalhaften Momenten, den Sternstunden, in denen die Weichen gestellt wurden.

Fragen, die ZuschauerInnen sich stellen könnten:
Wo konnte ich auch erst im Nachhinein erkennen, warum ein besonderes Ereignis oder ein Schicksalsschlag geschehen musste?
Welche Situationen tauchen auf, in denen mein Lebensweg eine neue unvorhergesehene Richtung nahm?
Welche Begegnungen mit Menschen, große oder kleine, kurze oder lange, waren für mein Leben schicksalhaft?
Welche zwischenmenschlichen „Rechnungen" sind bei mir noch offen und wollen beglichen werden?
Von welchen Lebensträumen musste ich mich verabschieden, um genau da zu landen, wo ich heute stehe?
Warum ist mein Leben genau so richtig, wie es jetzt gerade ist?
Warum bin ich aus Schicksalssicht genau an dem Platz, wo ich hingehöre? Kann ich das schon einsehen?

Für wen und welches Problem ist dieser Film Therapie?
Da er mit jeder neuerlichen Betrachtung tiefere Einblicke und Erkenntnisse ins eigene Schicksal vermitteln kann, ist dieser Film für jeden von uns Therapie.

Die Herbstzeitlosen (2006, 90 Min.) von Bettina Oberli

Die Geschichte spielt in einem kleinen Schweizer Dorf, das alle damit verbundenen Klischees erfüllt. Eine sture, starre und erzkonservative Atmosphäre erzeugt beim Zuschauer ein Gefühl der Beklemmung. Hier lebt Martha (Stephanie Glaser), die nach dem Tod ihres Mannes Lebensfreude und -willen verloren hat. Ihr bisheriger Lebensinhalt, der kleine Dorfladen, dümpelt vor sich hin. Ihr Sohn, der scheinheilige, bigotte Dorfpfarrer, will sie loswerden, um in ihrem Laden seine Bibelgruppe unterzubringen. Einzig die ausgeflippte Lisie (Heidi Maria Glössner), in ihrer Funktion der

„Dorfnärrin", kämpft gegen die dumpfe Dunstglocke aus Chauvinismus, Resignation, Verkalkung und Leblosigkeit. Sie ist es auch, die Martha wieder zurück ins Leben holt, indem sie die Freundin dazu inspiriert, ihren alten, versunkenen Jugendtraum zu verwirklichen, der einst Ehe und Mutterschaft zum Opfer gefallen war.

Wie in ihrer Jugend gelernt, beginnt Martha wieder Dessous zu nähen und eröffnet in dem kleinen Kaff eine Boutique für Reizwäsche. Der Dorfladen wird so über Nacht zum „Sündenpfuhl" und Dorn im Auge der Bewohner. Das Dorf gerät in Aufruhr und zelebriert seine Scheinmoral. Aber alle Anfeindungen, Angriffe und Mobbing-Attacken scheitern an der innerlich immer stärker zu ihrem neuen Lebensinhalt stehenden Martha.

Anders, als ursprünglich gedacht, hat sie immer mehr Erfolg, der weit über die engen Dorf-Grenzen hinausreicht. Mit ihrem Elan, ihrem Mut und dem Traum in ihrem Herzen verändert sie nicht nur sich, sondern auch die kleine Gemeinschaft.

Deutung:
Es geht im Leben darum, niemals aufzugeben. Es ist nie zu spät, seinen Traum, (s)eine Vision zu verwirklichen. Sicherlich ist Marthas Vorteil auch ihr Alter. Sie ist an einem Punkt im Leben angekommen, wo sie nichts mehr zu verlieren, aber alles zu gewinnen hat. Trotzdem braucht es allen Mut, das innere Feuer der Begeisterung wieder zu erwecken und Durchhaltevermögen angesichts von Widerstand zu beweisen. Vor allem braucht es die Bereitschaft, alte, verkorkste seelische Muster zu durchbrechen, um mutig mit allem Risiko Neuland zu betreten.

Fragen, die ZuschauerInnen sich stellen könnten:
Welchen Lebenstraum habe ich im Laufe meines Lebens aufgegeben?
Welche Umstände haben mich gehindert, meine Vision zu verwirklichen?

Was fehlte mir zur Verwirklichung – der Mut, das Feuer der Begeisterung, das Selbstbewusstsein, das Durchhaltevermögen oder der Glaube daran?
Oder war es Überanpassung an die gegebenen Lebensbedingungen?
Was gäbe es in meinem Leben noch zu verwirklichen? Es ist nie zu spät!

Für wen und welches Problem ist dieser Film Therapie?
Für alle Spätberufenen, deren aufgeschobene Lebensträume noch auf Verwirklichung warten.

Auf Messers Schneide (1984, 128 Min.) von John Byrum

Der Film bringt uns den verschlungenen Schicksalsweg von Larry Darrell (Bill Murray) nahe, der als Junge aus besserem Hause im Kreis von Kindern besserer Leute seinen Weg in die bessere Gesellschaft verweigert, nachdem er im Krieg ein ganz anderes Leben kennen lernen musste. Er will nicht zurück in das gemachte Bett – weder in das seiner Freundin Isabel, noch in das der Gesellschaft –, sondern schlägt sich auf eigenen Wegen in Europa durch, dem Erdteil, wo er seine Unschuld im Krieg verlor. Er sucht den Sinn seines Lebens als Markt- und Bergarbeiter, im tibetischen Kloster auf den Höhen des Himalaya, aber auch im Pariser Großschlachthof.

Deutung 1:
Den Verlockungen des gemachten Nestes wird Larry immer wieder in Gestalt seiner einfach gestrickten Freundin Isabel ausgesetzt, die ihn ein Leben lang mit ihrer egoistischen, letztlich über Leichen gehenden besitzorientierten „Liebe“ verfolgt. Und er wi-

dersteht ihr auf dem Weg gutwärts und glückwärts, aber vor allem zu sich selbst. Immer wieder hofft er auf Belohnung für sein anständiges echtes Leben, etwa als die durch Schicksalsschläge in die Gosse abgestürzte Sophie ihm wieder über den (Schicksals-) Weg läuft und er sie aus ihrer eigenen Opiumhöhle und Alkoholhölle herausholt. Aber er wird immer wieder enttäuscht und beendet so Täuschung auf Täuschung, lernt sogar Isabel verzeihen, die Sophie vorsätzlich und aus Eifersucht zurück in den Alkohol lockt und so umbringt.

Deutung 2:
Schließlich hat Larry den Bogen raus. Nachdem er alles verloren hat, kehrt er – wie Hans im Glück – erleichtert und ein gutes Stück befreit heim nach Amerika und zu sich selbst. In William Sommerset Maughams Roman ***On Razor's Edge***, dem der Film nachempfunden ist, wird er Taxi-Fahrer und fährt und begleitet Wegsuchende durch die verschlungenen Straßenschluchten von New York.

Deutung 3:
Wie verschlungen die Schicksalswege auch sein, wie sehr wir uns auch dagegen wehren mögen, am Ende führen sie doch immer zu uns selbst. Larry Darrell leistet anfangs viel Widerstand gegen den vorgegebenen Trampelpfad seiner vom Umfeld vorgezeichneten Karriere, hört aber im Laufe seines Lebens immer mehr auf, sich zu wehren, folgt den Spuren des Schicksals und findet den roten Faden durch sein Leben zu sich selbst.

Fragen, die ZuschauerInnen sich stellen könnten:
Wie bin ich mit vom Umfeld vorgezeichneten Wegen umgegangen? Habe ich sie wie Larry umgangen oder bin ich ihnen folgsam gefolgt?
Wo habe ich Schicksalsschläge herausgefordert? Wo bin ich

freiwillig gefolgt?
Habe ich eine innere Führung erlebt und erlaubt? Welcher Richtschnur habe ich vertraut?
Habe ich Partner als Fallen oder Chancen erlebt?
Habe ich die Kurve gekriegt und den Bogen (meines Lebens) heraus (bekommen)?
Welche Winke des Schicksals kann ich rückwirkend in meinem Leben(-slauf) erkennen?

Für wen und welches Problem ist dieser Film Therapie?
Es ist ein Film für alle, die sich verirrt, den Weg und die Hoffnung, das Vertrauen ins Schicksal verloren haben.

Wo dein Herz schlägt (2000, 120 Min.) von Matt Williams

In dem Film nach einem Bestseller von Billie Letts spielt Natalie Portman die 17-jährige Novallee. Die ist nicht gerade auf der Butterseite des Lebens gelandet. Sie hat keine Familie, keine Ausbildung, keinen Job und ist zudem noch von dem egomanischen Möchtegern-Musiker Willy schwanger. Auf einer gemeinsamen Reise lässt sie Willy, während sie auf die Toilette geht, auf dem Wal-Mart-Parkplatz einfach zurück und ergreift still und heimlich die Flucht, um der Verantwortung, die auf ihn zukommen würde, zu entfliehen. Hochschwanger und ohne Geld in der Tasche beschließt sie, sich die nächste Zeit im Kaufhaus Wal-Mart einschließen zu lassen, damit sie in ihrem Zustand wenigstens nachts ein Dach über dem Kopf hat. Immer mehr arrangiert sie sich mit der Situation und baut sich ein gemütliches Nest in ihrer ungewöhnlichen Bleibe.

Deutung 1:
Die einsetzenden Wehen beenden ihr Idyll und ändern schlagartig alles. Novallee entbindet im Supermarkt ein Mädchen, das sie Americus nennt. Wir sind schließlich in Amerika. Das Ungewöhnliche an diesem Geburtsort und den Umständen macht Mutter und Kind auf einen Schlag berühmt. Aber so, wie sich vorher im Unglück Chancen offenbarten, taucht jetzt – dem Spiel der Polarität folgend – im Glück das Pech auf: in Gestalt der nicht gerade liebevollen Mutter von Novallee (Ashley Judd). Angeblich besorgt, ist sie in erster Linie kamerageil und besucht Novallee nur, um sich mit den 500 Dollar Starthilfe, die ihre Tochter zur Geburt geschenkt bekam, wieder aus dem Staub und dem Leben der Tochter davon zu machen.

Und das Gesetz der Polarität hält sie weiter in seinem Bann. Wie der Volksmund sagt: „Und wenn du meinst, es geht nicht mehr, kommt irgendwo ein Lichtlein her". Novallee findet in Thelma eine mütterliche Freundin, die sie nach Kräften unterstützt und bei der sie einziehen kann. Aber auch dieses Glück ist nicht von Dauer. Die neue Freundin wird während eines Tornados getötet und ihr Haus zerstört. Erneu ganz unten, erbt Novalee von Thelma 40.000 Dollar. Sie kauft sich als erstes davon einen Fotoapparat und gewinnt gleich mit dem Foto ihres vom Tornado zerstörten Hauses einen Preis. Eine Zukunft als Fotografin scheint sich aufzutun und alles endlich gut zu werden.

Aber das Schicksal gibt noch nicht auf: Ex-Freund Willy, der sie damals ausgesetzt hatte, taucht wieder auf. Er hat inzwischen einen Aufstieg und Absturz als Plattenstar hingelegt. Bei einem tragischen Unfall verlor er beide Beine und kehrt vom Schicksal geschlagen und gezeichnet zu Novallee zurück. Weitere seelische Hürden und Reifungsprozesse stehen den beiden noch ins Haus, bevor sie tatsächlich wieder zusammenfinden und schließlich, gereift durch die zahlreichen Herausforderungen des Schicksals im Wal-Mart, heiraten.

Deutung 2:
Goethes Worte *„Auch aus Steinen, die einem in den Weg gelegt werden, kann man Schönes bauen"*, könnten das Motto dieser Geschichte sein. Mit diesen Steinen lassen sich neue Straßen auf dem Lebensweg pflastern. Die großen und kleinen Prüfungen des Schicksals erscheinen uns oft hart und ungerecht, die Lebenslage aussichtslos. Tatsächlich aber gelten die „Schicksalsgesetze" und wie im Lebensrad, dem 10. Symbol des Tarotweges, geht es – dem Polaritätsgesetz folgend – auf und ab.

Novallee hat aus ihrer Notsituation immer das Beste gemacht, hat durchgehalten, nie aufgegeben, ist nicht in Selbstmitleid versunken und hat sich vertrauensvoll dem Fluss des Lebens hingegeben. Ihre Geschichte erzählt von den Höhen und Tiefen, den sprichwörtlichen Wellen des Lebens mit Berg- und Talfahrt – charakteristisch für unsere Existenz in der Welt der Gegensätze. Und sie zeigt, dass die Aufforderungen zum Lernen niemals aufhören. Das Leben ist eine Schule mit zahlreichen Aufgaben, die täglich auf dem Lehrplan stehen, das Schicksal mit seinen Herausforderungen unser Lehrer.

Entscheidend kommt es auf unsere innere Haltung an, darauf, wie wir den Stolpersteinen begegnen und wie wir mit ihnen umgehen. Der Lehrplan muss – so oder so – erfüllt werden. Nur dann werden wir auf ein erfülltes Leben zurückblicken können.

Fragen, die ZuschauerInnen sich stellen könnten:
Welche Hürden musste ich schon nehmen?
Gab es in meinem Leben schon Momente, in denen ich ganz unten war und meinte, es könne nicht mehr schlimmer werden?
Wie reagiere ich in Momenten und Situationen, in denen ich ganz „down" bin?
Hadere ich mit mir und der Welt? Versinke ich in Selbstmitleid? Jammere ich mir und anderen etwas vor? Vergesse ich darüber alles Gute, was mir jemals im Leben widerfahren ist?

Neige ich dazu, anzunehmen oder anzuklagen? Bin ich (un-) dankbar dem Leben gegenüber?
Wie fand ich aus Tiefpunkten wieder heraus?
Wie lösungsorientiert gehe ich an schwierig(st)e Situationen heran?
Welche Geschenke hat mir das Leben nach gemeisterten Schicksalsprüfungen schon gemacht?

Für wen und welches Problem ist dieser Film Therapie?
Für alle, die schon Tiefpunkte erlebt haben und auch für die anderen, um sich darauf einzustellen und vorzubereiten.

Die Bücherdiebin (2013, 131 Min.) von Brian Percival

Ein amerikanisch-deutscher Film nach dem gleichnamigen Roman von Markus Zusak mit Sophie Nélisse als Liesel. Es ist ein Rückblick auf Liesels langes Leben aus Sicht von Gevatter Tod, der hier auf der 10. Lebensbühne wirklich als Freund erscheint, der es gut mit uns meint. Die vielen Hindernisse und Schicksalsschläge in den harten Jahren der Nazi-Zeit haben sie mit jedem Problem auf ihren Weg zu sich selbst gebracht und ihr ein langes, erfülltes Leben geschenkt. Gevatter Tod ist am Ende sehr zufrieden mit ihr.

Deutung 1:
Ein Film, der hilft, sich mit dem Tod nicht nur auszusöhnen, sondern geradezu anzufreunden, lässt er uns doch miterleben, wie sorgsam er seine Aufgabe zu unserem Besten erfüllt. Solche Anregungen können helfen, mit dem Tod auf vertrauteren Fuß zu kommen, wie es auch bei den Theater-Klassikern *Jedermann* und *Der Brandner Kaspar* der Fall ist.

Deutung 2:
Der Film ist auch ein Lehrstück in Sachen Polarität. Der Nazi-Terror nimmt Liesel erst den Bruder, dann die Mutter. Aber sie bekommt dafür ihren Stiefvater, der ihr, die als Analphabetin in der Schule verspottet wurde, das Lesen beibringt. Liesel wird zur Bücher-Liebhaberin und findet in der Frau des Bürgermeisters eine Verbündete, die ihr Zugang zu ihrer großen Bibliothek verschafft. Als Kinder müssen Liesel und ihr Freund dann bei den Bücher-Verbrennungen der Nazis Bücher ins Feuer werfen. Aber das Mädchen macht aus allem das Beste und findet dabei ein für sie wichtiges, nicht verbranntes Buch.

Fragen, die ZuschauerInnen sich stellen könnten:
Wo hat mir das Schicksal in größter Not geholfen?
Wo haben mir Schicksalsschläge genützt und mich auf meinen Weg gebracht?
Wie ist mein Verhältnis zum Tod?
Macht er mir (noch) Angst oder ist er schon Freund?
Wie schaut mein Leben im Rückblick aus?
Wäre Gevatter Tod auch mit mir zufrieden?

Für wen und welches Problem ist dieser Film Therapie?
Für alle, die (noch) Angst vor dem Tod haben.

Outlander (2014-2017, Fernsehserie) von Ronald D. Moore

In bisher drei Staffeln und 42 Folgen der Highlander-Sage nach den Romanen von Diana Gabaldon spielen Caitriona Balfe als Claire, Sam Heughan als Jamie und Tobias Menzies in einer Doppelrolle als Frank und Black Jack Randall.

Claire Randall ist glücklich mit dem Geschichtsprofessor Frank Randall verheiratet und in Liebe verbunden, allerdings kann sie kein Kind bekommen. Sie hat als ambitionierte und begabte Krankenschwester im Zweiten Weltkrieg viel Schreckliches erleben müssen. Als das Ehepaar auf den Spuren seiner Ahnen, der Randalls, nach Inverness in Schottland reist, besucht Claire einen alten Steinkreis und geht gleichsam durch einen der Steine hindurch in eine andere – ihre eigentliche – Zeit: das Schottland des Jahres 1743.

Deutung 1:
Diese ganz andere, zeitlich weit zurückliegende Inkarnation ist offenbar so wichtig und Claire hängt noch so sehr daran fest, dass es sie dorthin zurückzieht. So ungefähr kann man sich die Reinkarnations-Therapie vorstellen, in der wir uns all jene alten (Lebens-)Geschichten ansehen, die uns noch festhalten, an denen wir noch hängen, von denen wir noch lernen und mit denen wir noch fertig werden müssen.

Dort angekommen, ist Claire mit der falschen Kleidung wie im falschen Film und wird fast von einem Vorfahren ihres Mannes, dem für seine Grausamkeit berüchtigten Black Jack Randall, vergewaltigt. Sie entkommt und landet im Clan der McKenzies. Dort hat sie es schwer und kann sich nur mit ihren – nicht vergessenen – Medizin-Kenntnissen ein gewisses Ansehen erwerben.

Nun nimmt das Schicksal seinen Lauf. Um sie vor dem blutrünstigen Vorfahren ihres Mannes zu retten, wird sie mit Jamie verheiratet, einem ebenfalls Gestrandeten aus dem Fraser-Clan. Er musste von seinem heimatlichen Landsitz fliehen, weil er sich früh gegen die Engländer stellte, die Schottland besetzt hielten und weil er eine persönliche Fehde mit demselben Black Jack Randall hatte.

Claire und Jamie verbindet von Anfang an eine große Liebe, der sie sich erst allmählich bewusst werden und die sie durch immense Wirren der politischen und der Clan-Auseinandersetzungen begleitet. Eine verschlungene Geschichte von Liebe und Rache, Kampf und Gefahren führt beide durch die damalige schottische Geschichte und bis nach Frankreich.

Schließlich weiht Claire Jamie in ihr Geheimnis ein und sie versuchen, die Geschichte, die zur Auslöschung der schottischen Clans geführt hat, zu ändern.

Deutung 2:

Kaum eine Film-Geschichte lässt uns so in eine andere Welt eintauchen, zumal sich die Reise über so viele Serienfolgen erstreckt. Wer die Highlands mag, ist hier natürlich doppelt gut aufgehoben. Und wer sie noch nicht kennt, wird sie hier lieben lernen. So lassen sich schöne Abende – und auch einmal ein ganzer Tag – bei dieser Zeitreise im doppelten Sinn im alten Schottland verbringen.

Und diese ist noch lange nicht zu Ende. Claire wird schließlich – schwanger – von ihrer großen Liebe Jamie zurückgeschickt zu ihrem anderen Mann Frank. Dieser Verzicht ist aus Jamies Sicht ein Akt der Liebe, denn die Lage ist für die Schotten aussichtslos geworden und die letzte aussichtslose Schlacht bei Culloden steht bevor. Jamie rettet seine Männer, zieht aber selbst in den Kampf, der ausgefochten werden muss, weil sich die Geschichte nicht ändern lässt – fast wie Arjuna in der *Bhagavad Gita*.

So kehrt Claire durch den Stein des magischen Kreises zu Frank zurück, der sie immer noch liebt und – obwohl sie schwanger von einem anderen ist – mit in die USA nimmt, wo ein kompletter Neuanfang möglich ist.

Als Claire mit ihrer inzwischen erwachsenen Tochter Brianna nach Schottland zurückkehrt, bricht die ganze Geschichte neuerlich in ihr auf. Denn Brianna, die Ärztin geworden ist, erkundet durch eigene Recherchen, dass der verstorbene Frank gar nicht ihr Vater ist.

Als aber Claire „zufällig" erfährt, dass Jamie damals die Schlacht bei Culloden überlebt hat, kehrt sie durch den magischen Stein zurück – in der Hoffnung, ihre große Liebe in jener anderen früheren Zeit wieder zu finden. Und hier endet die verfilmte Geschichte – aber natürlich nur vorläufig.

Deutung 3:
Die Serie zeigt in berührenden und manchmal auch grausamen Bildern, wie die Liebe wirklich die Zeiten überdauern kann, wie sich Schicksalsfäden immer wieder finden und verbinden und auch trennen, um uns weitere Lektionen beizubringen.

Insgesamt eine wirklich gelungene Annäherung an das Geheimnis der Zeit, mit dem wir unsere Filmdeutungen begonnen haben. Eine Serie auch, die die Hoch-Zeit der schottischen Clans mit der Moderne nach dem Zweiten Weltkrieg verbindet und uns zugleich und wie nebenbei in die Welt der Seelenwanderung und Reinkarnation eintauchen lässt. Die Zeit wird hier gleichsam zum Sprungbrett auf die verschiedensten Bühnen.

Beziehungen zu anderen Lebensbühnen:
Dieses Epos wäre kein großes, spielte es nicht auf allen Lebensbühnen. Da sind 1. die vielen Kämpfe und Kriege, 2. die Familienbande und das Sippen- und Heimatgefühl der Clans, 3. die Verbindungen bis nach Frankreich und der Ausflug in die Welt als Weinhändler, 4. die Familien der McKenzis und der Frasers, 5. die Erfahrungen am französischen Hof mit einem Sonnenkönig, aber auch Jamies Rolle im Aufstand, wo er durch Mut, Engagement und Führungsqualität zur Nr. 1 aufsteigt. Auf der 6. Lebensbühne besticht Claires Medizin-Geschick. Diese Berufung rettet sie immer wieder und hilft so vielen, bringt sie allerdings auch vor eine Art schottische Inquisition. Da ist 7. die große Liebe zwischen ihr und Jamie, aber auch die zu Frank, da ist 8. die grausige Rache- und Vergewaltigungsgeschichte zwischen Black Jack

Randall und Jamie und 9. Claires Hingabe an ihren verschlungenen Lebensweg und -sinn, 10. die fast eherne Schicksalsmacht, die hinter allem waltet und die menschlichen Änderungsversuche klein erscheinen lässt, 11. die Umpolung, die an der Wandlung von Black Jack zu Frank Randall durch ein und denselben brillanten Schauspieler besonders deutlich wird. Schließlich wird 12. die Kraft der Heilung deutlich, die Claire Jamie, Frank und ihrer Tochter Brianna angedeihen lässt – wie auch das Gefühl der Allverbundenheit.

Und es ist ein faszinierendes Gefühl, dieser Serie mit der nächsten Staffel weiter zu folgen und zu erleben, wie die Lebensfäden von Generation zu Generation immer weiter gesponnen werden.

Fragen, die ZuschauerInnen sich stellen könnten:

Habe ich auch schon Momente erlebt, in denen mir Menschen vertraut und nah vorkamen, die ich vorher – in diesem Leben – nie gesehen hatte?

Welche Fähigkeiten oder Begabungen habe ich in dieses Leben mitgebracht wie Claire ihre medizinische Begabung?

Wo sollen solche Befähigungen herkommen, da sie genetisch nicht übertragen werden, wenn nicht aus früheren Erfahrungen?

In welche dieser Figuren fühle ich mich am leichtesten ein?

In welche am schwersten? Wenn ich es trotzdem tue, was macht das mit mir?

Habe auch ich eine Liebe (wie Claire zu Jamie) oder Abneigung (wie Jamie zu Black Jack Randall), die mich durch die Zeiten trägt oder begleitet?

Würde ich auch das Verbundensein mit den mir nahen Menschen über die Zeiten einmal durchschauen und erleben wollen wie Claire?

Die ungleich kürzere, aber auch sehr spannende Serie ***Highlander*** mit Sean Connery und Christopher Lambert geht in eine ähnliche Richtung, wenn auch mit sehr kämpferischen, der 1. Lebensbühne entlehnten Themen. Auch dieser Film spielt mit der Zeit und in verschiedenen Zeiten.

The Magic of Belle Isle – Ein verzauberter Sommer
(2012, 109 Min.) von Rob Reiner

Monte Wildhorn (Morgan Freeman) war ein erfolgreicher Western-Schriftsteller. Nach dem Tod seiner Frau gibt er seine schriftstellerische Karriere auf und ertränkt seine Verbitterung und Trauer im Alkohol. Da er durch einen unverschuldeten Verkehrsunfall auch noch im Rollstuhl landet, vergräbt er sich immer mehr hinter einer Mauer aus Aggressivität, Selbstmitleid und Feindseligkeit. Jeden, der ihm helfen will, stößt er grob zurück und suhlt sich weiter in seinem Elend. Sein Neffe hat es irgendwann satt, Monte in diesem destruktiven Zustand zu sehen und verfrachtet ihn kurzerhand in den Sommerurlaub in ein idyllisches Städtchen an einem zauberhaften See. Dort soll Monte für den Sommer Haus und Hund eines Bekannten hüten. Widerwillig muss er sich in dieses Rettungsprojekt seines Neffen fügen, tut aber weiter alles, damit ja nichts besser wird. Doch die freundlichen Nachbarn lassen sich von seiner griesgrämigen Art nicht abschrecken. Vor allem die kleine Finnegan knackt mit beharrlicher Zuwendung schließlich Montes harte Schale und er findet so langsam wieder zurück ins Leben.

Deutung 1:
Mit seinem Selbstmitleid, seiner Verbitterung und dem Hadern mit dem Schicksal steht Monte sich selbst im Weg. Auf selbstzer-

störerische Art verweigert er sich jeder möglichen Verbesserung seiner Situation, betäubt seinen seelischen Schmerz mit Alkohol, statt sich seinen Gefühlen zu stellen. Wie ein Hamster im Rad dreht er sich im Kreis seiner negativen und destruktiven Gedanken. Er ist zwar am Leben, aber nicht mehr lebendig. Erst durch die nicht wertende oder urteilende und beharrliche Zuneigung eines Kindes und eines Sonderlings, die ihn ohne bestimmte Absichten einfach so nehmen, wie er ist, hat Monte die Chance, sein seelisches Gefängnis zu öffnen – und sich damit dem Leben und der Liebe.

Deutung 2:
Wieder ist es die Liebe die heilt, wie es so viele Filme zeigen, wie etwa ***A Beautiful Mind***, die berührende Lebensgeschichte des Mathematikers John Nash.

Fragen, die ZuschauerInnen sich stellen könnten:
Wie viel Selbstmitleid und Bitterkeit trage ich in mir?
Was trage ich dem Schicksal nach?
Wo hadere ich mit meinem Schicksal, lehne aber gleichzeitig ab, was mir helfen könnte?
Wie selbstzerstörerisch gehe ich mit mir um?
Wie viel Ablehnung und Nein bestimmt mein Leben?
Was müsste ich in meinem Leben ändern, um nicht mehr nur seelisch „dahinzuvegetieren“?
Was könnte mein Herz wieder öffnen und meine inneren Mauern durchbrechen?

Für wen und welches Problem ist dieser Film Therapie?
Für alle, die sich schon aufgegeben haben.

Ein Mann namens Ove (2015, 116 min) von Hannes Holm

Die melancholische Filmkomödie macht uns zu Zeugen, wie ein alter verbitterter Mann (Rolf Lassgård) zurück ins Leben findet. Seit dem Tod seiner über alles geliebten Frau Sonja ist Ove unglücklich. Seine Frustration lässt er an den anderen Bewohnern der Einfamilienhaussiedlung aus, in der er lebt. Wie ein Blockwart sorgt er dort geradezu zwanghaft für Ordnung und dafür, dass alle Regeln und Verordnungen eingehalten werden. Als er auch noch seine Arbeit verliert, will er nicht mehr weiter leben, sondern nur noch seine geliebte Sonja im Jenseits wiedersehen.

Doch mehrere Selbstmordversuche scheitern, unter anderem an der quirligen Familie, die gerade das Nebenhaus bezogen hat. Vor allem Parvaneh (Bahar Pars), die neue Nachbarin, ignoriert Oves Ablehnung und Missmut und integriert ihn gegen seinen Willen in ihre Familie. Er kann sich dem Temperament von Parvaneh und ihrer Herzlichkeit einfach nicht entziehen. Unter ihrem Einfluss lernt Ove, sich seinen Mitmenschen gegenüber wieder zu öffnen und Frieden zu schließen. Hinter der spröden Fassade kommt sein großes Herz zum Vorschein, wohl die wichtigste Aufgabe, die er im Leben noch zu erfüllen hatte.

Deutung 1:

Ove hatte von Kindheit an kein leichtes Leben. Immer wieder trafen ihn unvermutet harte Schicksalsschläge. Als auch noch seine Frau Sonja, seine Sonne, stirbt, wendet er sich endgültig vom Leben ab und lässt keine Freude und Lebendigkeit mehr zu, vergräbt sich in seinem Haus, das stimmungsmäßig eher einer Gruft als einem geborgenen Zuhause gleicht. Es ist, als würde er schon mit seiner toten Frau im Grab liegen. Aber das Leben gibt (ihn) nicht auf. Auf diese Weise und in diesem seelischen Zustand will es Ove offenbar nicht gehen lassen.

Bevor er seine Frau im Jenseits wieder treffen darf, hat er noch eine große Aufgabe vor sich. Er muss sein Herz wieder finden – seine Liebe, seine Hilfsbereitschaft, seine Weichheit – und sich mit seinem Schicksal aussöhnen. Dazu muss er noch verstehen, dass das Leben ein ständiger Stirb-und-Werde-Prozess ist. Wer glaubt, dem durch Selbstmord zu entkommen, irrt immer. Nicht das Leben sollte mutwillig beendet werden. Vielmehr muss sich ein Teil der Persönlichkeit verwandeln, muss sterben, damit das eigentliche, wahre Wesen geboren werden und wachsen kann. So musste der harte, verbitterte Ove „sterben", damit der großherzige leben darf.

Deutung 2:
Immer wieder erleben wir bei alten Menschen, dass sie ähnlich wie Ove nicht gehen dürfen, weil die Zeit und sie noch nicht reif dafür sind. Versöhnung und Verzeihen erhofft sich das Leben. Das innerlich Ungelöste, das Festhalten an Vorwürfen und Unversöhnlichkeit halten fest und verlängern Leid. Hingabe an das, was das Leben von uns noch erwartet, bevor wir die letzte große Reise antreten, erlöst und heilt alle Wunden, die das Schicksal geschlagen hat. Der Schlüssel dazu sind Offenheit, Dankbarkeit, Aussöhnung und Liebe.

Fragen, die ZuschauerInnen sich stellen könnten:
Was ließ mich hart und unversöhnlich werden?
Worunter leide ich seelisch?
Was verweigere ich dem Leben?
Denke ich manchmal an Selbstmord?
Was an mir müsste „sterben", damit Besseres „geboren" werden kann?
Was müsste ich vergeben und endlich loslassen?
Was erwartet das Leben noch von mir an menschlicher Entwicklung?

Für wen und welches Problem ist dieser Film Therapie?
Für alle, die noch verzeihen lernen wollen, ohne es zu wissen.

Wer früher stirbt, ist länger tot (2006, 105 Min.) von Markus Rosenmüller

Markus Krojer, Fritz Karl, Jule Ronstedt und Jürgen Tonkel spielen die Hauptrollen in diesem humorvollen bayrischen Film über den Tod aus kindlicher Sicht. Sein Titel verrät schon etwas von der Stimmung, die ihn beherrscht und von ihm ausgeht.

Der Hintergrund ist dabei durchaus ernst. Der Lausbub Sebastian (Markus Krojer) wird in einem Streit von seinem Bruder Franz schwer belastet. Er sei am Tod seiner Mutter schuld, die bei seiner Geburt und nicht an einem Unfall gestorben sei und dafür werde er ewig im Fegefeuer schmoren. Dumme Sprüche dummer Leute gießen noch Benzin in diesen Seelenbrand, mit dem der Vater und Gastwirt Lorenz, aber auch das übrige Dorf überfordert sind. Aus einer Lustspielprobe im väterlichen Wirtshaus, in der es um einen Hexenprozess geht, holt sich Sebastian weiteren Stoff für seine Albträume vom ihm drohenden Jüngsten Gericht. Wegen seiner ungezählten Lausbubenstreiche fürchtet er, nach seinem Tod zu 14 Jahren Fegefeuer verurteilt zu werden. Um diesem grauenhaften Schicksal zu entgehen, sieht er den einzigen Ausweg darin, unsterblich zu werden. Seine diesbezüglichen Versuche sind einfach wundervoll.

Deutung 1:
Der liebevoll bemühte, aber mit der Situation überforderte, allein erziehende Vater (Fritz Karl) ist ziemlich hilflos. Die vorurteilsschwangere und projektionsverliebte Atmosphäre des bayrischen Dorfes ist dabei auch nicht gerade hilfreich. Die dar-

über fließende katholische Sauce hilft nicht nur nicht, sie verklebt die undelikate Angelegenheit noch mehr. So kommt es zu lustig-makabren Verwicklungen, wobei ein alternder Spät- und Ewig-Hippie noch die besten therapeutischen Aspekte einbringt. Er macht Sebastian Mut zur Gitarre und zum Rock 'n' Roll(er).

Nun mischen sich kindliche Ängste und naive Schlussfolgerungen mit religiöser Angstmache auf sonderbare, die 11. Lebensbühne ansprechende Weise. Unsterblichkeit ließe sich durch Fortpflanzung schaffen, erfährt Sebastian, aber seine Lehrerin (Jule Ronstedt) will nicht mit ihm „vögeln". Also versucht er, Gitarre zu lernen, weil er von deren Mann, dem Radiomoderator Alfred (Jürgen Tonkel), erfahren hat, über Musik wäre Unsterblichkeit erreichbar. Als auch das nicht so recht klappt, versucht er, seinem Vater wenigstens eine neue Frau zu suchen, um so die Last seiner Sünden zu erleichtern. Durch inbrünstiges Beten zusammen mit seiner Freundin Evi versucht er, seinen Vater mit der Lehrerin zu verkuppeln – und immerhin verlieben sich die beiden. Da sie aber mit dem Radiomoderator verheiratet ist, beschließt Sebastian, den zu töten. Bewaffnet mit einem Revolver steigt er hinauf zur Radiostation Wendelstein. Dort kommt er gerade noch rechtzeitig an, denn der Moderator hat sich, kaum hat er vom Verhältnis seiner Frau mit Lorenz erfahren, gerade in diesem Moment erhängt, röchelt aber noch in den letzten Zügen. Sebastian zielt auf den Erhängten und schießt – überraschend – den Strick durch.

Zum Schluss darf Sebastian im Radio Gitarre spielen, um so doch noch Unsterblichkeit zu erreichen.

Deutung 2:

So schön und idyllisch die Dorfatmosphäre auch sein mag, hier werden ihre Tücken deutlich. Wer in ihre seelischen Projektionsfallen gerät, tut sich schwer, und wir erleben, wie verheerend – wenn auch noch so unbewusste – Schuldzuschreibungen wirken.

Auf der 11. Lebensbühne aber lösen sich all diese Verwicklungen dann doch in witziges Wohlgefallen auf.

Beziehungen zu anderen Lebensbühnen:
Durch den frühen Tod der Mutter ist die 10. Lebensbühne von Anfang an präsent und bleibt Hauptthema. Schuld und Sühne und die Opferrolle gehören zur 12. Bühne. Die ganze Stimmung aber ist sehr von der 11. Bühne bis hin zum Klamauk geprägt und lachend entladen sich die Spannungen des an sich so ernsten Themas. Statt der obligatorischen Autoverfolgungsjagd à la Hollywood, rast hier das Krankenbett der alten Dame talwärts und die Verfolgung ist eher hoffnungslos und zugleich lustig, um nur ein Beispiel zu nennen. Im Zusammenspiel von 10. und 11. Lebensbühne ergeben sich Parallelen zum Kultfilm ***Harold & Maude***, der noch auf der 11. Bühne kommt.

Fragen, die ZuschauerInnen sich stellen könnten:
Welche Schuldvorstellungen schleppe ich mit mir herum?
Welche Worte und Sätze habe ich in den falschen Hals bekommen, geschluckt und mich daran verschluckt?
Wie ging ich mit dem Tod meiner Eltern um (oder werde dies einmal tun)? Kann ich ihn ihnen und mir erleichtern?
Was überfordert mich an meinen Kindern und ihren Missverständnissen vom und im Leben?
In welcher Atmosphäre bin ich selbst und lasse ich meine Kinder aufwachsen?
Ist mir die gesunde Ernährung und Landschaft wichtiger als die gesunde (Lebens-)Stimmung?

Für wen und welches Problem ist dieser Film Therapie?
Für alle Beladenen, für Opfer und solche, die sich dazu machen. Und für diejenigen, denen Lachen über frühere Lebensphasen und ihre scheinbaren Probleme gut tut.

Nokan – Die Kunst des Ausklangs (2008, 130 Min.)

Der japanische Film handelt von Daigo (Masahiro Motoki), einem durchschnittlich begabten Cellisten. Als er seine Orchesterstelle verliert, kehrt er in seine Heimat im Norden Japans zurück, eine eher karge Gegend, in der Arbeitsplätze rar sind. So ist Daigo froh, dass er doch eine Stelle in einem „Reise-Büro" angeboten bekommt. Er ist überglücklich, bis sich herausstellt, um welche Art von „Reisen" es in diesem Büro geht. Seine Aufgabe ist es, Verstorbene nach dem alten Nokan-Ritual für deren allerletzte große Reise vorzubereiten. Der Kontakt mit Toten aller Art und in allen erdenklichen (Verwesungs-)Zuständen stößt Daigo zuerst zutiefst ab. Aber das überdurchschnittliche Gehalt, das ihm geboten wird, und seine finanzielle Not lassen ihn die Arbeit annehmen. Die ästhetische, sehr liebevolle und achtsame Totenzeremonie lässt ihn den Toten und ihren oft verzweifelten Angehörigen überraschend nahe kommen. Seiner Frau Mika (Ryōko Hirosue) allerdings verheimlicht er, womit er sein Geld verdient. Eines Tages kommt dann durch Zufall doch alles ans Licht. Mika ist entsetzt und abgestoßen und droht Daigo, ihn zu verlassen, wenn er nicht kündigt. Für ihn ist aber in der Zwischenzeit der Job, den er nur aus Not angenommen hatte, zum Beruf, ja zur Berufung geworden – seine Seele fühlt sich davon gerufen.

Deutung 1:

Dieser Film bedarf eigentlich keiner besonderen Deutung. Es geht vielmehr darum, die Geschichte auf sich wirken zu lassen, die dabei hochkommenden Empfindungen zu beobachten und sich dazu Fragen zu stellen.

Könnte ich diesen Beruf ergreifen? Daigo lässt sich zwar aus Not darauf ein, legt aber so viel Achtsamkeit und Gefühl in seine neue Arbeit, wie er es in seiner Musik tat. Er nimmt die Herausforderung mit ganzem Herzen an, ohne Widerstand, Frustration oder Vorwürfe an sein Schicksal.

Es kommt also nicht darauf an, was wir tun (müssen), sondern wie wir es tun. Gehen wir in Widerstand, ist jede noch so tolle Arbeit irgendwann eine Last oder sogar Zumutung. Nehmen wir sie als Aufgabe und Chance an, in diesem Fall als Erfahrung der ganz besonderen Art, ist alles gut und sogar erfüllend. Mit dieser Haltung könnten wir aus jedem Job etwas für uns Bedeutsames machen.

Gerade „Außenseiterberufe" – wie der Daigos – haben so ein enormes Entwicklungspotential. Der einfache Straßenkehrer etwa kann mit dieser Haltung zum Zen-Meister werden, wie Beppo Straßenkehrer im Buch und im Film ***Momo***. Würdevolle Demut wird in diesem Menschen reifen und ihn zu etwas ganz Besonderem machen.

Eine weitere Frage, die ich mir stellen könnte, wäre, wie es mir damit gehen würde, wenn mein Partner den Beruf des Bestatters ausübte? Würde dies zu Vorbehalten in irgendeiner Weise führen? Könnte ich ihm am Abend nach der Arbeit offen und unbedenklich begegnen? Oder würde ich etwas wie Scheu oder sogar Ekel empfinden? In vielen Kulturen gilt der direkte Kontakt mit Leichen als unrein. Der Tod könnte ja „überspringen". Aus diesem Grund ist es zum Beispiel in Russland Brauch, dass direkte Blutsverwandte nicht in Körperkontakt mit den nahe stehenden Toten kommen dürfen.

Deutung 2:

Letztlich ist es aber immer unsere eigene Angst vor dem Sterben und dem Tod, die wir mit Bräuchen und manchmal abergläubischen Riten in Schach zu halten suchen. Der Tod bedeutet nicht nur das Ende unseres physischen Lebens, er zeigt uns auch unsere Machtlosigkeit und macht uns klar, dass letztlich nichts in unserer und alles in Gottes oder des Schicksals Hand liegt. Er kommt, wenn es an der Zeit ist, ohne (uns) zu fragen und ohne mit sich verhandeln zu lassen.

Und wenn Gevatter Tod an uns seine Arbeit getan haben wird,

verdient unser zurückgebliebener Körper, der das Haus unserer Seele war und uns ein Leben lang treu diente, Dankbarkeit und Respekt. Und jenen Menschen, die dies zu ihrem Beruf machten, sind wir zu Dank verpflichtet, auch, weil sie uns von unserer Angst etwas abnehmen.

Fragen, die ZuschauerInnen sich stellen könnten:
Hatte ich schon Kontakt mit einem toten menschlichen Körper? Wenn ja, was empfand ich dabei? Angst, Abscheu, Distanziertheit, Ekel, Achtung, Liebe?
Könnte ich einen Toten nach altem Brauch für die Beerdigung vorbereiten, z. B. durch Waschen des Leichnams?
Könnte ich eine Nacht allein mit dem Verstorbenen Totenwache halten? Wenn nein, warum nicht? Hätte ich Angst vor dem „Geist" des Toten?
Habe ich mir schon einmal Gedanken darüber gemacht, wie ich meine letzte große Reise antreten will und was ich mir für den zurückbleibenden Leib vorstelle? Wie möchte ich bestattet werden?
Glaube ich wirklich an ein Leben nach dem Tod?
Glaube ich an Wiedergeburt oder Wiederverkörperung der Seele im Sinne der Reinkarnation? Wenn ja, wie und wo möchte ich wiedergeboren werden, wenn ich es mir aussuchen dürfte?
Wenn ich jetzt sterben müsste, was wäre die Essenz meines Lebens?
Mit welchem Gefühl, mit welchen letzten Gedanken möchte ich diese Erde verlassen, wenn es jetzt so weit wäre?
Welche offenen Enden würde ich zurücklassen?
Zum Abschluss und als therapeutische Anregung sollten wir uns eine Stunde Zeit nehmen, um unsere eigene Trauerfeier in Gedanken zu gestalten:
Welche Texte möchte ich auf dem letzten Weg meines Körpers hören? Welche Musik?

Wie würde meine Trauerrede aussehen? Was wären darin wesentliche Punkte? An welche Charaktereigenschaften und Qualitäten soll sich die Nachwelt erinnern? Was war das Motto meines Lebens? Was war ich für ein Mensch, was hat mich ausgemacht?
Wem würde ich das Verfassen der Trauerrede anvertrauen? Wen möchte ich auf diesem Weg dabei haben und wen nicht? Bei diesem Gedanken-Spiel erfahren wir viel über uns selbst!

Für wen und welches Problem ist dieser Film Therapie?
Für alle, denen vor dem Tod grau(s)t.

Lebensbühne 11
Über die Befreiung des inneren Wesens

Im Drehbuch des Lebens geht es auf dieser Bühne um das weit reichende Thema Freiheit. Kaum ein Prinzip wird in unserer Zeit so falsch interpretiert wie dieses. Freisein bedeutet für viele die Abwesenheit von Pflichten und Einschränkungen. Wahre Freiheit meint aber etwas ganz anderes: *„Die strengen Gesetze des Schicksals schließen die Freiheit mit ein. Das ist das große Paradox des Lebens: Begrenzung und Freiheit sind die gegensätzlichen Pole der Achse der Selbstfindung durch schöpferisches Reagieren und Verantwortlichsein. Freiheit ist nicht die Abwesenheit von Beschränkung und Begrenzung. Sie besteht vielmehr in einer schöpferischen, erfinderischen Art des Reagierens auf diese Einschränkungen, in der wir unsere Selbstheit finden.“* So weit die Gedanken von C. G. Jung zu diesem Prinzip, das so wichtig in seinem Leben war. Der amerikanische Psychotherapeut Edward Whitmont, der die Arbeit C. G. Jungs weiterführte, schreibt dazu: *„Freiheit ist die Fähigkeit, das eigene authentische Sein zu verwirklichen (…) Genau darin liegt die Einschränkung. Ich kann nämlich nur das sein, was mit meinem inneren Wesen übereinstimmt.“* Anders gesagt: Freiheit bedeutet, freiwillig das zu tun, was wir tun müssen.

Auf einer anderen Ebene betrachtet, müssen wir uns im Laufe unseres Lebens immer wieder von alten, überlebten Strukturen, eingefahrenen Mustern, Abhängigkeiten und Gewohnheiten befreien. Das Leben ist immer wieder neu und mit jedem Abschnitt bietet es auch neue Voraussetzungen und Überraschungen. Mit diesen originell, das heißt unserem Original entsprechend und kreativ umzugehen, meint Befreiung von alten Normen und bis dahin gültigen Gesetzmäßigkeiten. So hat die Jugend ihre Gesetze und das Alter die seinen.

In jedem Fall fordert Freiheit von uns, den Mut zu haben, der zu sein, der wir wahrhaft sind. Darin liegt das Geheimnis der Wahrhaftigkeit, die ebenfalls thematisch zu dieser Lebensbühne gehört.

„Mensch werden ist eine Kunst", schrieb Novalis. Menschliche Ideale zu leben, ist die ganz große Aufgabe dieser Lebensbühne. Und Idealismus im tiefsten Sinn meint nicht, irgendeiner verkopften Ideologie anzuhängen, sondern immer das fühlende Wesen Mensch hinter aller Theorie im Auge und im Herzen zu haben. So entgleisten die hehren Ideale der Französischen Revolution „Freiheit, Gleichheit, Brüderlichkeit" in unmenschliche Grausamkeiten, die unendlich viel Leid über die Menschen brachten, obwohl alle drei Qualitäten dem wahrhaft menschlichen Ideal entsprachen.

Menschen, die einen besonderen Bezug zu dieser Lebensbühne haben, verlieren sich gern im luftigen Reich der Ideen. Sie müssen von dieser „Himmelsleiter" herabsteigen und in den „Niederungen" des Lebens ihre Herzen berühren lassen, auch von der Unvollkommenheit des menschlichen Seins mit seinen Gegebenheiten und Beschränkungen. Daraus dann das Beste zu machen, führt zu wahrer Freiheit und zu Menschlichkeit.

Stärken bzw. Aufgaben der 11. Lebensbühne:
Befreiung aus Abhängigkeiten, Aufhebung von Gegensätzen, Objektivität, Wahrheitssuche, Idealismus, Wahrhaftigkeit, Weitsicht, den Überblick behalten, Individualismus, Emanzipation, Erfindungsgeist, Originalität, Einfallsreichtum, unkonventionelle Lösungen finden, Genialität, Witz und Humor, Freizügigkeit, Sowohl-als-auch-Lebenshaltung.

Schwächen:
Lebensfeindlichen Theorien und Ideen folgen, gefühlloser Kampf für Ideologien, Abwertung von Gefühl und Nähe, Exzentrik, Rebellion aus Prinzip, Opposition aus Prinzip, Neuerungen um

jeden Preis durchsetzen, ohne Konsequenzen zu bedenken, intellektuelle Arroganz, Ignoranz, mangelnder Realitätssinn, Anarchie, ohne Alternativen zu bieten.

Fragen, die wir uns dazu stellen können:

Was bedeutet für mich Freiheit?
Wann habe ich mich das letzte Mal so richtig frei gefühlt?
Von welchen Dingen bin ich am meisten abhängig?
Was behindert mein Gefühl von Freiheit?
Wie viel Mut habe ich, Grenzen zu überschreiten und (unsinnige) Normen zu brechen?
Wie verrückt ist mein Leben?
Wie gehe ich mit kleinen und großen Veränderungen im Leben um?
Wie stehe ich zu Überraschungen aller Art?
Wie stehe ich zu Autoritäten?
Wie ausgeprägt ist mein Oppositionsdrang?
Wie ungeduldig gehe ich mit Schwächen anderer Menschen um?
Wie distanziert empfinden mich andere Menschen?
Wie sehr lebe ich in der Zukunft?
Wie gut kann ich all meine (genialen) Ideen in die Realität umsetzen?
Was sind meine Ideale?
Wie viele Freunde habe ich? Wie sehr pflege ich Freundschaften?
Wie stehe ich zu Menschen, die ein ausgeflipptes, außerordentliches Leben führen?

Die Filme der 11. Lebensbühne

Ziemlich beste Freunde (2011, 112 Min.) von Olivier Nakache und Éric Toledano

Gedreht nach dem autobiographischen Roman *Der zweite Atem*, bringt uns dieser französische Film eine Form von Freundschaft nahe, die für die 11. Lebensbühne (arche-)typisch ist. Auf einer wahren Begebenheit beruhend, sucht der schwer reiche, gebildete, kunstsinnige und querschnittsgelähmte Philippe (Francois Cluzet) einen Helfer. Es meldet sich ein junger senegalesischer Bursche mit Null-Bock und Null-Perspektive namens Driss (Omar Sy). Größer könnten die Gegensätze nicht sein, härter die Pole der Polarität nicht aufeinander treffen. Aber gerade daraus ergibt sich die Chance und Spannung des Films.

Deutung 1:
Die beiden werden aus ihrer Gegensätzlichkeit heraus beste Freunde und lernen voneinander, was das Leben neben ihrer beider Routinen sonst noch zu bieten hat. Sie werden voneinander reich beschenkt. Und wie nebenbei besiegen sie viele Vorurteile, etwa gegenüber der kriminellen Vergangenheit von Driss, gegenüber Ausländern, Schwarzen und Behinderten.

Deutung 2:
Krankheit beziehungsweise Behinderung wird hier als Weg und Chance im besten Sinne deutlich. Ohne diese schwierige, ja schreckliche Ausgangssituation wäre die Entwicklung von Freundschaftsliebe im Sinne von Philia nicht möglich gewesen.

Die meisten Menschen bei uns merken erst am Ende des Lebens, dass sie sich zu wenig Zeit für ihre Freunde genommen haben und deshalb am Ende allein sind. Siehe Bronnie Wares *Fünf Dinge, die Sterbende am meisten bereuen.*

Fragen, die ZuschauerInnen sich stellen könnten:
Brauche ich erst einen Unfall, um Offenheit für beste Freunde zu entwickeln?
Was gewinne ich mit einer besten Freundin, einem besten Freund?
Hätte ich überhaupt Zeit für solch eine Freundschaft?
Dürfte die Freundschaft mich auch mit anderen Schichten und Klassen verbinden?
Was wäre ich bereit, für solch eine Freundschaft zu tun?

Für wen und welches Problem ist dieser Film Therapie?
Für alle ohne beste Freundin oder besten Freund. Für diejenigen, die für solch zentrale Themen keine Zeit haben.

Jenseits von Afrika (1985, 160 min) von Sidney Pollack

Meryl Streep, Robert Redford und Klaus Maria Brandauer erwecken den autobiografischen Roman von Tanja Blixen zum Leben. Wir bestaunen ein Epos über die Freiheit und ihre Chancen und Grenzen.

„*Ich hatte eine Farm in Afrika am Fuße der Ngong-Berge. Nach allen Seiten war die Aussicht weit und unendlich. Alles in dieser Natur strebte nach Größe und Freiheit.*“

So beginnen Karens Erinnerungen an ihr außergewöhnliches Leben. Schon als junge Frau wollte sie der Enge ihrer dänischen Heimat entfliehen und ein Leben in Freiheit führen. Anlässlich einer für die bessere Gesellschaft organisierten Jagd trifft sie ihren

Cousin Baron Bror von Blixen, einen Lebemann und Abenteurer. Ganz unkonventionell macht sie Bror ein Angebot, um ihren Traum zu verwirklichen. Er möge sie heiraten und dafür setze sie ihr beträchtliches Vermögen für ein gemeinsames Leben in Afrika ein. Bror, immer in Geldnot, nimmt ihren Antrag an. Nach einiger Zeit bricht Karen alle Zelte in Dänemark ab und tritt ihre große Lebensreise nach Kenia an.

Bror hatte inzwischen Karens Vermögen in eine äußerst riskante Kaffeeplantage investiert, ohne zu wissen, ob Kaffee hier überhaupt gedeihen kann. Statt mit Karen vereinbarungsgemäß die Farm zu bewirtschaften, lässt er sie damit allein und geht wieder seinem Hobby, der Großwildjagd, nach. Karen fügt sich und richtet mit ihrem gesamten dänischen Hausrat die Farm ein. Sie gibt ihr Bestes für diese Farm, während ein Lebenstraum nach dem anderen wie eine Seifenblase platzt. Immer wieder ist sie gefordert, sich mit neuen Umständen auseinanderzusetzen und hat zu akzeptieren, dass ein Leben in Freiheit, in der Weite Afrikas, seinen Preis hat. Keine Entscheidung, keine aufgestellte Ordnung ist hier von Dauer, außer den starren gesellschaftlichen Regeln der eingewanderten Europäer, denen Karen ja vor allem entfliehen wollte. Jeder Tag hier bringt neue Überraschungen und Herausforderungen und fordert Flexibilität, Spontaneität und Einfallsreichtum.

Auch Karens Ehe folgt in keiner Weise ihren Vorstellungen. Obwohl diese von ihr arrangiert wurde, entwickelte sie eine Zuneigung für Bror. Daher treffen sie seine zahllosen Seitensprünge sehr. Nach Hause kommt er nur, wenn er wieder pleite ist und einen Scheck von ihr braucht.

Trotz aller Widrigkeiten gibt Karen nicht auf. Mit jeder überwundenen Hürde befreit sie sich mehr – etwa von der gesellschaftlich vorgegebenen Frauenrolle. Mit erstaunlichem Mut und entsprechender Tatkraft, die man sonst nur Männern zutraut, nimmt sie wirklich jeden Kampf an. Sie schafft schließlich das

schier Unmögliche und bringt die Farm zum Laufen.
Aber wie Karen es formulierte: *„Das Schicksal hat einen grausamen Humor.“* Kaum hat sie Boden unter den Füßen gewonnen, folgt die nächste böse Überraschung. Sie infiziert sich mit Syphilis nach einer der seltenen Nächte, die sie mit Bror verbrachte. Schwer krank muss sie zurück nach Dänemark, um sich behandeln zu lassen.

Erst ein Jahr später kann sie, mittels einer Quecksilberkur „geheilt“, zurückkehren, aber niemals mehr Kinder bekommen.

Seelisch von ihrer Erfahrung gezeichnet, trifft sie den Großwildjäger Denys Hatton wieder. Sie trennt sich von Bror und beginnt eine Beziehung mit Denys, der zur großen Liebe ihres Lebens wird. Aber auch mit ihm ist ihr Traum von einem gemeinsamen Glück nicht zu verwirklichen. Auch wenn Denys Karen durchaus liebt, ist er nicht bereit, nur ein Stück seiner Freiheit für die Beziehung aufzugeben. Er kommt und geht, wie es ihm gefällt. Ihr sehnsuchtsvolles Warten lässt Karen immer einsamer werden. Und doch nimmt sie immer wieder dankbar das Geschenk von Denys’ Anwesenheit an. Er nimmt sie in seinem kleinen Flugzeug mit auf eine seiner vielen Reisen, in der Hoffnung, dass sie verstehen kann, warum er immer wieder gehen muss. *„Und er machte mir ein unglaubliches Geschenk. Einen flüchtigen Blick auf die Welt durch Gottes Augen. Und ich dachte: Ja, ich begreife, so war es gemeint!“*

Karen akzeptiert die Situation, ihre Sehnsucht nach einem innigeren Zusammensein aber bleibt: *„Wenn ich dir verspreche, nein zu sagen, würdest du mich dann einmal fragen, ob ich deine Frau werden will?“* Nicht einmal dazu ist Denys bereit. In der Folge werden seine zahllosen Reisen immer länger, und in ihrer Enttäuschung löst sich Karen aus der Beziehung. Sie widmet sich ganz ihrer Farm und der von ihr gegründeten Schule für einheimische Kinder.

Dann wird sie eines Nachts von einem ihrer Angestellten geweckt: *„M´Sabu, wachen Sie auf! Gott spricht!“* Als sie nach draußen kommt, stehen Farm und Ernte in Flammen.

Nun hat sie auch das noch verloren und muss loslassen und alles, was ihr lieb geworden war, aufgeben. Am Ende auch endgültig Denys, der bei einem Flugzeugabsturz auf einer seiner Reisen ums Leben kommt. Heimgekehrt nach Dänemark, bleiben ihr nur ihre Erinnerungen: *„Ich hatte eine Farm in Afrika am Fuße der Ngong-Berge …“* Und diesen inneren Besitz, den Reichtum ihrer Erinnerungen, können ihr nichts und niemand nehmen.

Deutung 1: Karen

Sie ist eine junge Frau, die sich schon in ihrer dänischen Heimat nicht an Konventionen hält. Die persönlichen Einschränkungen, die ihr allein auf Grund ihres Frauseins auferlegt sind, will sie nicht hinnehmen. Aber sie braucht doch den „Schutz“ eines Mannes, um ihre Flucht in ein vermeintlich freieres Leben zu verwirklichen. Und so geht sie den Deal mit Bror ein – man könnte sagen: Geld für Freiheit. Die wird sie am Ende auch erreicht haben, aber anders als erträumt. *„Wenn die Götter uns strafen wollen, dann erhören sie unsere Gebete“*, ist ihre späte Erkenntnis.

Karen hatte wohl, wie die meisten Menschen, eine kindliche Vorstellung von Freiheit. Da Freiheit das große Ziel menschlicher Entwicklung und ein so hohes Gut ist, ist ihr Preis auch hoch. Es ist kein bequemes Leben möglich. Das Leben ist voller Überraschungen, es gibt keine Sicherheit. Alles, woran unser Herz hängt, wird uns immer wieder genommen. Das Schicksal hatte Karen beim Wort genommen und all diese Erfahrungen dienten dazu, zu erkennen, was Freiheit wirklich bedeutet.

Freiheit ist auch immer bis zu einem gewissen Grad mit Einsamkeit verbunden. So liebt Karen Männer, auf die sie sich nicht verlassen kann und die nie ihr gehören oder zu ihr gehören. Sie musste sich über Standesdünkel hinwegsetzen und die vorherrschenden Geschlechterrollen ignorieren. Sie lernte auch, sich für die Weisheit der einheimischen Bevölkerung zu öffnen und sie nicht als Wilde und Menschen zweiter Klasse abzutun, wie in der arroganten weißen Gesellschaft üblich. Am Ende bereut sie, dass sie ihre Angestellten in das Korsett westlicher Benimmregeln zwängte. Von den Einheimischen lernt Karen, dass nichts ihr, nichts uns gehört.

Am Ende ihrer Zeit in Afrika muss bzw. darf sie sich auch von ihren Möbeln befreien, die sie symbolisch als Fußfessel ihres alten Lebens aus Dänemark mit nach Afrika gebracht hatt. Sie gibt ihr Land zurück und muss ihre große Liebe Denys begraben. Sie hat wahrhaft gelernt, loszulassen. Alles, woran ihr Herz jemals hing, ist nicht mehr.

Und wieder beginnt sie, zurück in Dänemark, neu. Wie im Märchen zog sie aus, das Fürchten zu lernen. Und sie kehrte gereift, weise und als große Erzählerin wieder heim zum Ursprung.

Deutung 2: Denys

Er ist der freiheitsliebende, ungebundene und unverbindliche Einzelgänger. Wenn Karen lernen musste, wirklich frei zu werden, wäre die Aufgabe von Denys wohl, sich einzulassen. So aber bleibt er der ewige Jüngling. Er will zwar mit Karen sein, aber zu seinen Bedingungen der absoluten Ungebundenheit. Er will nur für sich und sein Leben Verantwortung übernehmen, nicht für einen anderen Menschen oder gar Besitz. Wie ein Jugendlicher möchte er sich alle Freiheiten und Möglichkeiten offen halten, ohne Einschränkung durch Verpflichtungen.

Für ihn dreht sich alles nur um sich und sein Bedürfnis nach Unabhängigkeit und Freisein, eine für Pubertierende durchaus angemessene Haltung. Erwachsen werden bedeutet aber, Verantwortung auch für ein größeres Ganzes zu übernehmen und damit verbindlich zu werden.

Die Konsequenz des Schicksals ist, dass Denys, wie viele andere „*ewige Jünglinge*“ vor und nach ihm, jung stirbt.

Er wollte fliegen, denn *„über den Wolken muss die Freiheit wohl grenzenlos sein"*. Für dieses Gefühl hat er gelebt und ist dafür gestorben. Er konnte nie herausfinden, ob er ein erfülltes Leben mit Karen gehabt hätte. Diesen Mut, sich auf die Liebe und Karen einzulassen, hat er nicht aufgebracht. Dafür hat er – wie viele ewige Jünglinge – eine Legende hinterlassen: Auf seinem Grab lagen oft die Löwen und die Massai hielten Totenwache.

Deutung 3: Baron Bror von Blixen

Bror ist der archetypische Hermes. Ein Trickser, der mit seinem Charme und seiner Leichtigkeit immer wieder alles hinbiegt. Auch er ist unverbindlich, bleibt innerlich ungebunden und unerwachsen, denkt nur an sich und seinen Vorteil, sein Vergnügen, ungeachtet dessen, ob er anderen Schaden zufügt. Wie ein egoistisches kleines Kind betrachtet er das Leben als seine Spielwiese. Letztlich bleibt er aber ein Versager und Bittsteller, ein Schnorrer, der aus eigener Kraft nichts geschafft und geschaffen hat. Er bleibt in der Abhängigkeit reicher Frauen, die wie eine Mutter alles hinnehmen und verzeihen, was der „kleine Bub" so anstellt.

Deutung 4:

„Freiheit heißt, freiwillig das zu tun, was wir tun müssen." C. G. Jung meinte damit, dass wahre Freiheit nie losgelöst von den Notwendigkeiten des Lebens und des persönlichen Entwicklungsauftrages existieren kann. Wir müssen erst den Weg in die Gebundenheit gehen und uns dann daraus wieder befreien. Die Freiheit eines Kindes ist immer auch Abhängigkeit. Erst wenn wir Verantwortung übernehmen und eigenverantwortlich leben können, sind wir frei von Abhängigkeiten. Sich einlassen und trotzdem frei bleiben und den eigenen Weg gehen, das ist die wahre Kunst der Freiheit.

Deutung 5:
Karen, Denys und Bror verband ihre Sehnsucht und ein gemeinsamer Traum: ein Leben in Freiheit. Karen musste erkennen, wie hoch der Preis der Freiheit ist, was es heißt, alles loszulassen und sich damit der Realität der Freiheit zu stellen.

Denys hätte erkennen können, dass es die Möglichkeit gibt, frei zu sein und doch der Liebe verbindlich zu folgen. „*Wenn die Liebe dir winkt, dann folge ihr, sind ihre Weg auch schwer und steil*", schrieb Khalil Gibran. Denys hat den Preis der Freiheit mit seinem Leben bezahlt.

Bror hätte erwachsen werden müssen, um unabhängig zu werden von den „nährenden Brüsten" der Frauen.

Beziehungen zu anderen Lebensbühnen:
Jenseits von Afrika ist ein Film, der alle Lebensbühnen thematisiert und vereint. Es geht um Durchsetzung in einem neuen und unbekannten Lebensbereich, um den Mut und den Willen, dieses Risiko einzugehen. (Lebensbühne 1)

Karen muss ihren Traum realisieren, muss ihm mit der konkreten Arbeit auf der Farm Boden unter den Füßen geben, sich abgrenzen und für sicheres Einkommen sorgen. (Lebensbühne 2)

Mit Bror betritt der Trickser, der Lebenskünstler und Schnorrer die Bühne. Er nimmt das Leben leicht und ist wie ein Schmetterling, der an vielen Blumen nascht. Zudem fordert das Leben in den Weiten Afrikas immer wieder Flexibilität. (Lebensbühne 3)

Karen schafft eine neue Heimat für sich und die Eingeborenen und lernt von deren natürlicher und ursprünglicher Weisheit. (Lebensbühne 4)

Für Denys kreist alles um ihn. Aber sein Charme und sein Charisma erhellen Karens Leben, schenken ihr eine neue, andere Sicht. Mit ihm lernt sie, nur im Moment zu leben und erfährt Lebensfreude. (Lebensbühne 5)

Karens Kampf, in ihrer neuen Welt zu überleben, heißt, sich

jeden Tag an die gerade gegebenen Lebensbedingungen anzupassen. (Lebensbühne 6)

Partnerschaft und Liebe mit allen Höhen und Tiefen ist Herz und Motor in Karens Leben und Zentrum der Geschichte. (Lebensbühne 7)

Karen muss alles loslassen, sich immer wieder wandeln. Alle ihre Vorstellungen vom Leben müssen sterben, damit sie zu diesem einzigartigen Menschen wird und zur großartigen Erzählerin reift. (Lebensbühne 8)

Karen lässt sich mit ganzem Herzen auf die andere Kultur ein. Sie lernt von den Eingeborenen, den vermeintlich Wilden und Unkultivierten, wahre Lebensweisheit jenseits von erstarrten, oberflächlichen Regeln und Toleranz. (Lebensbühne 9)

Karen muss Verantwortung übernehmen für sich und ihr Leben, ohne Halt und Schutz durch Partner. Und sie sorgt für das größere Ganze, die ihr anvertrauten schwarzen Angestellten. Dafür, dass es ihnen auch ohne sie gut gehen wird, geht sie demütig in die Knie. (Lebensbühne 10)

Die vielen schönen und schweren Erfahrungen haben Karen befreit von falschen Werten. Sie hat die Freiheit gewonnen, die zu sein, die sie in Wahrheit ist. (Lebensbühne 11)

Karen erlebte viele Ent-Täuschungen, musste sich immer wieder lösen und alles aufgeben. Aber das Eigentliche, das Nicht-Sichtbare, Nicht-Fassbare – ihre Erfahrungen, ihre inneren Bilder und ihre Erinnerungen – gehören für immer ihr. (Lebensbühne 12)

Fragen, die ZuschauerInnen sich stellen könnten:

Was stelle ich mir unter Freiheit vor?
Bin ich bereit, die Konsequenzen zu tragen, die Freiheit fordert?
Welche Konsequenzen müsste ich tragen, um wirklich frei zu sein?
Wo bin ich unfrei und abhängig? Und warum?

Was müsste ich aufgeben, um frei zu werden, freier zu leben?
Bin ich bereit, die volle Verantwortung für mein Leben zu übernehmen?
Beherrsche ich die Kunst, mich einzulassen und trotzdem innerlich frei zu bleiben?
Habe ich den Mut, die oder der zu sein, die oder der ich wirklich bin und dazu zu stehen?

Für wen und welches Problem ist dieser Film Therapie?
Für alle, die um das Thema Freiheit kreisen, damit ringen, dafür kämpfen.

Hello, my name is Doris (2016, 90 Min.) von Michael Showalter

Eine typische (in der Zeit) ver-rückte Geschichte. Doris (Sally Field) hat ihrer Mutter zu Liebe auf ihre große Liebe verzichtet und keine weitere gesucht und gefunden. Sie wird so zu einem (arche-)typischen Beispiel für Gorbatschows Satz: *„Wer zu spät kommt, den bestraft das Leben."* Obendrein hält sie, nachdem sie das Wichtigste verloren hat, nun alles fest und wird zum Messie. In ihrer Wohnung häuft sich das Gerümpel, während ihre eigene „Gerümpelwerdung" – wie es der Jungianer Alfred Ziegler ausdrückte – voranschreitet und allen therapeutischen Interventionen trotzt. Da verliebt sie sich in einen jungen neuen Mitarbeiter in der Firma (Max Greenfield), wo sie schon längst zum alten Eisen gehört.

Deutung 1:
In dieser – wenn auch scheinbar nicht altersgemäßen – Liebesgeschichte wird noch einmal die mobilisierende und verwandelnde

Kraft der Liebe deutlich. Etwa, wenn sich Doris, ihrem Angebeteten nacheifernd, auf Partys einer ihr völlig fremden Musikszene wagt und dort eine so skurrile Erscheinung abgibt, dass sie schon wieder zum Star wird.

Deutung 2:
Schließlich führt – wie zu erwarten – diese weitgehend eingebildete Liebesgeschichte zu einer Ent-täuschung und Doris muss sie beenden. Aber nicht nur diese eine Täuschung endet mit dem Aufdecken der Wahrheit, sondern gleich auch die vielen anderen in ihrem Leben. So wird der scheinbare Unglücksfall für Doris zur Rettung. Nebenbei zeigt sich hier auch gleich die positive Kraft von Ent-täuschungen. Doris entrümpelt mit ihrem Herzen auch gleich ihr Bewusstsein und anschließend nun ganz natürlich und stimmig auch ihre Wohnung. Sie erlebt erstmals eine konstruktive, fast buddhistische Leere. Wie selbstverständlich kündigt sie auch ihre Stellung als altes Eisen in der Firma und entrümpelt dort ihren gewohnten Arbeitsplatz. Jetzt kann wirklich etwas ganz Neues kommen – hoffentlich die Wechseljahre mit dem entsprechenden Wechsel und ihrer Um- und Einkehr.

Fragen, die ZuschauerInnen sich stellen könnten:
Wo bin ich spät dran in meinem Leben? Habe ich das Ablaufdatum überschritten und spiele ein ver-rücktes Spiel?
Wo habe ich die Gerümpelwerdung in meinem Leben(-shaus) übersehen?
Wo bin ich zum alten Eisen geworden, ohne es richtig zu merken?
Kann ich nachvollziehen, dass nach einer verpassten (Lebens-) Station jede nächste Gelegenheit besser ist als die übernächste?
Wo lachen andere schon längst über mich, ohne dass ich mitlachen kann? Was sagt mir das?
Ist mein verrückter Stil wirklich mein Stil oder nicht eher eine Falle?

Für wen und welches Problem ist dieser Film Therapie?
Für alle, die eine Station und Haltestelle auf dem Lebensweg verpasst haben. Insbesondere diejenigen, die ihre erste Lebenshälfte verschlafen haben und in der Lebensmitte die Kurve nicht gekriegt haben.

Harold und Maude (1971, 91 Min.) von Hal Ashby

Diese liebenswürdig-skurrile und etwas morbide Komödie bringt uns einen klassischen Archetyp, den oder die närrische(n) Alte(n), wundervoll und humorvoll nahe. Genau deswegen ist der Film wohl auch Kult geworden. Maude (Ruth Gordon) bringt in Harolds (Bud Cort) lebensmüde Jugend Leben und ihren Senioren-Schwung auf so witzige Art ein, dass wir Zuschauer über die makabersten Szenen lachen und uns auf witzige Art mit dem Sterben aussöhnen können.

Deutung 1:
Harold täuscht bei jeder passenden und vor allem auch unpassenden Gelegenheit spektakulär Selbstmord vor, weil er nur ein einziges Mal bei seiner ansonsten hochnäsig-snobistischen Mutter Gefühl in Bezug auf sich erlebt hat: als sie nämlich glaubte, er sei umgekommen. So versucht er, dieses bewegende Gefühl nochmals zu erzwingen, erntet aber nur arrogant zynisches und dann auch müdes Lächeln. Dafür fährt er nur noch im Leichenwagen herum, besucht Beerdigungen und verscheucht alle von seiner Mutter angeschleppten potentiellen Bräute mit Hingabe und makabren Scherzen. Stattdessen verliebt er sich – natürlich auf einer Beerdigung – in die bald 80-jährige Maude.

Maude bereitet sich auf Trauerfeiern auf ihren nächsten Übergang vor. Sie ist jedoch mit dem Sterben ausgesöhnt und hat ihr

Leben verarbeitet – einschließlich extremer Schattenerfahrungen, von denen die KZ-Häftlingsnummer auf ihrem Arm zeugt. Offenbar lebt sie nach ihrer Begegnung mit solchen von Menschen inszenierten Wahnsinnstaten und -staaten in dem Bewusstsein, diese nicht mehr so ernst zu nehmen. Sie hatte schon einmal alles verloren, hat nun nichts mehr zu verlieren und alles zu gewinnen. Entsprechend frei und ver-rückt verhält sie sich – jedenfalls im Verhältnis zu den Angepassten und Eingeengten, die Angst und noch so viel zu verlieren haben (oder das jedenfalls meinen).

Deutung 2:
An Maude lässt sich ablesen, wie frei und unbeschwert Leben sein kann, wenn die Angst vor dem Tod und dem Sterben wegfällt. Sie lebt geradezu ausgelassen und erfüllt, ohne Angst und Einschränkung, außerhalb der Normen, Schranken und Gesetze. Da sie sich gleichsam über diese stellt, kann sie ständig Normen verletzten, über die Stränge schlagen und aus jeder Reihe tanzen. Insofern erscheint es auch fast stimmig, dass sie ihren Todeszeitpunkt selbst wählt und auf ihren achzigsten Geburtstag legt.

Harold ist noch nicht so weit, er will sie behalten und inszeniert noch zum Abschied ein überflüssiges schulmedizinisches Theater, das Maude über sich ergehen lässt, während sie auf ihre selbstbestimmte Art geht.

In der Schlussszene – nachdem sich Maude aus seinem und ihrem Leben verabschiedet hat – fürchten die Zuschauer im ersten Moment, Harold wolle ihr folgen. Er rast mit seinem Leichen-Sportwagen auf die Klippen zu. Dann stürzt der Wagen ab, die Kamera schwenkt nach oben auf die Klippe. Und dort steht Harold. Er spielt wohl für Maude und sein bisheriges Leben ein Abschiedslied auf seinem Banjo. Über den Klippen verweht Cat Stevens' wundervolles Lied. Seine Songs haben den ganzen Film begleitet und beflügelt und sicher sehr geholfen, ihm Kultstatus zu verleihen. Harold hat nun das richtige Sterben eines geliebten

Menschen erlebt und scheint seine Todessehnsucht damit verabschiedet zu haben.

Beziehungen zu anderen Lebensbühnen:
Natürlich besteht mit der ständigen Nähe zum Tod und dem von Maude repräsentierten Alter ganz naher Kontakt zur 10. Lebensbühne. Überhaupt verbindet der Film die 10. und 11. Bühne in einer Tour – zwei, die früher in der alten Tradition sowieso eins waren. Auch, wenn Harold den Sportwagen, ein Accessoire der 1. Bühne, auf seine verrückte Art (11.) in einen Leichenwagen (10.) umspritzt, begegnen sie sich.

Fragen, die ZuschauerInnen sich stellen könnten:
Wie entspannt stehe ich dem Tod und meinem unausweichlichen Sterben gegenüber?
Wie viel Humor kann ich angesichts dieser einzigen wirklichen Sicherheit aufbringen?
Was bedeuten mir das Alter und mein Älterwerden?
Kann ich ihen Lust auf eine neue Freiheit abgewinnen – und Chancen, mich von Zwängen und Beschränkungen zu lösen?
Was bedeutet mir Humor? Wie wichtig ist er mir bei meinem Partner und in unserer Partnerschaft?
Können wir über uns beide lachen und jede(r) über sich selbst?
Wie ver-rückt erlaube ich mir zu sein und zu leben?
Tue ich verrückte Sachen auch manchmal, weil sie richtig sind – obwohl sie verboten sind?

Für wen und welches Problem ist dieser Film Therapie?
Für lebensmüde Junge und verrückte Alte auf Ideensuche. Wer lernen will, selbst über ernste Themen zu lachen, ist hier ebenfalls richtig.

Captain Fantastic – Einmal Wildnis und zurück
(2016, 120 Min.) von Matt Ross

Wir lernen den allein erziehenden Vater Ben (Viggo Mortensen) mit seiner sechsköpfigen Kinderschar kennen, der in der Wildnis, wo er sie natur- und artgerecht aufwachsen lässt, alles besser zu machen versucht. Mit Homeschooling versucht er, ihnen eine wirklich gute Bildung zu vermitteln – und auch seine ziemlich rigide linksliberale Einstellung. Da gibt es statt Weihnachten einen Noam-Chomsky-Day, benannt nach dem US-Sprachwissenschaftler und Gesellschaftskritiker.

Seine Frau und Mutter der Kinder steht hinter diesem Konzept. Weil manisch-depressiv, lebt sie in einer Klinik in der Nähe ihrer Eltern, die in ihrer Bürgerlichkeit den genauen Gegenpol darstellen. Schließlich bringt sie sich in der Klinik um und der Vater spricht ganz offen mit seinen Kindern darüber. In ihrem großen, bunten Familien-Bus brechen sie zur Beerdigung auf und erleben schon auf der Fahrt so einiges Widersprüchliches.

Deutung 1:
Die Zwischenstation bei Bens Schwester enthüllt bereits krasse Gegensätze. Die andere Familie ist normal, aber belügt sich ständig selbst. Die Kinder hängen am Netz und zwischen den Seilen. Sie spielen in einem Fort brutalste Kampfspiele auf Bildschirmen, über das Schicksal der Mutter aber wird nur mit Lügen kommuniziert.

Als Bens Familie mit dem großen Bus namens Steve zur Beerdigung kommt, ist die große Eskalation fällig. Die moderne US-Welt und die archaische stoßen zusammen, und es kracht richtig. Die Mutter war Buddhistin und wollte als Totenfeier keinesfalls eine christliche Beerdigung (Sie will verbrannt werden, ihre Asche soll in einer öffentlichen Toilette entsorgt werden), aber ihre Eltern setzen sich über ihren Wunsch hinweg. Die Schwiegereltern organisieren eine Beerdigung ganz nach ihrem bürgerlich-christlichen Geschmack, die auf Ben und die Kinder wie ein posthumer Faustschlag ins Gesicht ihrer Frau und Mutter wirkt.

Allmählich wird deutlich, dass mit beiden Extremen etwas nicht stimmt: Den Kindern der typischen US-Familie wird eine verlogene heile Welt vorgetäuscht. Sie ruinieren sich ihr Leben mit Smartphones, die sie ganz offensichtlich nicht smart, sondern dumpf machen.

Andererseits zeichnet sich aber auch ab, was Ken Wilber die „Prä/Trans-Verwechslung" nennt: Die Absicht, eine nur vernunftgesteuerte Gesellschaft zu überwinden („transrational") sollte nicht vermengt werden mit einem archaischen Leben („prärational"). Wir sind einfach kein Urstamm mehr, und wenn wir Jean-Jacques Rousseaus Ruf *„Zurück zur Natur!"* so vorbehaltlos folgen, werden die Kinder lebensuntüchtig in der modernen Welt. Zum archaischen Leben der Indianer führt kein Weg zurück, aber der American Way of Life ist auch ein Irrweg.

Deutung 2:

Als einer seiner Söhne doch lieber bei den Verwandten bleiben will, muss der Vater einsehen, wie sehr er die Kinder mit seinem auf rigide Art „alternativen" Erziehungsstil auch behindert hat. Er lässt die Rasselbande schweren Herzens bei ihrem normalen, gleich mit Anwälten drohenden Opa und fährt allein zurück. Er rasiert sich den Wildnisbart ab und kommt offenbar in der Gegenwart an.

Völlig unerwartet folgen die Kinder ihm dann doch. Sie hatten sich in Steve, ihrem vertrauten Bus, versteckt. Gemeinsam befreien sie den Sarg ihrer Mutter aus der Erde und erfüllen deren letzten Willen. Sie verbrennen ihre sterblichen Überreste in einem feierlichen (Fest-)Akt und entsorgen – ihrem Wunsch gemäß – die Asche in einer öffentlichen Toilette.

Der Große (Sohn) fliegt nach Namibia, um Leben zu lernen.

Die übrige Familie scheint nun in der Wirklichkeit angekommen zu sein und die jüngeren Kinder besuchen öffentliche Schulen.

Beziehungen zu anderen Lebensbühnen:
Captain Fantastic ist schon sehr der 11. Lebensbühne verpflichtet und viel lieber verrückt als spießig. In der Wildnis inszenieren sie jedoch ein Idyll von Familie entsprechend der 4. Bühne mitten in Mutter Natur nach Willen der kranken Mutter. Deren bipolare Störung zwischen himmelhoch jauchzend und zu Tode betrübt berührt mit diesen Extremen die 8. Lebensbühne, ist aber mit den Verrücktheiten der Manie ebenfalls der 11. nahe.

Fragen, die ZuschauerInnen sich stellen könnten:
Wie war meine Erziehung? Was waren die Leitbilder meiner Eltern, die mich geprägt haben?
Habe ich dagegen rebelliert und wenn ja, wann? Tat ich es in der Pubertät oder tue ich es noch immer (und nicht richtig)?
In welchem der Kinder spiegele ich mich am ehesten?
Wie erziehe ich mich und andere? Welchen Prämissen folge ich dabei?
Wo würden mich andere einordnen zwischen den Extremen: Naturfreak auf der einen und digitale Verblödung auf der anderen Seite?
Wie schätze ich mich selbst diesbezüglich ein?
Will ich auch Kapitän sein und alles nach meinen Vorstellungen lenken?

Für wen und welches Problem ist dieser Film Therapie?
Für Extremisten, die ihre Lebensstil-Ideale an ihren Kindern oder anderen Menschen auslassen. Aber auch für alle Bürger, die gar nicht mehr durchschauen, wie weit sie sich von einem natürlichen, artgerechten Leben entfernt und in IT-Welten verirrt haben.

Good Morning Vietnam (1987, 115 Min.) von Barry Levinson

Der Film basiert auf der authentischen Geschichte des AFN- (American Forces Network) Radiomoderators Adrian Cronauer (Robin Williams, der auch am Drehbuch mitarbeitete). Er spielt im Saigon des Vietnamkriegs, wo es Cronauer tatsächlich schaffte, inmitten des Grauens mit seinen Sendungen gute Laune zu verbreiten.

Seine humorvolle Art, zu moderieren und seine Vorliebe für den neuesten Rock 'n' Roll bescheren Cronauer rasch Kultstatus bei den GIs, jedoch auch Feinde unter seinen Vorgesetzten. Allerdings stehen seine Radio-Kollegen zu ihm und vor allem sein Chef, General Taylor.

Cronauer verguckt sich in eine Vietnamesin (Chintara Sukapatana), die mit ihrem Bruder in einer Sprachschule Englisch lernt. Per Bestechung übernimmt er den Unterricht, um der Wunderschönen näher zu kommen. Von ihrem Bruder Tuan erfährt er ihren Namen, Trinh. So bekommt er aber auch mit, dass die vietnamesische Moral es Trinh verwehrt, mit einem Fremden zu sprechen. Ziemlich vorsätzlich freundet er sich folglich mit dem Bruder an, weil er ihre Familie kennen lernen muss, um sie kennen lernen zu dürfen. Sie werden Freunde und als GIs Tuan in einer Bar anpöbeln, verteidigt er ihn. Tage später lockt ihn Tuan aus derselben Bar, kurz bevor sie in die Luft fliegt. Cronauer wird untersagt, über solche Bedrohungen zu berichten, aber er tut es trotzdem und wird gefeuert. Das gibt ihm Zeit, Trinh und ihre Familie in ihrem Dorf zu besuchen. Sie macht ihm keine Hoffnung auf eine Beziehung, aber er erkennt immer mehr, wie ungerecht dieser Krieg ist.

Aufgrund von Protesten seiner Fans unter den Soldaten kann Cronauer seine Sendung wieder moderieren. Bei einem Ausflug an die Front wird er jedoch von seinem hinterhältigen Vorgesetzten in eine Falle geschickt, überlebt nur knapp und wird von Tuan gerettet. Anschließend wird er endgültig vom Dienst suspendiert, weil sich herausstellt, dass Tuan zum vietnamesischen Widerstand gehört. Das erklärt ihm dieser auch anschließend mit Verweis auf seine vielen von US-Soldaten getöteten Verwandten. Cronauer muss gehen und hinterlässt noch ein subversives Tonband, das einer seiner Kollegen tatsächlich als Abschied im Radio spielt.

Deutung 1:
Cronauer findet in seinem Feind den Freund, der sein Leben zweimal rettet, in seinem Vorgesetzten aber einen hinterhältigen Verbrecher. Seine Liebe hat keine Chance in diesem Krieg, aber sie ist auch erst durch ihn entstanden. Selbst der oberste General scheint Zweifel daran zu haben, deckt er doch die Kritik seines Moderators, solange es irgend geht.

Deutung 2:
Krieg bedeutet immer Gewalt und Elend, aber dieser – geführt im Namen von Befreiung und Demokratisierung – war besonders verlogen, brutal und ungerecht, was die US-amerikanische Seite anging. Hier kämpfte die US-Armee nicht nur im tiefsten Dschungel, sondern auch im Schattenbereich. Die Bevölkerung spürte das auch durchaus und feierte Vietnam-Heimkehrer nie als Helden. Im Gegenteil: Zuhause tobte der Widerstand gegen diesen klassischen Angriffskrieg gegen eine Bevölkerung, die sich mit allen Mitteln zu wehren lernte und zum Schluss gewann.

Es war einer der ersten Kriege, der deutlich machte, dass klassische Armeen, die auf der 1. Lebensbühne kämpfen wollen, gegen einheimische Partisanen, die um ihr Leben und ihr Land kämpfen, nie gewinnen können.

Im Gegensatz zu anderen Anti-(Vietnam-)Kriegsfilmen wie ***Apocalypse Now, Full Metal Jacket*** und ***Platoon*** setzt dieser Film statt auf Kampfszenen auf die Emotionen und Gefühle der US-Soldaten, aber auch der vietnamesischen Zivilisten. Szenen von Bombenexplosionen und anderen Kriegshandlungen werden mit Louis Armstrongs Song *What a Wonderful World* und auch mit *Ballad of a Thin Man* von The Grass Roots unterlegt. So stellt diese Komödie die völlige Absurdität des Krieges noch deutlicher heraus.

Fragen, die ZuschauerInnen sich stellen könnten:
Wie viel Courage traue ich mir zu, wenn ich erkenne, für eine ungerechte Sache im Einsatz zu sein?
Wie reagiere ich, wenn Vorgesetzte mich schikanieren und in Fallen locken?
Auf welcher Seite bin ich in diesem Film?
Welche Anteile des verräterischen Leutnants finde ich auch in mir? Habe ich auch schon versucht, Leute illegal loszuwerden?
Wie weit würde ich für eine Liebe unter schwierigsten Bedingungen gehen?

Für wen und welches Problem ist dieser Film Therapie?
Für alle, die noch an Krieg als Fortführung der Politik mit anderen Mitteln glauben.

Cartagena – Zwischen Liebe und Tod (2009, 92 Min.) von Alain Monne

Sophie Marceau spielt die durch Verschulden ihres früheren Partners querschnittsgelähmte Muriel, die in Lateinamerika einen Betreuer sucht. Der ehemalige Box-Weltmeister Léo, der dem Alkohol verfallen ist (Christopher Lambert), wird ihr Bediensteter. Sie hilft ihm aus dem Suff heraus und er ihr aus ihrer Melancholie – sie verlieben sich.

Deutung:
Auch hier bricht das Schicksal hart in das Leben zweier Menschen ein und zeichnet sie. Aber es zeichnet sie auch aus. Muriels Leben bekommt wieder Sinn, als sie das von Léo rettet und sich von ihm retten lässt. Sie therapieren sich gegenseitig. So gegensätzlich, wie sie sind, kann ihre Liebe nur eine zum Heil sein, obwohl sie auch beide das Wohlergehen des anderen von Anfang an im Blick haben.

Fragen, die ZuschauerInnen sich stellen könnten:
Habe ich auch schon erlebt, wie mich ein Schicksalsschlag erst trifft, dann fordert und schließlich fördert?
An welchen Unfällen, Symptomen und Problemen bin ich besonders gewachsen?
Kann ich Hilfe geben, aber vor allem auch annehmen?
Wie gern helfe und rette ich andere? Wie gern würde ich mich retten (lassen)?

Für wen und welches Problem ist dieser Film Therapie?
Für die Hoffnungslosen, vom Schicksal scheinbar Gestraften und jedenfalls Geschlagenen, um wieder Mut zu fassen und die Chancen zu erkennen, die in besonders harten Herausforderungen liegen.

Lebenskrisen als Entwicklungschancen
Dieses Thema gehört ebenfalls hierher, in dem Sinn, dass alle Krisen und Übergänge im Leben die Qualität der 11. Lebensbühne in sich tragen. In der Sturm- und Drangzeit der Pubertät – wie in ***Der Volltreffer*** mit John Cusack und Daphne Zuniga – wird das nur besonders deutlich. In der Krise der Lebensmitte bricht sich diese Dynamik aber ebenso Bahn, etwa in dem schönen italienischen Film ***Brot und Tulpen*** mit Bruno Ganz. Eine Frau wird von ihrem Mann auf einer Autobahnraststätte vergessen oder zu-

rückgelassen – so wie er sie auch im übertragenen Sinn längst verlassen und vergessen hat. Sie fängt in Venedig ein neues Leben an – mit neuem Partner und neuem Mut – und verbreitet so die Hoffnung, dass es auch besser kommen könnte im Leben und als Ergebnis einer Krise.

Der Engel mit den dunklen Flügeln (2012, 121 Min.) von Niki Caro

Der spirituelle Mystery-Film mit Jeremie Renier, Gaspard Ulliel, Vera Farmiga und Keisha Castle-Hughes entstand nach dem Roman *The Vinter´s Luck* von Elizabeth Knox. In Burgund im Jahr 1808 träumt der junge Winzer Sobran davon, den besten und köstlichsten Wein Frankreichs anzubauen. Seine Familie besitzt zwar einen Weinberg, sie müssen aber dennoch für den Schlossherrn, den Comte de Vully, arbeiten. Der Wein, den sie für das Chateau anbauen, schmeckt für Sobran aber so empörend gewöhnlich wie *„ein schönes Weib in einem billigen Kleid."* Doch immer wieder untersagt der Comte Sobran, seinen eigenen Wein herzustellen.

Enttäuscht über die zahlreichen Widerstände, die die Verwirklichung seines Traumes verhindern, betrinkt er sich in seinem Weinberg und fällt in tiefen Schlaf. Als er erwacht, sitzt der Engel Xas vor ihm, der ihm Mut macht und vor allem das Geheimnis guten Weins lehrt. Fortan wird Sobran seinen Engel jährlich am gleichen Ort treffen und ihre außergewöhnliche Freundschaft wird ihn durch alle Höhen und Tiefen seines Lebens begleiten.

Xas unterstützt ihn bei der Verwirklichung seines Traumes, der beste Winzer zu werden. Und Sobran glaubt nun fest daran, dass ihm alles gelingen wird und von nun an das Glück an seiner Seite steht, weil sein Engel ihn begleitet. Immer wieder versucht

Xas diesen Irrtum aufzuklären, aber Sobran hält an seinem naiven Glauben fest, der ihm hilft, seinen Traum zu leben. So heiratet er gegen den Willen seines Vaters seine große Liebe Celeste und mit der Unterstützung der neuen Erbin des Châteaus, der Comtesse Aurora, keltert er bald den besten Wein.

Doch immer wieder wird er vom Schicksal hart geprüft und hadert deshalb mit seinem Engel, der ihm aber nie versprochen hatte, was Sobran in ihn hineinsehen wollte. Xas lässt ihn wissen, dass er all die Härten des Lebens brauche, um wirklich guten Wein zu machen. Denn Wein ist das Symbol für das Leben selbst und muss deshalb alles enthalten, nicht nur Sonne und Regen, sondern auch das ganze Jahr mit seiner Freude und seiner Liebe, seinem Schmerz und seiner Trauer. All dies müsse im Wein zu schmecken sein: *„Dein Schmerz ist wichtig. Der Schmerz gehört zum Leben wie die Freude. Du brauchst beides, um das Leben im Wein einzufangen.“*

So ringt Sobran ein Leben lang mit seinem Engel, der auch immer sein Dämon ist. Doch auch Xas, der Engel, hat einen Traum: Er wäre so gern ein fühlendes menschliches Wesen.

Deutung 1: Der Engel Xas

Engel sind für die meisten von uns Symbole für das Gute, die uns beschützen, alles wissen, uns vor jedem Unheil bewahren können und am Himmel teilhaben lassen. Der (kindliche) Glaube an unsere Schutzengel ist eine starke innere Kraft. Ob nun ein Engel uns beschützt oder nicht, allein der Glaube daran beflügelt, verleiht jene besondere Kraft, die Berge versetzen und Wunder bewirken kann.

Und doch ist das Reich der Engel vielschichtiger, wie auch das Beispiel des gefallenen Engels Luzifer zeigt. Xas lässt Sobran wissen: *„Nicht alle Engel wohnen im Himmel, manche wohnen auch in der Hölle. Ich habe einen kleinen Garten dort, aus dem ich dir deine Reben mitgebracht habe.“* Und weiter: *„Du glaubst, der Himmel* *ist gut und die Hölle ist böse, ich glaube an beides."*

Engel sind nicht dazu da, das Leben mit seinen Prüfungen von uns fern zu halten, aber sie können uns zu eigener (übernatürlicher) Kraft verhelfen, alles durchzustehen und so immer vollkommener zu werden, „engelgleich". Ein gutes Beispiel ist auch Bagger Vance im nach ihm benannten Film. Und es scheint, so wie wir uns danach sehnen, Engel zu werden, leicht und Gott nahe und ähnlich, träumt so mancher Engel sehnsuchtsvoll von einem sinnlichen Leben auf Erden und den damit verbundenen schönen und auch schmerzvollen Gefühlen.

Deutung 2: Der Wein

Nicht nur ist Wein seit jeher Teil ritueller Praktiken, um die Menschen in Ekstase und dem Göttlichen näher zu bringen, er ist auch seit alters her ein Symbol für den Geist und das Leben selbst. So war in der sumerischen Keilschrift das Zeichen für Leben ein Weinblatt.

Noah pflanzte nach der Sintflut den ersten Weinberg als Symbol des Überlebens und der Verbindung mit Gott. Jesus verwandelte Wasser in Wein und reichte beim letzten Abendmahl seinen Aposteln einen Becher davon. Als zentraler Teil der katholischen Messfeier ist dies eine reale, nicht nur – wie im evangelischen Christentum – eine symbolische Verbindung mit Gott.

Viele Kulturen sehen im Wein das Blut der Erde, der somit das Wesen einer Landschaft und ihrer Bewohner in seinem Geschmack preisgibt – eine Parallele zu unserem Blut, das viel über unser Wesen verrät.

Der Weinstock, dessen Wurzeln tief in die Erde dringen, muss beschnitten und kultiviert werden, um gute Frucht zu tragen. Dem entsprechend werden auch wir Menschen mit jeder Prüfung des Schicksals reifer und besser. Wir werden so gleichsam vom Leben beschnitten und kultiviert, bis sich unser eigentliches Wesen herauskristallisiert. In diesem Sinn sind wir aufgefordert, wie Sobran aus unserem Leben den besten (Lebens-)Wein zu keltern.

Am Ende von Sobrans Leben reicht ihm sein Engel den Kelch mit seinem zuletzt gekelterten Wein und fragt ihn, wie er ihm denn schmecke. Und Sobran antwortet: „Er schmeckt nach mir. Er schmeckt nach Sobran", – und nach seinem ganzen Leben.

Deutung 3: Die zwei Seiten des Lebens, Licht und Dunkel, Anima und Animus

Sobran pendelt in seinem Leben immer zwischen den beiden extremen Polen, die charakteristisch sind für das irdische Leben. Hochmut und Verzweiflung, Freude und Leid, Liebe und Schmerz, Geburt und Tod spiegeln sich in seinem Wein und sind gleichzeitig ein Spiegel der Selbsterkenntnis für sein Leben. Xas ist für ihn einerseits der göttliche Engel und andererseits der böse Dämon.

Auch die wichtigsten Frauen seines Lebens, die ja gleichzeitig seine nach außen projizierte weibliche Seite repräsentieren, sind ein symbolisches Bild für sein Ringen mit der Welt der Polarität.

Da ist Celeste (was die Himmlische bedeutet), die große Liebe seiner Jugend, um die er hart kämpfen musste, weil ihr Vater von einem Hexer verflucht worden war. Celeste, die auf Grund ihres Namens ja das Himmlische lernen soll, steht in Sobrans Leben für alle Härten der irdischen Existenz. Sie gebiert seine Kinder, durchlebt mit ihm Armut und Hungersnot und wird geblendet vom später erworbenen Reichtum. Sie will auch Sobran besitzen („*Er gehört mir allein!*") und bleibt gefangen im Familienmuster: symbolisch und konkret fällt der alte Fluch auf sie zurück.

Dann ist da noch die Comtesse Aurora, die den Namen der griechischen Göttin der Morgenröte, des immer wiederkehrenden Lichtes, trägt. Sie ist auch seelisch eine Aristokratin, die ihre Besonnenheit und Klugheit Sobrans Impulsivität entgegenstellt und damit für Ausgleich sorgt. Sie wird zu seiner großen Förderin und Seelengefährtin. Wann immer Sobran aufgeben will, ist sie das sprichwörtliche Licht am Ende des Tunnels, die immer wieder aufgehende Sonne, das Licht, das Hoffnung gibt. Sie ist es auch, die ihn mit seinem Engel (oder mit seinem inneren Dämon) versöhnt.

Und so hat Sobran in seinem Leben den großartigsten und köstlichsten Wein gekeltert und auch den abscheulichsten, bis er am Ende seines Lebens mit allem einverstanden war: „*Denn alles, was ich brauche, ist da. Das Land, die Reben, meine Familie!*“ Und danach schmeckt auch sein letzter Wein: nach Sobran.

Deutung 4: Du bist, was du denkst

Die Energie folgt den Gedanken. Als Sobran sich bei seinem Engel beklagt, mit welchen Widrigkeiten er als einfacher Bauer zu kämpfen habe, wie viele Steine ihm in den Weg gelegt werden, antwortet ihm Xas: „*Wenn du denkst wie ein Bauer, wirst du immer handeln wie ein Bauer.*“ Und eben nicht wie der Winzer, der er sein wollte. Und später: „*Du hast zu entscheiden, welches Leben du führen und welchen Wein du machen willst.*“ Diesen weisen Rat hat Sobran verinnerlicht und fortan wie ein Winzer gedacht und gehandelt.

Das gleiche Thema erlebt er aber immer wieder an Celeste, die mit seiner Entwicklung nicht Schritt halten kann. Sie hat nicht verstanden, was Xas Rat an sie bedeutet: „*Wenn du denkst wie eine Bäuerin, dann wirst du eine bleiben.*“ Alle neuen schönen Kleider, der errungene Wohlstand und das Wohnen im Château änderten nichts. Sie blieb, was sie war: eine arme, vom Schicksal geprüfte Bäuerin, die, unfähig zu Selbstreflexion, den Familienfluch wiederholte.

Fragen, die ZuschauerInnen sich stellen könnten:

Welcher Engel steht an meiner Seite? Mit welchen Fähigkeiten ist er ausgestattet?

Was erwarte ich von meinem Schutzengel?
Wovor soll er mich bewahren? Wozu mir verhelfen?
Wonach wird der Wein meines Lebens einmal schmecken? Mit welchen Empfindungen würde ich ihn beschreiben?
Was will ich von meinem Engel (nicht) hören und glauben?
In welchen Situationen hat mir der Glaube an meinen Engel (oder eine höhere Kraft) schon besondere Stärke und Mut verliehen?
Habe ich schon einmal den Glauben verloren? Und was kam mir dadurch abhanden?
Mit welchem inneren Dämon kämpfe ich?
Was schenke ich meinem Engel dafür, dass er an meiner Seite ist?
Welche weiblichen oder männlichen Seelenanteile spiegeln mir meine Lebenspartner/innen?
Mit welchen Gedankenenergien schaffe ich mir meine Realität und begrenze damit vielleicht meine Möglichkeiten?

Für wen und welches Problem ist dieser Film Therapie?
Für alle Verzagten und alle, die nicht an Engel glauben und ohne himmlische Kräfte in der Welt der Polarität kämpfen.

Willkommen bei den Hartmanns (2016, 116 Min.) von Simon Verhoeven

Der Familie Hartmann (die Eltern werden von Senta Berger und Heiner Lauterbach gespielt) stehen turbulente Zeiten bevor, als Mutter Angelika nach dem Besuch eines Flüchtlingsheims beschließt, gegen den Willen ihres Mannes Richard mit Diallo (Eric Kabongo) einen der dortigen Bewohner bei sich aufzunehmen. Und bald füllt sich das Haus noch weiter. Denn Tochter Sophie

(Palina Rojinski), eine ziellose Dauerstudentin auf der Flucht vor einem Verehrer, und der Burnout-gefährdete Sohn Philipp (Florian David Fitz) samt Enkel Basti (Marinus Hohmann) ziehen wieder zuhause ein. Während der Nachwuchs bald feststellen muss, dass es in der Ehe seiner Eltern kräftig kriselt, durchlebt die Familie durch die ungewohnte Situation in ihrem Haus Wirrungen und Turbulenzen – da geht es den Hartmanns wie dem Rest des Landes mit dem Ansturm von Asylanten.

Deutung 1:

Mit seinen – oft naiv wirkenden Fragen – stellt Diallo die Verschrobenheiten modernen Lebens und besonders die Schwierigkeiten von Partnerschaft in der Postmoderne bloß. Insofern ist er Therapie für die Hartmann-Kinder Sophie und Philipp, aber auch für Mutter Angelika und Vater Richard, deren Schattenseiten sich unter der Oberfläche bürgerlicher Liberalität abzeichnen.

Deutung 2:

Bei allen kleinen und mittleren Schwierigkeiten, die er verdeutlicht, spiegelt der Film trotzdem nur eine Hälfte der Menschen des Landes: jene der integrationsbereiten liberalen „Willkommens-Poeten“. Die konservativen, auf Abschottung setzenden Mauerbauer und Bedenkenträger, die zunehmend die Stimmung mit prägen, kommen nicht vor – ganz ähnlich wie lange in den Mainstream-Medien.

Auch der Ausländer Diallo ist nicht repräsentativ, ist er doch ausgesprochen wohl erzogen, strebsam bemüht, lernbegierig und sensibel zugleich, bringt also nicht mal den Hauch von Islamismus, Fanatismus und Provokation ins Haus der Hartmanns. Dieser (Un-)Geist taucht nur ganz am Rande in Gestalt eines islamischen Hetzers und Hassers auf.

Deutung 3:
Wie die Hartmanns hätten die herrschenden Politiker ihre Untertanen wohl gern – allein, da gibt es noch einen erheblichen Schatten, der hier unterschlagen wird. Er kommt im Film ***Wut*** heraus, in dem die ebenfalls liberale deutsche Familie an der brutalen Realität mit einem ganz anderen Typ von Fremden scheitert. Und der härteste Gegenpol, die „Mauerbauer", sind – wohl aus Schamgefühl – in keinem Film verewigt. Ex-Präsident Gauck sprach dies an, als er sagte: *„Wir haben kein Problem mit den Eliten, sondern mit der Bevölkerung."*

Fragen, die ZuschauerInnen sich stellen könnten:
Wie sehe ich das Problem mit den vielen Fremden im Land?
Und wie das Problem mit dem vielen Fremden in mir?
Was kann ich bei mir nicht als gleichberechtigt anerkennen und in mein Leben integrieren?
Wie fremd würde ich mich in der Situation Diallos fühlen und wie würde ich mich verhalten?
Wie in der Situation von Angelika, der bürgerlichen Ehefrau, die sich in ihrer Luxusvilla langweilt und sich auf der Suche nach Wesentlichem einen Fremden ins Haus holt?
Wie als ihr Mann Richard, der konservativer ist und sich in dieser Situation liberaler und integrativer geben muss, als es ihm eigentlich entspricht?

Für wen und welches Problem ist dieser Film Therapie?
Für alle Bedenkenträger und Mauerbauer, um die andere Seite der Wirklichkeit kennen zu lernen.

Lebensbühne 12
Über Urvertrauen und das bedingungslose Annehmen des Schicksals

Die 12. Bühne bildet den Abschluss im Entwicklungskreis der Lebensbühnen. In gewisser Weise enthält sie deshalb noch einmal Aspekte aller anderen Bühnen. Wenn wir auf dem Weg durch unser Lebensmandala an diesem Punkt angelangt sind, gilt es, zurückzublicken und den ganzen Kreis unserer Entwicklung noch einmal Revue passieren zu lassen. Wir müssen uns Zeugnis darüber ablegen, wo wir offene Enden und ungelöste Probleme zurückgelassen haben, welche Aufgaben der elf vorangegangenen Lebensbühnen wir nicht ganz und nicht wirklich erfüllt, sondern gemieden und vielleicht ganz übersprungen haben. Bei dieser Rückschau wäre zu erkennen, was wir der Ganzheit schuldig geblieben sind, welche Themen noch einer Nacharbeit oder Korrektur bedürfen.

Das ist die eigentliche Schuldproblematik, die Menschen geradezu quält, deren Lebensaufgabe mit dieser Bühne verbunden ist. Schuldgefühle aller Art behindern nur zu oft ihren Lebensfluss, obwohl es nur darum ginge, Erfahrungen und Aufgaben abzuschließen, auf diese Weise also seine „Schuld" zu begleichen. Es geht darum, dem eigenen Leben nichts schuldig zu bleiben, sondern mit ihm im wahrsten Sinne des Wortes fertig zu werden. Stattdessen flüchten viele, meiden Herausforderungen und Auseinandersetzungen und sind auf der Suche nach dem paradiesischen Zustand vor dem „Sündenfall". So verfängt man sich in der Illusion einer (schein-)heiligen Welt, die jede Menge Enttäuschungen nach sich zieht.

Diese Variante von Flucht und Suche kann in die Sackgasse verschiedenster Süchte führen, um sich der harten Realität nicht stellen zu müssen oder sie sich „schön zu saufen". Selbst Filme können zur Flucht werden, wenn sie als Ersatz für wirkliches Leben missbraucht werden und den Blick aufs Leben verstellen.

Tief in den Akteuren dieser Lebensbühne verankert ist das Wissen um eine Wirklichkeit jenseits dieser Welt. Fragen der Spiritualität und Metaphysik begleiten diese Menschen durch ihr ganzes Leben – und sei es nur in Form von Aberglauben und eines magischen Weltbildes, wie wir es aus Märchen kennen.

Im endlosen Meer der Seelen ist eine starke Sehnsucht nach Transzendenz, übersinnlicher Wahrnehmung, Allverbundenheit und allumfassender Liebe (Gottes). Lebendiges Urvertrauen darin zu finden und anzunehmen, dass alles immer irgendwie gut ist und wir geborgen sind in einem weisen Plan der Schöpfung, ist Aufgabe dieser Lebensbühne. „Sehet die Vögel im Himmel, sie säen nicht, sie ernten nicht und leben doch." – das wäre die seelische Grundhaltung, die es hier zu entwickeln und zu verwirklichen gilt.

Ebenso geht es darum, die Seele gleichsam rein zu waschen von negativen Gefühlen, die in erster Linie das eigene Leben vergiften. Sich selbst, den anderen Menschen und der Welt vergeben, damit alles Leid loszulassen, ist die Königsdisziplin dieser Lebensbühne. So, wie Christen bei der Taufe von der Erbschuld rein gewaschen werden, wirkt Vergebung auf unsere Seele. *„Wer von euch ohne Schuld ist, der werfe den ersten Stein"* – dieser Christussatz will uns bewusst machen, dass wir in diesem irdischen Leben immer Schuld auf uns laden, aber immer Vergebung und Verzeihung erlangen, wie auch selbst vergeben und verzeihen können. Mit allem versöhnt, ist man einverstanden mit sich und seinem Leben und damit der ersehnten heilen und vollkommenen Welt nahe.

Stärken bzw. Aufgaben der 12. Lebensbühne:
Urvertrauen, Hingabefähigkeit, Feinfühligkeit, Intuition, Ahnungsvermögen, Einfühlsamkeit, Mitgefühl, Seelsorge, Altruismus, seelische Tiefe, grenzenlose Fantasie, Spiritualität, die Wirklichkeit hinter der sichtbaren Welt erspüren, Aufopferungsfähigkeit, Vergebung, Barmherzigkeit, Glaube, Hoffnung, Liebe.

Schwächen:
Verdrängung, Selbstbetrug, Lebenslügen, in Illusionen und Scheinwelten leben, Täuschung, Heimlichtuerei, Sucht statt Suche nach spiritueller Wahrheit, Verwirrung, der haltlose Chaot, der unrealistische Träumer, Identitätsverlust, Selbstmitleid, Flucht, Vermeidung, Ausweichen, mangelndes Selbstbewusstsein, Opferrolle, falsche Wahrnehmung, die Angebote des Lebens an sich vorbeiziehen lassen.

Fragen, die wir uns dazu stellen können:
Neige ich dazu, mir immer wieder Illusionen zu machen?
Wo stelle ich mich nicht der Realität?
Was ist meine größte Lebenslüge?
Wovor flüchte ich immer?
Welche Süchte habe ich?
Wie haltlos bin ich? Wie sehr lasse ich mich gehen?
Wie chaotisch bin ich? Oder macht mir Chaos Angst?
Wie viel Vertrauen habe ich?
Kann ich verzeihen und vergeben – mir selbst und anderen?
Plagen mich Schuldgefühle? Oder suche ich die Schuld bei anderen oder der Welt?
Was bin ich meinem Leben, meiner inneren Entwicklung bisher (alles) schuldig geblieben?
Neige ich dazu, mich immer als das arme Opfer zu sehen?
Neige ich zu Selbstmitleid?
Neige ich dazu, mich im Leid zu suhlen? Halte ich lange an leid-

vollen Erfahrungen fest?
Wie schwer fällt es mir, mich wieder aufzuraffen und nach Leid und Enttäuschung hoffungsvoll und vertrauensvoll weiterzuleben?
Wie viel Mitgefühl habe ich?
Wie sehr berührt mich das Leid der Welt?
Wie groß ist meine Hilfsbereitschaft? Habe ich ein Helfersyndrom? Oder warte ich immer auf Hilfe?
Wie wichtig ist für mich Nächstenliebe?

Die Filme der 12. Lebensbühne

Sieben Leben (2008, 123 Min.) von Gabriele Muccino

In diesem bewegenden Filmdrama verursacht Tim Thomas alias Ben (Will Smith) einen schweren Autounfall, bei dem sieben Menschen den Tod finden. Tim fühlt sich für den Unfall verantwortlich und leidet unter der Last der Schuld. Auf sehr ungewöhnliche Weise ringt er um Wiedergutmachung, um seine Schuld zu tilgen. So spendet er im Laufe der Zeit Teile seiner Lunge, seiner Leber, seine linke Niere und Knochenmark. Am Schluss vollendet er seine Sühne mit einem gut organisierten Suizid und verschenkt auch noch sein Herz und seine Hornhaut. Alle von ihm Geretteten und so reich mit einem neuen Leben Beschenkten hatte er im Vorfeld sorgsam ausgewählt und auf ihre Menschlichkeit überprüft.

Deutung 1:
Im Entwicklungskreis des Lebens stellt die 12. Lebensbühne den Abschluss eines Zyklus dar. Haben wir etwas mit diesem Entwicklungsthema zu tun, sind wir immer wieder aufgefordert,

zurückzublicken, um all die offenen Enden, die wir hinterlassen haben, zu schließen. Es geht darum, welche „Schulden" wir noch haben, was wir der Ganzheit noch schuldig geblieben sind. Und Ganzheit meint hier, einen Entwicklungszyklus von Inkarnationen (mit all ihren verschiedenen Aufgaben) möglichst vollständig oder sogar vollkommen abzuschließen.

Auf sehr radikale Art begleicht Tim seine Schuld, indem er sein Leben für die sieben anderen in die Waagschale wirft und andere Leben rettet. In den Tiefen seiner Seele spürt er, dass alle Schuld beglichen werden muss. Auf diese Weise stellt Tim sein inneres Gleichgewicht wieder her, das bei jedem Menschen nach seinem Tod geprüft wird. In der ägyptischen Mythologie ist es die Göttin Maat, die nach dem Tod die Herzen der Menschen wiegt und darüber befindet, ob diese zu leicht oder zu schwer, also im (Un-)Gleichgewicht sind.

Deutung 2:

Der Film zeigt dieses Schicksalsgesetz auf sehr drastische und übersteigerte Weise. Grundlage der Geschichte ist nicht zufällig ein Stück von William Shakespeare, der ein Meister der Überzeichnung war, um Inhalte zu verdeutlichen. Im *Kaufmann von Venedig* wird von Antonio gefordert, seine Schulden mit einem Pfund seines Körperfleisches zu tilgen. Zu diesem grausamen „Handel" kommt es dann zum Glück nicht.

Beide Geschichten handeln vom Gesetz des Ausgleichs, von Schuld und Sühne, von Nehmen und Geben.

Es geht sicherlich nicht darum, in dieser drastischen Form Schuld zu begleichen, sondern vor allem im Bewusstsein zu leben, dass wir irgendwann all unsere offenen Rechnungen mit dem Schicksal begleichen müssen. Und da Menschsein, das Leben in der Polarität, immer auf die eine oder andere Weise mit Schuld einher geht (wenn wir uns für das Eine entscheiden, bleiben wir die andere Hälfte der Polarität schuldig), betrifft dieses Prinzip jeden Menschen.

Deutung 3:
Statt seine konkreten Organe zu spenden, könnte Ben auch deren Themen erlösen. Sein Herz zu verschenken, ist immer gut, aber es gibt dazu erlöstere Möglichkeiten als die Transplantations-Chirurgie.

Fragen, die ZuschauerInnen sich stellen könnten:
Welche Schuld trage ich in meinem Herzen und mit mir herum?
Wem bin ich noch etwas schuldig, auf seelischer oder materieller Ebene?
Was bin ich mir und meinem Leben schuldig geblieben? Wo habe ich zu einseitig gelebt?
Herrscht bei mir ein Gleichgewicht zwischen Nehmen und Geben?
Ist bei mir Geben seliger als Nehmen oder umgekehrt?
Wie viele materielle Schulden habe ich?
Neige ich dazu, auf Pump zu leben?
Wie viele und welche offenen Enden, wie viel nicht Vollendetes, habe ich bisher in meinem Leben zurückgelassen?

Für wen und welches Problem ist dieser Film Therapie?
Für alle, die das Thema Geben und Nehmen noch nicht richtig verstanden haben.

Ondine – Das Mädchen aus dem Meer (2009, 111 Min.) von Neil Jordan

Der Film verarbeitet in einer modernen Version den Mythos von Undine, der Meerjungfrau. Er spielt in der irischen Inselwelt, die wie keine andere Landschaft die 12. Lebensbühne repräsentiert, und ist einer der seltenen Filme, die dieser rundum gerecht werden.

Hier passt alles, vom Thema über die Farben, den Schauplatz und die SchauspielerInnen bis hin zur wundervollen Musik. Es beginnt wie im Märchen und ist auch eines, allerdings mit modernem Hintergrund. Dem Fischer Syracuse (Colin Farrell), einem trockenen Alkoholiker, geht eine wunderschöne junge Frau (Alicja Bachleda-Curuś) mit Namen Ondine buchstäblich ins Netz. Er rettet sie und lässt sie in der verlassenen Hütte seiner verstorbenen Mutter wohnen. Syracuse ist ein Außenseiter in seinem Dorf, den alle „Clown" nennen, sogar der Priester, sein einziger Vertrauter. Von seiner weiter dem Alkohol verfallenen Frau hat er sich getrennt, aber er hängt an seiner nierenkranken Tochter Annie, die an den Rollstuhl gefesselt ist, ständig zur Dialyse muss und bei der Mutter lebt.

Als Syracuse ihr bei einer Dialyse vom Märchen der Meerjungfrau erzählt, schöpft Annie Verdacht und stöbert Ondine bei ihm auf. Sie hält sie für eine echte Undine und diese bestärkt sie darin. Die beiden freunden sich an und Annie liest alles über mystische Meerwesen, die Selkies.

Syracuse glaubt ebenfalls, Ondine sei wirklich ein mythisches Wesen aus einer anderen Welt. Kaum kommt sie mit an Bord und summt eine ihm unbekannte Melodie, hat er unglaubliches Glück beim Fischfang. Als die Fischereibehörde Ondine bei einer Kontrolle in seinem Boot findet, verbreiten sich Gerüchte und Ondine zeigt sich auch den Dorfbewohnern. Aber die sind eng im Geist und misstrauisch ihr gegenüber. Annie dagegen liebt Ondine und teilt das Geheimnis ihrer Selkiehaut, die sie beide zusammen vergraben. In Wahrheit handelt es sich um ein Kilo Heroin.

Ondine lässt Syracuse wissen, jede Selkie habe einen Wunsch frei, wenn sie sich entschließe, an Land zu gehen.

Deutung 1:

Ondine wünscht sich, Annie möge gesund werden. Syracuse wünscht sich, Ondine würde für immer bei ihm bleiben. Vor ihren staunenden Augen verwirklicht sich das Mysterium und die Magie der Selkies. Magie und Schicksal – auf der 12. Lebensbühne identisch – nehmen ihren Lauf. Das Auto von Syracuses betrunkener Ex-Frau stößt mit dem Auto eines Fremden zusammen, der kurz zuvor im Dorf aufgetaucht war. Dabei findet ihr Freund den Tod. Annie kommt gering verletzt ins Krankenhaus, wo sie eine der Nieren des Freundes transplantiert bekommt. Ihr Körper kann diese tatsächlich – auch immunologisch – annehmen. Nach der Beerdigung lässt sich Syracuse von seiner Ex-Frau wieder zum Trinken verführen. Sie will ihm Annie übergeben, bis sie selbst wieder gesund ist, aber nur unter der Bedingung, dass er sich von der Undine trennt. Ziemlich betrunken bringt er daraufhin Ondine auf eine unbewohnte Insel und lässt sie dort zurück.

Als er aber am folgenden Tag im Fernsehen das Lied hört, das Ondine immer so glücksbringend gesummt hat, dämmert ihm, dass sie doch eine reale Menschenfrau und keine Selkie ist und er sucht verzweifelt nach ihr. Schließlich findet er sie auf einer nahe gelegenen Insel, die sie schwimmend erreicht hat. Jetzt erzählt sie ihm die Wahrheit über sich: dass sie in Wirklichkeit Joanna heiße und eine rumänische Drogenschmugglerin sei. Mit ihrem Typen von der Küstenwache erwischt, schwamm sie mit dem Heroin im Rucksack los. Aber sie verlor nicht nur das Heroin, sondern auch die Kraft und landete so in Syracuses Fischernetz. Die Tasche mit dem Heroin fand sie später wieder und vergrub sie mit Annie.

Als beide wiedervereint zurück zu Syracuses Haus kommen, wartet dort schon Ondines früherer Kumpan auf der Suche nach der Heroin-Tasche und bedroht sie. Ondine hat die Tasche jedoch ausgegraben und in einer Hummerreuse auf Syracuses Schiff versteckt. Dort schafft sie es, ihren frühere Freund über Bord zu schubsen und er ertrinkt, da er nicht schwimmen kann. Sie wird verhaftet.

Um ihre drohende Abschiebung zu verhindern, heiratet Syracuse Ondine – und so gehen beider Wünsche in Erfüllung. Annie ist geheilt und Syracuse darf Ondine für immer behalten. Und wenn sie nicht gestorben sind, leben sie noch heute.

Deutung 2:
In allen Märchen steckt die Kraft der Höhenpsychologie, wie sie Oskar Ruf seinerzeit in *Die esoterische Bedeutung der Märchen* formuliert hat. Märchen beschreiben Entwicklungs- und Erlösungswege, während Mythen sich mehr der Tiefenpsychologie annehmen und die Wege der Verwicklung darstellen. Ondine ist ein modernes Märchen, das erwachsenen Kindern Hoffnung machen und das innere Kind wiederbeleben kann.

Fragen, die ZuschauerInnen sich stellen könnten:
Wie stehe ich zu Zufällen?
Sehe ich die Macht der Schicksalsgesetze hinter ihnen oder Willkür?
Was sagen mir Märchen und habe ich mein eigenes?
Durfte ich mit Märchen aufwachsen und das Muster des Heilungsweges verinnerlichen?
Vermittle ich diese Chance auch (meinen) Kindern?
Kann ich an die weltbewegende Kraft von Herzenswünschen glauben?

Für wen und welches Problem ist dieser Film Therapie?
Für alle, die an den Zauber von Märchen und die alles wandelnde Kraft der Liebe glauben und sich gern be- und verzaubern lassen. Und auch für diejenigen, die das lernen wollen.

Es gibt viele wundervolle Filme über Märchen und Mythen, und wenn dieser erste Schritt zur Spiel-Film-Therapie auf Interesse stößt, widmen wir diesen später ein eigenes Buch der Märchen- und Mythen-Filme.

Flatliners (1990, 115 Min. – Neuauflage 2017) von Joel Schumacher

Medizin-Studenten (Julia Roberts, Kiefer Sutherland und Kevin Bacon) experimentieren aus Neugierde mit Nahtoderfahrungen, indem sie sich gegenseitig sterben lassen, um sich anschließend wieder zu reanimieren. So fangen sie ganz allmählich an, das Zwischenreich, die Welt der Bardo-Zustände, zu erleben und zu erforschen und verschaffen sich damit ziemliche Probleme im Studium, aber auch reiche seelische Erfahrungen.

Deutung 1:
Sehr rasch erfahren die Studenten die Grenzen des rationalen, in ihrem Studium vermittelten, Weltbilds und gelangen in jene Zwischenreiche, wo sie mit ihrer eigenen Geschichte konfrontiert werden. Schließlich bekommen sie es mit der Angst zu tun, als sie drastisch im eigenen Bewusstsein und am eigenen Leib erleben, dass all ihre Taten Konsequenzen haben. Man mag dieses Prinzip Karma nennen oder auch Jüngstes Gericht. Die Konsequenzen reichen jedenfalls viel weiter, als sie sich bisher träumen ließen.

Deutung 2:
Hier schließt die moderne Medizin den Kreis zur alten Weisheitslehre – oder wie Werner Heisenberg sagte: „*Der erste Schluck aus dem Becher der Wissenschaft führt zum Atheismus, aber auf dem Grund des Bechers wartet Gott.*"

Fragen, die ZuschauerInnen sich stellen könnten:
Wie weit vertraue ich der modernen Medizin der Macher?
Wie weit würde ich mich zu gehen trauen, um die Erfahrung des Todes zu machen?
Was sagt mir persönlich das Karma-Gesetz?

Glaube ich an die Konsequenzen meiner Handlungen?
Wie sehr erlebe ich mich in der Kette der Leben?

Für wen und welches Problem ist dieser Film Therapie?
Wer dem modernen Machbarkeitswahn verfallen ist, wonach wir alles machen dürfen, was wir können und es dann auch wieder in den Griff bekommen, kann von diesem Film profitieren.

Frantz (2016, 113 Min.) von François Ozon

Anna (Paula Beer) lebt in einer deutschen Kleinstadt bei den Eltern ihres gerade erst im Ersten Weltkrieg gefallenen Verlobten Frantz. Kurz nach diesem schrecklichen Krieg ist die Stimmung in der Bevölkerung sowohl in Deutschland als auch in Frankreich noch von Hass geprägt. Auch wenn die grausamen Schlachten geschlagen sind, in den Herzen der Menschen herrscht immer noch Krieg.

Anna ist gefangen in ihrer tiefen Trauer um den Verlust ihres Geliebten. Jeden Tag legt sie Blumen auf sein Grab, obwohl Frantz gar nicht an dieser Stelle begraben werden konnte. Sie lebt mit dem Toten und in ihrer Erinnerung. Eines Tages begegnet sie auf dem Friedhof dem jungen Franzosen Adrien (Pierre Niney), der ebenfalls Blumen auf das Grab von Frantz legt. Ihn treibt das Gefühl von Schuld und Sühne in das franzosenfeindliche Deutschland. Die Bewohner der kleinen Stadt, immer noch traumatisiert von der schrecklichen Vergangenheit und verzweifelt über die Verluste geliebter Menschen, begegnen Adrien mit Hass und Argwohn. Anna aber vermutet in ihm einen guten Freund ihres geliebten Frantz und lädt ihn zu sich nach Hause ein, um etwas über Frantz' letzte Tage vor seinem Tod zu erfahren. Adrien, gequält von Schuldgefühlen, lässt sich auf den sehnsüchtigen

Wunsch von Anna und Frantz' Eltern ein und erzählt, was sie zu hören begehren, bis er seine wohlgemeinte Lüge nicht mehr erträgt.

Deutung 1: Anna

Sie gibt sich ganz dem Schmerz und ihrer Trauer hin und versinkt geradezu in einem Meer aus Tränen und Leid. Sich und ihr eigenes Leben hat sie aufgegeben und lebt nur mehr in ihrer Erinnerung an die Zeit mit Frantz.

Alle Bemühungen der um sie besorgten Schwiegereltern, sie wieder ins Leben zurückzuholen, weist sie ab. Erst als in Adriens Geschichten Frantz für sie wieder lebendig wird, lichtet sich langsam wieder ihre dunkle Welt hinter dem schwarzen Trauerschleier. Aber auch jetzt ist es wieder eine Scheinwelt, in die sie sich hineinträumt und verliert. Sie klammert sich an die Illusion, die Adrien ihr anfangs mit seinen Erzählungen schenkt. Erst die (zwingend notwendige) schmerzvolle Ent-Täuschung eröffnet ihr die Möglichkeit, sich letztlich aus dem Sumpf ihrer Depression zu befreien. Die Konfrontation mit der Realität, den Tatsachen, zerreißt den Schleier, der sie vom Leben getrennt hat. Vergebung und Verzeihen aller Schuld sind erst so möglich und lassen sie einen Weg in ein Leben finden, in dem auch sie wieder glücklich und lebendig sein kann.

Deutung 2: Adrien

So wie Anna in den Fesseln ihrer Trauer liegt, ist Adrien ein Gefangener seiner Schuldgefühle und hungert nach Vergebung. Er wagt sich gleichsam in die Höhle des Löwen und sehnt sich nach seinem Schuldbekenntnis, um das Trauma seines Lebens loszuwerden. Seine körperlichen Kriegswunden sind verheilt, aber seine seelischen bluten heftiger denn je. In diesem Zustand sind er, Anna und die Eltern von Frantz Leidensgenossen, Verbündete in ihrem Schmerz. Das schicksalhafte Geschehen hat sie aneinander gekettet. Keiner von ihnen kann mehr wahrhaft leben. In dieser Sackgasse ihres gemeinsamen Schicksals gibt es letztlich nur einen Ausweg.

Das Bekennen von Schuld macht frei und die Vergebung von Schuld erlöst. Es öffnet fesselnde und behindernde Verstrickungen zwischen Menschen. Das Verzeihen von Schuld schließt die Erkenntnis mit ein, dass niemand frei von Schuld ist. Jeder Mensch macht Fehler und lädt damit in irgendeiner Form „Schuld" auf sich. Aus dieser Selbsterkenntnis erwächst Mitgefühl mit jenen, die wiederum uns in irgendeiner Weise Leid zugefügt haben. Dieses Mitgefühl öffnet das Herzenstor der Vergebung, schenkt uns Selbstliebe und Nächstenliebe und lässt seelische Wunden heilen.

Jeder Mensch ist auch ein leidendes Wesen und verdient Mitgefühl, das sich wie selbstverständlich einstellt, wenn wir uns auf den anderen mit seiner Lebensgeschichte einlassen.

Mitgefühl kann manchmal auch bedeuten, über etwas zu schweigen. Vor diesem Hintergrund betrachtet, ist, was Anna in Folge den Eltern von Frantz verschweigt, ein Akt des Mitgefühls. Die gnadenlose Wahrheit hätte diese nicht erlöst, sondern nur mehr Schmerz verursacht und weiter Hass gesät. So ist auch der Weg des Bekennens von Schuld, die rigorose Wahrheit, wie fast alles im Leben ein Weg auf Messers Schneide.

Deutung 3: Schuldprojektion

„Für mich sind alle Franzosen die Mörder meines Sohnes." Mit diesem Satz wirft der Vater von Frantz Adrien bei ihrer ersten Begegnung aus dem Haus. Erst langsam, als sie sich näher kennen lernen und ihre Lebensgeschichten austauschen, können sie sich als Menschen erkennen, deren Seelen gleichermaßen tiefe Wunden tragen. Sie begreifen, was sie verbindet. Was sie trennt, tritt in den Hintergrund, zumal es nur um die fiktiven Grenzen unterschiedlicher Nationen und Nationalität geht.

Der innere und äußere Krieg zwischen Menschen und Nationen entsteht fast immer daraus, dass wir den anderen verantwortlich machen für eigenes Leid oder Mangel an etwas, von dem wir meinen, es stünde uns zu. Das und die Gier nach immer mehr treiben uns ins Verderben. Zwist und Zwietracht sind niederträchtige menschliche Eigenschaften, die große Not nach sich ziehen und den Traum von einem Leben in Frieden in weite Ferne rücken lassen. Und die Bösen sind immer die anderen. Würde sich jeder um den Balken im eigenen Auge kümmern, statt den Splitter im Auge des anderen zu beklagen, wäre die Welt eine friedlichere.

So ist es immer die Versöhnung zwischen Menschen und Völkern, die zu einem liebe- und verständnisvollen Miteinander und zu Glück und Wohlstand führt, damit zu einem Zustand, den alle Menschen eigentlich erstreben und ersehnen.

Deutung 4:
Mythologisch geht es hier auch um das Tristan-und-Isolde-Thema. Sie liebt den Mörder ihres Mannes und folgt dieser Liebe bis nach Frankreich, wo sie ent-täuscht wird, weil Adrien die Wünsche seiner Mutter über seine Liebe stellt.

Deutung zur Regie:
Auf wundervolle Weise und der 12. Lebensbühne ganz entsprechend hat der Regisseur François Ozon die traurige Realität in Schwarz-Weiß-Bildern erzählt. Die innere Bilderwelt der Fantasie und den Weg der Versöhnung aber hat er in lebendige Farben getaucht.

Fragen, die ZuschauerInnen sich stellen könnten:
Welche Schuld trage ich mit mir herum?
Wie gut kann ich Schuld bekennen?
Leide ich unter Schuldgefühlen?
Wofür fühle ich mich schuldig?

Bin ich bereit, die Verantwortung für meine Taten und Fehler zu übernehmen, auch wenn ich falsch gehandelt habe?
Wie leicht oder wie schwer fällt es mir, wirklich zu verzeihen, mir selbst und anderen?
Habe ich schon einmal Vergebung erfahren?
Habe ich mich schon einmal mit einem vermeintlichen Feind versöhnt?
Wo bin ich unversöhnlich?
Neige ich dazu, die Schuld immer im Außen zu suchen, bei den widrigen Umständen, dem ungerechten Schicksal, den „bösen" Menschen?
Wie nachtragend bin ich?
Wie viel Verständnis habe ich für Schuld und Fehler anderer?
Was kann ich mir selbst nicht verzeihen?
In welcher schmerzvollen Erfahrung bin ich hängen geblieben?
Wie stark ist mein Wille, mich von Leiderfahrungen zu lösen?
Neige ich dazu, im eigenen Elend zu ertrinken?
Welche Vergebung, welche Versöhnung stünde in meinem Leben an?

Für wen und welches Problem ist dieser Film Therapie?
Für alle, die ein Thema mit Versöhnung haben.

The good night – Träum weiter (2007, 93 Min.) von Jake Paltrow

In dieser Filmkomödie ödet das reale Leben den ehemals erfolgreichen Gary (Martin Freeman) zusehends an. Abgestiegen zum Komponisten von platten Werbespots, fristet er sein Leben mehr schlecht als recht und fühlt sich obendrein noch gefangen in der verkorksten, im Alltagstrott versandeten Beziehung zu seiner Frau Dora (Gwyneth Paltrow). Statt sein Leben und seine Ehe wieder zu beleben und in den Griff zu bekommen, zieht er sich mehr und mehr in eine Traumwelt zurück. Er flüchtet in den Schlaf, der für ihn immer mehr Raum einnimmt und das reale Leben ersetzt. In einem seiner Träume begegnet ihm das Vollweib Anna (Penelope Cruz), die verführerische Traumfrau schlechthin. Geradezu süchtig danach, sie im Traum wieder zu treffen, lässt er sich von einem durchgeknallten New-Age-Guru in die Kunst des gesteuerten, luziden Träumens einführen, um mehr Zeit mit Anna zu verbringen. So verschwimmen Traum und Wirklichkeit immer mehr. Gary verdunkelt sogar sein Zimmer, um ungestörter in seine Traumwelt abtauchen zu können. Doch dann sieht er eines Tages Annas Gesicht auf einem Plakat in der wirklichen Welt.

Deutung 1:
Wo sich Traum und Wirklichkeit begegnen, kann es leicht zu Ent-täuschung kommen. Sie scheint geradezu vorprogrammiert sein. Und so landet Gary schließlich doch wieder in seinem realen Leben, in dem so einige „Baustellen“ auf ihn warten.

Wir träumen wohl alle hin und wieder von einem besseren, schöneren und leichteren Leben, von der großen Liebe oder beruflichem Erfolg – die ganz Naiven sogar vom großen Lotto“glück“. Wir haben Wünsche über Wünsche. Aber, wie es so schön realistisch heißt: „Das Leben ist kein Wunschkonzert“. Charakteristisch am Glück ist ja, dass es uns zufällt. Wunder geschehen ohne unser Zutun.

Ein guter Test bezüglich der eigenen Situation ist die Stelle „Dein Wille geschehe“ aus dem Vaterunser. Wer das noch spricht und dabei denkt: *„Lieber Gott, ich hätte da zwei Vorschläge“*, darf sich ertappt fühlen.

Hier sind auch die peinlichen Wunscherfüllungsbücher und –seminare im Bereich seichter Esoterik einzuordnen: Wir geben eine Bestellung ans Universum auf und schon läuft alles ohne Mühe und Gegenleistung wie von selbst. Das große Staunen kommt dann jeweils mit der Rechnung.

Wenn alles im Leben schief zu laufen scheint, ergreifen nicht wenige die Flucht in eine Traumwelt, in der sie sich frei und unbeschwert fühlen – ohne Begrenzung durch Raum und Zeit und vor allem frei von Aufgaben, Mühen und Lasten der realen Alltagswelt. Es scheint alles möglich. Aber so, wie wir jeden Morgen aus noch so süßen Träumen erwachen (müssen), gibt es ein Erwachen, wenn unsere Wunschträume wie Seifenblasen platzen und sich die Träume wahrlich als die sprichwörtlichen Schäume entpuppen.

Deutung 2:
Jede Ent-täuschung befreit uns aber auch von einer Täuschung, von Selbstbetrug. Jedes Erwachen aus dem Traumreich kann so zu einem erfrischenden Erwachen, zur Selbsterkenntnis werden. Ähnlich dem Erleben, wenn wir morgens ausgeschlafen und durch die Träume der Nacht seelisch gereinigt, mit Elan und freudig in den neuen Tag starten.

Deutung 3:
Wer sich so sehr von den Traum- und Seelen-Bilder-Welten angezogen fühlt, könnte sich damit (auf später ver-)trösten, dass wir alle nach unsrem Tod „im Kreise unserer Bilder wandeln“ können. Da ist dann genug Zeit für diese andere Welt, und dann ist sie auch an der Reihe.

Fragen, die ZuschauerInnen sich stellen könnten:
Wovor flüchte ich? Was packe ich nicht an? Vor welchen Alltagsmühen drücke ich mich?
Wie oft und wie sehr fühlte ich mich schon vom Leben enttäuscht?

Wie verarbeite ich seelisch und konkret Enttäuschungen?
Wie viele und welche unerfüllten Wünsche habe ich? Wer soll diese erfüllen – der Partner, der Staat, das Universum?
Welche Ent-täuschungen musste und durfte ich mit erfüllten Wünschen schon erleben?
Wie (un-)zufrieden bin ich mit meinem normalen Leben?
Wie ließen sich Traum und Wirklichkeit in meinem Leben konstruktiv verbinden, so dass sich beide befruchten?

Für wen und welches Problem ist dieser Film Therapie?
Für alle Träumer und besonders Lebensflüchter und Weg-träumer.

Schlussbemerkung: Das Ende ist ein Anfang

Zum Anfang dieses kleinen Nachworts noch eine letzte Filmdeutung:

Wenn du stirbst, zieht dein ganzes Leben an dir vorbei, sagen sie (2017, 99 Min.) von Ry Russo-Young

Dieser amerikanische Spielfilm nach dem Roman *Before I fall* von Lauren Oliver erzählt die Geschichte von Samantha und ihren Freundinnen, die sich als die tollsten Mädchen ihrer Highschool fühlen. Ihrer jugendlichen Arroganz entsprechend und als angesagte It-Girl-Clique halten sie sich für den großartigen Mittelpunkt des Highschool-Universums. Wer nicht um ihre Anerkennung buhlt, wird gnadenlos gemobbt und fertig gemacht, wie die künstlerisch begabte Juliet, die so ganz anders ist. Wann immer es sich ergibt, wird sie von den Freundinnen gedemütigt. So jagen sie Juliet, als diese auf einer der wilden Partys uneingeladen auftaucht, mit fiesen Beschimpfungen davon. Als die Szenerie dann weiter entgleist, ist die Party-Stimmung dahin und die coole Clique macht sich auf den Heimweg. Auf der Rückfahrt kommt es dann zu einem tragischen Autounfall mit tödlichem Ausgang.

Doch am nächsten Morgen erwacht Samantha wieder an dem gerade vergangenen Cupid Day, der so dramatisch endete. Alles läuft genau ab wie am Vortag. Von nun an sitzt Samantha in einer Zeitschleife fest und erlebt den gleichen Tag immer wieder. Gefangen in diesem Zeitrad beginnt sie nun, Tag für Tag andere Verhaltensmuster zu erproben, um sich aus diesem Spuk zu erlösen und ihren Weg in die Freiheit zu finden.

Deutung:

Die Geschichte zeigt deutliche Parallelen zum Filmklassiker ***Und täglich grüßt das Murmeltier***: Losgelöst von den gängigen (sicher auch moralischen und pädagogischen) Filminterpretationen kann diese Geschichte als Reise durch verschiedene Inkarnationen gesehen werden. Die Erfahrung mit der therapeutischen Technik der Reinkarnationstherapie zeigt, dass wir in unseren zahlreichen Leben mehr oder weniger immer mit den gleichen Themen konfrontiert werden. Wir neigen dazu, wieder und wieder in die gleichen Fallen zu tappen, bis wir verstanden haben, worum es geht und wie eine (Er-)Lösung aussähe.

Auch Samantha ist im Hamsterrad ihres Musters gefangen. Und jeder Tag (oder jedes Leben) bietet ihr eine neue Chance, es anders und besser zu machen.

Dabei stößt Samantha immer wieder auf den Satz: „Werde, die du bist!" In ihrem Fall ist dabei der erste Schritt, sich aus dem destruktiven Gruppenzwang zu lösen, der sie eigentlich von ihrem wahren Wesen entfernt hat. Das gilt nicht nur für Samantha, sondern generell für den menschlichen Entwicklungsweg. Wir alle müssen die scheinbar sichere Herde verlassen und aufhören „mit den Wölfen zu heulen", wenn wir der werden wollen, der wir sind.

Als nächstes sucht Samantha in ihrer Orientierungslosigkeit Rat bei ihrer Mutter, die ihr rät: *„Konzentriere dich auf die eine gute Sache und schau, was geschieht."* Die eine gute Sache kann nur aus dem Herzen kommen. Und Herzensanliegen führen immer auf den richtigen Weg.

Eine weitere, auf viele Menschen übertragbare Erfahrung von Samantha ist, dass das (oder in ihrem Fall der) Richtige das (der) Naheliegende ist. Ihre hohen (und hohlen) Ego-Ansprüche haben sie blind gemacht für das etwas unscheinbare und für sie bestimmte Gute, für die echte Liebe. Wie so oft hält jeden von uns der Fokus auf das scheinbar Bessere, Großartigere von all dem Guten ab, das direkt vor uns liegt?

Schließlich erkennt Samantha: *„Wenn ich den Tag schon immer wieder erleben muss, dann soll er es auch wert sein."* Und damit beginnt für sie die entscheidende innere Wandlung. Als erstes stellt sich dabei natürlich die Frage: Was macht einen Tag (ein Leben) wertvoll? Vertraut man auf die Berichte von Menschen, die im Angesicht ihres Todes befragt wurden, was das wirklich Wichtige und Wertvolle im Leben sei, ist es die Erfahrung der Liebe, die Fähigkeit zu zwischenmenschlicher Beziehung, sich mit ganzem Herzen auf das Du einzulassen.

Samantha erkennt im Augenblick, als sie der Bestimmung ihres Schicksals folgt, dass wirklich jeder Moment zählt und wertvoll ist: „Das Heute zählt – für die Ewigkeit". Oder wie es Goethe beschreibt: *„Jeder Zustand, ja jeder Augenblick ist von unendlichem Wert, denn er ist der Repräsentant einer ganzen Ewigkeit."*

Charakter + Zeit = Schicksal. Diese Formel bestimmt unser Leben.

Durch unser Zeitempfinden nehmen wir nur die einzelnen Töne unseres Lebenslieds wahr. Erst am Ende unseres Lebens, wenn wir alle Töne gesammelt haben und sie im Moment des Todes als Lebensfilm im Zeitraffer ablaufen, ist das musikalische Kunstwerk unserer Lebensmelodie erfassbar.

Das Leben – ein Film

Im normalen (Zeit-)Ablauf unseres Lebens, in dem wir meist in alles Mögliche verwickelt sind, können wir „den Wald vor lauter Bäumen" nicht mehr sehen. Erst der Lebensfilm (oder das Erleben einer früheren Inkarnation) ermöglicht die Übersicht und entschleiert damit den Sinn hinter allem Geschehen.

In einem gewissen Rahmen verschaffen uns auch Filme genau diesen großen Überblick. Sie erlauben uns ebenfalls, Lebensgeschichten zu überschauen und bieten damit die Chance, die Sinnhaftigkeit des Lebens besser zu begreifen. Um bei dem gerade erwähnten Bild zu bleiben: Wir sehen den Wald wieder in seiner Gesamtheit und Bedeutung. Von oben und außen betrachtet sind auch ganz deutlich jene Bäume zu erkennen, die verdorrt oder fehl am Platz sind oder gar nicht in diesen Wald passen.

Ganz Ähnliches kann beim Erleben eines Filmes geschehen. Steht ein Film auf irgendeine Art und Weise mit uns, unserem Seelenmuster oder unserer Lebensgeschichte in Resonanz, sind wir innerlich berührt. Zwar mit etwas Abstand, aber doch spürbar fühlen und erleben wir mit, ähnlich wie bei inneren Bilderreisen in einer entsprechenden Therapie. Diese Gleichzeitigkeit von Berührtsein und distanziertem Überblick ermöglicht den Prozess der Selbsterkenntnis. Es mag durchaus sein, dass uns dieser Schritt nicht wirklich bewusst ist, aber innere Bilder wirken (im positiven und im negativen Sinn). Die Sprache unserer Seele ist eine Bildersprache, was sie zur universellen Muttersprache aller Menschen macht. Ein Bild sagt mehr als tausend Worte. Bilder kennen keine Begrenzungen. Vom ersten bis zum letzten Moment leben wir im Kreis unserer inneren Bilder. Erinnerungen, Träume und Vorstellungen – all das sind die Bilder unserer Geschichte und machen das gelebte Leben erst lebendig.

So gesehen, ist jede Lebensgeschichte eine Filmgeschichte. Die Geschichten, die das Leben schreibt, sind in ihrer wahrhaft unendlichen Vielfalt der Stoff, aus dem auch jeder Film seine Geschichte webt.

Jedes Schicksal ist einzigartig in der individuellen Kombination der menschlichen Urthemen, Lebensprinzipien oder Lebensbühnen. Da wir alle miteinander verwoben sind, kann jede Begegnung mit einer anderen Lebens- oder Filmgeschichte uns bereichern und zu einem besseren Verstehen der Divina Comedia, der göttlichen Komödie des Lebens, dienen.

Die Schicksalsgesetze sind dabei gleichsam die Spielregeln und die Lebensprinzipien die Lebensbühnen. Beide Ebenen zu beherrschen, macht uns zum Star unseres ganz persönlichen Lebensfilms.

Die Schicksalsgesetze

Deshalb zum Schluss noch eine Zusammenfassung dieser Spielregeln – oder „Schicksalsgesetze“ – für ein gelingendes Leben:

1. Alles hat mindestens zwei Seiten – kein Yin ohne Yang oder kein Licht ohne Schatten, das Gesetz der Polarität.

2. Alles ist in Resonanz in dieser Schöpfung, weshalb alles Leben danach strebt, in Resonanz zu kommen, vor allem die Liebe als wichtigste Form der Resonanz zu verwirklichen.

3. Im Anfang liegt alles, in jedem Samen schon die ganze Pflanze oder nach Hesse: *„Jedem Anfang wohnt ein Zauber inne.“* Deshalb ist der Beginn guter Filme schon so überaus wichtig.

Spielregeln für die Lebensbühnen

Spielregel 1: Immer wieder neu beginnen. Vorkämpfer sein. Das Feuer der Begeisterung in die Welt tragen. Seinen Überzeugungen folgen und sie durchsetzen, aber dabei nie vergessen, dass letztlich Sein Wille geschieht.

Spielregel 2: Das Leben mit allen Sinnen genießen. Werte schaffen. Das Wohl der Gemeinschaft fördern. Den eigenen Platz der Verwirklichung finden, aber dabei immer bedenken, dass es nur vorübergehend ist, weil wir nur auf der Durchreise sind.

Spielregel 3: Das Gespräch mit den Menschen suchen. Niemals aufhören, zu lernen. Die Welt erforschen, aber gewahr sein, dass jedes intellektuelle Wissen niemals die ganze Wahrheit erfasst.

Spielregel 4: Sich immer bereitwillig auf Gefühle und Empfindungen einlassen, sie aber wieder los- und fließen lassen, denn das Leben ist ein immerwährender Fluss. Mit mütterlicher Liebe und Mitgefühl das Leid der Schwachen lindern, ohne sich im Mitleid zu verlieren.

Spielregel 5: Der Stimme des Herzens bedingungslos folgen. Schöpferisch sein. Freude spenden, großherzig sein und gütig. Zum König auf der Bühne des Lebens werden, sich aber nicht in Selbstherrlichkeit verfangen.

Spielregel 6: Dankbar sein für die unzähligen Geschenke des Lebens. Mit liebevoller Achtsamkeit Ordnung in sich und der Welt schaffen, aber immer bedenken, dass es jenseits unserer kleinen Ordnung eine viel größere und weisere gibt.

Spielregel 7: Sich von der Schönheit der Welt berauschen lassen und die eigene innere Schönheit nähren. Harmonie schaffen. Immer dem Ruf der Liebe folgen und bereit sein, für die Liebe alles zu geben.

Spielregel 8: Selbstbeherrschung lernen und trotzdem in all seiner Intensität das Leben auskosten. Immer alles geben. Niemals aufgeben. Immer wieder aufs Neue alles loslassen und den Kreislauf des ewigen Stirb und Werde bereitwillig annehmen.

Spielregel 9: Nach den höchsten Zielen streben. Zum Gipfelstürmer im Leben werden und damit den eigenen Horizont erweitern. Erkennen, dass alles im Leben sinnvoll ist und dem großen kosmischen Plan folgt. In dieser Erkenntnis die eigene Großartigkeit, aber auch die eigene Kleinheit erfahren.

Spielregel 10: Verantwortung übernehmen für das eigene Leben, aber auch für das große Ganze. Das wahrhaft Wesentliche vom Unwesentlichen unterscheiden. Sich von allem Überflüssigen befreien. Die Gesetze des Schicksals anerkennen und mit Freude das kleine Rad im großen Uhrwerk der Schöpfung sein.

Spielregel 11: Immer dem hohen Ideal der Freiheit und Wahrhaftigkeit die Treue halten, aber bei diesen Höhenflügen niemals das Menschliche übersehen. Unbeirrt den eigenen Weg gehen und den Mut haben, gegen den Strom zu schwimmen. Einer besseren, bunteren und menschlicheren Zukunft den Weg bereiten.

Spielregel 12: Dem Fluss des Lebens bedingungslos vertrauen, wohin er auch fließen mag. Ins Meer der inneren Bilder eintauchen. Träume verwirklichen und in die Welt bringen. Und immer hinter dem Schleier der sichtbaren Welt das eigentlich Wirkliche entdecken.

Das Beherrschen der Spielregeln des Lebens und seiner Bühnen sind die besten Regieanweisungen für unseren ganz persönlichen, spannenden, berührenden und sogar himmlischen Lebensfilm.

Filmverzeichnis - nach Lebensbühnen

Einführung

Die Filme der 1. Lebensbühne

Über Kampfgeist und Tatkraft

Die Filme der 2. Lebensbühne

Über materielle Existenz und sinnlichen Genuss, das innere und äußere Vermögen, Wert und Selbstwert

Die Filme der 3. Lebensbühne

Über Flexibilität und Austausch

Die Filme der 4. Lebensbühne

Über seelische Wurzeln, Gefühle und Familie

Die Filme der 5. Lebensbühne

Über Kreativität und Selbstverwirklichung

Die Filme der 6. Lebensbühne

Über Anpassung an die Bedingungen des Lebens und den Umgang mit inneren und äußeren Gaben

Die Filme der 7. Lebensbühne

Über Liebe, Partnerschaft und wahre Harmonie

Die Filme der 8. Lebensbühne

Über Vergänglichkeit, Wandel und die Forderung des Lebens nach Entwicklung

Die Filme der 9. Lebensbühne

Über Sinnfindung, inneres Wachstum und Erfüllung

Die Filme der 10. Lebensbühne

Über die Begegnung mit den Schicksalsgesetzen

Die Filme der 11. Lebensbühne

Über die Befreiung des inneren Wesens

Die Filme der 12. Lebensbühne
Über Urvertrauen und das bedingungslose Annehmen des Schicksals

Schlussbemerkung: Das Ende ist ein Anfang

Filmverzeichnis alphabetisch

D

E

I

J

K

L

M

Veröffentlichungen von Ruediger Dahlke

Neuerscheinungen: Voller Energie statt müde und erschöpft • Gesund und glücklich älter werden (Arkana) • Es kommt besser (Pionier Verlag) • Mind Food • Angst frisst Seele • Konflikte lösen und Krisen meistern (alle Scorpio) • Corona als Weckruf • Mein Buch der Selbstheilung (beide GU) • Heilsame Tugenden ((www.heilkundeinstitut.at)

Krankheitsbilder-Deutung: Krankheit als Symbol (Bertelsmann) • Krankheit als Sprache der Seele • Krankheit als Weg (alle Goldmann Arkana) • Frauen-Heil-Kunde • Hör auf gegen die Wand zu laufen • Wenn wir gegen uns selbst kämpfen • Herz(ens)probleme • Rauchen • Alter als Geschenk • (alle Goldmann Arkana) • Verdauungsprobleme (Knaur)

Basiswissen: 1. Schicksalsgesetze • 2. Schattenprinzip • Lebensprinzipien (alle Goldmann Arkana)

Ernährung: Peace Food – wie Verzicht auf Fleisch und Milch Körper und Seele heilt • Vegan für Einsteiger • Peace Food – das vegane Kochbuch • Peace Food – vegan einfach schnell • Peace Food – Ketokur (alle GU) • Das Geheimnis der Lebensenergie • Das Lebensenergie-Kochbuch (beide Goldmann Arkana) • Vegan schlank (www.heilkundeinstitut.at)

Fasten: Das große Buch vom Fasten (Goldmann Arkana) • Bewusst Fasten (Urania)

Gewicht und Figur: Abnehmen – das Buch der Erleichterung (E-Book bei dahlke4you.com) • Mein Individualgewicht • Körper-Geist-Seele-Detox (beide Goldmann Arkana) • Gewichtsprobleme-CDs (www.heilkundeinstitut.at)

Burnout, Depression: Wege aus der dunklen Nacht der Seele (Goldmann Arkana) • Seeleninfarkt (Scorpio)

Filmdeutung: Hollywood-Therapie – was Spielfilme über unsere Seele verraten • Spielfilmtherapie (beide Edition Einblick, www.heilkundeinstitut.at)

Info: www.dahlke.at • Internet-Community: www.dahlke4you.com • Seminar-Zentrum: www.TamanGa.at